HOEPLI TEST 3 - Esercizi

ECONOMIA
GIURISPRUDENZA

HOEPLI TEST 3 - Esercizi

ECONOMIA GIURISPRUDENZA

Per la preparazione ai test di ammissione ai corsi di laurea triennale e laurea magistrale a ciclo unico dell'area economico-giuridica tra cui:

SCIENZE ECONOMICHE - ECONOMIA AZIENDALE
ECONOMIA E FINANZA
SCIENZE DELLE PUBBLICHE AMMINISTRAZIONI
MANAGEMENT - SCIENZE POLITICHE -
SCIENZE DEI SERVIZI GIURIDICI
AMMINISTRAZIONE, CONTROLLO E FINANZA
SCIENZE STRATEGICHE
SCIENZE POLITICHE E DELLE RELAZIONI INTERNAZIONALI

Quinta edizione

EDITORE ULRICO HOEPLI MILANO

via Hoepli 5, 20121 Milano (Italy)
tel. +30 02 864871 – fax +39 02 8052886
e-mail hoepli@hoepli.it

www.hoepli.it

ISBN 978-88-203-8205-6

Ristampa

4 3 2 1 0 2018 2019 2020 2021 2022

Elaborazione dati e impaginazione: Edigeo S.r.l., Milano

Immagine di copertina: © andreykr - stock.adobe.com

Stampa: L.E.G.O. S.p.A., Stabilimento di Lavis (TN)

Printed in Italy

Indice

Prefazione

I contenuti di questo libro

I volumi Hoepli Test forniscono, a coloro che devono affrontare una prova di ammissione all'inizio dell'anno universitario, tutti gli strumenti per prepararsi adeguatamente al test.

L'***Eserciziario*** per la preparazione al test di ammissione ai corsi di laurea triennale e laurea magistrale a ciclo unico dell'area di **Economia e Giurisprudenza** è **suddiviso per materia** e contiene tutte le tipologie di domande presenti nelle prove d'esame.

Il volume presenta **oltre 1000 esercizi**, da quelli più facili ai più complessi da risolvere, tutti completi di risposta corretta. Oltre alle risposte è possibile consultare anche la **soluzione commentata**, cioè la spiegazione della risoluzione di ogni quesito presente nel libro. Tutti i quiz proposti, tra cui tantissimi provenienti dai test ufficiali, sono collegati ai capitoli del manuale *HT3/Teoria - Economia-Giurisprudenza* (disponibile anche in ebook) per facilitare il recupero di eventuali lacune.

A inizio di ciascuna sezione monotematica di esercizi è fornito un pratico **elenco degli argomenti** sui cui vertono i quesiti.

Obiettivi dell'Eserciziario

Il volume di ***Esercizi*** permette di raggiungere in breve tempo i seguenti obiettivi fondamentali per il superamento della prova:

- **familiarizzare** con tutti gli argomenti richiesti nella prova ufficiale;
- **esercitarsi** su quesiti simili a quelli che è possibile trovare nei test reali;
- mettersi alla prova con **tutte le tipologie di quiz di ragionamento logico**;
- **conoscere le proprie lacune**, potenziando l'allenamento attraverso i numerosi quiz disponibili;
- **sviluppare le capacità di ragionamento logico** per rispondere anche alle domande a prima vista impossibili;
- **apprendere nozioni e strategie** che possono contribuire a migliorare il risultato finale.

Libri collegati

- **HT3/Teoria - Economia-Giurisprudenza**: contiene circa 50 tipologie di ragionamento logico e circa 70 argomenti di matematica, tutti sviluppati su un'efficace struttura a doppia pagina; sulla pagina pari una trattazione teorica corredata di esempi risolti e sulla pagina dispari una sezione esercitativa per mettere in pratica quanto appreso. Tutte le altre materie trattate seguono i programmi d'esame ufficiali e presentano un'articolata suddivisione per capitolo. Tutti i capitoli offrono una serie di esercizi mirati sugli argomenti appena studiati in modo da fissare bene i concetti.
- **HT3/Prove simulate - Economia-Giurisprudenza**: un volume di 6 prove d'esame che simulano quelle effettivamente proposte ai test d'ammissione per materie e

distribuzione del numero dei quesiti; tutte le prove sono complete di modulo per le risposte e soluzioni commentate in fondo al volume.

- **HT3/Libro dei Quiz - Economia - Giurisprudenza**: un incredibile strumento di esercitazione e allenamento, un libro di quiz che nasce da un archivio di domande parametrate secondo i programmi d'esame delle principali università. Tutti i quesiti sono completi dalla risposta corretta e commentata.

Le sei "regole d'oro" per affrontare i test

È innegabile che una certa familiarità con i test è fondamentale per affrontare con successo una prova: chi ha già avuto esperienze di test di fatto sa cosa aspettarsi ed è più sicuro di sé rispetto a chi non ne ha avute.

Si segnalano in tal senso alcune strategie che, se ben applicate, permetteranno di migliorare la performance nello svolgimento del test ufficiale.

Infatti, anche se i quesiti variano di volta in volta, la logica con cui vengono formulati è analoga. Per risolvere qualsiasi tipo di quesito è bene dunque osservare i seguenti suggerimenti pratici:

1. Considerare sempre il tempo a disposizione per la risoluzione di ogni test.
2. Evitare gli errori relativi alla non corretta interpretazione delle istruzioni iniziali.
3. Procedere con calma e metodo alla risoluzione di ogni quesito.
4. Leggere attentamente la domanda e cercare di capirne il significato.
5. Scegliere la risposta ritenuta esatta tra le alternative fornite.
6. Segnare la risposta ritenuta esatta direttamente sulla scheda delle risposte qualora vi venisse fornita.

www.hoeplitest.it

Sul sito internet www.hoeplitest.it, si trovano ulteriori materiali utili alla preparazione del test:

- eventuali aggiornamenti e integrazioni agli argomenti trattati;
- ultime notizie su leggi e normative dei corsi di laurea a numero programmato;
- calendario dei test di ammissione sempre aggiornato.

Benchè ogni cura sia stata messa nella realizzazione di questo volume, si ringrazia fin d'ora chi volesse segnalare eventuali errori e/o suggerimenti al seguente indirizzo di posta elettronica: info@hoeplitest.it.

L'eventuale errata corrige, costantemente aggiornata, è disponibile su www.hoeplitest.it.

Hoepli Test è anche su Facebook, Twitter e Instagram!

PROGRAMMI D'ESAME

Ragionamento logico e comprensione verbale

Le domande di ragionamento logico e di comprensione verbale mirano a saggiare le capacità individuali dei candidati piuttosto che accertare il livello di preparazione acquisito durante il corso degli studi superiori.

- Per *comprensione verbale* si intende la capacità di leggere, comprendere, interpretare un testo e rispondere a delle domande collegate al testo appena letto.
- Le domande di *ragionamento logico* tendono a valutare la capacità di comprendere il significato di termini, di cogliere similitudini e analogie etimologiche o di capire quale categoria mentale (causa-effetto, contrapposizione, identità ecc.) stabilisce un rapporto tra coppie di parole; la capacità di distinguere, tra diversi grafici, quelli ammissibili da quelli errati o arbitrari; la capacità di ritenere le informazioni che si sono appena lette, di interpretarle, di trarne delle conclusioni conseguenti e di scartare conclusioni errate, arbitrarie o non rigorosamente giustificate; di risolvere problemi che presentano sequenze di numeri, simboli o lettere delle quali è necessario identificare i termini mancanti.

Non si richiedono dunque nozioni specifiche, ma la capacità di individuare la strategia di ragionamento più adatto caso per caso e arrivare il più brevemente possibile alla soluzione.

Matematica

Le nozioni di matematica vertono principalmente sui seguenti argomenti.

- *Insiemi numerici e calcolo:* numeri naturali, relativi, razionali, reali, operazioni aritmetiche, confronto e ordinamento, successioni numeriche, progressioni aritmetiche e progressioni geometriche; frazioni e numeri in forma decimale; valore assoluto, percentuali; potenze e loro proprietà; radici e loro proprietà; logaritmi e loro proprietà.
- *Algebra classica:* monomi, polinomi, scomposizioni in fattori, prodotti notevoli; radici delle equazioni algebriche, equazioni e disequazioni di primo e secondo grado, sistemi di equazioni di primo grado, particolari sistemi di equazioni di secondo grado.
- *Geometria piana e solida, trigonometria:* figure elementari e loro proprietà, misure di lunghezza, superfici, volumi; calcolo del perimetro, delle superfici e del volume; luoghi geometrici; rappresentazione di punti, rette e coniche nel piano cartesiano; misura degli angoli in gradi e in radianti, seno, coseno, tangente di un angolo e loro valori notevoli.
- *Funzioni:* nozioni fondamentali per lo studio di funzioni lineari, quadratiche, razionali fratte, esponenziali e logaritmiche; dominio di esistenza; concetto di limite e di derivata; rappresentazione delle funzioni (incluse quelle trigonometriche) rispetto a un sistema di assi cartesiani; proporzionalità diretta e proporzionalità inversa.

- *Statistica e probabilità:* media, moda e mediana dei dati di un insieme di numeri, frequenza assoluta e frequenza relativa; valutazioni di probabilità in situazioni che consentano l'elencazione dei casi possibili.
- *Risoluzione matematica dei problemi:* formulazione in termini matematici di problemi risolubili con equazioni di primo e secondo grado.

Lingua inglese

Conoscenze di base della grammatica inglese.
La prova di conoscenza della lingua inglese, su decisone dell'Università, può avere solo valore orientativo e volta esclusivamente a individuare il livello di preparazione linguistica degli studenti.

Cultura generale

Per le domande di cultura generale non esiste un programma specifico.
Le domande potrebbero riguardare l'accertamento delle capacità di usare correttamente la lingua italiana, delle conoscenze storico-letterarie, geografiche, di diritto ed economia e quelle relative all'organizzazione dello stato italiano e le organizzazioni europee e internazionali.

Fac-simile* del modulo per domande con risposta a scelta multipla

Nome e Cognome

Luogo e data di nascita

Città, CAP, Provincia

Esame

Numero

ISTRUZIONI

Contrassegnare esclusivamente la casella corrispondente alla risposta ritenuta corretta.

Contrassegnare le risposte in modo ben marcato con una croce sull'opzione scelta, avendo cura di rimanere entro i bordi della casella stessa.

Marcatura corretta

Marcature sbagliate

Per correggere una risposta data, annerire la casella su cui si è apposto il segno e marcare con una croce quella considerata come corretta e definitiva. È ammessa una sola modifica per ogni risposta.

Per annullare una risposta data senza indicarne un'altra o per non fornire una risposta, barrare la figura circolare alla sinistra del numero del quesito.

Risposta annullata:

Utilizzare esclusivamente il pennarello fornito.

NON PIEGARE e NON MACCHIARE questa scheda.

RISPOSTE ALLE DOMANDE DEL QUESTIONARIO

	A	B	C	D	E		A	B	C	D	E		A	B	C	D	E
1						28						55					
2						29						56					
3						30						57					
4						31						58					
5						32						59					
6						33						60					
7						34						61					
8						35						62					
9						36						63					
10						37						64					
11						38						65					
12						39						66					
13						40						67					
14						41						68					
15						42						69					
16						43						70					
17						44						71					
18						45						72					
19						46						73					
20						47						74					
21						48						75					
22						49						76					
23						50						77					
24						51						78					
25						52						79					
26						53						80					
27						54											

* Il modulo delle risposte varia a seconda del numero delle domande nei test.

Ragionamento logico

Argomenti affrontati negli esercizi della sezione:

LOGICA VERBALE e PROBLEM SOLVING
- Relazioni tra termini: nomi propri e nomi comuni
- Grafia delle parole
- Proporzioni verbali
- Completamento di parole e di frasi
- Negazioni e quantificatori
- Sillogismi
- Premesse e conclusioni
- Implicazioni logiche (ragionamento deduttivo)
- Deduzioni e condizioni necessarie e sufficienti
- Supposizioni e struttura logica

COMPRENSIONE DEI TESTI

LOGICA ARITMETICA e GEOMETRICA
- Sequenze numeriche crescenti, decrescenti, miste
- Sequenze alfabetiche e alfanumeriche
- Problemi con frazioni e proporzioni
- Problemi con quantità e tempi
- Problemi con velocità e spazio percorso
- Figure e triangoli
- Aree e volumi di figure piane e solide

CALCOLO DELLE PROBABILITÀ
- Media, moda e mediana
- Percentuale
- Calcolo combinatorio e disposizioni
- Probabilità

INTERPRETAZIONE DI GRAFICI E TABELLE
- Insiemi
- Lettura di grafici
- Sequenze di figure
- Carte da gioco e domino
- Decrittazione

RAGIONAMENTO LOGICO

LOGICA VERBALE E PROBLEM SOLVING

1 *Che in Italia ci sia troppo umanesimo e che questo abbia danneggiato e danneggi la cultura scientifica è un'affermazione affiorata già negli scorsi anni Cinquanta (almeno) e a tratti ripresa. Certo, c'è da noi la retorica dell'umanesimo. [...] Troppo umanesimo e perciò poca scienza? Ma no, poco umanesimo e poca scienza perché poca è la propensione nazionale all'accertamento rigoroso di fatti e dati, alle misurazioni e alle descrizioni precise, all'esperienza diretta.*
Quale delle seguenti affermazioni è in contraddizione con l'argomentazione riportata?

A In Italia si fa molta retorica sull'importanza degli studi umanistici, ma in realtà non li si affronta con la serietà e la precisione che esigono
B Il rigore metodologico, essenziale alla ricerca in campo umanistico come in quello scientifico, è da noi poco praticato
C Per il carattere peculiare della nostra tradizione, in Italia si dà molto spazio agli studi umanistici, a scapito di quelli scientifici
D Discipline umanistiche e discipline scientifiche richiedono un analogo atteggiamento mentale
E Il costante riferimento a fatti, dati ed esperienze dirette, non è una pratica diffusa presso gli uomini di cultura italiani

2 "Esplosione" sta a "bomba" come "eruzione" sta a:

A lava
B vulcano
C fuoco
D montagna
E pietra

3 [...] Ragionare significa trarre *conclusioni* da *premesse*. Ragioniamo tutte le volte in cui, mettendo in collegamento certe *tesi* o *asserzioni* preliminari (le premesse, appunto), siamo in grado di formulare altre tesi (le conclusioni).
Le ali al pensiero. Corso di logica elementare, Paravia, Torino, 2003, p. 3.
Discorso 1. Ti prego, non dire a Marina che, mentre lei lavorava a Milano, sono stato in vacanza in Sardegna in compagnia di Giulia.
Discorso 2. Walter ogni volta che attraversa una piazza è preso da timore ossessivo. Quelli che non sopportano di stare o di passare in vasti luoghi aperti sono affetti da agorafobia. Si tratta di un disturbo curato dagli psichiatri. Walter deve rivolgersi a uno psichiatra.
Discorso 3. Da quando lavora dallo sfasciacarrozze, Mario è diventato un altro. Da dieci anni possiede un'automobile con le portiere verdi, il cofano blu, il tetto giallo e i parafanghi neri; le gomme, poi, si vede benissimo che sono molto più grandi di quelle originali.
Discorso 4. Quanto mi piacerebbe che tu, ogni tanto, mi raccontassi del tuo lavoro, che so, qualche episodio curioso che ti è capitato nelle lunghe ore trascorse a diretto contatto con il pubblico.
Alla luce della precedente definizione, quale tra i discorsi precedenti costituisce un ragionamento?

A Discorso 3
B Discorso 1
C Discorso 2

D Discorso 4
E Nessuna delle precedenti risposte è corretta

4 Completare la frase con la parola più idonea: "Individuare in modo ________ la condizione sotto cui un fenomeno avviene vuol dire in generale distinguerne le cause":

A preciso
B vario
C pregresso
D astratto
E unilaterale

5 "Tutti gli scolari sono diligenti; Tommaso è intelligente; tutte le persone intelligenti sono diligenti". In base alle precedenti affermazioni, quale delle seguenti è necessariamente vera?

A Tommaso è uno scolaro
B Tommaso è diligente
C Tutti gli scolari sono intelligenti
D Tutte le persone intelligenti sono scolari
E Chi non è intelligente non può essere uno scolaro

6 Una sola tra le proposizioni sotto elencate è rigorosamente deducibile dall'aforisma seguente: Meno si è, e meno si esprime la propria vita; più si ha, e più si è alienata la propria vita (Karl Marx):

A meno si è, più si ha
B più si aliena la propria vita, meno si ha
C meno si esprime la propria vita, più si ha
D meno si ha, meno ci si aliena
E meno ci si esprime, meno ci si aliena

7 Non è possibile negare la falsità della tesi secondo la quale la Terra non è rotonda. Qual è il corretto significato di questa affermazione?

A Non è possibile sapere con certezza se la Terra è rotonda o meno
B La Terra è rotonda
C La Terra non è rotonda
D La frase non ha senso
E Nessuna delle precedenti risposte è corretta

8 Un ventilatore ha sempre:

A protezione
B pulsantiera
C spina
D pale
E porta

9 Quali tra i termini proposti completano correttamente la seguente proporzione?
decennio : cinquantennio = X : Y

A X = anno Y = lustro

B X = mela Y = albero
C X = ora Y = minuto
D X = mese Y = settimana
E Nessuna delle precedenti risposte è corretta

10 Tra le seguenti parole trovare quella che abbia lo stesso significato di "desiderato" e "latitante".

A Agognato
B Ricercato
C Bandito
D Delinquente
E Amato

11 Fra i numeri interi sono stati individuati numeri con strane proprietà e perciò definiti numeri "strani". Quale delle seguenti proprietà dei numeri "strani" implica tutte le altre?

A Vi sono infiniti numeri dispari che non sono strani
B Alcuni numeri non strani sono pari
C I numeri strani sono in numero finito
D Esiste un quadrato che non è un numero strano
E Non esiste una proprietà che implichi tutte le altre

12 Se non avessi avuto talento non saresti diventato artista, ma sei diventato artista dunque:

A non hai talento
B sei artista
C hai talento
D sarai artista
E non avrai talento

13 *L'entropia può essere considerata una misura del disordine di un sistema. In generale si osserva che i sistemi tendono ad assumere spontaneamente le disposizioni più probabili, e quindi meno ordinate.*
Quale delle seguenti affermazioni può essere dedotta dall'argomentazione riportata?

A È più probabile una disposizione ordinata rispetto a una disordinata
B L'entropia di un sistema tende spontaneamente ad aumentare
C L'entropia di un sistema deve comunque rimanere costante
D L'entropia di un sistema tende spontaneamente a diminuire
E Tutti i sistemi sono estremamente disordinati

14 Che cos'è un autografo?

A Una descrizione di sé
B Uno scritto di mano dell'autore
C Un documento personale
D Un ricordo
E Un ritratto

15 Qual è il sinonimo di edulcorare?

A Impreziosire
B Attenuare
C Modificare
D Adulterare
E Alterare

16 *I recenti casi di cronaca relativi alle aggressioni di cani all'uomo, hanno fatto emergere la necessità di ulteriori interventi legislativi. È inutile, però, considerare alcune razze canine pericolose a priori, poiché i cani diventano pericolosi non per propria indole, bensì in base al trattamento che ricevono dal proprio padrone. Ciò significa che un cane, a prescindere dalla razza, può diventare pericoloso se maltrattato, mentre può non diventarlo se trattato bene sin dalla nascita. Una legge specifica sulle razze canine considerate pericolose è, pertanto, inefficace.*
Quale delle seguenti affermazioni esprime il messaggio principale del brano precedente?

A È inutile considerare alcune razze canine pericolose a priori
B Nessuna legge è in grado di condizionare il comportamento dei cani
C Dovrebbero esistere norme più restrittive che regolino il possesso dei cani
D Una legge specifica sulle razze canine considerate pericolose è inefficace
E I cani diventano pericolosi in base al trattamento che ricevono

17 *L'esame di un reo è fatto per conoscere la verità, ma se questa verità difficilmente scuopresi all'aria, al gesto, alla fisionomia d'un uomo tranquillo, molto meno scuoprirassi in un uomo in cui le convulsioni del dolore alterano tutti i segni, per i quali dal volto della maggior parte degli uomini traspira qualche volta, loro malgrado, la verità. Ogni azione violenta confonde e fa sparire le minime differenze degli oggetti per cui si distingue talora il vero dal falso.* (C. Beccaria)
Quale delle seguenti affermazioni non è coerente con l'argomentazione riportata?

A Le azioni violente sono utili per determinare la colpevolezza
B La tortura alterando i segni del volto nasconde la verità
C Le convulsioni del dolore rendono indistinguibile il vero dal falso
D La verità traspare talora nella fisionomia di un uomo tranquillo
E La violenza confonde i segni che permettono di distinguere il vero dal falso

18 Cinque persone (A, B, C, D, E) decidono di scambiarsi i regali di Natale di modo che ciascuno faccia un regalo a due persone e ne riceva da altre due persone. A fa un regalo a B e C; D fa un regalo a B e a una delle due persone che ricevono il regalo anche da E; C fa un regalo a D e alla stessa persona che riceve il regalo anche da B. Da chi riceve i regali E?

A D e C
B B e D
C D e A
D C e A
E B e C

19 "Tutti gli eccessi sono biasimevoli – alcune passioni non sono biasimevoli – dunque ________ non sono eccessi". Si individui il corretto completamento del sillogismo:

A alcune passioni

B alcuni eccessi
C tutte le passioni
D tutti gli eccessi
E tutti i biasimevoli

20 Dato che la materia era molto tecnica, l'istruttore fece del suo meglio per spiegarla in termini ___.

A discreti
B semplici
C specializzati
D letterari
E consoni

21 *"Attualmente si vive più a lungo e la qualità della vita durante la vecchiaia è migliorata anche grazie all'utilizzo di deambulatori, protesi ed apparecchi acustici. Questi ausili, tuttavia, non sono sufficienti a proteggere dagli imprevisti della vita, come essere investiti da un autobus o venire colpiti da un fulmine.*
Gli esperti sono divisi sulle cause dell'invecchiamento. Un recente studio ha affermato che le persone che vivono nelle aree più ricche tendono a vivere 20 anni più a lungo rispetto a coloro che vivono in aree più degradate. Uno studio condotto su diecimila dipendenti pubblici ha evidenziato che il tasso di mortalità tra gli impiegati è tre volte superiore rispetto a quello dei dirigenti".
Quale delle seguenti affermazioni è totalmente sostenuta dal brano precedente?

A La ricchezza e il successo personale aumentano le possibilità di vivere più a lungo
B Le ricerche sulle cause dell'invecchiamento sono inutili in quanto accadranno sempre degli imprevisti nella vita
C Per fare dei progressi in ambito scientifico, gli esperti devono decidere quale teoria dell'invecchiamento è corretta
D Per avere una vita più lunga si dovrebbe vivere in una città ricca
E Ausili artificiali quali deambulatori, protesi ed apparecchi acustici garantiscono sicuramente di vivere più a lungo

22 *Un'associazione di animalisti afferma che la recente morte prematura di un orso polare in uno zoo fornisce la prova evidente che gli orsi polari non sono adatti a vivere in cattività. Fino agli anni '80 le condizioni degli orsi polari negli zoo erano inadeguate e provocavano a questi animali sofferenze estreme, ma oggi la situazione è cambiata. Molti zoo hanno gradualmente ridotto il numero di orsi polari ospitati oppure hanno creato per loro condizioni di vita migliori. Le esigenze degli orsi polari devono essere conciliate anche con la necessità di proteggere la specie dall'estinzione. Attualmente, oltre alla cattività negli zoo, esistono pochi altri modi di preservare la specie.*
Quale delle seguenti affermazioni è totalmente sostenuta dal brano precedente?

A Solo negli zoo è possibile proteggere gli orsi polari dal rischio di estinzione
B Alcuni zoo possono e devono ospitare orsi polari
C Il ruolo svolto dagli zoo nella preservazione della specie non viene preso in considerazione dagli animalisti
D Gli orsi polari sono ospitati negli zoo perché la loro presenza attira i visitatori
E Tutti gli zoo sono ora in grado di creare un ambiente che riproduce l'habitat naturale degli orsi polari

23 *Nei processi decisionali che guidano le scelte personali degli individui entrano in gioco diversi fattori: la fede religiosa, le tradizioni culturali, le convinzioni comuni, le emozioni e soltanto di rado il ragionamento scientifico. La maggior parte degli individui, però, non conosce il metodo scientifico: le informazioni scientifiche che vengono divulgate tra il grande pubblico sono poche e le riviste scientifiche sono generalmente destinate ad un pubblico di nicchia. Dovrebbe essere la scuola ad insegnare che il metodo scientifico si basa su processi rigorosi: ciò servirebbe a guidare le scelte personali degli individui in modo più appropriato.*
Quale delle seguenti risposte costituisce il passaggio logico errato nel brano precedente?

A Si presuppone che la scuola sia in grado di insegnare il rigore del metodo scientifico
B Si sminuisce l'insegnamento delle discipline scientifiche nelle scuole
C Si generalizza impropriamente riguardo alle pubblicazioni scientifiche
D Si sottovaluta il fatto che nei Paesi occidentali il numero di coloro che si definiscono credenti è in calo
E Si presuppone che le scelte basate sul ragionamento scientifico siano sempre valide

24 Individuate la sola delle notizie sui personaggi presenti nel testo e qui elencati che contiene un vistoso errore:

A Manzoni: poeta, romanziere, nipote di Cesare Beccaria, oltre a *I Promessi Sposi* scrisse il pamphlet *Dei delitti e delle pene*
B Cervantes: scrittore spagnolo vissuto tra il XVI e il XVII secolo. Scrisse il *Don Quijote*
C don Quijote: tutto preso dagli ideali cavallereschi, vive mille avventure percorrendo la Spagna con lo scudiero Sancio Pancia
D fra Cristoforo: dopo un duello si fece frate cappuccino e spese la vita a soccorrere gli umili e i sofferenti
E cardinal Borromeo: di nome Federigo, uomo di fede e di cultura, fu cardinale di Milano, dove fondò la Biblioteca Ambrosiana

25 Quale sillaba posposta a "sipa" dà una parola di senso compiuto?

A Le
B No
C Che
D To
E Rio

26 Quali, tra i termini proposti, completano correttamente la seguente proporzione?
Savona : X = Y : Piemonte

A X = Terni Y = Umbria
B X = La Spezia Y = Liguria
C X = Liguria Y = Alessandria
D X = Lazio Y = Rieti
E nessuna delle precedenti risposte è corretta

27 Quali tra i termini proposti completano correttamente la seguente proporzione?
avvocato : imputato = X : Y

A X = medico Y = ammalato

B X = cucina   Y = pizza
C X = cavoli   Y = merenda
D X = cornice   Y = pittore
E Nessuna delle precedenti risposte è corretta

28 Data la proposizione: "Tutti i gatti sono felini" quale tra le seguenti proposizioni è la sua negazione?

A Almeno un gatto non è felino
B Alcuni gatti non sono felini
C Nessun gatto è felino
D Esistono altri animali che sono felini
E Alcuni felini non sono gatti

29 Individua il personaggio da scartare:

A Manzoni
B Cadorna
C Carducci
D Leopardi
E Foscolo

30 Aldo ha più denaro di Bruno, il quale ne ha meno di Carlo, che a sua volta ne possiede più di Donato. Questo significa che?

A Bruno ha più denaro di Carlo
B Bruno non ha denaro
C Donato è il più ricco
D Bruno possiede meno denaro di Aldo e di Carlo
E Donato ha più denaro di Carlo

31 Qual è il mese da scartare tra i seguenti:
Agosto – Settembre – Ottobre – Novembre – Dicembre

A Agosto
B Settembre
C Ottobre
D Novembre
E Dicembre

32 Nel Paese Omega ognuna delle cinque differenti imprese: Alfa, Beta, Gamma, Delta ed Epsilon (non necessariamente in quest'ordine) ha appena assunto un laureato: un dottore in Giurisprudenza, uno in Ingegneria, uno in Economia, uno in Psicologia e uno in Scienze delle Comunicazioni (non necessariamente in quest'ordine). I cinque laureati assunti sono: Mauro, Flavio, Raffaele, Walter e Luigi (non necessariamente in quest'ordine).
Si sa inoltre che:
Alfa ha assunto il laureato in Economia;
Flavio è laureato in Ingegneria e non lavora per l'impresa Beta;
Raffaele lavora per l'impresa Delta e non è laureato in Giurisprudenza;
Walter è laureato in Psicologia e lavora per l'impresa Epsilon.
In base a quanto affermato nel brano è possibile dedurre con certezza che:

A Mauro lavora per l'impresa Alfa

B Mauro non lavora per l'impresa Beta
C Luigi lavora per l'impresa Alfa o per l'impresa Beta
D Luigi lavora per l'impresa Beta
E Nessuna delle precedenti risposte è corretta

33 Luca evita sempre di sapere i risultati delle partite di calcio prima di guardare la trasmissione *90° Minuto*. Dal bar sotto casa sente provenire un forte applauso e quindi ne deduce che la squadra della sua città deve aver segnato almeno un goal. Non si sarebbe sentito un tale applauso per nessun'altra ragione. Quale delle seguenti affermazioni ha la stessa struttura logica del suddetto ragionamento?

A Ogni sera la famiglia Bianchi spegne tutte le luci prima di coricarsi. Laura vede che la loro luce in salotto è ancora accesa e quindi ne deduce che almeno uno dei componenti della famiglia Bianchi deve essere ancora alzato
B Ogni sera la famiglia Bianchi spegne tutte le luci prima di coricarsi. La scorsa notte la luce del salotto era accesa. Il signor Bianchi ha detto a Laura di aver difficoltà a dormire e questo spiegherebbe il motivo per cui la luce era rimasta accesa
C La famiglia Bianchi non spegne mai tutte le luci prima di coricarsi e lascia sempre accesa almeno la luce dell'ingresso. Laura non vede luci accese da tre notti e quindi ne deduce che la famiglia Bianchi deve essere andata in vacanza
D Ogni sera la famiglia Bianchi spegne tutte le luci prima di coricarsi. La scorsa notte la luce dell'ingresso era accesa. Deve esserci una ragione per questo. Probabilmente la famiglia Bianchi è andata in vacanza
E La famiglia Bianchi lascia accese le luci durante la notte quando la loro bambina ha degli incubi. La bambina ha avuto incubi la scorsa notte, quindi hanno lasciato le luci accese

34 *È possibile distinguere circa 250 tinte diverse. Eppure Newton suddivise lo spettro in solo sette regioni con sette nomi diversi, e tra questi incluse l'indaco, più per raggiungere il numero simbolico sette che non perché questa tinta corrispondesse a una regione ben definita dello spettro. Esistono però dei nomi di colori che vengono usati con frequenza molto maggiore di altri. Inoltre la frequenza dei nomi dei colori varia da lingua a lingua e da cultura a cultura.*
Nel testo si afferma che:

A esistono sette colori fondamentali;
B esistono 250 colori fondamentali;
C Newton vide sei colori e ne aggiunse un settimo;
D il numero dei colori percepibili corrisponde ad altrettanti nomi di colori;
E alcuni nomi di colori vengono usati con maggiore frequenza

35 L'opposto di saccente è:

A conoscente
B umile
C superbo
D esibizionista
E simpatico

36 *Lo scoprire allo specchio la vanità della propria maschera significa non poter più vivere; la tragedia dell'uomo è tuttavia proprio questa: che per illudersi di vivere l'uomo non ha altra risorsa se non l'affidarsi a codesta maschera, a codesta larva come gli altri (o lui stesso) l'hanno foggiata.* (S. D'Amico)

Quale delle seguenti affermazioni non è autorizzata dall'argomentazione di D'Amico sul teatro di Pirandello?

A La scoperta dell'inconsistenza della propria parvenza e la coscienza di non poterne fare a meno è la tragedia dell'uomo pirandelliano
B Scoprire l'inconsistenza della propria maschera non permette comunque di liberarsene
C Se dobbiamo nasconderci sotto una maschera convenzionale, soffocando la nostra autentica umanità, è perché così vuole la società borghese
D Per vivere l'uomo ha bisogno di riconoscersi in una maschera, anche se ne comprende la vanità
E Vivere, o per lo meno illudersi di vivere, comporta l'accettazione della maschera che talora noi stessi ci siamo imposta

37 Quali parole vanno sostituite ai numeri per dare un senso compiuto e logico alla frase seguente?
"Il ____(1)____ fece capolino da una tana, sparì in un'altra e sbucò subito da un ____(2)____distantissimo; infine, ____(3)_____uno sperone di roccia e puntò in basso."

A (1) platano (2) foro (3) fiancheggiò
B (1) dentice (2) rifugio (3) galleggiò
C (1) polpo (2) orifizio (3) fluttuò
D (1) sarago (2) pertugio (3) bordeggiò
E (1) mantice (2) covo (3) affondò

38 L'affermazione "non tutti gli oggetti di vetro sono prodotti a Venezia" equivale a:

A tutti gli oggetti di vetro sono prodotti a Venezia
B non tutti gli oggetti prodotti a Venezia sono di vetro
C tutti gli oggetti di vetro vengono prodotti fuori Venezia
D alcuni oggetti di vetro non sono prodotti a Venezia
E alcuni oggetti prodotti a Venezia non sono oggetti di vetro

39 Cinque colleghi di ufficio decidono di fondare una squadra mista di calcetto. Tra essi ci sono due ragazze (Serena e Laura) e tre ragazzi (Mario, Paolo e Roberto). Le città di provenienza sono: Modena, Bari, La Spezia, Novara e Rieti, non necessariamente in quest'ordine. Ognuno di loro gioca in un ruolo: portiere, difensore destro, difensore sinistro, centrocampista e attaccante, non necessariamente in quest'ordine. Si sa inoltre che: Laura gioca come difensore sinistro; Mario gioca come attaccante; il portiere viene da La Spezia; il centrocampista è la ragazza di Rieti; Roberto è di Modena.
Quale delle seguenti affermazioni non può essere dedotta con certezza dall'esercizio?

A Laura proviene da Bari o da Novara
B Mario proviene da Bari
C Paolo non proviene da Bari né da Novara
D Serena gioca come centrocampista
E Il difensore destro non proviene da Novara

40 Indicare il contrario della parola probo:

A disonesto
B biasimevole

C stimato
D corretto
E nessuna delle precedenti risposte è corretta

41 Indica la sillaba che, aggiunta alla prima e preposta alla seconda, fornisce un significato compiuto a entrambe:

ar
rto

A ve
B te
C to
D po
E ba

42 Piero ha un fratello di nome Mauro e una sorella di nome Anna, che ha sposato il fratello della moglie di Piero. Che relazione c'è tra Piero e il marito di Anna?

A Sono consuoceri
B Sono cugini
C Sono solo conoscenti
D Sono cognati
E Sono zio e nipote

43 Solo se la rappresentazione teatrale è in atto, gli spettatori non tengono acceso il telefonino. In base a questa affermazione, quale delle seguenti non è necessariamente vera?

A Se gli spettatori tengono spento il telefonino significa che la rappresentazione teatrale non è in atto
B Non è sufficiente che la rappresentazione teatrale sia in atto perché gli spettatori tengano spento il telefonino
C Se la rappresentazione teatrale non è in atto, gli spettatori tengono acceso il telefonino
D Se gli spettatori non tengono acceso il telefonino significa che la rappresentazione teatrale è in atto
E È necessario che la rappresentazione teatrale sia in atto perché gli spettatori tengano spento il telefonino

44 In un cesto ci sono dei frutti. Sono tutte arance meno quattro. Sono tutti limoni meno quattro. Ci sono tante banane quanti agrumi, il resto sono mele. Quanti e quali frutti ci sono nel cesto?

A Un'arancia, una banana, un limone e una mela
B Un limone, un'arancia, due banane e una mela
C Un limone e un'arancia
D Un'arancia una banana e una mela
E Un'arancia, una mela e un limone

45 Se "malore" = 6, "gallina" = 7, "ristretto" = 9, allora "concordare" = ?

A 8
B 5
C 3

D 10
E 13

46 Indica in parentesi la parola che completi la prima e sia l'inizio della seconda:
terre (...) scafo

A mare
B ali
C no
D stre
E moto

47 Date le seguenti relazioni: A è B, B è C, C può essere A, A non è D, C non è D, E non è C. Quale delle seguenti conclusioni relative a E è corretta?

A A non può essere E
B E può essere B
C E può essere A
D Ogni D è E
E B può essere D

48 Briciola : pane = ?

A grammo : unità
B truciolo : legno
C acqua : secchio
D nodo : corda
E crema : burro

49 *Il vuoto che consegue alla pratica meditativa [taoista] fondata sulla respirazione profonda, provocando calma e adattamento, produce anche le condizioni favorevoli per esperire la realtà fisica e psichica in modi diversi da quelli consueti [...] fenomeni ed eventi non entrano più in un corpo intasato da stimoli e da sforzi o in una mente stipata di figure e di concetti [...]. Come in un organismo a digiuno con maggiore intensità si avvertono i sapori, come nell'aria silenziosa i suoni trasmettono meglio la loro qualità, come su uno specchio d'acqua tranquilla le cose riflettono meglio la loro forma, così nel vuoto procurato dalla respirazione profonda ogni cosa e ogni parola, ogni fatto e ogni pensiero non scompaiono ma, anzi, esaltano la loro presenza, manifestano pienamente le loro qualità. [...] Si rende evidente la natura "dialettica" del vuoto taoista: lo svuotamento non è fine a se stesso [...] ma avviene in funzione di un riempimento qualitativamente migliore che, peraltro, deve sapersi destinato a cedere il passo a un ulteriore svuotamento.*
Alla luce di quanto riportato, solo una delle seguenti conclusioni risulta corretta. La si individui:

A i taoisti sottolineano l'importanza preminente dell'inspirazione, lenta e profonda, rispetto alla più rapida espirazione
B la pratica meditativa taoista è volta non solo a snellire il corpo ma anche a rendere molto più torbida la mente
C l'affollarsi di una molteplicità di stimoli sensibili e cognitivi non è condizione ideale per apprezzarne le rispettive qualità

D solo trattenendo a oltranza il respiro si può realizzare, secondo il taoismo, il perfetto vuoto interiore

E più che a uno svuotamento conclusivo, la meditazione taoista mira a un definitivo riempimento della mente

50 *Ragionamento 1.* Tutte le volte che ho mangiato la pizza a Napoli l'ho trovata buonissima; un mio collega, di passaggio nella città partenopea per lavoro, ne è rimasto entusiasta; non c'è nessuno tra i miei amici che sono stati a Napoli che non vada matto per la pizza fatta laggiù. I napoletani sanno fare la pizza.
Ragionamento 2. Tutti quelli che pensano di poter fare a meno degli altri sono degli incoscienti. Luciana è convinta di poter vivere da sola in un rifugio alpino sperduto in alta quota; lei non si rende conto degli innumerevoli pericoli ai quali può andare incontro.
Ragionamento 3. Visitare il centro storico e lanciare la classica monetina nella fontana di Trevi è nei sogni d'ogni turista tedesco in visita alla capitale; Werner è un giovane turista tedesco appena arrivato a Roma e dunque non vede l'ora di trovarsi a tu per tu con la celebre fontana.
Ragionamento 4. Nessuna persona dabbene uscirebbe da un locale senza pagare il conto. Con la scusa di dover prendere qualcosa dalla macchina, Paolo, dopo aver cenato, ha lasciato a bocca asciutta il proprietario della pizzeria; non si può dire che Paolo sia una brava persona.
Esistono ragionamenti induttivi e deduttivi. Quanti dei precedenti ragionamenti sono induttivi?

A Ragionamento 1
B Ragionamento 2
C Ragionamento 3
D Ragionamento 4
E Nessuna delle precedenti risposte è corretta

51 "Filosofia" sta a "filo" come "cane" sta a ...:

A neonato
B canile
C bambino
D puledro
E pulcino

52 Quali, tra i termini proposti, completano correttamente la seguente proporzione?
Giocatore : squadra = X : Y

A X = gradino Y = scala
B X = maglietta Y = calzoncini
C X = palestra Y = piscina
D X = palla Y = canestro
E nessuna delle precedenti risposte è corretta

53 Quale tra i seguenti è un contrario di irrequieto?

A Agitato
B Tranquillo
C Requieto
D Grullo
E Combattuto

54 *Non si dovrebbero bocciare progetti per la costruzione di nuove centrali nucleari poiché sono più "verdi" rispetto alle centrali elettriche tradizionali alimentate a carbone. Tuttavia, ci si dovrebbe assicurare che le nuove centrali nucleari siano costruite in modo da minimizzare eventuali problemi ambientali. Ad esempio, in Francia le centrali nucleari in zone costiere, che usano acqua marina nei sistemi di raffreddamento, sono responsabili dello sterminio di miliardi di pesci e delle loro uova che ogni anno vengono risucchiati all'interno delle centrali. In quelle regioni della Francia l'impatto ambientale può essere così devastante che il tasso di mortalità tra alcune specie di pesci è equivalente alla metà della pesca commerciale.*
Quale delle seguenti affermazioni, se considerate vere, rafforza l'argomentazione precedente?

A L'energia nucleare genera minori gas inquinanti rispetto all'energia generata da combustibili fossili
B Oggigiorno si pescano specie diverse che sono apprezzate dai consumatori
C La maggior parte delle uova di pesce non si schiude
D Il danno recato alla popolazione ittica può essere evitato facendo uso di sistemi di raffreddamento alternativi
E La pesca eccessiva, che in passato è stata causa di un significativo declino nelle riserve di pesce, è ormai sotto controllo

55 Palinsesto : palindromo = raschiare : X

A X = ripetere
B X = invertire
C X = ritirare
D X = rivivere
E X = rivendere

56 Una bottiglia ha sempre:

A liquido
B tappo
C cono
D etichetta
E fondo

57 Molti passeggeri scelgono di viaggiare in aereo con compagnie low cost per la loro convenienza economica, seppur consapevoli che il trasporto aereo causi danni ambientali. Tale convenienza è, però, illusoria. Le compagnie low cost attirano i clienti pubblicizzando tariffe a prezzi apparentemente molto convenienti, ma oltre alla tariffa base, i clienti devono poi pagare per molti servizi considerati essenziali, quali l'imbarco dei bagagli e i posti a sedere riservati. Si è persino ipotizzato che i passeggeri paghino per l'utilizzo dei servizi igienici a bordo.
Quale delle seguenti affermazioni è totalmente sostenuta dal brano precedente?

A Le compagnie aeree low cost stanno perdendo soldi poiché offrono tariffe economiche
B I voli delle compagnie aree low cost causano meno danni all'ambiente rispetto a quelli delle compagnie tradizionali
C Le compagnie aeree low cost non sono così convenienti economicamente come pubblicizzato

D Tutte le compagnie aeree low cost forniscono servizi analoghi
E Le proteste dei passeggeri nei riguardi delle compagnie aeree low cost non hanno alcun effetto

58 *Un sacchetto di plastica impiega dai 400 ai 1000 anni per decomporsi e solo 1 su 200 viene riciclato. I sacchetti di carta, invece, si decompongono in un mese. Il dato è positivo fino a quando non si scopre che per produrre i sacchetti di plastica si consuma il 40% di energia in meno. Inoltre, serve il 90% di energia in meno per riciclare un chilo di plastica rispetto ad un chilo di carta.*
Quale delle seguenti affermazioni è totalmente sostenuta dal brano precedente?

A È il problema dei rifiuti, non della produzione, a danneggiare l'ambiente
B Considerati gli svantaggi ambientali legati ai sacchetti di carta, non si dovrebbe abbandonare l'uso dei sacchetti di plastica
C Il governo dovrebbe tassare l'utilizzo dei sacchetti per la spesa e utilizzare il ricavato per sostenere iniziative ecologiche
D Se tutti i sacchetti fossero riutilizzati e/o riciclati, la plastica sarebbe un'alternativa ambientale migliore della carta
E Gli effetti nocivi dei sacchetti di carta sono a breve termine e quindi meno gravi di quelli dei sacchetti di plastica

59 Oltre che una specifica facoltà universitaria, la parola "giurisprudenza" individua:

A le sentenze pronunciate dagli organi giurisdizionali
B un dovere di particolare cautela nell'esercizio della funzione giurisdizionale
C l'organo di autogoverno della magistratura ordinaria
D è sinonimo di avvocatura dello Stato
E nessuna delle precedenti risposte è corretta

60 *Per 200 anni, ovvero dopo l'occupazione del nord della Scandinavia da parte della Russia, Tornio è stata una città divisa in due: metà agli svedesi e metà ai finlandesi. Vivevano abbastanza felicemente insieme, anche se per andare a trovare qualcuno dall'altra parte si doveva aspettare per ore, visto il gran traffico. Dopo anni di trattative oggi è stato firmato l'accordo per riunire le due parti; il territorio sarà di diretta giurisdizione europea.*
Quale delle seguenti affermazioni costituisce una sintesi esatta dell'argomentazione riportata?

A Dopo l'occupazione russa, la città di Tornio venne divisa in due. Gli abitanti vissero felici, anche se dovevano aspettare ore e ore per ricongiungersi con i propri parenti. Da oggi l'Europa ha inglobato nel proprio territorio la città unificata
B Dopo duecento anni di serena convivenza tra la parte svedese, Haparanda, e quella finlandese, Tornio, di un'unica città, divisa in due dall'occupazione russa, un trattato appena firmato ha riunificato le parti
C Dopo l'occupazione russa della Scandinavia settentrionale, Tornio venne divisa in due: una parte svedese e una finlandese, che hanno convissuto serenamente, nonostante i disagi. Oggi, invece, si è passati a un accordo per riunificarla sotto la giurisdizione europea
D Tornio è una cittadina russa divisa a metà da duecento anni di storia. Dalla firma del trattato europeo, in data odierna, la città si è riunificata e ha adottato anche la moneta unica dell'euro
E I russi hanno spartito, duecento anni fa, una cittadina tra svedesi e finlandesi. Questo ha comportato numerosi problemi ai cittadini, non ultimo quello del

traffico per recarsi da una metà all'altra di Tornio. Recentemente però è stato firmato un accordo che riunifica la cittadina sotto una sola giurisdizione

61 Non è vero che a Torino nel mese di aprile quando piove tutte le persone che escono hanno l'ombrello. Ciò equivale a dire che:

A in una città diversa da Torino, in un mese diverso da aprile, quando piove tutti escono senza ombrello
B almeno una persona in una città diversa da Torino in un mese diverso da aprile quando piove esce senza ombrello
C a Torino nel mese di aprile quando piove chi esce non ha l'ombrello
D in una città diversa da Torino, in un mese diverso da aprile, quando piove chi esce ha l'ombrello
E almeno una persona a Torino nel mese di aprile quando piove non porta l'ombrello

62 Completa quanto segue:
giardino 31647195
nodi 9571
giro 3145
nido ...

A 9175
B 6172
C 3571
D 1953
E non si può stabilire

63 Se la parola "occultazione" è scritta correttamente calcolare 3^3, altrimenti calcolare 11^2:

A 515
B 121
C 512
D 27
E 400

64 *Un ispettore ministeriale ha visitato una scuola primaria. Secondo l'ispettore, per massimizzare l'efficienza della scuola, gli insegnanti dovrebbero essere consapevoli delle loro capacità di insegnamento e di quelle dei propri colleghi. Nella scuola lavorano 20 insegnanti. Ad ogni docente è stato chiesto di classificare le proprie capacità di insegnamento, paragonandole a quelle dei colleghi, e di elencare quindi in ordine di bravura tutti i docenti della scuola, compresi se stessi, in una classifica discendente con posizioni da 1 a 20. Tutti gli insegnanti della scuola hanno inserito il proprio nome in una delle prime 10 posizioni in classifica.*
Quale delle seguenti affermazioni è totalmente sostenuta dal brano precedente?

A Nella scuola lavorano insegnanti le cui abilità sono al di sopra della media nazionale
B Non si è riusciti a stilare una classifica delle capacità di insegnamento dei docenti nella scuola
C La metà degli insegnanti ha saputo valutare i colleghi in maniera accurata

D Non dovrebbe essere permesso agli insegnanti di valutare le proprie capacità di insegnamento

E Non tutti gli insegnanti sono stati in grado di valutare le proprie capacità di insegnamento in maniera accurata

65 Quali parole vanno sostituite ai numeri per dare un senso compiuto e logico alla frase seguente?
"A causa dei miei errori sono stato ___(1)___ alla gogna ____(2)___".

A (1) intrappolato (2) satanica
B (1) infangato (2) barbarica
C (1) fagocitato (2) informatica
D (1) avviato (2) meccanica
E (1) esposto (2) mediatica

66 Scegli tra i termini riportati quello che meglio risponde alla definizione di tossicità:

A caratteristica di una sostanza particolarmente amara
B percentuale delle sostanze nocive presenti in un farmaco
C effetto nocivo indotto da una sostanza sull'organismo esposto
D sostanza che provoca la tosse nei soggetti sensibili
E mancanza di criteri per la scelta di farmaci adeguati a una terapia

67 L'opposto di dispotico è:

A carino
B indulgente
C gradevole
D dittatoriale
E prevaricatore

68 *Medici e infermieri non ricevono alcun compenso extra quando salvano la vita di un paziente, poiché ciò fa parte del loro lavoro. Allo stesso modo, gli insegnanti non ricevono un compenso supplementare quando i loro studenti superano gli esami in modo brillante. Tuttavia, nel Regno Unito è stato recentemente proposto di dare un compenso extra agli agenti di polizia, fino a un massimo di £1.000 annuali, in base al loro contributo nella lotta contro la criminalità. Tale proposta di incentivare gli agenti di polizia deve essere respinta poiché i dipendenti pubblici dovrebbero semplicemente svolgere bene il loro lavoro.*
Quale delle seguenti affermazioni, se considerata vera, indebolisce l'argomentazione contro gli incentivi agli agenti di polizia?

A Nel Regno Unito c'è una forte carenza di organico tra gli agenti di polizia
B L'opinione pubblica è generalmente molto critica nei confronti degli agenti di polizia
C Il Servizio Sanitario nazionale non sarebbe più sostenibile dalle finanze pubbliche qualora i dipendenti ricevessero compensi extra
D Nel settore privato i datori di lavoro, a loro discrezione, possono elargire compensi extra ai dipendenti
E Il compenso extra proposto per gli insegnanti sarebbe legato all'impegno dei loro studenti

69 Individuare, tra le alternative proposte, la parola da scartare:

A arpa

B chitarra
C organo
D violino
E contrabbasso

70 Il protagonista del racconto era una persona molto distaccata e ___, un uomo di grande riservatezza.

A boriosa
B compassata
C noiosa
D ipocrita
E interessante

71 *La ragione per cui ho scritto questo libro è che, mentre mi trovavo alla Banca Mondiale, ho preso atto in prima persona degli effetti devastanti che la globalizzazione può avere sui paesi in via di sviluppo e, in particolare, sui poveri che vi abitano. Ritengo che la globalizzazione, ossia l'eliminazione delle barriere al libero commercio e la maggior integrazione tra le economie nazionali, possa essere una forza positiva e che abbia tutte le potenzialità per arricchire chiunque nel mondo, in particolare i poveri. Ma perché ciò avvenga, è necessario un ripensamento attento del modo in cui essa è stata gestita, degli accordi commerciali internazionali che tanto hanno fatto per eliminare quelle barriere [...].* (J.E. Stiglitz)
Quale delle seguenti affermazioni è in contraddizione con l'argomentazione riportata?

A Non possiamo accettare che la globalizzazione si imponga come sistema se non vogliamo che tutti i paesi poveri siano automaticamente immiseriti e sconvolti
B Gestire un fenomeno come la globalizzazione richiede una correzione degli accordi commerciali attuati fino a oggi
C L'esperienza fatta in seno alla Banca Mondiale ha rivelato a Stiglitz che la globalizzazione può condurre alla rovina i più deboli come costituire una forza per loro positiva
D Non è affatto certo che gli effetti della globalizzazione non saranno catastrofici, almeno per i Paesi più poveri
E L'integrazione tra le economie nazionali, se verrà ripensata nei suoi meccanismi, potrà produrre maggior benessere nei Paesi in via di sviluppo

72 Nel Regno Unito la maggior parte degli adulti non utilizza mai per lavoro una lingua diversa dalla propria, cioè l'inglese. Pertanto molti sostengono che l'insegnamento delle lingue straniere in tutte le scuole britanniche sia inutile. Le aziende britanniche non risentono affatto di una carenza di personale con competenze linguistiche, ma piuttosto di una mancanza di diplomati che abbiano un buon livello in inglese e in matematica. Le scuole dovrebbero concentrarsi sull'insegnamento di materie utili agli studenti per le loro future carriere e che, al contempo, serviranno ad assicurare il benessere economico dell'intera nazione.
Quale delle seguenti affermazioni esprime il messaggio principale del brano precedente?

A Il benessere economico della nazione dipende da ciò che si insegna nelle scuole
B Le scuole dovrebbero solo insegnare materie utili
C Per i diplomati le materie più importanti sono inglese e matematica

D Sono poche le aziende che risentono di una carenza di personale con competenze linguistiche

E Le lingue straniere non dovrebbero essere obbligatorie nelle scuole britanniche

73 *L'educazione sanitaria deve già iniziare nei programmi della scuola materna. Se non si modificano le abitudini sanitarie sin dalla più tenera età, non si può sperare di migliorare in futuro la salute degli adulti e degli anziani. Gli investimenti in programmi di educazione sanitaria nell'età prescolare possono essere utili per la società intera e comportare un risparmio di spesa per l'assistenza.*
Quale delle seguenti affermazioni può essere dedotta dall'argomentazione riportata?

A Se non si modificano le abitudini sanitarie sin dalla più tenera età, si può sperare di migliorare in futuro la salute degli adulti e degli anziani

B La società dovrebbe ridurre le spese dell'assistenza per indurre i cittadini a provvedere in proprio

C Solo se si investe in programmi di educazione sanitaria nell'età prescolare si ottiene un risparmio di spesa per l'assistenza

D L'educazione sanitaria dei bambini produce posti di lavoro

E L'educazione sanitaria dei bambini può essere utile sia a loro singolarmente sia alla società

74 Nella frase "Il biondo Tevere si trova nel Lazio", "biondo" è:

A un attributo

B un'apposizione

C un complemento di luogo

D un complemento oggetto

E un avverbio

75 "E le tazzine, igienizzatele!" può essere in relazione con:

A "il bar deve essere pulito"

B "la lavastoviglie"

C "aceto nell'enoteca"

D "il caffelatte è buono"

E nessuno dei precedenti

76 "È sbagliato negare che sia falso che il quadro non è stato dipinto da Leonardo Da Vinci." Basandosi su questa affermazione individuare quale di queste affermazioni è esatta:

A il quadro è stato dipinto da Leonardo Da Vinci

B il quadro è stato dipinto da un pittore sconosciuto

C il quadro non è stato dipinto da Leonardo Da Vinci

D non si può riconoscere quale pittore ha dipinto il quadro

E l'asserzione della traccia è errata

77 Individuare il nome della divinità da scartare:

A Atena

B Mercurio

C Giunone

D Giove
E nessuna delle precedenti risposte è corretta

78 Individua il nome dell'animale da scartare:

A tigre
B zebra
C lince
D leone
E gatto

79 Gianni andrà a sciare se e solo se comprerà gli occhiali da sole. In base a questa affermazione, quale delle seguenti è necessariamente falsa?

A È sufficiente che Gianni compri gli occhiali da sole perché vada a sciare
B Se Gianni non comprerà gli occhiali da sole allora non andrà a sciare
C Se Gianni è andato a sciare allora ha comprato gli occhiali da sole
D Anche se Gianni comprerà gli occhiali da sole, potrebbe non andare a sciare
E Se Gianni non comprerà gli occhiali da sole, rimarrà a casa

80 Completare la frase con l'aggettivo più idoneo. "Ti stai inerpicando su un sentiero ________ di insidie":

A assiduo
B irto
C acuto
D logorroico
E egregio

81 I coniugi Bianchi hanno un figlio e una figlia e sono bisnonni. Ciascuno dei loro discendenti maschi ha due figli maschi e nessuna figlia femmina. Ciascuna delle loro discendenti femmine ha un figlio maschio e una figlia femmina (tutti i loro discendenti sono attualmente vivi).
Quanti pronipoti maschi hanno i coniugi Bianchi?

A 11
B 7
C 10
D 14
E 8

82 Le persone che amano gli spettacoli di cabaret sono spiritose. Antonio è una persona spiritosa. Quale delle seguenti affermazioni aggiuntive consente di dedurre con certezza che Antonio ama gli spettacoli di cabaret?

A Tutte le persone spiritose amano gli spettacoli di cabaret
B Alcune persone spiritose hanno come nome Antonio
C Alcune persone spiritose amano gli spettacoli di cabaret
D Non è certo che tutte le persone spiritose amino gli spettacoli di cabaret
E Nessuna delle precedenti risposte è corretta

83 *Erodoto, il padre della storiografia, racconta una storia interessante, per quanto piuttosto raccapricciante. Il re di Persia, Dario I, intendeva dare una lezione ai*

greci residenti nel suo impero. Faceva parte dei costumi di questi ultimi cremare i loro morti. Dario "convocò – leggiamo in Erodoto – gli Elleni che si trovavano nel suo regno e chiese loro a qual prezzo erano disposti a mangiare i cadaveri dei loro genitori, e quelli risposero che non l'avrebbero fatto a nessuno costo. Dopo di che Dario chiamò gli indi detti Collati, che mangiano i loro genitori, e chiese loro, alla presenza degli Elleni che capivano quanto veniva detto a mezzo di un interprete, a qual prezzo avrebbero accettato di bruciare i genitori morti e quelli, alzando grandi grida di protesta, lo pregarono di non parlare così"
(Karl Popper, Il mito della cornice, Il Mulino 1994.)
A questa citazione di Erodoto, Popper fa seguire varie considerazioni, che ne rilevano alcuni possibili significati e implicazioni.
Dite quale, tra quelle qui riportate, si mostra indebitamente inserita in quanto in contrasto con il senso del discorso:

A le parti in conflitto devono essere senza dubbio uscite profondamente colpite dall'esperienza vissuta e aver imparato qualcosa di nuovo
B Erodoto ci invita alla tolleranza e persino al rispetto dei costumi e delle convenzioni diverse dalle nostre
C non è detto che l'abisso tra differenti cornici o diverse culture possa sempre, con ragioni logiche, essere superato
D tuttavia in ogni campo, a qualunque costo, è bene cercare di eliminare le differenze tra diverse posizioni, perché solo di qui nascono i conflitti
E nessuna delle precedenti risposte è corretta

84 Nella libera Repubblica di Maraviglia c'è un paese, detto Ernesti, in cui tutti gli abitanti sono biondi; nello stato di Maraviglia nessun biondo è disonesto. L'attuale Presidente di Maraviglia è alto 160 centimetri e ha folti capelli rossicci.
Quale delle seguenti affermazioni è necessariamente errata?

A L'attuale presidente di Meraviglia è disonesto
B Nessun disonesto è un ernestiano
C Non c'è alcuna persona onesta che non sia ernestiana
D Nessun ernestiano è disonesto
E Il Presidente è un onesto ernestiano

85 *Le ammine costituiscono un'importante categoria di composti organici a carattere basico; la loro basicità non è molto spiccata; si può affermare, in generale, che la basicità delle ammine cresce al crescere del numero di radicali alchilici legati all'azoto, anche se le ammine terziarie, in cui i radicali in questione sono tre, hanno frequentemente basicità minore rispetto alle ammine con due radicali legati all'azoto (ammine secondarie).*
Quale delle seguenti affermazioni non può essere dedotta dall'argomentazione riportata?

A Alcune ammine terziarie sono meno basiche rispetto alle secondarie
B Le ammine sono composti organici azotati
C Le ammine primarie (un radicale legato all'azoto) sono in genere meno basiche delle secondarie
D Esiste proporzionalità diretta tra basicità delle ammine e numero dei radicali legati all'azoto
E Le ammine sono basi deboli

86 Indica la parola che manca tra parentesi:
en (cane) 13
an (...) 53

A acne
B nuca
C cena
D gatto
E vanno bene sia acne sia cena

87 Gli astronomi dell'Università di Bengodi hanno provato che ogni galassia contiene un numero finito di stelle ma che il numero di stelle dell'universo è infinito. Tra tutte le stelle ne hanno individuate alcune di tipo α. Dire quale delle seguenti affermazioni implica tutte le altre:

A le stelle α sono in numero finito
B solo 50 galassie contengono stelle α
C vi sono infinite stelle che non sono stelle α
D c'è almeno una galassia senza stelle α
E non tutte le stelle sono stelle α

88 *Il numero di Paesi aperti al turismo è in continuo aumento. Tra questi ve ne sono alcuni in cui i diritti umani dei cittadini vengono ripetutamente violati e per questo motivo, quindi, i turisti non dovrebbero recarvisi. Il turismo è sempre fonte di reddito per un Paese e, per quei governi soggetti ad embarghi e restrizioni, questo tipo di introito è particolarmente importante. Pertanto, i turisti che visitano tali Paesi aiutano a mantenere al potere regimi corrotti e oppressivi. Mentre i turisti visitano tesori archeologici e si rilassano su spiagge incontaminate, i cittadini di quel Paese sono sempre più vessati.*
Quale delle seguenti affermazioni esprime il messaggio principale del brano precedente?

A La responsabilità morale di aiutare i più deboli è più importante del desiderio di visitare altri Paesi
B Molti dei regimi che violano i diritti umani dei loro cittadini incoraggiano il turismo
C I turisti non dovrebbero visitare i Paesi che violano i diritti umani dei loro cittadini
D Gli introiti derivanti dal turismo aiutano a mantenere i regimi corrotti e oppressivi al potere
E Proibire il turismo nei Paesi in cui si violano i diritti umani è il modo migliore per aiutare la popolazione di questi Paesi

89 *Coltivare piante non autoctone per abbellire i propri giardini è diventata una pratica piuttosto comune. Molte di queste specie sono costose, richiedono trattamenti speciali e sono spesso soggette a parassiti e malattie. Esistono molte piante selvatiche autoctone che sono perfettamente adatte alla crescita in vaso o nei giardini delle case, non richiedono trattamenti speciali e sono spesso altrettanto belle rispetto alle piante provenienti dall'estero. Si dovrebbe dunque cercare di coltivare un numero maggiore di piante autoctone selvatiche nei propri giardini.*
Se considerata vera, quale delle seguenti affermazioni rende più forte l'argomentazione precedente?

A Le piante selvatiche autoctone hanno una fioritura più breve rispetto alle piante esotiche

B I giardinieri traggono particolare piacere nel coltivare con successo piante non autoctone
C Alcune piante selvatiche autoctone sono molto costose e difficili da coltivare
D Parecchi centri di giardinaggio hanno notato un aumento nelle vendite di piante selvatiche autoctone
E Le piante selvatiche autoctone non sono soggette a malattie

90 La condanna all'ergastolo per omicidio avviene solo se si è ritenuti colpevoli dell'uccisione di una persona e se tale azione è stata compiuta in modo volontario. Enrico è stato condannato all'ergastolo, quindi deve aver ucciso volontariamente una persona.
Quale delle seguenti affermazioni segue la stessa struttura logica del suddetto ragionamento?

A Solo gli studenti che trovano lo studio interessante ottengono dei buoni voti all'università. Giulio trova lo studio interessante, quindi sarà un ottimo studente quando frequenterà l'università
B Vi sono soltanto due modi per prepararsi adeguatamente all'esame e Paola non ne ha seguito nemmeno uno. Paola è quindi impreparata
C Per superare l'esame di abilitazione alla professione di avvocato occorre ottenere un buon punteggio sia nelle prove scritte che nella prova orale. Stefania ha superato l'esame, quindi deve aver ottenuto un buon punteggio sia nelle prove scritte che nella prova orale
D L'unico modo per migliorare le proprie prestazioni in uno sport è l'allenamento. Se Chiara vuole migliorare le proprie prestazioni sportive deve allenarsi molto
E Se Carlo avesse fatto tutto il lavoro che dice di aver svolto, avrebbe fatto progressi. Carlo non ha fatto alcun progresso, quindi non può aver lavorato così duramente come dice di aver fatto

91 Individuare la parola da scartare:

A Cile
B Perù
C Argentina
D Messico
E Patagonia

92 Non vi è motivo di escludere la possibilità di vita su Urano. Dunque dobbiamo esplorare questo pianeta. L'argomentazione riportata presuppone che:

A la vita su Urano esiste
B Urano è l'unico pianeta del sistema solare sul quale è possibile incontrare forme di vita
C la ricerca della vita è una ragione sufficiente per l'esplorazione dei pianeti
D nessuno ha mai tentato l'esplorazione di Urano
E nessuna delle precedenti risposte è corretta

93 Individua la parola da scartare:

A popolo
B bis
C riposo

D castello
E polvere

94 Quale sillaba preposta a "vino" dà una parola di senso compiuto?

A Si
B Ma
C Di
D Cam
E Re

95 Dire che la frase "tutti loro non lavorano" è falsa significa dire che:

A almeno uno tra loro lavora
B uno tra loro non lavora
C nessuno di loro lavora
D tutti lavorano
E tutti loro, tranne uno, lavorano

96 Individua la parola da scartare:

A articolo
B avverbio
C preposizione
D verbo
E coniugazione

97 Tra le seguenti parole trovare quella che abbia lo stesso significato di "risarcimento".

A Rilegatura
B Ressa
C Defezione
D Indirizzo
E Indennizzo

98 Quale termine è anomalo?

A Poligrafico
B Politecnico
C Polimorfismo
D Poligamo
E Politico

99 Quale tra le coppie di termini proposti completa logicamente la seguente proporzione verbale:

x : branco = briganti : y

A x = orda; y = saccheggio
B x = iene; y = banditismo
C x = leoni; y = latitanza
D x = lupi; y = masnada
E x = transumanza; y = lupara

100 Recenti scoperte hanno respinto l'infondatezza della tesi secondo la quale non è vera l'impossibilità che lo stress sia alla base di alcune gravi malattie mentali.
Il corretto significato di questa affermazione è:

A lo stress fa diventare matti
B le malattie mentali sono causate da stress
C lo stress può essere causa di alcune malattie mentali
D lo stress porta inevitabilmente alla malattia mentale
E non è possibile che lo stress sia la causa di alcune gravi malattie mentali

101 Se l'asserzione: "Marco scrive o ascolta musica" è falsa, quale delle seguenti asserzioni è sicuramente vera?

A Marco non scrive e non ascolta musica
B Marco non riesce a scrivere se non ascoltando musica
C Marco è in grado di scrivere ascoltando musica
D Marco è abituato a scrivere ascoltando musica
E Nessuna delle precedenti risposte è corretta

102 "Dico che un buon cittadino e amante della patria non solo debba accettare di collaborare col tiranno per sua sicurtà, perché è in pericolo se diventa sospetto, ma anche per il bene della patria, perché comportandosi così gli viene l'occasione, con i consigli e con le opere, di promuovere molto bene e di evitare molto male. E questi che biasimano chi così si comporta sono pazzi: perché starebbe fresca la città e loro, se il tiranno non avesse intorno altro che malvagi".
Da Francesco Guicciardini, *Ricordi, prima stesura,* n. 220.
Qual è, tra quelle sotto elencate, la definizione corretta della concezione della politica che ispira il giudizio di Guicciardini sul comportamento del buon cittadino in tempi di tirannia?

A Cinica
B Realista
C Opportunistica
D Trasformista
E Utopistica

103 Ognuna delle parole che seguono, tranne una, è legata alle altre da un legame logico. Individuare la parola da scartare:

A carrozza
B automobile
C slitta
D vagone
E autobus

104 Indicare l'alternativa da scartare:

A prezioso
B quasi
C frequente
D unico
E certo

105 *È noto a tutti gli insegnanti che c'è una profonda differenza tra lo studio meccanico e mnemonico e quello ragionato in grado di condurre a una "vera" comprensione. Quando si impara qualcosa a memoria la si può ripetere più o meno letteralmente, ma sarà poi difficile usarla come strumento cognitivo. Gli esperimenti condotti in laboratorio hanno avallato la tesi che in generale si apprende qualcosa più rapidamente se si cerca di capirla piuttosto che con uno studio mnemonico; inoltre la si ricorda per un periodo di tempo più lungo e la si può trasferire a problematiche nuove e diverse.* (H.A. Simon)
Quale delle seguenti affermazioni è in contraddizione con l'argomentazione riportata?

- **A** Il materiale memorizzato come dotato di significato viene memorizzato in modo tale che è facile accedervi ogni volta che se ne presenti l'opportunità
- **B** Il materiale memorizzato come dotato di significato viene memorizzato in modo che, se una frazione di esso viene dimenticata, la si può ricostruire da ciò che ne rimane
- **C** Il materiale memorizzato come dotato di significato viene memorizzato in modo meno facile e immediato di quello appreso meccanicamente, ma si fissa nella mente stabilmente e si presta meglio a essere rielaborato
- **D** Il materiale memorizzato come dotato di significato viene memorizzato in forma di procedure anziché sotto forma di dati "passivi"
- **E** Il materiale memorizzato come dotato di significato viene memorizzato in forma di dati accessibili a processi di risoluzione di problemi e ad altre procedure

106 Quali tra i termini proposti completano correttamente la seguente proporzione?
Bari : X = Modena : Y

A	X = Milano	Y = Bologna
B	X = Puglia	Y = Emilia Romagna
C	X = Emilia Romagna	Y = Basilicata
D	X = Campania	Y = Puglia
E	Nessuna delle precedenti risposte è corretta	

107 *Hans Hogerzeil, dell'Essential Drugs and Medicine Policy Departement dell'OMS, al varo dei "Operational Principle for Good Pharmaceutical Procurement Guide" del 14 aprile, afferma che alcuni Paesi pagano per farmaci essenziali dal 150% al 250% del prezzo del mercato mondiale, mentre altri Paesi lamentano fornitori inaffidabili e farmaci di qualità scadente. Un sistema blando di procacciamento dei farmaci può condurre, per esempio, alla mancanza di uno o due farmaci per la tubercolosi, in un regime terapeutico che dovrebbe basarsi sull'utilizzo di quattro farmaci, e al rapido sviluppo di resistenza batterica ai farmaci che giacciono disponibili in magazzino.*
Delle seguenti deduzioni una è arbitraria.

- **A** Esistono nel mercato dei farmaci di fornitori inaffidabili
- **B** La cattiva organizzazione delle reti di distribuzione può portare a ingiustificate indisponibilità di farmaci molto importanti
- **C** La commercializzazione di farmaci di cattiva qualità è un fatto incredibile, ma purtroppo reale, come dimostra lo studio citato nel testo
- **D** I dati forniti dallo studio sopra riportato sono preoccupanti per l'impatto negativo che questa situazione di disordine può esercitare sulla spesa sanitaria di alcuni paesi
- **E** Dai dati riportati nello studio emerge il fatto che il disordine esistente nel mercato dei farmaci di alcune nazioni produce esclusivamente queste tre

conseguenze negative: incremento ingiustificato della spesa sanitaria; scarsità o non disponibilità di farmaci indispensabili; riduzione degli effetti che è lecito attendersi dal loro impiego per la cattiva qualità dei medicamenti

108 "Il Capitale" : Marx = "Stato e Rivoluzione" : ?

A Gramsci
B Stalin
C Lenin
D Engels
E Robin Hood

109 Inserire tra le parentesi la parola mancante:
do (...) lio

A mestico
B mini
C mino
D mici
E monopo

110 *È stato dimostrato che molte specie di uccelli compiono intricati percorsi per confondere gli altri uccelli circa il luogo in cui nascondono il cibo. Per esempio, se si rendono conto che un altro uccello li ha osservati mentre nascondevano il cibo in un determinato luogo, ritornano e vanno a nasconderlo altrove; mentre, se non sono stati osservati, non se ne preoccupano. Ciò dimostra che gli uccelli sono dotati di un certo livello di empatia immaginativa, sono consapevoli dei processi cognitivi degli altri uccelli e sono capaci di prevedere il comportamento dei loro simili.*
Se considerata vera, quale delle seguenti affermazioni rende più forte l'argomentazione precedente?

A Alcuni uccelli hanno la capacità di imparare ad usare utensili per procurarsi cibo osservando altri uccelli
B Gli uccelli che hanno rubato cibo ad altri uccelli hanno la tendenza a stare più attenti nel nascondere il proprio cibo
C Gli uccelli migratori che coprono lunghe distanze si riuniscono per un breve periodo prima di intraprendere il loro viaggio
D Gli uccelli mostrano un tale comportamento scaltro fin dalle prime settimane di vita
E Il comportamento di alcuni uccelli può essere influenzato dal canto di altri uccelli

111 Qual è l'opposto di genuino?

A Naturale
B Disgustoso
C Acido
D Casalingo
E Adulterato

112 Tutti gli abbinamenti esprimono lo stesso concetto tranne che in un caso. Indicare quale:

A tutte le idee vanno rispettate – non c'è nessuna idea che non vada rispettata

B non tutti sono belli – qualcuno non è bello
C nessuno è senza colpa – tutti hanno qualche colpa
D non sempre chi grida più forte ha ragione – chi parla piano ha sempre ragione
E gli onesti non vanno derisi – nessun onesto deve essere deriso

113 Una sola serie degli abbinamenti sotto elencati ricompone correttamente le coppie di personaggi complementari:

1. don Chisciotte	a) Gurdulé
2. don Giovanni	b) Papageno
3. Agilulfo	c) Sancho Panza
4. Tamino	d) Leporello
5. Gugliemo di Baskerville	e) Adso

A 1c – 2d – 3a – 4b – 5e
B 1c – 2b – 3a – 4d – 5e
C 1d – 2c – 3e – 4b – 5a
D 1e – 2a – 3b – 4c – 5c
E 1c – 2d – 3b – 4e – 5a

114 Se tavolo = 6, fiore = 5, generico = 8, burlare è uguale a:

A 6
B 12
C 11
D 9
E 7

115 *L'effusione dei gas attraverso fori sottili è regolata dalla legge di Graham che stabilisce che la velocità di effusione a una data temperatura dipende solo dalla massa molecolare (p.M., misurata in unità di massa atomica, u.m.a.), ed è inversamente proporzionale alla sua radice quadrata.*
Quale delle seguenti affermazioni non può essere dedotta dall'argomentazione riportata?

A Un gas di p.M. 64 u.m.a. effonde con velocità minore rispetto a un gas di p.M. 16 u.m.a.
B A parità di temperatura i gas più leggeri effondono più velocemente
C La velocità di effusione è inversamente proporzionale alla radice quadrata del p.M.
D Un gas di p.M. 25 u.m.a. effonde con velocità doppia rispetto a un gas di p.M. 100 u.m.a.
E La velocità di effusione è indipendente dalla temperatura

116 Con questa affermazione respingo l'infondatezza della teoria secondo cui non è vera l'improbabilità che tu raggiunga il risultato sperato. Ciò significa che:

A è probabile che tu possa raggiungere il risultato sperato
B è improbabile che tu possa raggiungere il risultato sperato
C sicuramente raggiungerai il risultato sperato
D mai e poi mai raggiungerai il risultato sperato
E nessuna delle precedenti risposte è corretta

117 Qual è il contrario di immanente?

A Intrinseco
B Remoto
C Licenzioso
D Trascendente
E Imminente

118 In un autolavaggio lavorano Tizio, Caio e Sempronio come cassiere, contabile e operaio (non necessariamente in quest'ordine). Inoltre si sa che: 1. l'operaio è il più magro ed è scapolo; 2. Tizio è il suocero di Sempronio ed è più grasso del contabile. In base a queste informazioni, quale delle seguenti affermazioni è necessariamente vera?

A Sempronio è il più magro
B Caio ha sposato la figlia di Sempronio
C Tizio fa il contabile
D Caio fa l'operaio
E Sempronio fa il cassiere

119 Si dica quale delle seguenti affermazioni è logicamente equivalente alla frase di Arthur Bloch: "I problemi più complessi hanno soluzioni semplici, facili da comprendere e sbagliate":

A i problemi più semplici hanno soluzioni complesse, difficili da comprendere e corrette
B i problemi più complessi non hanno soluzioni semplici, facili da comprendere e sbagliate
C non è vero che i problemi più semplici abbiano soluzioni semplici, facili da comprendere e sbagliate
D i problemi che hanno soluzioni semplici, facili da comprendere e sbagliate sono i più complessi
E se un problema non ha soluzioni semplici, facili da comprendere e sbagliate non è un problema fra i più complessi

120 *La democrazia non può compiutamente caratterizzarsi solo come governo della maggioranza, benché l'istituzione delle elezioni generali sia della massima importanza. Infatti democrazia può governare in maniera tirannica. (La maggioranza di coloro che hanno una statura inferiore a sei piedi può decidere che sia la minoranza di coloro che hanno statura superiore a sei piedi a pagare tutte le tasse.) In una democrazia i poteri dei governanti devono essere limitati e il criterio di una democrazia è questo: in una democrazia i governanti possono essere licenziati dai governanti senza spargimento di sangue. Quindi se gli uomini al potere non salvaguardano quelle istituzioni che assicurano alla minoranza la possibilità di lavorare per un cambiamento pacifico, il loro governo è una tirannia.* (K.R. Popper)
Quale delle seguenti caratteristiche non viene indicata come essenziale alla democrazia nell'argomentazione di Popper?

A Il diritto delle minoranze di collaborare attivamente alla gestione del governo
B Il diritto del popolo di cambiare i propri governanti senza dover far ricorso alla violenza
C Il diritto delle minoranze di organizzarsi in vista di un'alternanza

D Il dovere dei governanti di garantire la possibilità di un cambiamento pacifico di governo

E Il dovere dei governanti di accettare limitazioni del proprio potere

121 *Gli alogeni, elementi del VII gruppo del sistema periodico (dall'alto in basso fluoro, cloro, bromo, iodio ed astato), sono tipici non metalli, come si rileva dai valori molto alti dell'elettronegatività, che nel fluoro raggiunge il valore massimo di 4,0. Tutti questi elementi presentano, nell'ultimo livello, un elettrone in meno rispetto al gas nobile più vicino, e ciò spiega la loro grande facilità a formare ioni monovalenti negativi.*
Quale delle seguenti affermazioni può essere dedotta dall'argomentazione riportata?

A Nel gruppo degli alogeni l'elettronegatività è minore in alto che in basso
B Gli ioni monovalenti negativi formati dagli alogeni presentano nell'ultimo livello 7 elettroni
C Gli ioni monovalenti negativi formati dagli alogeni presentano nell'ultimo livello 6 elettroni
D Nel gruppo degli alogeni l'elettronegatività è minore in basso che in alto
E Gli alogeni presentano nell'ultimo livello 6 elettroni

122 "È stato dimostrato che nella società odierna l'aumento della disoccupazione provoca un sensibile aumento della delinquenza giovanile. È dunque evidente che la mancata corrispondenza tra le esigenze del mercato e la formazione professionale dei giovani è una delle cause della delinquenza giovanile". La conclusione precedente si basa sulla premessa IMPLICITA che:

A non vi è legame diretto tra la disoccupazione e la mancata corrispondenza tra le esigenze del mercato e la formazione professionale dei giovani
B la formazione professionale dei giovani non soddisfa le esigenze del mercato
C i giovani sono sempre più delinquenti
D la delinquenza giovanile è determinata dalla crescente disoccupazione
E la mancata corrispondenza tra le esigenze del mercato e la formazione professionale dei giovani è una delle cause della disoccupazione

123 Inverti l'ordine delle lettere delle parole che seguono e individua quale non indica uno stato:

A aicnarf
B aizevs
C arezzivs
D osserpic
E ocissem

124 Se la parola "osidare" è scritta correttamente calcolare 17 + 42 – 5, altrimenti calcolare 24 · 3 – 7:

A 65
B 60
C 85
D 74
E 54

125 Maurizio e sua sorella Anna stanno passeggiando, quando Maurizio disse: "Mio nipote abita qui, mi piacerebbe fermarmi a dargli un saluto". "Dato che non ho nipoti, io proseguo e ci vediamo più tardi" risponde la sorella. In che rapporti di parentela sono Anna e il misterioso nipote?

A Nipote e zia
B Figlio e madre
C Nipote e nonna
D Fratello e sorella
E Nessuna delle precedenti risposte è corretta

126 "La BMW non vince il Campionato Mondiale di Formula 1 dal 1997. Per questo motivo, e anche per fare felici i tifosi, quest'anno il suo budget è stato aumentato considerevolmente". Questa argomentazione si basa sulla premessa implicita che:

A gli altri team di Formula 1 hanno budget più elevati della BMW
B un incremento dei fondi aumenta la probabilità di vittoria del campionato mondiale
C la BMW ha sempre risparmiato sui costi di produzione
D se la BMW aumenta il budget, vincerà nuovamente il campionato mondiale di Formula 1
E è stato ingaggiato il pilota con il cachet più costoso della Formula 1

127 "Non esiste torta senza ciliegina". Se la precedente affermazione è falsa, quale delle seguenti è necessariamente vera?

A Esiste almeno una torta senza ciliegina
B Non vi sono ciliegine senza torta
C Nessuna torta ha la ciliegina
D Nessuna risposta è esatta
E Tutte le torte sono senza ciliegina

128 Inserisci tra parentesi la parola che dia significato alle lettere sulla sinistra:

p
t
(...)
st
sp

A asca
B orco
C agna
D reco
E arco

129 *Di solito Laura pota le rose nel mese di novembre, ma lo scorso anno ha dimenticato di farlo. Ha aspettato, invece, che terminasse il gelo invernale per poi potarle nel mese di marzo. Quest'estate Laura ha avuto la più abbondante fioritura di rose che si fosse mai vista nel suo giardino. Quindi, il gelo fa bene alle rose.*
Quale delle seguenti risposte costituisce il passaggio logico errato nel brano precedente?

A Si presuppone che le rose debbano essere potate
B Si presuppone che non ci siano gelate nel mese di marzo

C Si presuppone che il gelo abbia causato l'abbondante fioritura di rose
D Si presuppone che il mese di novembre e il mese di marzo siano gli unici mesi in cui si può effettuare la potatura
E Si presuppone sulla base di un solo caso che una tarda potatura faccia bene a tutte le piante in generale

130 Quale gruppo letterale posposto a "vi" e posposto a "pre" forma parole di senso compiuto?

A TRA
B IN
C LE
D ZIO
E STO

131 Se la parola "ordingo" è scritta correttamente calcolare 14 + 38 + 90, altrimenti calcolare (25 – 7) · 8:

A 144
B 145
C 140
D 142
E 141

132 Individuare l'alternativa che completa correttamente la seguente proporzione tra parole:
X : Budapest = Repubblica Ceca : Y

A X = Romania Y = Sofia
B X = Bulgaria Y = Bratislava
C X = Praga Y = Vienna
D X = Ungheria Y = Praga
E nessuna delle precedenti risposte è corretta

133 *Se prendiamo la traduzione letterale dal greco della parola democrazia essa significa comando del popolo, che è un concetto in realtà piuttosto deviante rispetto al punto essenziale, perché il problema vero della democrazia è un altro. È quello di impedire la dittatura o, in altre parole, di impedire un tipo di comando che non sia lo Stato di diritto.*
Delle frasi sotto elencate quattro sono state stralciate dal testo di Popper da cui è tratta la citazione sopra riportata; individuate la frase che, indebitamente inserita tra queste, contrasta logicamente con la concezione di fondo a cui è ispirato il testo stesso:

A la parola democrazia non va assunta nel suo significato strettamente etimologico
B la dittatura è la negazione della democrazia
C che il popolo comandi è la prima condizione di una forma di governo che possa dirsi democratica
D i Greci sapevano perfettamente che il compito della democrazia è prima di tutto quello di impedire l'instaurarsi della tirannide
E i Greci introdussero l'ostracismo perché avevano paura che nascesse un tiranno popolare

134 Una TV ha sempre:

A tavolo
B videoregistratore
C televideo
D telecomando
E schermo

135 *Sempre più frequentemente, nell'ambito dei processi, viene permesso ai bambini di testimoniare, a condizione che ciò avvenga in videoconferenza e alla presenza di un adulto. Il comportamento dei bambini è stato oggetto di numerosi studi psicologici e, in un particolare esperimento, alcuni bambini venivano condotti in una stanza al cui interno vi era il loro giocattolo preferito. L'adulto, dopo aver chiesto al bambino di non guardare il giocattolo in sua assenza, usciva poi dalla stanza. Durante l'assenza dell'adulto il bambino veniva osservato di nascosto. Quando l'adulto rientrava, chiedeva al bambino se avesse guardato il giocattolo o meno. Quasi tutti i bambini, indipendentemente dalla loro età, pur avendo guardato il giocattolo, negavano di averlo fatto. Ciò dimostra che i bambini non sono idonei a testimoniare nei processi.*
Su quale supposizione implicita si basa il brano precedente?

A I processi sono complicati e difficili da gestire per i bambini
B I bambini, quando vengono interrogati riguardo al proprio comportamento, mentono per evitare problemi
C La reazione dei bambini in tribunale è diversa da quella degli adulti
D Dato che i bambini mentono riguardo al proprio comportamento, possono mentire anche riguardo al comportamento altrui durante i processi
E La maggior parte degli esperimenti ha riguardato esclusivamente il comportamento dei bambini stessi

136 Tra gli oggetti Automobile, Bicicletta, Motorino, Furgone quale toglieresti?

A Automobile
B Bicicletta
C Motorino
D Furgone
E Non si può determinare

137 Indica tra parentesi la parola che con le altre due forma una parola di senso compiuto:
audi (...) ne

A re
B ma
C zio
D to
E zion

138 Ci sono ragionamenti induttivi e ragionamenti deduttivi. Quanti, tra i seguenti, sono deduttivi?
Ragionamento 1. Quelli che "pensano male" fanno peccato anche se spesso ci azzeccano; Mario non fa che pensar male degli altri; dunque Mario ha molti peccati sulla coscienza anche se non è frequente che si sbagli.
Ragionamento 2. Chi ama davvero lo dimostra con i fatti piuttosto che con le

parole; Marina si limita a dichiarare il suo amore a Giovanni; dunque Giovanni non deve fare affidamento sull'amore di Marina.
Ragionamento 3. Tutte le volte che ho avuto a che fare con un giapponese sono rimasto colpito dalla sua gentilezza; mio padre per lavoro ha conosciuto alcuni giapponesi e anche lui li ha trovati molto gentili; anche quelli che abbiamo conosciuto in vacanza a Parigi hanno dimostrato di esserlo. Tutti i giapponesi sono dunque gentili.
Ragionamento 4. Chi predica bene e razzola male non è un buon maestro; Mario fa sempre il contrario di quello che dice; Luca farebbe bene a non prenderlo per esempio.

A 1
B 2
C 3
D Nessuno
E Tutti

139 *In una certa regione il numero di persone con oltre cinquant'anni di età è progressivamente aumentato di circa il 40%, mentre la popolazione di età inferiore è rimasta numericamente costante. In questa stessa area, una malattia che indicheremo con la sigla M, mortale se non adeguatamente curata con trattamenti complessi e costosi, colpisce attualmente ogni anno circa 120 nuove persone ogni milione di abitanti. Un 25% di questi ammalati ha cinquant'anni o meno. Negli ultimi due decenni ci si è impegnati molto nella prevenzione ma, contro le aspettative, in una quindicina d'anni, il numero complessivo di casi che ogni anno si ammala della malattia M è raddoppiato. In questo stesso periodo, la percentuale dei soggetti con cinquant'anni o meno che ogni anno si ammalano si è dimezzata.*
Una sola delle seguenti affermazioni ha un preciso fondamento in quanto esplicitamente dichiarato nel testo:

A la malattia M è incurabile
B la malattia M non può essere in alcun modo prevenuta
C nella regione si sta ottenendo una riduzione dei casi di malattia M
D la malattia M colpisce soprattutto gli anziani
E l'attuale aumento della malattia tra gli anziani è dovuto al fatto che solo di recente è stata avviata un'efficace prevenzione tra i giovani

140 Trovi, tra quelli indicati, un sinonimo del verbo in corsivo nella seguente frase "Il mutamento delle condizioni economiche del debitore potrebbe *frustrare* le aspettative del creditore":

A eliminare
B colpire
C superare
D deludere
E nessuna delle precedenti risposte è corretta

141 Tra le seguenti parole individuare la parola mancante.
"La ________ della nostra divisione è un'opzione che non prenderò mai in considerazione. Lotteremo fino all'ultimo uomo":

A ribellione
B resa
C demarcazione

D colpa
E vittoria

142 Individuare la coppia che completa correttamente la proporzione:
Mattia Pascal : Pirandello = X : Stendhal = Raskolnikov : Y

A X = Cirano Y = Bulgakov
B X = Don Giovanni Y = Puskin
C X = Quasimodo Y = Tolstoi
D X = Julien Sorel Y = Dostoevskij
E nessuna delle precedenti risposte è corretta

143 Cinque colleghi di ufficio decidono di fondare una squadra mista di calcetto. Tra essi ci sono due ragazze (Serena e Laura) e tre ragazzi (Mario, Paolo e Roberto). Le città di provenienza sono: Modena, Bari, La Spezia, Novara e Rieti, non necessariamente in quest'ordine. Ognuno di loro gioca in un ruolo: portiere, difensore destro, difensore sinistro, centrocampista e attaccante, non necessariamente in quest'ordine. Si sa inoltre che: Laura gioca come difensore sinistro; Mario gioca come attaccante; il portiere viene da La Spezia; il centrocampista è la ragazza di Rieti; Roberto è di Modena. Da quale delle seguenti città può provenire il difensore sinistro?

A Non vi sono dati sufficienti per rispondere
B La Spezia
C Bari
D Modena
E Rieti

144 Si leggano le seguenti affermazioni:
– tutti i ragazzi solitari amano leggere libri;
– Francesco è silenzioso;
– tutte le persone silenziose amano leggere libri.
Se le precedenti affermazioni sono vere, quale delle seguenti alternative è necessariamente vera?

A Francesco è un ragazzo solitario
B Tutte le persone silenziose sono solitarie
C Tutte le persone solitarie sono silenziose
D Francesco ama leggere libri
E Tutte le persone che amano leggere libri sono solitarie

145 *Oggi la salvezza dei popoli non è data dalla semplice salute economica, ma dall'apparato scientifico-tecnologico che la rende possibile e che deve essere continuamente potenziato per rispondere alla crescente complessità e pericolosità del mondo attuale. È inevitabile che il potenziamento crescente della tecnica si scontri con i limiti che la tradizione dell'Occidente ha sempre posto a ogni forma di Übris (superbia). Il problema decisivo per la sopravvivenza dell'uomo è se Übris sia la volontà di potenza della tecnica o la volontà di porre limiti alla dominazione tecnologica del mondo. Oggi i popoli non sanno quale uso fare dei loro templi, ma non possono dimenticare la filosofia, nella quale soltanto è possibile non dimenticare quel problema.*

(Emanuele Severino, *Le sfide del sapere*, Iter, Treccani 2000)

Sulla base dell'analisi di Severino è stata costruita una serie di argomentazioni. Individuate la sola che esula dal discorso del filosofo:

A il progresso scientifico-tecnologico appare a volte preoccupante proprio per la sua congenita tendenza a valicare i limiti tradizionalmente connessi alla condizione umana
B il continuo potenziamento dell'apparato scientifico-tecnologico è d'altronde necessario in quanto è l'unico strumento che può assicurare la pacifica convivenza tra i popoli
C è essenziale porsi il problema se l'ipotesi che sia opportuno porre limiti alla dominazione tecnologica del mondo non possa apparire un atto di superbia
D nel mondo odierno i popoli non sembrano sapere che fare dei loro antichi luoghi di culto, cioè delle tradizionali credenze religiose
E nessuna delle precedenti risposte è corretta

146 Il Re non rispettò il consiglio del Gran Ciambellano di opporsi alla celebrazione del matrimonio della Principessa dal Collo di Cigno con il rospo che amava, qualora i giovani insistessero per celebrare il rito nella Basilica di Superga. Le principesse, almeno quelle delle favole, seguono la volontà paterna.
Che cosa ne deducete?

A La principessa e il rospo potranno sposarsi, se lo desidereranno, nella Basilica di Superga
B La principessa e il rospo non si sposeranno
C La principessa e il rospo potranno sposarsi, ma non nella Basilica di Superga
D I dati del problema non autorizzano a concludere la veridicità di alcuna delle interpretazioni proposte
E La principessa e il rospo si sposeranno necessariamente nella Basilica di Superga

147 Individua il nome della città da scartare:

A Tangeri
B Milano
C Siviglia
D Roma
E Parigi

148 Leggere le seguenti affermazioni:
– Luisa è una guida alpina;
– tutti coloro che gestiscono un rifugio alpino sono anche guide;
– durante l'estate, tutte le guide alpine compiono almeno 5 escursioni alla settimana.
Se le precedenti affermazioni sono vere, quale delle seguenti alternative è necessariamente vera?

A Tutti i gestori di rifugi alpini compiono almeno 5 escursioni alla settimana durante l'estate
B Luisa gestisce un rifugio
C Luisa, durante l'estate, compie un'escursione al giorno
D Tutte le guide che compiono almeno 5 escursioni alla settimana durante l'estate gestiscono un rifugio
E Tutte le guide sono anche gestori di rifugi

149 Se la parola "inpugnare" è scritta correttamente calcolare 97 – 6 – 35, altrimenti calcolare 96 + 36 – 7:

A 147
B 135
C 66
D 56
E 125

150 Tra le seguenti parole individuare la parola mancante.
"La guerra lasciò in lui delle ferite morali e fisiche, procurandogli l'amputazione di un arto. Il governo gli riconobbe una ________":

A riflessione
B resa
C missione
D digressione
E medaglia

151 Individuare la parola "intrusa":

A marabù
B otarda
C stolone
D simnoto
E kiwi

152 Se biografia = 2, invidia = 9, nazioni = 12, litorale è = a:

A 13
B 12
C 11
D 10
E 9

153 Quali tra i termini proposti completano correttamente la seguente proporzione?
Colore : X = sapore : Y

A X = occhio Y = orecchio
B X = salato Y = rosso
C X = nero Y = bianco
D X = giallo Y = dolce
E X = assaporare Y = vedere

154 Completare la seguente frase:
"Solo al termine della proiezione della pellicola _____ chiaro lo scopo che il regista _____":

A era – era proposto
B fu – si era proposto
C si ebbe – avrà proposto
D è – è proposto
E nessuna delle precedenti risposte è corretta

155 Sandro è una persona atletica; le persone alte sono tutte atletiche; le persone alte sono magre. Se queste affermazioni sono vere, quale delle seguenti è sicuramente vera?

A Le persone magre sono atletiche
B Tutte le persone atletiche sono alte
C Sandro è una persona alta
D Sandro è una persona magra
E Chi è alto è magro e atletico

156 Se A è vero allora B è vero; se C è vero allora D è vero. Quale delle seguenti affermazioni implica che A, B, C, D siano tutti veri?

A D è vero o A è vero
B B è vero e C è vero
C C è vero o A è falso
D C è vero e A è vero
E La seconda e la quarta

157 Se la parola "recenzione" è scritta correttamente calcolare 4^4, altrimenti calcolare 5^3:

A 256
B 128
C 512
D 125
E 625

158 Inserisci la parola che completi la prima parola e inizi la seconda:
for (...) lino

A nel
B cel
C zuto
D maggio
E nessuna delle precedenti risposta è corretta

159 Inserisci la parola che completi la prima e che formi l'inizio della seconda:
des (...) zza

A tre
B tino
C triero
D inen
E nessuna delle precedenti

160 Individua la parola da scartare:

A marine
B pompiere
C aviatore
D cameriere
E poliziotto

161 L'opposto di acrimonia è:

A riservatezza
B disponibilità
C avarizia
D affabilità
E comprensione

162 Quali tra i termini proposti completano correttamente la seguente proporzione?
Camilleri : Simenon = X : Y

A X = francese Y = italiano
B X = Sicilia Y = Italia
C X = Montalban Y = Pepe Carvalho
D X = sir Arthur Conan Doyle Y = Sherlock Holmes
E X = commissario Montalbano Y = commissario Maigret

163 Dato che non aveva lavorato molto al suo progetto, fu molto ________ nel sapere che aveva vinto il concorso.

A confuso
B infastidito
C capace
D sicuro
E sorpreso

164 *La produzione annuale mondiale di cibo eccede di poco le esigenze di una dieta minima adeguata per la popolazione mondiale. Prevedere che l'insufficiente produzione di cibo causerà in futuro un incremento della fame è privo di senso. La fame è determinata da un problema di distribuzione e non di produzione.*
Questa argomentazione presuppone che:

A la distribuzione mondiale del cibo in futuro sarà migliorata
B la produzione di cibo continuerà a essere sufficiente per le esigenze complessive della popolazione mondiale
C una caduta della produzione di cibo può essere evitata mediante una migliore distribuzione
D la domanda mondiale di cibo è destinata a crescere
E la popolazione mondiale è destinata a crescere

165 Un direttore di banca deve scegliere il personale per aprire una nuova agenzia. Egli necessita di due funzionari e tre impiegati e può scegliere fra tre funzionari (Alti, Bruni e Costi) e cinque impiegati (Denti, Ettori, Filini, Giusti e Iani). Tenendo presente che: Alti e Bruni sono in conflitto per la promozione e non possono lavorare insieme; se Denti viene scelto, allora anche Filini deve essere scelto; Costi e Iani litigano spesso e non possono dunque lavorare insieme; Ettori è parente di Alti ed è dunque opportuno che i due non lavorino insieme; Bruni e Giusti amano la stessa donna ed è dunque opportuno che non lavorino insieme.
Quale dei seguenti non può essere un membro della nuova agenzia?

A Iani
B Giusti
C Alti

D Bruni
E Nessuna delle precedenti risposte è corretta

166 "Il tipografo stamperà il libro se e solo se l'operaio lavorerà con lui". Se questa affermazione è vera allora è anche vero che:

A se l'operaio lavora con il tipografo è possibile che il tipografo non stampi il libro
B è possibile che il tipografo stampi il libro anche se l'operaio non lavora con lui
C anche se l'operaio lavorerà con il tipografo, quest'ultimo non stamperà il libro
D il tipografo stamperà comunque il libro, sia che l'operaio lavori con lui sia che non lavori con lui
E se il tipografo non stamperà il libro significa che l'operaio non avrà lavorato con lui

167 Inserisci la parola tra parentesi che sia sinonimo di entrambe le parole fuori della parentesi:
Jolly (...) pazza

A vacua
B carta
C matta
D polivalente
E ambiguo

168 La squadra di calcio dell'università comprende 3 giocatori capaci di giocare come portieri, 8 in grado di coprire il ruolo di difensore, altrettanti per il ruolo di centrocampista e solo 4 giocatori capaci nel ruolo di attaccanti. Quale delle seguenti affermazioni è necessariamente falsa?

A La squadra comprende più di 23 giocatori
B Se la squadra comprende al massimo 22 giocatori allora c'è almeno un giocatore in grado di coprire due ruoli
C Se la squadra comprende al massimo 21 giocatori allora ci sono almeno due giocatori in grado di coprire due ruoli
D Se la squadra comprende meno di 23 giocatori allora c'è almeno un giocatore in grado di coprire due ruoli
E Se ogni giocatore copre almeno due ruoli la squadra comprende al massimo 11 giocatori e c'è almeno un giocatore che ricopre tre ruoli

169 La "logica" di quale dei seguenti detti è in diretta contraddizione con l'affermazione:
"Chi tardi arriva male alloggia"

A "Chi di speranza vive disperato muore"
B "La prudenza non è mai troppa"
C "Chi fa da sé fa per tre"
D "Beati gli ultimi perché saranno i primi"
E "Chi va piano va sano e va lontano"

170 *La conoscenza aumenta sicuramente nel corso degli studi scolastici medi, mentre dopo il diploma della scuola media superiore sono possibili sia un aumento che una diminuzione delle nozioni non utilizzate nella vita. In ogni caso, la conoscenza si*

modifica sostanzialmente quando lo studente entra nell'università.
Quale delle seguenti affermazioni non può essere dedotta dall'argomentazione riportata?

A Gli studenti aumentano sempre le loro conoscenze durante gli studi scolastici medi
B Una parte di quanto appreso durante gli studi può andare perduta dopo il diploma
C Le nozioni acquisite durante gli studi medi vanno perdute all'università
D È possibile che alcuni studenti aumentino le loro conoscenze dopo il diploma
E A contatto con il mondo accademico si verificano cambiamenti della conoscenza

171 Le rose di un giardino sono solo gialle o rosse. Allora in quel giardino sicuramente:

A ci sono rose blu
B ci sono narcisi
C non ci sono primule
D non ci sono rose rosa
E ci sono solo rose

172 "È stata respinta la prova della negazione della certezza che il Signor Rossi non si astiene dal manifestare avversione per il Signor Bianchi". Questo significa che?

A Il Signor Rossi ama il Signor Bianchi
B Il Signor Rossi non ama il Signor Bianchi
C Il Signor Bianchi ama il Signor Rossi
D Il Signor Bianchi non ama il Signor Rossi
E La frase non ha senso

173 Se in una corsa supero il secondo, in quale posizione mi trovo:

A in prima posizione
B nella stessa posizione di prima
C in terza posizione
D dietro la prima posizione
E avanti la prima posizione

174 Individua il nome da scartare:

A Bugno
B Pantani
C Mennea
D Chiappucci
E Coppi

175 La Federazione Internazionale del Calcio (FIFA) sta pensando di cambiare la regola del fuorigioco nel calcio. La Federazione Internazionale di Hockey ha cambiato la propria regola del fuorigioco alcuni anni fa e ciò ha reso il gioco più aperto e votato all'attacco e, di conseguenza, più avvincente per gli spettatori. Dunque, se si cambiasse la regola del fuorigioco anche nel calcio, si renderebbe il gioco più movimentato e avvincente per gli spettatori. La regola del fuorigioco dovrebbe, quindi, essere cambiata.

Quale delle seguenti affermazioni, se considerate vere, indebolisce l'argomentazione precedente?

- **A** La maggior parte dei giocatori e degli allenatori di calcio è contraria a qualsiasi modifica della regola del fuorigioco
- **B** La maggior parte dei tifosi e dei giornalisti sportivi che si occupano di calcio è contraria a qualsiasi modifica della regola del fuorigioco
- **C** Qualsiasi modifica della regola del fuorigioco stravolgerebbe le regole del calcio
- **D** Il calcio ha un numero di spettatori notevolmente maggiore rispetto all'hockey
- **E** La regola del fuorigioco nell'hockey è molto diversa da quella nel calcio

176 Per poter richiedere il visto per una vacanza-lavoro in Australia sono necessari due requisiti: bisogna dimostrare di avere un conto corrente con un saldo di almeno € 1.000 e avere un'età massima di 30 anni. Giulia ha più di 30 anni, quindi non è idonea per richiedere tale visto.
Quale delle seguenti affermazioni segue la stessa struttura logica del suddetto ragionamento?

- **A** Per apparire sulla copertina di una rivista bisogna essere famosi. Luca deve essere più famoso di quanto tutti pensassero, dato che è apparso sulla copertina di una rivista nel del mese di aprile
- **B** Per candidarsi alla presidenza degli Stati Uniti, bisogna essere nati in territorio statunitense e bisogna avere un'età superiore ai 40 anni. John è nato negli Stati Uniti ed ha 50 anni, quindi è idoneo per candidarsi alla presidenza degli Stati Uniti
- **C** Molte professioni hanno limiti d'età. L'esercito non recluta nessuno che abbia più di 30 anni. Giovanni ha 25 anni, quindi è idoneo per richiedere di arruolarsi nell'esercito
- **D** Per vincere una medaglia d'oro alle Olimpiadi, bisogna partecipare ai giochi olimpici. Rita ha vinto una medaglia d'oro, quindi deve aver partecipato alle Olimpiadi
- **E** Una borsa di studio viene offerta solo agli studenti che si sono laureati con il massimo dei voti e che sono stati già ammessi a una scuola di dottorato. Marco non si è laureato con il massimo dei voti, quindi non è idoneo per richiedere la borsa di studio

177 *Se voglio raccontare l'assurdo di una società che non cammina più a piedi e se uno cammina a piedi e un poliziotto lo ferma [...] è successo a me, lungo il Wilshire Boulevard a Beverly Hills [...] bene, cosa faccio? Scrivo il racconto di un uomo del Duemila che cammina per le strade vuote del Duemila, e subito un autorobot si ferma, domanda: "Cosa sta facendo?" "Cammino" dice l'uomo. "E perché?", chiede l'autorobot. "Per respirare l'aria" dice l'uomo. "Non c'è aria condizionata in casa sua?", chiede l'autorobot. "Sì, ma io cammino per vedere" dice l'uomo. "Non c'è la televisione in casa sua?" chiede l'autorobot. "Sì, ma [...]" L'autorobot prende l'uomo e lo porta in un ospedale psichiatrico a farlo esaminare "perché è diverso dagli altri".*
Quale delle seguenti riflessioni non è autorizzata dallo stralcio di intervista sopra riportato?

- **A** Bradbury vede nel mondo meccanizzato una minaccia di omologazione assoluta, che teme e reprime ciò che non rientra negli schemi
- **B** Bradbury immagina una società in cui gli uomini si muovono soltanto nel chiuso di mezzi meccanizzati

C Bradbury immagina una società in cui gli uomini abbiano perso ogni contatto con la natura
D Bradbury immagina una società in cui gli uomini conoscano il mondo esterno solo attraverso la mediazione di immagini teletrasmesse
E Bradbury vede nel mondo artificiale e meccanizzato in cui vive un pericolo per la sopravvivenza dell'umanità

178 Anche se la nostra squadra sapeva che l'offensività dell'attacco degli avversari era __, è stato stupido essere così ___.

A calcolata, apprensivi
B bassa, pigri
C accettabile, seri
D determinata, pignoli
E premeditata, volenterosi

179 Nell'insieme di animali Cane, Gatto, Mucca quale altro animale mettereste?

A Uomo
B Aquila
C Serpente
D Gazzella
E Nessuna delle precedenti risposte è corretta

180 Tutti gli amici di Teresa sono amici di Luca. Tutti gli amici di Luca sono biondi. In base alle precedenti affermazioni, quali delle seguenti è necessariamente vera?

A tutti gli amici di Teresa sono biondi
B tutti gli amici di Luca sono amici di Teresa
C sia A sia B
D né A né B
E non è possibile determinare la soluzione

SOLUZIONI E COMMENTI

1 Risposta: **C**. La tesi sostenuta dagli autori è che il sapere scientifico sia poco considerato non perché oscurato dal maggior interesse per quello umanistico ma a causa della scarsa propensione nazionale per l'accertamento preciso e rigoroso di fatti e dati.

2 Risposta: **B**. Vulcano.

3 Risposta: **C**. Il discorso due costituisce un ragionamento perché da alcune premesse, ovvero il fatto che Walter sia preso da timore ossessivo ogni volta che attraversa una piazza, l'affermazione che chi soffre gli spazi aperti è affetto da agorafobia e che questo disturbo sia curato dagli psichiatri, si trae la conclusione che Walter debba rivolgersi allo psichiatra.

4 Risposta: **A**. Preciso è il termine cercato, in quanto la frase lascia intuire che per distinguere le cause di un fenomeno bisogna osservarlo con attenzione; vario e astratto sono quindi inadatti in quanto hanno significato opposto, pregresso significa avvenuto precedentemente e unilaterale in questo caso significa qualcosa che considera un solo aspetto di un fenomeno (opposto dunque all'osservazione precisa del fenomeno).

5 Risposta: **B**. In base alle affermazioni della traccia, possiamo esclusivamente stabilire che Tommaso è intelligente e in quanto tale diligente (dato che tutte le persone intelligenti sono diligenti).

6 Risposta: **D**. Deriva dalla seconda parte della frase, per negazione.

7 Risposta: **B**. Vi sono quattro termini di senso negativo (non, negare, falsità, non) che si elidono a vicenda, rendendo vero l'enunciato. Quindi la Terra è rotonda.

8 Risposta: **D**. Un ventilatore ha sempre le pale.

9 Risposta: **A**. La proporzione è tra periodi temporali, accoppiati in ordine crescente (prima il più corto, poi il più lungo). Un anno è pari a un quinto di lustro, proprio come un decennio è pari a un quinto di un cinquantennio.

10 Risposta: **B**. Ricercato è sinonimo di desiderato, amato, agognato ed è l'unico che sia sinonimo anche di latitante (nel senso di ricercato dalla polizia).

11 Risposta: **C**. Se consideriamo l'insieme dei numeri strani finito a differenza dell'insieme dei numeri interi, siamo in grado di verificare tutte le altre alternative presenti tra le soluzioni. Per esempio, essendo i numeri strani un numero finito troveremo sicuramente nell'infinito insieme dei numeri interi un numero pari che non è strano.

12 Risposta: **C**. Secondo la traccia il talento è la dote dell'artista, ovvero un artista non può non avere talento.

13 Risposta: **B**. Poiché l'entropia viene definita come una misura del disordine di un sistema e viene affermato che i sistemi tendono spontaneamente al disordine, si può dedurre che il valore di entropia di un sistema tenda spontaneamente ad aumentare.

14 Risposta: **B**. L'autografo è un testo (spesso un'opera letteraria o musicale), scritto di propria mano dal suo autore. Più spesso il termine indica una firma o una breve dedica rilasciata da una persona famosa a un suo ammiratore.

15 Risposta: **B**. Attenuare.

16 Risposta: **D**. L'affermazione conclusiva del brano, in questo caso, è quella espressa nell'ultima frase, che è riportata integralmente nella risposta. L'opzione **A**, che analogamente riporta una frase presente nel brano, non può essere considerata una conclusione, in quanto rappresenta l'ipotesi su cui si basa l'argomentazione.

17 Risposta: **A**. Il senso del brano è opposto: è già difficile intuire se un uomo tranquillo sia colpevole o innocente e a maggior ragione è difficile intuirlo in un uomo che a seguito di azioni violente nei suoi confronti è in preda al dolore fisico.

18 Risposta: **E**. Per fissare le idee scriviamo due tabelle: in una elenchiamo chi fa i regali (con una freccia verso destra) e nell'altra chi li riceve (con una freccia verso sinistra). Questa è la tabella di chi fa i regali:

A → B, C
B →
C → D
D → B
E →

e questa è la tabella di chi li riceve:

A ←
B ← A, D
C ← A
D ← C
E ←

Completiamo le tabelle con i possibili amici (considerando che nessuno fa un regalo a se stesso!), lasciando in grassetto le risposte certe ovvero quelle ereditate dal passaggio precedente:

A → B, C
B → A, C, D, E
C → D, A, E
D → B, A, C, E
E → A, C, D
A ← B, C, D, E
B ← A, D
C ← A, B, D, E
D ← C, B, E
E ← B, C, D

Ora, sappiamo dalla traccia che D fa un regalo a una delle due persone che ricevono il regalo anche da E, ovvero qualcuno riceve i regali solo da D e da E. Consultando l'ultima tabella, questo qualcuno è da scegliere tra A e C; però non può essere C poiché riceve già il regalo da A e quindi non può riceverlo anche da D ed E poiché avrebbe tre regali anziché due. Aggiorniamo le tabelle, considerando che possono esserci solo due regali dati a/ricevuti da A, B, C, D ed E:

A → B, C
B → E, C, D
C → D, E
D → B, A
E → A, C, D
A ← D, E
B ← A, D
C ← A, B, E
D ← C, B, E
E ← B, C

Inoltre sappiamo che C fa un regalo dalla stessa persona che lo riceve da B, ovvero qualcuno riceve un regalo solo da B e C: questo dato però è a questo punto inutile poiché abbiamo già trovato per esclusioni successive che E riceve un regalo da B e da C. Non è stato possibile determinare tutti gli scambi di regali ma possiamo comunque rispondere alla domanda.

19 Risposta: **A**. Infatti se le passioni fossero eccessi sarebbero in quanto tali tutte biasimevoli (e non solo alcune come da traccia)

20 Risposta: **B**. Una materia molto tecnica è incomprensibile per una persona non del campo; dunque va spiegata con parole quanto più semplici possibile.

21 Risposta: **A**. In questo caso si può procedere per esclusione. La risposta **B** è falsa perché in contraddizione con quanto affermato nel brano. La risposta **E** è sbagliata perché gli ausili ortopedici migliorano la qualità della vita, ma non influenzano la sua durata. La **D** è falsa perché chi vive in una città ricca non necessariamente è benestante, una delle cause che può garantire una vita più longeva. La **C** non è correlata alla durata della vita. Rimane pertanto l'opzione **A** che conferma quanto affermato nel testo.

22 Risposta: **B**. L'affermazione da ricercare è la tesi che sostiene l'autore del brano. Si procede per esclusione: La risposta **C** è falsa, in quanto non è esplicitato nel brano. La risposta **A** non è corretta perché nel brano si sostiene che *non tutti* gli zoo offrono le condizioni migliori per la sopravvivenza degli orsi polari. La **D** non è supportata da nessuna affermazione presente nel brano. La **E** non è corretta, perché nel brano si sostiene che *solo alcuni* zoo sono in grado di ricreare l'ambiente ideale per gli orsi polari.

23 Risposta: **E**. Nel brano si sostiene che la scuola si dovrebbe far carico di insegnare agli studenti il ragionamento scientifico perché serve a guidare in modo appropriato le scelte personali. Il metodo scientifico è utilizzato nell'ambito della sperimentazione scientifica per confutare o validare un'ipotesi o una teoria. Le scelte personali non si possono paragonare ad esperimenti scientifici.

24 Risposta: **A**. *Dei delitti e delle pene* è un saggio scritto dall'illuminista milanese Cesare Beccaria tra il 1763 e il 1764.

25 Risposta: **E**. Sipario.

26 Risposta: **C**. Infatti Savona si trova in Liguria e Alessandria in Piemonte.

27 Risposta: **A**. L'avvocato si occupa della difesa di un imputato, ovvero è la figura professionale alla quale si rivolge l'imputato. Il medico, analogamente, è la figura professionale alla quale si rivolge l'ammalato.

28 Risposta: **B**. La negazione della frase "tutti i gatti sono felini" non è "tutti i gatti non sono felini" (ovvero nessun gatto è un felino), bensì va intesa nella forma "non tutti i gatti sono felini", ovvero "almeno un gatto è non felino".

29 Risposta: **B**. Cadorna non è un poeta.

30 Risposta: **D**. Bruno possiede meno denaro di Aldo e di Carlo.

31 Risposta: **A**. Agosto non termina con la sillaba "bre".

32 Risposta: **C**. Dalle affermazioni del brano si sa con certezza che due laureati lavorano in due precise industrie lasciando liberi due posti. Quindi è possibile dedurre che Luigi lavori nelle aziende non ancora occupate.

33 Risposta: **A**. La struttura logica può essere schematizzata in questo modo: non A (no risultati prima del 90° minuto). Se B (applauso) allora C (la squadra ha segnato). La struttura dell'opzione **A** può essere schematizzata così : non A (luci spente prima di coricarsi); se B (luci accese) allora C (il signor Bianchi non si è coricato).

34 Risposta: **E**. Di tutte le affermazioni riportate, l'unica che proviene dal testo è quella riguardante la frequenza dei nomi dei colori.

35 Risposta: **B**. Umile.

36 Risposta: **C**. D'Amico parla di una generale influenza della società sulle vite degli uomini, i quali si impongono a vicenda di indossare una maschera che celi il loro vero io, ma non imputa la colpa alla società borghese: è l'intorno di un uomo, ciò che lo circonda, e l'uomo stesso, che costruiscono la maschera più adatta per sopravvivere nel determinato contesto in cui sono collocati.

37 Risposta: **D**. Per individuare la corretta terna di termini è opportuno iniziare dal verbo che compare al posto 3. Gli unici compatibili con la frase sono: *bordeggiò* e *fiancheggiò*. Si consideri poi il primo termine, che deve necessariamente corrispondere al nome di un animale marino, per cui si scarta il *platano* che è una pianta.

38 Risposta: **D**. Se non tutti gli oggetti di vetro sono prodotti a Venezia, allora esistono oggetti di vetro prodotti altrove. La **A** dice l'esatto contrario, la **B** e la **E** non sono correlate colla traccia, la **C** contraddice la traccia.

39 Risposta: **B**. Se Laura gioca come difensore sinistro e il centrocampista è la ragazza di Rieti allora Serena è il centrocampista che viene da Rieti. Inoltre, se Mario è l'attaccante, il portiere è di La Spezia e Roberto di Modena, allora Paolo (unico uomo rimasto) è il portiere che viene da La Spezia. Inseriamo queste deduzioni insieme ai dati fornitici in uno schema:

Nome	*Ruolo*	*Città*
Serena	centrocamp.	Rieti
Laura	dif. sinistro	
Mario	attaccante	
Paolo	portiere	La Spezia
Roberto		Modena

Completiamo lo schema con i dati mancanti (non possiamo stabilire con certezza chi tra Laura e Mario venga da Bari e Novara):

Nome	*Ruolo*	*Città*
Serena	centrocamp.	Rieti
Laura	dif. sinistro	Bari/Novara
Mario	attaccante	Bari/Novara
Paolo	portiere	La Spezia
Roberto	dif. destro	Modena

Dunque non possiamo sapere con certezza se Mario venga da Bari.

40 Risposta: **A**. Il termine può avere sia funzione di aggettivo sia di sostantivo e ha come definizione: che conduce vita onesta e irreprensibile, moralmente integro. Per esempio una vita proba, un probo cittadino.

41 Risposta: **C**. Arto, torto.

42 Risposta: **D**. Per chiarire le cose è più semplice considerare solo un vincolo di relazione, il fratello della moglie di Piero è suo cognato; il fatto che abbia sposato la sorella di Piero, non fa altro che renderli cognati un'altra volta.

43 Risposta: **A**. Tenendo presente la veridicità e l'assolutezza della frase iniziale, si discerne la seguente affermazione: tenendo spento il telefono cellulare non necessariamente la rappresentazione deve essere in atto.

44 Risposta: **B**. Si escludono le alternative **C**, **D** ed **E** perché manca almeno uno dei frutti previsti. La **A** si esclude perché c'è una sola banana a fronte di due agrumi, un'arancia e un limone.

45 Risposta: **D**. La soluzione si riferisce al numero di lettere che compongono ogni parola e "concordare" ne ha 10.

46 Risposta: **E**. La parola mancante è "moto" in quanto forma "terremoto" e "motoscafo".

47 Risposta: **C**. Se E non è C, che a sua volta può essere (o non essere) A, allora anche E può essere o non essere A.

48 Risposta: **B**. La briciola è lo "scarto" del taglio del pane, proprio come il truciolo lo è della lavorazione del legno.

49 Risposta: **C**. Il testo afferma che la condizione ideale cui bisogna tendere per apprezzare al meglio gli stimoli sensoriali e cognitivi sia lo svuotamento da ogni precedente sensazione che il corpo e la mente ha ricevuto e memorizzato. Questo svuotamento è raggiungibile mediante la tecnica della respirazione profonda, che mette l'individuo in condizione di liberarsi dall'affollamento di input sensoriali captati in precedenza, i quali rappresentano un ostacolo alla ricezione e all'interpretazione esaustiva dei nuovi.

50 Risposta: **A**. I ragionamenti induttivi partono da dati empirici tra loro simili, formulando da questi una regola generale. È il caso del primo ragionamento, in cui si assume che i napoletani siano bravi a fare la pizza poiché tutti gli amici del protagonista hanno trovato ottima la pizza a Napoli. Gli altri tre ragionamenti sono invece deduttivi in quanto ricavano conclusioni logicamente necessarie da premesse generali.

51 Risposta: **B**. La soluzione prevede l'uguaglianza delle prime lettere "*fil* – *fil*" e "*can* – *can*" e l'appartenenza alla stessa area semantica.

52 Risposta: **A**. Il giocatore è un elemento di una squadra; analogamente il gradino è l'elemento costitutivo di una scala.

53 Risposta: **B**. Tranquillo è il contrario di irrequieto. Agitato è sinonimo di irrequieto, requieto non esiste, grullo è una voce dialettale toscana sinonimo di stupido e combattuto significa confuso, incerto, tormentato.

54 Risposta: **D**. Nel brano si analizzano gli elementi a favore della costruzione di nuove centrali nucleari – più ecologiche rispetto a quelle a carbone – e gli aspetti negativi, relativi alle centrali nucleari costruite in Francia in zone costiere. L'affermazione che rafforza l'argomentazione deve compensare l'aspetto negativo che riguarda lo sterminio di pesci e delle loro uova, che può essere evitato utilizzando sistemi di raffreddamento alternativi rispetto all'acqua marina.

55 Risposta: **B**. Il palinsesto in codicologia è un antico manoscritto il cui testo originario (detto *scriptio inferior*) è stato cancellato tramite raschiatura e sostituito da un testo più recente (detto invece *scriptio superior*). Si dice palindromo un termine che quando viene letto al contrario rimane identico a se stesso oppure dà una parola di significato diverso (per organo/onagro). Dunque come un palinsesto è relativo al verbo raschiare, un palindromo è relativo al verbo invertire.

56 Risposta: **E**. Una bottiglia ha sempre il fondo.

57 Risposta: **C**. Tutte le argomentazioni presentate nel brano mettono l'accento sul fatto che le compagnie low cost fanno in realtà pagare in più una serie di servizi. Pertanto, come sostenuto nella seconda frase, non sono così convenienti.

58 Risposta: **D**. È necessario trovare qual è la tesi sostenuta nel brano. Le argomentazioni sono le seguenti: un sacchetto di plastica impiega un tempo notevole per decomporsi, al contrario di quello di carta; da un punto di vista di consumo energetico, tuttavia, produrre e riciclare 1 kg di plastica è molto più conveniente rispetto a 2 kg di carta; la terza argomentazione è che solo 1 sacchetto su 200 viene riciclato. Tra le opzioni proposte l'unica che riprende un'argomentazione del testo è la **D**.

59 Risposta: **A**. Il termine giurisprudenza indica la scienza del diritto, i criteri seguiti dalla magistratura nell'applicazione delle norme, nonché l'insieme delle sentenze emesse dalla magistratura.

60 Risposta: **C**. La risposta **A** non va bene poiché sorvola sulla divisione tra Svezia e Finlandia: la **B** addirittura aggiunge elementi estranei al testo (Harapanda), la **D** descrive Tornio come città russa e la **E** fa riferimento a numerosi problemi, non citati dal testo.

61 Risposta: **E**. La frase "Non è vero che a Torino nel mese di aprile quando piove tutte le persone che escono hanno l'ombrello" sta a indicare che almeno uno tra gli abitanti di Torino, che escono nel mese di aprile quando piove, non ha con sé l'ombrello.

62 Risposta: **A**. Si tratta di una crittografia: i numeri dopo la parola giardino corrispondono alle lettere di questa parola (G = 3, I = 1 e così via). Le parole "nodi", "giro", "nido" sono formate da lettere tutte contenute nella parola "giardino", dunque si può facilmente ricavare la trascrizione numerica della parola "nido".

63 Risposta: **D**. 27. La parola "occultazione" è scritta correttamente, quindi $3 \cdot 3 \cdot 3 = 27$.

64 Risposta: **E**. La collocazione del proprio nominativo nelle prime 10 posizioni da parte di tutti i 20 insegnanti indica che il criterio utilizzato dai docenti non è obiettivo, altrimenti sarebbero state occupate tutte e 20 le posizioni.

65 Risposta: **E**. Cerchiamo la soluzione per il termine 2: un termine di uso molto frequente è "gogna mediatica"; perciò la coppia di termini corretta risulta: esposto – mediatica.

66 Risposta: **C**. La tossicità è la capacità di una sostanza, o di un preparato, di innescare un'azione velenosa, in determinate dosi e a seconda della rapidità con cui raggiunge un certo organo, provocando rischi acuti o cronici anche gravi a organismi viventi ai quali siano stati somministrati.

67 Risposta: **B**. Indulgente.

68 Risposta: **A**. Per indebolire l'argomentazione occorre trovare la motivazione che potrebbe essere utilizzata per incentivare gli agenti di polizia. Fra quelle proposte, l'unica plausibile è quella che evidenzia la carenza di organico nel settore, per cui un aumento del compenso potrebbe incentivare le persone a scegliere quella professione.

69 Risposta: **C**. L'organo non è uno strumento a corda.

70 Risposta: **B**. "Compassata" è l'aggettivo che meglio si accoppia con "distaccata".

71 Risposta: **A**. Stiglitz afferma che la globalizzazione come sistema possa costituire una forza positiva in grado di portare all'arricchimento anche, e in particolar modo, dei Paesi poveri, ma solo in seguito a una revisione del metodo con cui essa è stata gestita fin'ora.

72 Risposta: **E**. Le argomentazioni proposte nel brano su cui si basa il messaggio sono due: 1) gli inglesi non utilizzano per lavoro una lingua diversa dalla propria (l'inglese); 2) le scuole devono concentrasi sull'insegnamento di materie utili. Da qui deriva che il messaggio sostiene che le lingue straniere siano inutili, perciò non devono essere insegnate a scuola.

73 Risposta: **E**. Il brano afferma che gli investimenti in programmi di educazione sanitaria nell'età prescolare possono (e quindi non necessariamente sono sufficienti, come affermato nella risposta C essere utili per la società intera e comportare un futuro risparmio.

74 Risposta: **A**. "Biondo" è un aggettivo del sostantivo Tevere, ovvero un suo attributo (termine che designa l'aggettivo in analisi logica).

75 Risposta: **C**. Si tratta in entrambi i casi di frasi palindrome, in quanto rimangono identiche a loro stesse quando sono lette a rovescio.

76 Risposta: **A**. In questo caso abbiamo due doppie negazioni che possiamo analizzare. "È sbagliato negare" significa che è giusto, e inoltre "che sia falso che il quadro non è stato dipinto" indica che in realtà il quadro è stato dipinto. Quindi se sostituiamo queste espressioni nella frase iniziale, risulta che il quadro è stato dipinto da Leonardo da Vinci.

77 Risposta: **A**. Atena, dea della sapienza figlia di Zeus, è indicata con il nome greco, contrariamente alle altre tre opzioni; presso i Romani era nota come Minerva.

78 Risposta: **B**. La zebra non è un felino.

79 Risposta: **D**. Il "se e solo" se implica che a Gianni basta comprare gli occhiali da sole per andare a sciare, ma se d'altronde non li comprerà non potrà sciare. Di conseguenza, se Gianni sta sciando è perché ha comprato gli occhiali da sole. Inoltre vi è l'obbligatorietà, ovvero, se Gianni compra gli occhiali da sole, non può non andare a sciare.

80 Risposta: **B**. Un sentiero è irto di insidie; assiduo significa costante, acuto significa appuntito, un logorroico è una persona che parla molto ed egregio significa eccellente, insigne.

81 Risposta: **B**. Costruendo l'albero genealogico secondo le indicazioni del testo si ottiene il seguente schema, da cui si ricava che i pronipoti maschi sono 7.

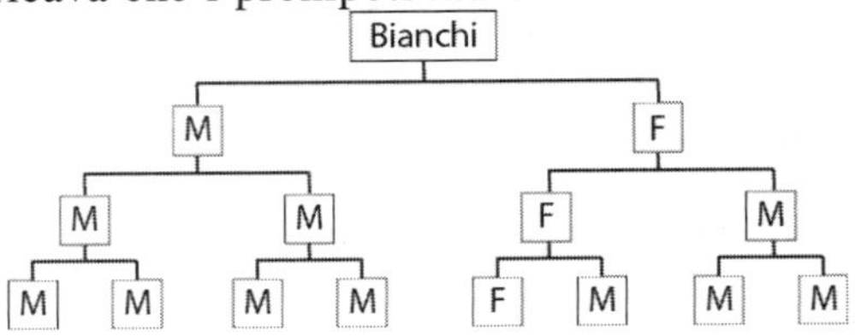

82 Risposta: **A**. Il fatto che Antonio sia spiritoso non basta a collegarlo alla prima proposizione: è necessaria anche la condizione inversa, ovvero tutte le persone spiritose amino il cabaret. Pertanto Antonio è spiritoso e di conseguenza, come tutte le persone spiritose, ama il cabaret.

83 Risposta: **B**. In questa citazione di Popper non emerge in alcun modo il senso di tolleranza e di rispetto per i differenti costumi di popolo diversi.

84 Risposta: **E**. Nel testo si dice che gli abitanti di Ernesti sono tutti biondi, quindi poiché il presidente ha i capelli rossi, non può certo essere un ernestiano.

85 Risposta: **D**. Il brano afferma che la basicità delle ammine cresce al crescere del numero di radicali alchilici legati all'atomo di azoto, ma spiega che nel caso delle ammine terziarie, che possiedono 3 radicali alchilici legati all'azoto, si riscontra un grado di basicità minore rispetto alle ammine secondarie, le quali ne possiedono 2: non si può quindi dedurre che esiste una proporzionalità diretta tra numero dei radicali legati all'azoto e basicità delle ammine.

86 Risposta: **C**. La parola di senso compiuto cercata è "cena". Le lettere davanti alle parentesi sono in ordine inverso le ultime due della parola tra parentesi. I numeri dopo le parentesi sempre in ordine inverso sono i numeri di posizione delle rispettive lettere dell'alfabeto.

87 Risposta: **B**. Infatti se solo 50 galassie contengono stelle α, ciò significa che queste sono in numero finito (**A**), quindi non tutte le stelle sono stelle α (**E**) poiché le stelle sono infinite. Inoltre la **B** implica anche che esista almeno una galassia senza stelle α (**D**), sempre per il motivo che le stelle sono infinite, oltre al fatto che essendo le stelle α un numero finito le altre stelle devono essere in numero infinito.

88 Risposta: **C**. Nel brano due sono le considerazioni principali: il turismo è in aumento ed è fonte di reddito, anche per Paesi che hanno governi corrotti e oppressivi. La conclusione a cui giunge il brano è come contrastare i Paesi con regime oppressivo, per i quali l'embargo non è efficace. Una possibile soluzione è che i turisti non vadano nei Paesi che violano i diritti umani.

89 Risposta: **E**. Nel brano si confrontano pregi e difetti delle piante autoctone e non autoctone. Queste ultime sono diventate di moda anche se più costose e più facilmente soggette a malattie. Nel testo, perciò, si sostiene che sarebbe meglio sviluppare la coltivazione di piante autoctone che sono meno costose e altrettanto belle. Tra le affermazioni proposte, l'unica che rafforza la conclusione è quella che precisa che le piante autoctone non sono soggette a malattie, elemento che non è stato preso in considerazione nel brano.

90 Risposta: **C**. La struttura logica del brano si basa sulla condizione necessaria, espressa da "solo se ... allora", dalla quale si deduce "se B allora A". (Solo se si è ritenuti colpevoli di un'uccisione (A), allora condanna all'ergastolo (B); Enrico è condannato all'ergastolo (B) allora ha ucciso (A). L'unica alternativa proposta che ha la stessa struttura è la **C**.

91 Risposta: **E**. La Patagonia è una regione dell'America Meridionale, divisa tra Argentina e Cile. Le altre quattro alternative di risposta sono invece delle nazioni e non delle regioni geografiche.

92 Risposta: **C**. Il significato delle affermazioni è: poiché è possibile che esista la vita su Urano dobbiamo esplorare il pianeta, quindi la presenza della vita è una ragione sufficiente per l'esplorazione di Urano e più in generale dei pianeti.

93 Risposta: **B**. Tutte le parole tranne bis hanno tre vocali e tre sillabe.

94 Risposta: **C**. Divino.

95 Risposta: **A**. Dire che sia falso che tutti non lavorino non significa che tutti lavorano, bensì che non tutti non lavorano, ovvero esiste almeno una persona che lavora.

96 Risposta: **E**. La coniugazione non è una parte della frase.

97 Risposta: **E**. L'indennizzo è il rimborso di una somma versata. La rilegatura è insieme delle operazioni con cui si rilega un libro, la ressa è una folla, la defezione è una mancanza o un tradimento.

98 Risposta: **E**. Politico non indica molteplicità in quanto deriva dal greco polis (città).

99 Risposta: **D**. *Branco* indica un insieme di elementi, e può essere composto da lupi, iene e leoni. I *briganti* sono gli elementi di un insieme, che non può che essere una *masnada*. Quindi l'abbinamento corretto è con i lupi.

100 Risposta: **C**. Respingere l'infondatezza significa confermare; non è vera l'impossibilità significa che è quindi possibile. In definitiva, la frase va semplificata in: recenti scoperte hanno confermato la tesi secondo la quale è possibile che lo stress sia causa di alcune malattie mentali.

101 Risposta: **A**. La negazione della frase composta "A o B" è "non A e non B", perciò Marco non scrive e non ascolta musica.

102 Risposta: **B**. Infatti la visione di Guicciardini è una visione pratica: data la tirannide bisogna evitare alcuni comportamenti (che nuocerebbero o renderebbero sospetti) e assumere un atteggiamento collaborativi per limitare i danni dovuti alla tirannide.

103 Risposta: **C**. Sono tutti mezzi di trasporto con ruote, tranne la slitta.

104 Risposta: **B**. Quasi è un avverbio (e in certi casi una congiunzione, per esempio quando diciamo: era molto stupito, quasi si aspettasse una notizia differente). Gli altri quattro sono aggettivi.

105 Risposta: **C**. Nel testo si afferma che il materiale dotato di significato (ovvero quello che viene capito anziché imparato a memoria) si apprende più rapidamente. La prima parte dell'opzione **C** afferma esattamente il contrario, anche se invece la seconda parte è valida.

106 Risposta: **B**. La proporzione è completata dalla coppia Puglia/Emilia Romagna, che sono le regioni in cui si trovano Bari e Modena.

107 Risposta: **E**. Infatti la riduzione degli effetti dei farmaci non è solo dovuta alla loro cattiva qualità; nel brano si parla anche dell'aumento della resistenza batterica ai farmaci indisponibili in quanto inutilmente giacenti in magazzino.

108 Risposta: **C**. La proposizione è per esteso così correttamente espressa: Il Capitale sta a Marx come Stato e Rivoluzione sta a Lenin.

109 Risposta: **D**. La parola ottenuta è "domicilio".

110 Risposta: **B**. Le argomentazione esposte nel brano sono: 1) gli uccelli compiono diversi stratagemmi per nascondere il cibo, in modo particolare se sono osservati; 2) ciò dimostra che hanno empatia immaginativa; 3) sono capaci di prevedere il comportamento dei loro simili. L'unica argomentazione che può rafforzare questo comportamento è quella che afferma che gli stessi uccelli che hanno rubato il cibo in precedenza possono prevedere che i loro simili lo facciano a loro volta, e quindi devono stare più attenti a nasconderlo.

111 Risposta: **E**. Adulterato.

112 Risposta: **D**. Se non sempre chi grida più forte ha ragione, allora si può aver ragione sia parlando piano, sia urlando; questo però non ci assicura che chi parla piano abbia sempre ragione.

113 Risposta: **A**. Tra i diversi abbinamenti proposti, la serie corretta è la **A** perché abbina Don Chisciotte con Sancho Panza, due personaggi che si completano a vicenda incarnando rispettivamente l'essere idealista e il personaggio realista; Leporello è il servitore di Don Giovanni; Agilulfo e Gurdulù li ritroviamo ne *Il cavaliere inesistente* di Italo Calvino; Tamino e Papageno li ritroviamo, invece, ne *Il flauto magico* di Mozart; infine Guglielmo da Baskerville e il monaco Adso da Melk fanno parte de *Il nome della rosa* di Umberto Eco.

114 Risposta: **E**. La soluzione si riferisce al numero di lettere di ogni parola e 7 è il numero di lettere che compone la parola "burlare".

115 Risposta: **E**. Il brano spiega come la velocità di effusione di un gas attraverso fori sottili sia dipendente esclusivamente dalla massa molecolare di esso, in particolare sia inversamente proporzionale alla radice quadrata di questa, ma "a una data temperatura": non è quindi evincibile dal testo il fatto che la velocità di effusione sia indipendente dalla temperatura.

116 Risposta: **A**. "Che tu raggiunga il risultato sperato" è preceduto da quattro negazioni (respingo, infondatezza, non è vera, improbabilità), per cui la frase ha un senso positivo.

117 Risposta: **D**. Immanente si dice riferrndosi a qualcosa che fa parte della realtà e non esiste separato da essa; è quindi il contrario di trascendete.

118 Risposta: **D**. Se Tizio è il suocero di Sempronio, essi sono entrambi non scapoli, poiché Sempronio ha sposato la figlia di Tizio, quindi Caio è scapolo, è il più magro ed è l'operaio.

119 Risposta: **D**. In questo caso la frase **D** è stata semplicemente riportata modificando solo la posizione di alcuni elementi, ma mantenendo il suo significato originale.

120 Risposta: **A**. Nel brano, Popper cita il ruolo della minoranza soltanto verso la fine, quando sostiene che alla minoranza deve essere garantito di lavorare per un cambiamento pacifico. Non viene però citato il diritto delle minoranze di collaborare attivamente alla gestione del governo.

121 Risposta: **D**. L'elettronegatività è una misura della capacità di un atomo di attrarre elettroni nel prendere parte a un legame chimico. Gli elementi alogeni presentano, nell'ultimo livello, un elettrone in meno rispetto al gas nobile più vicino, e ciò spiega la loro grande facilità a formare ioni monovalenti negativi. Il fluoro, che è l'elemento più in alto del gruppo degli alogeni, possiede il valore di elettronegatività maggiore, pari a 4,0, quindi significa che in questo gruppo il valore di elettronegatività è minore in basso rispetto all'alto.

122 Risposta: **E**. Bisogna trovare il nesso tra il mercato del lavoro e la disoccupazione. Se "la mancata corrispondenza tra le esigenze del mercato e la formazione professionale dei giovani è una delle cause della disoccupazione", allora la disoccupazione è generata dalla difformità tra mercato del lavoro e formazione professionale e a sua volta genera la delinquenza giovanile. Dunque transitivamente la difformità tra mercato del lavoro e formazione professionale causa la delinquenza giovanile.

123 Risposta: **D**. Cipresso.

124 Risposta: **A**. La parola scritta correttamente è "ossidare", quindi

$$24 \cdot 3 - 7 = 72 - 7 = 65$$

125 Risposta: **B**. Infatti poiché Maurizio e Anna sono fratello e sorella, i figli di quest'ultima sono nipoti di Maurizio, ma certo non sono di Anna che è la madre, quindi quando Anna dice che "Dato che non ho nipoti, io proseguo e ci vediamo più tardi" afferma il vero, in quanto nella casa in questione è presente suo figlio.

126 Risposta: **B**. Le risposte **A**, **C** ed **E** non hanno riscontro nella traccia e l'incremento di fondi non garantisce la vittoria ma indubbiamente ne aumenta la probabilità.

127 Risposta: **A**. Esiste almeno una torta senza ciliegina. Non è vero però il concetto generale "tutte le torte non hanno la ciliegina".

128 Risposta: **B**. Le parole sono: "porco", "torco" (da torcere), "storco" (da storcere) e "sporco".

129 Risposta: **C**. Il passaggio logico errato è quello che sulla base delle premesse date porta a una conclusione sbagliata. Le premesse esplicitate nel brano sono: 1) Laura di solito pota le rose a novembre. 2) Quest'anno le ha potate a marzo. 3) In estate ha avuto una fioritura straordinaria di rose. Conclusione: il gelo fa bene alle rose. La conclusione è sbagliata in quanto non si può affermare con certezza che la causa dell'abbondante fioritura sia il gelo, potrebbe essere stata qualsiasi altra causa non presa in considerazione, per esempio una primavera con clima favorevole alla fioritura delle rose.

130 Risposta: **E**. Le parole di senso compiuto sono "visto" e "presto".

131 Risposta: **A**. La parola scritta correttamente è "ordigno", quindi

$$(25 - 7) \cdot 8 = 18 \cdot 8 = 144.$$

132 Risposta: **D**. Si tratta di un'analogia tra nazioni e loro capitali; pertanto l'accoppiamento corretto è quello tra Budapest (capitale dell'Ungheria) e Praga (capitale della Repubblica Ceca).

133 Risposta: **C**. Karl Popper infatti sostiene che la democrazia non vada intesa nel suo significato letterale (ovvero governo del popolo) bensì nel senso di una forma di governo atta a impedire la dittatura.

134 Risposta: **E**. Una TV ha sempre lo schermo.

135 Risposta: **D**. Nel brano si considera l'opportunità di far testimoniare i bambini nei processi e si giunge alla conclusione che non sono idonei in quanto mentono. A questa deduzione si giunge osservando il comportamento di alcuni bambini durante un esperimento particolare. Nella supposizione implicita si assume come vero in generale il risultato ottenuto in un contesto particolare, come descritto nell'opzione **D**.

136 Risposta: **B**. La caratteristica che esclude la bicicletta è il fatto di non avere un motore, ma di avere solo una propulsione a pedali.

137 Risposta: **C**. La parola di senso compiuto cercata è "audizione".

138 Risposta: **C**. I ragionamenti deduttivi sono quelli che dall'universale giungono al particolare, mentre quelli induttivi sono quelli che dal particolare risalgono all'universale. In questo caso i ragionamenti 1, 2 e 4 sono deduttivi, mentre il ragionamento 3 è induttivo, poiché da una conoscenza sensibile del particolare giunge a una conclusione di senso universale.

139 Risposta: **D**. La malattia M colpisce il 75% degli anziani; la si può curare in maniera costosa e complessa e anche prevenire; il numero di casi è raddoppiato (contro le aspettative) e la quinta affermazione non trova alcun riscontro nel brano.

140 Risposta: **D**. Frustrare significa provocare uno stato di insoddisfazione o delusione nei confronti di una persona.

141 Risposta: **B**. La frase "lotteremo fino all'ultimo uomo" lascia intendere che non ci si arrenderà. Dunque "resa" è il termine cercato.

142 Risposta: **D**. La proposizione è sviluppabile in questo modo: Mattia Pascal sta a Pirandello come Julien Sorel sta a Stendhal e come Raskolnikov sta a Dostoevskji.

143 Risposta: **C**. Se Laura gioca come difensore sinistro e il centrocampista è la ragazza di Rieti allora Serena è il centrocampista che viene da Rieti. Inoltre, se Mario è l'attaccante, il portiere è di La Spezia e Roberto di Modena, allora Paolo (unico uomo rimasto) è il portiere che viene da La Spezia. Inseriamo queste deduzioni insieme ai dati fornitici in uno schema:

Nome	*Ruolo*	*Città*
Serena	centrocamp.	Rieti
Laura	dif. sinistro	
Mario	attaccante	
Paolo	portiere	La Spezia
Roberto		Modena

Completiamo lo schema con i dati mancanti (non possiamo stabilire con certezza quale tra Laura e Mario venga da Bari e Novara):

Nome	*Ruolo*	*Città*
Serena	centrocamp.	Rieti
Laura	dif. sinistro	Bari/Novara
Mario	attaccante	Bari/Novara
Paolo	portiere	La Spezia
Roberto	dif. destro	Modena

Il difensore sinistro proviene dunque da Bari oppure da Novara.

144 Risposta: **D**. Le due affermazioni che si possono mettere in relazione sono "Francesco è silenzioso", "tutte le persone silenziose amano leggere libri", da cui si deduce che Francesco ama leggere libri. Non si possono collegare la prima e la terza affermazione perché "amano leggere libri" è in entrambe un predicato.

145 Risposta: **B**. In nessun senso viene espresso che il progresso e la conoscenza tecnologica rappresentano e significano concretamente o ideologicamente l'unica via di fuga dall'aggressività, dalle discordie e dalle guerre tra i popoli.

146 Risposta: **B**. Nel testo è scritto che "Le principesse, almeno quelle delle favole, seguono la volontà patena" e poiché il re, che è il padre della principessa, non vuole che si sposi, questa non si sposerà con il rospo.

147 Risposta: **A**. Tangeri è l'unica città non europea.

148 Risposta: **A**. Dato che tutti coloro che gestiscono un rifugio sono guide, compiono almeno 5 escursioni alla settimana.

149 Risposta: **E**. La parola scritta correttamente è "impugnare", quindi (96 + 36 – 7 = 125).

150 Risposta: **E**. Il governo gli riconobbe una medaglia al suo valore militare. Ci si arriva per esclusione, dato che riflessione e digressione non hanno senso, missione è da escludere dato l'arto amputato e resa significa l'arrendersi al nemico.

151 Risposta: **C**. Lo stolone ha a che fare con le piante; gli altri quattro sono animali.

152 Risposta: **D**. La soluzione si riferisce alla posizione in cui si trova nell'alfabeto la prima lettera della parola e "litorale" comincia per L che è la decima lettera dell'alfabeto.

153 Risposta: **D**. Il giallo è uno dei colori; analogamente il dolce è uno dei sapori.

154 Risposta: **B**. Concordanza dei tempi verbali nel passato, in base alla cronologia degli avvenimenti descritti.

155 Risposta: **E**. Dalle tre asserzioni della domanda otteniamo che tutte le persone alte sono sia magre sia atletiche; nulla si può dire circa il legame tra quelle magre e quelle atletiche poiché non è detto che le asserzioni valgano anche in senso inverso (ovvero tutte le persone magre sono alte e dunque anche atletiche). Analogamente non si può dire nulla circa il legame tra Sandro e la magrezza oppure l'altezza.

156 Risposta: **D**. Infatti dal testo si deduce che affinché siano veri A, B, C, D e necessario che siano veri A e C, da cui discende che anche B e D sono vere.

157 Risposta: **D**. La parola non è scritta correttamente; la forma corretta è "recensione" oppure "recinzione", quindi calcoliamo $5^3 = 125$.

158 Risposta: **D**. La parola cercata è "maggio" in quanto completa la prima (for + maggio = formaggio) e inizia la seconda (maggio + lino = maggiolino); la risposta **A**, "nel" potrebbe trarre in inganno poiché unita alle due parole fuori parentesi forma un'unica parola (forellino), ma non è ciò che richiede l'esercizio.

159 Risposta: **B**. Infatti le parole complete sono "destino" e "tinozza".

160 Risposta: **D**. Il cameriere è l'unica figura che non è un militare o un paramilitare.

161 Risposta: **D**. Affabilità.

162 Risposta: **E**. La proporzione vige tra scrittori di gialli e loro personaggi. Andrea Camilleri ha creato il commissario Montalbano e Georges Simenon ha creato Maigret.

163 Risposta: **E**. Il poco impegno profuso farebbe intuire uno scarso risultato; la vincita del concorso è dunque inattesa e quindi genera sorpresa.

164 Risposta: **B**. Se la fame non è provocata da un problema di produzione del cibo e l'autore esclude l'incremento della fame nel mondo significa che egli presuppone che la produzione di cibo sia sufficiente in futuro anche a fronte di un aumento della popolazione.

165 Risposta: **A**. Le coppie che possono occupare il posto di funzionario sono Alti e Costi oppure Bruno e Costi. Costi litiga con Iani, per cui Iani è l'unico che sicuramente non può far parte della nuova agenzia.

166 Risposta: **E**. Il "se e solo se" indica una condizione necessaria e sufficiente: il tipografo può stampare il libro se l'operaio lo aiuta (ovvero se l'operaio non l'aiuta il tipografo non potrà stampare il libro) e l'operaio basta a completare il lavoro (ovvero oltre all'operaio e al tipografo non serve nessun altro). Quindi se il tipografo non stampa il libro, l'unica ragione è la mancanza di aiuto da parte dell'operaio.

167 Risposta: **C**. Matta.

168 Risposta: **A**. Se sommiamo tutti i giocatori possibili per ogni ruolo notiamo che il massimo numero di giocatori è 23 non 24; quindi è la **A** a essere necessariamente falsa.

169 Risposta: **E**. L'affermazione citata mette in relazione la durata di un'azione, che si dilata nel tempo, con l'effetto negativo che ne deriva (arrivo tardi, alloggio male). Per trovare l'affermazione contraria è necessario individuare la durata di un'azione che, anche se prolungata, ha un effetto positivo.

170 Risposta: **C**. Il brano afferma che "la conoscenza si modifica sostanzialmente quando lo studente entra nell'università" e dunque non necessariamente si perdono le nozioni acquisite precedentemente.

171 Risposta: **D**. Se le rose di un giardino sono soltanto gialle o rosse, ciò significa che non vi sono rose di altri colori, ma ciò non esclude né afferma che vi possano essere altri tipi di fiori.

172 Risposta: **B**. Praticamente il Signor Rossi non ama il signor Bianchi. Infatti "è stata respinta la prova della negazione della certezza" equivale a "è stato accertato che".

173 Risposta: **D**. Superare il secondo significa diventare secondo io stesso e perciò essere dietro la prima posizione.

174 Risposta: **C**. Mennea non è un ciclista.

175 Risposta: **E**. Tutte le argomentazione sostenute nel brano si basano sul fatto di mettere a confronto le regole del fuorigioco dell'hockey, considerandole simili quelle del calcio. La risposta corretta deve perciò mettere in relazione i due sport e prendere in considerazione le differenze.

176 Risposta: **E**. La struttura logica del brano può essere schematizzata in questo modo:
se A (avere un conto con saldo di almeno 1000 euro) e se B (età massima 30 anni) allora C (visto vacanza–lavoro).
Se non si verifica A o non si verifica B allora non si verifica C. Nel brano non si verifica B, per cui non si può verificare C.
Le opzioni **A**, **C**, **D** sono false perché richiedono una sola condizione. **B** richiede due condizioni, ma risultano soddisfatte entrambe, per cui si verifica "se A e se B allora C". La risposta corretta perciò è la **E**.

177 Risposta: **E**. Dalle parole di Bradbury non si evince l'affermazione che il mondo artificiale possa mettere in pericolo la sopravvivenza dell'umanità, poiché non vi è riferimento al concetto di "morte" o "uccisione". Bradbury esprime invece la sua paura che la meccanizzazione crescente porti a un'alienazione dell'uomo.

178 Risposta: **B**. La frase fa intuire che si parla di una squadra debole e che l'altra squadra ha di conseguenza giocato con poco impegno.

179 Risposta: **D**. L'insieme è composto da mammiferi, il che esclude l'aquila e il serpente. Rimangono quindi l'uomo e la gazzella, ma l'altro determinante è il fatto che i componenti dell'insieme sono tutti quadrupedi, cosa che non si addice per nulla all'uomo.

180 Risposta: **A**. I due enunciati della traccia si possono concatenare, generando la risposta **A**.

COMPRENSIONE VERBALE

Brano 1

Nell'anno accademico 2001-2002, in un'università italiana è stata promossa e organizzata una serie di incontri con gli studenti delle scuole medie superiori su temi riguardanti la dialisi, il trapianto renale e la donazione di organi. Sono stati raccolti oltre mille questionari che registrano le opinioni degli interessati. Il 75% dei ragazzi ritiene che donerebbe, al bisogno, un suo rene a un proprio familiare in dialisi; i pareri negativi sono il 5%, quelli incerti il 20%.
Tuttavia solo il 35% dei ragazzi, interpellato per un familiare in una situazione di ''morte cerebrale'', darebbe l'assenso al prelievo di organi; parere negativo, 35%, incerto 30%.

1.1 I dati riportati sono stati elaborati e permettono di formulare alcune considerazioni. Tra quelle qui registrate una sola è suffragata dalle informazioni raccolte:

A il trapianto di rene da cadavere è considerato meno utile di quello da vivente
B verosimilmente vi sono delle remore nei confronti della donazione da cadavere
C la donazione da vivente non comporta rischi
D il trapianto da vivente funziona meglio di quello da cadavere
E il 50% dei ragazzi è incerto su entrambi gli argomenti

1.2 Tra le osservazioni qui riportate una sola non è deducibile dai dati raccolti:

A nella popolazione esaminata convincere gli incerti può modificare radicalmente la percentuale di assenso alla donazione da cadavere
B nella popolazione esaminata l'incertezza nei confronti della donazione da cadavere è superiore a quella relativa al trapianto da vivente
C nella popolazione esaminata i ragazzi non sono convinti dell'efficacia terapeutica del trapianto renale
D riguardo alla popolazione esaminata mancano i dati relativi ai risultati dei due tipi di trapianto
E nella popolazione esaminata i giovani rivelano un legame di affetto molto forte con la famiglia

1.3 In questi ultimi tempi si è parlato e scritto molto di SARS. Questo acronimo, derivato dall'inglese, significa:

A spreading acute respiratory syndrome
B severe aggressive respiratory syndrome
C severe asiatic respiratory syndrome
D subacute asiatic respiratory syndrome
E severe acute respiratory syndrome

Brano 2

Nella dottrina psicologica e pedagogica contemporanea assistiamo alla nascita di due prospettive relative al gioco; la prima costruisce un'autentica pedagogia dell'atteggiamento ludico, a carattere puerocentrico, che ha interpretato il gioco come primum della dinamica formativa.
Si tratta di una prospettiva che ha il suo modello storico in Fröbel e che si è sviluppata attraverso l'esperienza attivistica: il principio regolatore dell'animazione sociale e culturale che si radica in una nuance poliforme dell'attività

ludica, intrecciata indissolubilmente all'immaginazione, alla creatività, alla libertà. Accanto a questa corrente neo-fröbeliana c'è un indirizzo di psicologia funzionalistica che si proietta sulla dimensione didattica, utilizzando il fenomeno del gioco in termini scientifici e sperimentali; è la linea della Montessori, di Decroly, di De Bartolomeis, che si è evoluta nel senso della pedagogia e delle sue recenti acquisizioni.
Queste due prospettive, puerocentrica e sperimentale, non esauriscono tout court le problematiche di una possibile teoria globale del gioco, e si può riconoscere una terza via, interpretativa e comprendente, che studia l'attività ludica in relazione con la psicologia dello sviluppo, e i temi a essa collegati della vita cognitiva ed emotiva.
Tale linea comprendente supera le istanze della pedagogia e della psicologia classicamente intese, e si svolge nel segno di una Weltanschauung molto più eclettica, aperta ai contributi di tutta la rubrica delle scienze umane.
Per Donald W. Winnicott il gioco rientra tra i fenomeni transizionali, quelle attività nelle quali il soggetto in età evolutiva esperisce il passaggio dalla dipendenza all'autonomia, imparando a star solo conservando una certa fiducia in una realtà positiva che lo protegge.
Secondo la riflessione di Winnicott il soggetto in età evolutiva, che è stato a sua volta oggetto di cure parentali da parte della madre, può gradualmente emanciparsi dalla sensazione di sentirsi un'entità non distinta dalla madre, entrando in una fase d'interazione e di elaborazione dei simboli radicati nella sua esperienza del mondo. Il gioco è un fenomeno transizionale come altre attività di tipo espressivo e creativo, che può servirsi di particolari giocattoli (come orsi di peluche o bambole) o oggetti usati per scopi ludici.
Il gioco partecipa pienamente di queste attività potenziali e sperimentali, con l'attivazione di una
dimensione linguistica solipsistica e dell'immaginazione come chiave d'accesso alla realtà. Per questa via, Winnicott sembra sintetizzare i contributi più significativi della psicologia dello sviluppo; riconducibili a questo settore di studi sono i nomi di tre illustri modelli della cultura novecentesca, cioè Jean Piaget, Lev Semenovic Vigotskij, Melanie Klein.

Domenico Turco, *La funzione del gioco nella prassi formativa*,
adattato da Selexi S.r.l.

2.1 In base alle informazioni contenute nel brano, quale delle seguenti alternative è deducibile?

A Il modello sperimentale si svolge nel segno di una Weltanschauung molto più eclettica rispetto al modello puerocentrico
B La prospettiva di Melanie Klein si è sviluppata attraverso il principio regolatore dell'animazione sociale e culturale
C Fröbel difende un indirizzo di psicologia funzionalistica che si proietta sulla dimensione didattica
D La prospettiva sperimentale, insieme alla prospettiva puerocentrica di Fröbel, esaurisce tutte le problematiche di una possibile teoria globale del gioco
E L'attività ludica può essere studiata in relazione alla psicologia dello sviluppo e ai temi della vita cognitiva ed emotiva

2.2 Quale potrebbe essere il titolo del brano?

A Teoria del gioco nella psicologia dello sviluppo
B L'evoluzione della funzione del gioco
C L'atteggiamento ludico nei bambini
D L'importanza del gioco nella psicologia sociale
E Gioco e simbologia degli affetti

2.3 In base a quanto riportato nel brano, è possibile dedurre che il medico, psichiatra e pedagogista belga Decroly:

A fonda la propria didattica sulla teoria dei centri d'interesse
B si concentra sulla dimensione didattica, utilizzando il fenomeno del gioco in termini scientifici e sperimentali
C interpreta il gioco come primum della dinamica formativa
D sviluppa una teoria basata sul modello di Fröbel
E difende la prospettiva dell'atteggiamento ludico, a carattere puerocentrico

Brano 3

Blakelok è un pittore americano del tardo '800 che divenne noto solo quando, a mezza età, perse la ragione e non fu più in grado di riconoscere le proprie opere. Tanto che da allora fu impossibile distinguerle da quelle che nel frattempo erano state copiate o imitate nello stile (da Innes, Ryder, Kitchell e altri). Solo dopo il 1970 a Brookaven, con l'aiuto di una tecnica radioisotopica molto usata in biologia e in metallurgia (l'autoradiografia), si è dimostrato che i suoi dipinti autentici risultano inconfondibili per la costanza nell'uso dei materiali e per la tecnica di applicazione dei colori. Questo è solo un esempio di come le tecniche radioanalitiche possano aiutare identificazione, conservazione e restauro delle opere d'arte sia antiche sia attuali, offrendo procedimenti di analisi molto sensibili e, quel che più conta, non distruttivi. Sono già noti i metodi di datazione archeologica (al carbonio 14 o altri) o lo studio con l'analisi per l'attivazione dei colori. Oggi le tecniche di radioanalisi al servizio dell'arte sono ancora cresciute, mutuando metodologie da campi diversi, come la medicina e l'industria. Queste tecniche possono essere rivolte sia alla determinazione della struttura dell'oggetto (analisi morfologica) sia alla sua composizione (analisi chimica), e finalizzate tanto alla sua identificazione quanto alla sua conservazione.
La composizione strutturale si può studiare sfruttando la trasparenza dei corpi alla radiazione elettromagnetica ad alta energia, cioè con la radiografia o la Tac. La radiografia viene applicata ai quadri, e permette di mettere in evidenza tutti i componenti come la tela, la stesura di gesso, le colle e i pigmenti con i loro leganti; si può così conoscerne non solo la tecnica adottata e deciderne l'attribuzione nel caso di incertezza, ma anche lo stato di conservazione e programmare l'eventuale restauro con cognizione di causa. L'apparecchio a raggi X usato non differisce, a parte l'energia dei raggi, da quelli impiegati per la radiodiagnostica umana, così come la lastra radiografica è di un tipo comune, e viene messa a contatto con il dipinto creando fra i due strati una leggera depressione in modo da avere una perfetta aderenza. Quando l'opera sotto studio è tridimensionale, come una statua, un vaso, un sarcofago, si mutua invece dalla medicina la tomografia assiale computerizzata (Tac). Con essa si riesce a visualizzare la struttura interna dell'oggetto, altrimenti visibile solo con interventi distruttivi. Data la grande varietà dei campioni da esaminare, la Tac sulle opere d'arte ha subito, rispetto alla Tac clinica, notevoli variazioni: per statue e oggetti metallici di grandi spessori (fino a 30 centimetri) i normali raggi X di 0,1-0,3 MeV vengono sostituiti da raggi di 12 MeV. Le tecniche radioanalitiche che consentono l'analisi chimica sono invece quelle basate sulla fluorescenza indotta e sull'analisi per attivazione. La prima è normalmente più agevole della seconda perché si può eseguire con strumenti portatili. In sostanza essa consiste nello stimolare con radiazioni poco penetranti gli atomi superficiali dell'opera in esame. Gli atomi così stimolati rispondono emettendo a loro volta una radiazione che è come una loro carta di identità e si rivelano quindi come tipo e quantità. Normalmente la radiazione usata per la stimolazione consiste in raggi X o gamma e la tecnica si chiama

"X Ray Fluorescence" (XRF), ma ultimamente è stata sviluppata una interessante variante, la Pixe alfa. In essa la stimolazione degli atomi viene realizzata con una sorgente di particelle alfa (da Po-210), che percorrono circa 5 centimetri in aria e non richiedono particolari precauzioni di radioprotezione, salvo il non venirne a contatto.

3.1 Il brano tratta di un argomento di natura:

A storica
B letteraria
C artistica
D scientifica
E sanitaria

3.2 Qual è lo scopo del brano?

A Promozionale
B Descrittivo
C Persuasivo
D Normativo
E Informativo

3.3 Quale dei seguenti potrebbe essere un titolo adeguato per il brano?

A Risolto il giallo Blakelok
B Nuove frontiere per il metodo di datazione al carbonio 14
C Radiochimica per analisi, tutela e attribuzioni di opere d'arte
D Due tecniche innovative: XRF e Pixe alfa
E L'elettromagnetica al servizio dell'arte nascosta

Brano 4

«Il suo colore preferito?», chiede una delle tante domande del test.
I questionari, d'ogni genere, si moltiplicano e arrivano da ogni parte; [...]. Non è il caso di deplorare il fenomeno con la patetica predica sulla parcellizzazione della vita e dell'individuo nella società contemporanea; rispondere a test era un gioco non disdegnato da scrittori come Proust e Thomas Mann, che è difficile accusare di superficialità. Anche se le domande sono numerose, si pensa di sbrigarle rapidamente, sia perché le risposte devono essere telegrafiche sia perché si è persuasi di avere idee, opinioni, gusti, convinzioni, amori, odi, pensieri. Ma invece, sin dai primi passi, si annaspa. Come si fa a indicare il poeta preferito? Leopardi o Baudelaire? Già in quest'alternativa c'è una violenza invadente, o forse questa è una nobile scusa per la propria irresolutezza. Anche considerando – ma è un modo per trarsi un po' d'impaccio – fuori categoria Dante o Shakespeare, come autori per i quali la definizione di poeta è troppo restrittiva, altri si affollano subito, legittimi e imperiosi; lasciar fuori Petrarca è un disagio troppo grande, [...]
E gli scrittori? Due – indiscutibili – sono due non scrittori, due entità sovrapersonali e plurime, lo Spirito Santo e Omero, se è vero che hanno scritto la *Bibbia* e l'*Iliade* e l'*Odissea*. Ma gli altri? È subito una gran confusione, come in certi pasticci sentimentali in cui si finisce per non sapere chi si ama di più e non si sa che pesci pigliare. [...] Sino a questo punto si tratta, tutt'al più, di una patologica indecisione critica o di una incoercibile ma felice vocazione poligamica; forse è bene non saper scegliere fra chi si ama, è certo giusto non scegliere tra i propri figli, anche se ne hanno cento come Priamo. Le cose saranno certo più chiare per quel che riguarda non la finzione letteraria, bensì

la vita, la realtà; uno saprà certo dire cosa ama, odia, tiene o desidera di più, i luoghi che preferisce e quelli che aborre. [...] Man mano che si prosegue nel questionario, si è risucchiati in un vortice di incertezza; non sono tanto le idee, i gusti, le predilezioni a traballare, quanto lo stesso io chiamato a declinarli, che si sente improvvisamente astratto, irreale [...] Come si può dunque osare indicare, nella risposta alla domanda numero 16, il tratto principale del proprio carattere, se quelle botte e risposte fanno anzitutto dubitare di avere un carattere? E lo si frantuma e le sue qualità svaporano. Non si può fame una colpa alla computerizzazione che governa il mondo. Quella logica non snatura la vita, come protestano i nostalgici del buon tempo antico, ma ne dice forse la verità, mette a nudo il meccano di cui siamo fatti [...] Il gesto di narrare crea, finge e costruisce un'identità, mentre chi risponde ai test sente di perderla, come un accusato dinanzi al poliziotto o al giudice che lo interroga.

Claudio Magris, *Utopia e disincanto*, Garzanti 2001, p. 301 e sgg.

4.1 Una sola delle osservazioni sullo scritto di Magris è correttamente dedotta dal testo. Quale?

A È evidente che tra i poeti e gli scrittori Magris ama Leopardi e Baudelaire, Omero, Virgilio e Dante
B Se è difficile scegliere tra le letture predilette, non lo è meno scegliere tra le persone, gli oggetti e gli eventi in mezzo a cui viviamo
C Il compilare un questionario agli scrittori di qualche valore è sempre sembrato un gioco poco serio, da intellettuali superficiali e disoccupati
D La logica dei nostro mondo computerizzato non rispetta l'originalità dell'individuo del quale disgrega l'unità naturale
E Rispondere ai test, come il narrare storie, mette a rischio di disperdersi e di trasferire la propria identità nella propria opera

4.2 Individuate la considerazione che non trova conferma nello scritto di Magris:

A il tono di questa pagina è leggero e arioso, ma l'indagine sulla condizione non solo dello scrittore, ma dell'uomo in generale, è, nella sostanza, seria
B lo scrittore rifugge dal luogo comune che attribuisce alla società contemporanea la responsabilità di ogni misfatto ai danni dell'individuo
C Magris osserva, come per inciso, che di fronte a chi ha il compito di giudicare noi o le nostre azioni rimaniamo disorientati e non riconosciamo più noi stessi
D non è detto che la vocazione alla poligamia sia sempre un male; ci sono affetti tra i quali è bene non stabilire graduatorie
E se i test hanno l'effetto di creare una confusione mentale e affettiva in chi era ben sicuro di sé, la loro attendibilità sarà molto limitata

4.3 Il titolo originale dello scritto (di cui è stata citata qui una parte) è spiritoso: *Mal di test*. Qual è l'unico dei titoli sotto elencati che potremmo dare alla selezione che ne è stata fatta?

A ABBASSO I TEST
B SALVIAMO I NOSTRI GUSTI
C GUARDIAMOCI DALLE MODE
D I TEST: UNO SPECCHIO RIVELATORE
E I TEST: UN MECCANO PER SCRITTORI

Brano 5

Sul Corriere della sera di qualche giorno fa c'era la notizia che su Internet grandi motori di ricerca metteranno a nostra disposizione milioni di libri e ci si domandava se questo avrebbe comportato la scomparsa delle biblioteche a cui siamo abituati da secoli. [...] Ma il vero grande pericolo di questa trasformazione mi sembra un altro: [...] Chi farà la scelta? Quali criteri seguirà nel prendere e nello scartare?
Alcune previsioni è facile farle. La storia è sempre stata scritta da chi ha il dominio politico, culturale e tecnologico. Egli ha imposto la sua lingua e la sua visione del mondo. [...] Oggi chi deciderà cosa è importante leggere e che cosa non lo è? Coloro che dominano la cultura mondiale con la loro potenza e con la loro lingua: gli anglosassoni. [...] Questo e non altro è il pericolo. La perdita di tutto ciò che è diverso, deviante, non capito, non visto, rifiutato. Perciò io dico ai governi, agli studiosi di tutti i paesi del mondo: per favore, salvate il nostro passato. [...] Lottate per inserire nella grande biblioteca tutto ciò che potete del vostro patrimonio nazionale, nella lingua originale. Tutto, non solo quello che vi pare buono e quello che vi pare cattivo ora. Perché saranno gli storici, gli studiosi, gli uomini del futuro a decidere cosa era o non era importante. La Chiesa cattolica medioevale non avrebbe messo il Corano tra i libri da salvare e oggi gli integralisti islamici non vi metterebbero la Divina Commedia. [...]

Francesco Alberoni, *Pubblico e privato*,
"Corriere della sera", 26/4/2004.

5.1 Individuate, tra i titoli proposti, il solo che si adatta pienamente all'articolo citato:

A salvate l'italiano (e altre lingue) nella superbiblioteca
B rifiutiamo di piegarci all'uso diffuso della lingua inglese
C un nuovo motore di ricerca: la cultura universale senza esclusioni di sorta
D presto su Internet uno specchio fedele ed esauriente di tutta la storia dell'uomo
E con Internet, non più censura culturale

5.2 Individuate, tra le considerazioni sotto elencate, la sola rigorosamente dedotta dal testo citato di Alberoni:

A nella biblioteca di Internet, l'unico problema del lettore è quello di scegliere quale leggere tra milioni di testi
B è naturale che su Internet non tutte le testimonianze del passato vengano conservate, e a ciò bisogna rassegnarsi e adeguarsi
C la scomparsa delle biblioteche tradizionali può e deve essere contrastata in tutti i modi
D gli Italiani, come altri, dovrebbero battersi per salvare il proprio patrimonio culturale e la propria lingua
E il *Corano* e la *Divina Commedia* sono opere a forte rischio di scomparsa

5.3 Le enunciazioni di principio qui riportate sono tutte alla base del discorso di Alberoni, eccetto una. Individuatela:

A in ogni cultura ci possono essere elementi preziosi, e non sempre i migliori giudici in merito sono i contemporanei
B sono sempre stati i vincitori, i detentori del potere a scrivere la storia
C l'uso di nuovi mezzi di comunicazione comporta, come ogni novità, dei rischi di cui è bene tener conto

D la difesa della propria lingua non è un atto di superbia nazionalistica, ma un dovere nei confronti dei posteri

E sbaglia chi si ostina a conservare il maggior numero possibile di opere: in ogni cultura ci sono cose che meritano di essere dimenticate per sempre

Brano 6

Leggere un libro (oppure un articolo di giornale) significa soffermarsi sulle frasi, magari rileggerle se non sono state capite, in ogni caso appropriarsi dei contenuti rielaborandoli: si tratta di un'operazione intellettuale che "dura" nel tempo [...] Le informazioni a cui sono abituati i giovani oggi passano invece attraverso le immagini visive: la televisione, in primo luogo; il cinema; la pubblicità. [...] Si tratta di informazioni da assorbire, non da rielaborare. Le pagine di un libro possono essere sfogliate lentamente, si può tornare indietro, si può accelerare: e il lettore che determina i tempi. Nella televisione o nel cinema è invece la comunicazione a stabilire la tempistica: lo spettatore può soltanto seguire, finendo col diventare fruitore passivo. [...] Resta da domandarsi se le nuove tecnologie garantiscono una formazione migliore o peggiore. Chi viene educato sin dai primi anni di vita a questo tipo di comunicazione difficilmente si appropria di uno strumento totalmente diverso come la lettura.

Gianni Oliva, *Leggere non è più di moda, "Mondo scuola"*, La Stampa, 20/4/2004.

6.1 Tra le considerazioni qui riportate, una non è suffragata dal testo citato:

A è molto probabile che un'abitudine contratta precocemente condizioni l'individuo a lungo, se non per tutta la vita

B la lettura soltanto garantisce una formazione equilibrata e un'informazione corretta

C leggere è un'occupazione per più motivi diversa dal guardare un film o uno spettacolo

D le nuove tecnologie hanno certamente influenza sui processi di formazione dei giovani

E anche la pubblicità è una fonte di informazioni

6.2 Una sola della seguenti affermazioni è rigorosamente dedotta dal testo citato:

A la durata della lettura dipende dal lettore; sulla durata di uno spettacolo lo spettatore non ha potere

B è la scuola che allontana i giovani dalla lettura

C in fondo da uno spettacolo si può apprendere nello stesso modo che da un'opera scritta

D la scarsa dedizione alla lettura è una questione di pigrizia e di disimpegno

E la comunicazione visiva non approda mai a una vera e propria acquisizione culturale

6.3 Una sola delle seguenti proporzioni è corretta secondo l'analisi condotta da G. Oliva nel passo riportato:

A immagine: scrittura = assorbire: rielaborare

B scrittura: pensiero = immagine: sensazione

C tempo: libro = spazio : televisione

D televisione: cinema = radio: libro

E formazione: libro = disinformazione: televisione

Brano 7

Per particolato atmosferico si intende l'insieme di tutte quelle particelle in sospensione nell'atmosfera che conservano le proprie caratteristiche per tempi tali da consentirne la partecipazione a processi fisici e/o chimici come entità a sé stanti. Sulla base di questa definizione il PM comprende una vasta gamma di poveri sottili, che possono essere distinte e classificate secondo diversi criteri, in particolar modo per le dimensioni, ma anche per la composizione, l'origine e la forma.
Il particolato è infatti estremamente eterogeneo come composizione, sia per la dimensione delle particelle che lo costituiscono (si parla di granulometria), sia soprattutto per la quantità di componenti che ne entrano far parte: carbonio inorganico e organico, solfati, nitrati, metalli pesanti, idrocarburi alifatici e aromatici, acidi organici, diossine, materiale inerte e molti altri composti. L'origine è dovuta a varie fonti antropiche, ma esistono anche particelle di origine naturale, come le polveri aerodiffuse o il sale marino. Nei trasporti il particolato è generato prevalentemente dalla combustione della benzina o del gasolio nei veicoli a motore (emissione di fuliggine diesel). Tra le altre sorgenti figurano gli impianti di combustione (combustibili fossili o altri tipi di combustibile), come per esempio le centrali elettriche e le piccole caldaie per il riscaldamento domestico, i processi di combustione del legno e altri processi industriali che generano varie forme di ''polveri''.
La dimensione delle particelle, come detto precedentemente, è comunque il principale sistema di classificazione e si distingue una serie di categorie, dal PM10 al PM0.3 (o anche 0.1) sulla base del diametro medio espresso in ''micron'' o micrometri (μm), che rappresentano la milionesima parte di un *metro* (10^{-6} m). Abbiamo così particelle grossolane, medie, fini e ultrafini.
Ciascuna frazione ha caratteristiche specifiche in termini di meccanismo di formazione, composizione, fonti di emissione, tempo di permanenza nell'atmosfera e processo di rimozione.
Di norma, le particelle più grandi di 10 μm possono essere considerate meno pericolose perché si depositano al suolo rapidamente e, se vengono inalate, sono trattenute dalle prime vie respiratorie; non si parla quindi di inquinamento dell'aria da particolato superiore al PM10.
Diverso il discorso per quelle con diametro via via inferiore, sempre più dannose perché riescono a penetrare più profondamente, in particolare le particelle ultrafini, cioè il PM0.3.
Tutte sono in parte di origine primaria, prodotte da processi antropici e naturali, e in parte di origine secondaria, derivate a partire dalle emissioni di altri inquinanti quali SO_x, NO_x, ammoniaca (NH_3) e O_3.
Vi è infatti una componente primaria di PM, quella emessa direttamente nell'atmosfera da fonti inquinanti quali gli scarichi degli autoveicoli, e una secondaria, dove le diverse particelle si formano in seguito a processi chimico-fisici a partire dai precursori, soprattutto SO_x, NO_x e composti organici volatili (COV). Quest'ultima è la più pericolosa, perché dà origine al particolato fine (<1 μm) con una composizione non prevedibile.
Per quanto riguarda le sostanze presenti nella composizione, si è visto come questo numero sia potenzialmente molto alto, ma quelle che si ritrovano costantemente e di riconosciuta tossicità sono poche, e fra queste hanno particolare importanza i metalli pesanti come piombo e cadmio, l'asbesto (amianto) e gli idrocarburi policiclici aromatici (IPA) come il benzene.

Federico Casale, *Inquinamento dell'aria e polveri sottili*.

7.1 Cos'è il particolato fine?

A L'insieme delle particelle che si formano in seguito a processi chimico-fisici a partire da altre sostanze
B È quello che viene bloccato dalle mucose nasali

C È l'insieme degli ossidi di carbonio emessi dagli autoveicoli
D È quello al di sotto dei 5 micron
E È quello che avvelena le falde acquifere

7.2 Cos'è il PM10?

A Il particolato composto da elementi di grandezza inferiore ai 10 mm
B Il particolato composto da elementi di grandezza inferiore ai 10 μm
C Il particolato composto da elementi di grandezza almeno pari a 10 mm
D Il particolato composto dai 10 più diffusi elementi inquinanti
E Il particolato composto da 10 parti di ossidi di azoto per ogni parte di diossina

7.3 Di cosa è composto il particolato?

A Di metalli pesanti, carbonio, nitrati, idrocarburi, acidi organici, solfati, diossine e altro ancora
B Di polvere sottile
C Di carbonio e zolfo
D Di azoto e ozono, in quantità abbastanza variabile
E Di corpuscoli al di sotto dei 10 micron di diametro

Brano 8

L'aria non è più quella di una volta, in città si respira veleno, c'è una miscela irrespirabile. Dal cittadino comune e da molti mass media si sentono spesso considerazioni di questo genere, oggi di grande attualità. Ma si tratta di (infondati) luoghi comuni o di triste realtà? Senza necessità di allarmismi, i numeri sembrano sostenere la seconda ipotesi, indicando un problema non solo italiano, ma che accomuna la maggior parte delle grandi città europee.
Non essendo la salute un parametro misurabile, rilevare e attribuire semplicemente le conseguenze dell'inquinamento atmosferico a effetti come il peggioramento della funzione polmonare, i giorni di attacco di asma, la frequenza di emicranie e irritazioni agli occhi, è probabilmente un azzardo, così come considerare anche la frequenza del ricorso a prestazioni mediche. Molti di questi sintomi sono infatti decisamente "aspecifici", cioè generici e ascrivibili a cause molto diverse.
Certamente, però, di inquinamento ci si può ammalare e si può anche, in certi casi, morire, ma i dati relativi a ciascun agente inquinante fanno parte di un fenomeno più complesso costituito da una miscela di elementi correlati tra loro.
Il ruolo degli inquinanti dell'aria nel determinare o aggravare determinate patologie è ormai confermato, anche se è spesso difficile imputare le conseguenze a un solo componente o al contaminante principale. Più semplice è invece correlare condizioni di inquinamento generalizzate a un insieme di effetti meno gravi ma più diffusi e generalizzati, prospettandone una serie di possibili conseguenze a lungo termine.
Gli effetti possono essere di tipo acuto, quando insorgono dopo un breve periodo di esposizione (ore o giorni) a elevate concentrazioni, oppure di tipo definito cronico, se si manifestano dopo un lungo periodo (anni o decenni) con esposizioni a quantità anche non elevate, ma continue nel tempo.
Svariati composti provocano un'azione irritante sulle mucose esposte, principalmente quindi su quelle respiratorie e congiuntivali; tutto questo in una percentuale significativa della popolazione. Solo a livelli di inquinamento molto più elevati compaiono incrementi reali nella mortalità.
A livello cronico è possibile un nesso di causalità o concausalità con bronchiti croniche e tumori polmonari, anche se entrano in gioco numerosi fattori, quali

l'abitudine al fumo di sigaretta, l'esposizione professionale, il clima, le abitudini di vita, il tipo di abitazione, l'età, il sesso ecc.
Per quanto concerne il particolato, particelle al di sopra di 5 micron sono trattenute facilmente dalle prime vie aeree, dal muco e dai peli nel naso, fino alla mucosa di faringe e trachea. Solo al di sotto dei 3,5 micron è possibile penetrare in profondità nella struttura del polmone. L'inalazione di aerosol metallici può recare danno al sistema nervoso e al sistema circolatorio.
Le sostanze organiche e in particolare gli idrocarburi policiclici aromatici possono avere azione carcinogenica sulle cellule polmonari, mentre le particelle inorganiche possono fungere da vettori per virus e batteri.
Secondo l'Organizzazione Mondiale della Sanità (OMS), passando da una concentrazione di PM10 da 50 a 100 mg/m^3 si avrebbe un raddoppio degli effetti sanitari attribuibili a questa causa, sia come mortalità sia come incremento nei ricoveri per malattie respiratorie. Un calo delle concentrazioni a 30 mg/m^3 porterebbe invece a un calo del 5% della mortalità annua legata a queste cause.
In particolare, bambini e anziani, le categorie più a rischio, sarebbero particolarmente esposti agli effetti acuti del particolato, con manifestazioni come catarro, tosse, sintomi asmatici, di cui è stato verificato il legame con la residenza in strade con traffico intenso pesante (camion, autobus).

Federico Casale, *Inquinamento dell'aria e polveri sottili.*

8.1 Se la concentrazione del PM10 raddoppiasse da 50 a 100 mg/m^3:

A gli effetti sanitari raddoppierebbero
B gli effetti sanitari quadruplicherebbero
C gli effetti sanitari dimezzerebbero
D gli effetti sanitari rimarrebbero quasi invariati
E nessuna delle precedenti

8.2 Quanto sono grandi le particelle in grado di penetrare in profondità nella struttura del polmone?

A Meno di 3,5 micron
B Almeno 3,5 micron
C 25 micron
D 5 micron
E 10 micron

8.3 Secondo l'autore, l'inquinamento è un problema:

A esclusivamente italiano
B italiano ed europeo allo stesso tempo
C irrilevante
D esistito fin dalla preistoria
E nel brano non vi sono elementi utili alla risposta

Brano 9

Quello dell'adattamento è un problema che riguarda ogni uomo e ogni età; ben note sono, per esempio, le espressioni del disadattamento nell'infanzia, nell'adolescenza, nella giovinezza. In tutti questi casi i fattori del disadattamento sono, peraltro, da ricondursi non all'infanzia, all'adolescenza, alla giovinezza di per sé, ma a condizioni (familiari, ambientali o anche a genesi individuale) di frustrazione, di ostacolo, di difficoltà che alterano il rapporto

individuo-ambiente. L'età senile è, invece, l'unica fase della vita in cui i fattori del disadattamento sono intrinsecamente connessi, anche in assenza di condizioni patologiche, all'età dell'individuo. Se si può, quindi, parlare di soggetti disadattati nell'infanzia, adolescenza, giovinezza, si deve indicare come disadattamento all'età senile quello instaurantesi nell'uomo che si rende conto di essere fisicamente e psichicamente diverso da come era stato antecedentemente. A questo punto si pone il quesito se ogni persona che abbia superato una data età (che potrebbe variare in rapporto a elementi socioculturali) sia necessariamente disadattata. Sulla base dei dati raccolti ritengo di dover rispondere negativamente a tale quesito. Il concetto di adattamento non deve essere riferito a una relazione statica fra due fattori fissi e immutabili, l'individuo e il suo ambiente – inteso, quest'ultimo, nel suo significato più ampio – ma come una relazione dinamica fra due fattori in continua modificazione.
La modificazione dell'individuo nel corso della sua vita è in condizioni normali lenta e pressoché inavvertibile da parte del soggetto, mentre la modificazione dell'ambiente, pure normalmente, riconosce delle espressioni più evidenti (per es., l'inizio della scuola, l'inizio del lavoro, il matrimonio, ecc.).
È vero che anche certe modificazioni nell'individuo, specie di carattere biologico (per es., quelle connesse alla pubertà) sono chiaramente avvertite dal soggetto, ma, soprattutto dopo la conclusione del periodo di accrescimento e a eccezione forse per la menopausa nella donna, l'individuo non percepisce la sua lentissima trasformazione. Nella percezione di se stesso nel tempo i fattori "strutturali" sono rappresentati dall'ambiente (sia pure soggettivamente vissuto), i fattori "funzionali "dall'individuo: dalla interazione di questi due ordini di fattori si realizza una "forma", che è più che la semplice somma dei suoi componenti e alla quale si applica il principio della costanza. Fino a quando le variazioni dei suoi componenti si mantengono entro certi limiti (la cui ampiezza è esprimibile in termini di incremento, cioè, di modificazioni nell'unità di tempo), la "forma" rimane la stessa. Ciò significa che, col passare degli anni, l'uomo che non presenti una brusca modificazione personale (in rapporto, per es., a una malattia) o ambientale (la morte di un congiunto o il cambiamento di lavoro) conserva quella percezione di se stesso inserito in un contesto sociale che si era strutturata anche molto tempo prima. Questa stabilità può consentire all'uomo, anche in età avanzata, di conservare un relativo adattamento, pur ammettendosi la possibilità che tale adattamento dinamico sia interrotto saltuariamente da fasi di temporaneo disadattamento (che nelle persone anziane hanno anche maggiore probabilità di comparsa). Una conferma a questa mia affermazione è fornita dai risultati di numerose ricerche, sia fisiologiche che psicologiche, che dimostrano come il vecchio conduca una vita più limitata ma non necessariamente meno efficiente del giovane e dell'adulto, perché in lui persiste e, talvolta, si perfeziona la capacità di svolgere prestazioni abituali, mentre diminuisce notevolmente quella di rispondere a delle esigenze, a dei compiti nuovi.
L'età senile non è, quindi, una condizione sufficiente di disadattamento, ma ne è tutt'al più una condizione soltanto predisponente. Quale è allora il fattore, o quali sono i fattori, che attualizzano questa condizione potenziale, tenendo conto che la percentuale dei disadattati è, in genere, considerata relativamente più elevata fra le persone di età avanzata? Nella genesi del disadattamento all'età senile entra sempre un fattore di carattere extraindividuale, che si esprime in una variazione relativamente brusca e per lo più coatta delle condizioni ambientali in cui il soggetto opera.

9.1 Il brano presenta un carattere prevalentemente:

A filosofico
B pedagogico
C psicologico

D sociologico
E biologico

9.2 L'argomento centrale è:

A disadattamento e personalità
B disadattamento e società
C disadattamento in età evolutiva
D disadattamento in età lavorativa
E nessuna delle precedenti affermazioni può essere desunta dal testo

9.3 L'adattamento:

A si conserva con l'età
B si rafforza con l'età
C può conservarsi con l'età
D si affievolisce con l'età
E si trasforma con l'età

Brano 10

[...] parlare al prossimo in una lingua che egli non può capire può essere malvezzo di alcuni rivoluzionari, ma non è affatto uno strumento rivoluzionario: è invece un antico artificio repressivo, noto a tutte le chiese, vizio tipico della nostra classe politica, fondamento di tutti gli imperi coloniali. È un modo sottile di imporre il proprio rango: quando padre Cristoforo dice «Omnia munda mundis» in latino a fra Fazio che il latino non lo sa, a quest'ultimo, «al sentir quelle parole gravide d'un senso misterioso, e proferite così risolutamente,... parve che in quelle dovesse contenersi la soluzione di tutti i suoi dubbi. S'acquietò, e disse: – basta! lei ne sa più di me –». Neppure è vero che solo attraverso l'oscurità verbale si possa esprimere quell'altra oscurità di cui siamo figli, e che giace nel nostro profondo. Non è vero che il disordine sia necessario per dipingere il disordine; non è vero che il caos della pagina scritta sia il miglior simbolo del caos ultimo a cui siamo votati: crederlo è vizio tipico del nostro secolo insicuro. Finché viviamo, e qualunque sia la sorte che ci è toccata o che ci siamo scelta, è indubbio che saremo tanto più utili (e graditi) agli altri e a noi stessi, e tanto più a lungo verremo ricordati, quanto migliore sarà la qualità della nostra comunicazione. Chi non sa comunicare, o comunica male, in un codice che è solo suo o di pochi, è infelice, e spande infelicità intorno a sé. Se comunica male deliberatamente, è un malvagio, o almeno una persona scortese, perché obbliga i suoi fruitori alla fatica, all'angoscia o alla noia. Beninteso, perché il messaggio sia valido, essere chiari è condizione necessaria ma non sufficiente: si può essere chiari e noiosi, chiari e inutili, chiari e bugiardi, chiari e volgari, ma questi sono altri discorsi. Se non si è chiari non c'è messaggio affatto. Il mugolio animale è accettabile da parte degli animali, dei moribondi, dei folli e dei disperati: l'uomo sano e intero che lo adotta è un ipocrita o uno sprovveduto, e si condanna a non avere lettori. Il discorso fra uomini, in lingua d'uomini, è preferibile al mugolio animale, e non si vede perché debba essere meno poetico di questo. Ma, ripeto, queste sono mie preferenze, non norme. Chi scrive è libero di scegliersi il linguaggio o il non-linguaggio che più gli si addice, e tutto può darsi: che uno scritto oscuro per il suo stesso autore sia luminoso e aperto per chi lo legge; che uno scritto non compreso dai suoi contemporanei diventi chiaro e illustre decenni e secoli dopo.

Primo Levi, *L'altrui mestiere: dello scrivere oscuro*, Einaudi 1985.

10.1 Una delle seguenti osservazioni non trova precisa conferma nello scritto di Primo Levi qui riportato:

- **A** chi non si preoccupa di esprimersi in modo chiaro dimostra di aver poco da dire ed è destinato a esser presto dimenticato
- **B** i politici spesso hanno il vezzo di parlare oscuro, quasi a impedire ai loro ascoltatori di comprendere e quindi discutere le loro affermazioni
- **C** la frase di fra' Cristoforo vince le esitazioni e i dubbi di fra' Fazio, proprio perché è per lui, che non sa il latino, incomprensibile
- **D** comunicare male è a volte segno di una sofferta incapacità espressiva, a volte frutto di un atteggiamento maligno
- **E** non sempre uno scritto chiaro è migliore di altri che chiari non sono

10.2 Sulla base della propria esperienza di lettore e di scrittore, Primo Levi si interroga sui motivi per i quali spesso chi comunica si compiace di usare un linguaggio oscuro: una sola delle motivazioni qui elencate non è dedotta rigorosamente dal testo:

- **A** perché non ci si preoccupa dello sforzo di comprensione a cui si costringono gli interlocutori
- **B** perché è un modo ben sperimentato di imporsi a chi è in una condizione di debolezza
- **C** perché siamo vittime di un vizio diffliso proprio del nostro tempo
- **D** perché è il modo più efficace di esprimere il disorientamento in cui ci troviamo
- **E** perché chi comunica sa o vuole usare un codice solo suo o di pochi

10.3 Tra i consigli agli scrittori che sono stati tratti dalle riflessioni di Primo Levi uno non ha fondamento nel passo citato:

- **A** anche se uno scrittore sente dentro di sé caos e oscurità, può esprimersi in modo limpido e accessibile ai propri lettori
- **B** se uno scrittore vuole aver successo nel proprio tempo ed essere letto anche dai posteri eviti nel modo più assoluto di esprimersi in modo oscuro
- **C** cercate di essere chiari, ma siate ben consapevoli che ciò non basta a rendere interessanti e meritevoli i vostri scritti
- **D** liberatevi dal pregiudizio che il grido spontaneo, il verso animalesco siano strumenti di comunicazione più poetici della parola umana
- **E** non sempre chi scrive è un buon giudice della chiarezza o dell'oscurità dei propri scritti

SOLUZIONI E COMMENTI

1.1 Risposta: **B**. I risultati dei sondaggi mostrano che è pari al 75% la percentuale di giovani che donerebbe un organo a un proprio familiare, mentre solo il 35% darebbe l'assenso al prelievo di organi da un familiare in situazione di "morte cerebrale": è quindi evincibile che vi sono delle remore nei confronti della donazione da cadavere.

1.2 Risposta: **C**. Il sondaggio non riporta dati sulle motivazioni che spingono i giovani all'assenso o al dissenso, quindi non è evincibile da esso alcun giudizio degli interpellati a proposito dell'inefficacia terapeutica dei trapianti.

1.3 Risposta: **E**. SARS – *Severe Acute Respiratory Syndrome* – è una sigla che sta per Sindrome Respiratoria Acuta Grave, una forma atipica di polmonite apparsa per la prima volta nel novembre 2002 nella provincia del Guangdong (Canton) in Cina. È apparsa a Hong Kong e in Vietnam nel tardo febbraio 2003, poi anche in altri paesi per via di viaggi internazionali di individui infetti. La malattia, identificata per la prima volta dal medico italiano Carlo Urbani, è mortale in circa il 15% dei casi in cui ha completato il suo corso, con il tasso di mortalità attuale di circa il 7% degli individui che hanno contratto l'infezione.

2.1 Risposta: **E**. Nel brano proposto risulta deducibile l'attività ludica studiata in rapporto alla psicologia dello sviluppo, in particolare ai temi di psicologia cognitiva.

2.2 Risposta: **E**. Tuttavia anche la risposta **D** sarebbe auspicabile per questo testo che procede brevemente con esempi importanti riguardanti gli studi effettuati sul gioco nella psicologia sociale.

2.3 Risposta: **B**. Come viene spiegato nel brano, Decroly insieme a grandi pedagogisti come Maria Montessori e De Bartolomeis, si approcceranno all'educazione creativa attiva del fanciullo studiando le possibilità e le capacità sviluppate nell'esperienza del gioco attraverso oggetti e materiali studiati appositamente.

3.1 Risposta: **D**. Il brano è di tipo scientifico; tratta principalmente dei metodi di analisi di opere d'arte per l'identificazione della conservazione e del restauro di opere d'arte. La trattazione è abbastanza dettagliata dal punto di vista scientifico, spiegando anche le differenze tra le tecniche usate in medicina e quelle usate nei confronti di opere d'arte.

3.2 Risposta: **E**. Il brano è di tipo informativo, in quanto la descrizione è approfondita e scritta per essere compresa da lettori non di basse conoscenze scientifiche.

3.3 Risposta: **C**. Il titolo più adatto è "radiochimica per analisi: tutela e attribuzione di opere d'arte" in quanto il brano è incentrato sulle varie tecniche di analisi di tipo radiologico (raggi X, TAC ecc.) applicate alle opere d'arte in generale, descrivendo numerose tecniche e non una sola in particolare.

4.1 Risposta: **E**. Il gesto di rispondere alle domande di un test è simile a una narrazione di sé stessi; si costruisce un'identità e nel frattempo si ha l'impressione di perderla.

4.2 Risposta: **D**. Il brano infatti non dice chiaramente una cosa simile ma la espone come ipotesi.

4.3 Risposta: **A**. Volendo scegliere un titolo altrettanto spiritoso, "ABBASSO I TEST" è il più adatto.

5.1 Risposta: **A**. Alberoni esprime perplessità e preoccupazioni riguardo al diffondersi della cultura attraverso il mezzo di comunicazione odierno più potente e in continua crescita, internet. Egli pone l'accento sul pericolo di monopolizzazione della cultura da parte degli anglosassoni, forti di una solida potenza economica e una lingua divenuta ormai pressappoco universale; il rischio è quello di perdere l'identità nazionale, con le sue diversità e sfumature che il modello di globalizzazione anglosassone tende a omogeneizzare. L'autore fa un appello ai giovani di tutto il mondo affinché salvaguardino il proprio patrimonio culturale e lottino perché esso entri a fare parte della grande biblioteca globale, in modo che ogni cultura sia rappresentata e dia il suo contributo all'insieme.

5.2 Risposta: **D**. È importante che i singoli popoli, e tra questi quello italiano, lottino per salvaguardare il proprio patrimonio culturale affinché esso non venga perso nel processo di globalizzazione cui tende il metodo dominante anglosassone.

5.3 Risposta: **E**. L'affermazione è in completa antitesi con quanto sostenuto da Alberoni: tutto ciò che fa parte di un patrimonio culturale merita di essere salvaguardato in quanto differente e peculiare di una determinata cultura. Saranno i posteri a giudicare ciò che riusciremo a tramandare loro, e quante più conoscenze siamo in grado di salvare tante più opportunità abbiamo di rafforzare l'identità di popolo.

6.1 Risposta: **B**. Infatti l'autore afferma "Resta da domandarsi se le nuove tecnologie garantiscono una formazione migliore o peggiore" non fornendo però esplicitamente una risposta.

6.2 Risposta: **A**. La lettura è una forma di apprendimento in cui l'utente (il lettore) ha il potere di comandare la velocità dell'apprendimento, per esempio mediante pause o rallentamenti. Ciò non avviene invece in altre forme di comunicazione, quali per esempio la televisione: non si può rallentare e nemmeno tornare indietro.

6.3 Risposta: **A**. Infatti all'inizio del brano infatti si legge: "appropriarsi dei contenuti rielaborandoli" e poco dopo "le immagini visive [...] Si tratta di informazioni da assorbire, non da rielaborare".

7.1 Risposta: **A**. Le particelle del particolato fine si formano in seguito a processi chimico-fisici a partire dai precursori, soprattutto SOx, NOx e composti organici volatili e hanno dimensione minore di 1 micron.

7.2 Risposta: **B**. Il particolato composto da elementi di grandezza inferiore ai 10 μm (ovvero 10 micron) prende il nome di PM10.

7.3 Risposta: **A**. Il particolato è composto da carbonio inorganico e organico, solfati, nitrati, metalli pesanti, idrocarburi alifatici e aromatici, acidi organici, diossine, materiale inerte e altri composti minori.

8.1 Risposta: **A**. Secondo l'OMS, passando da una concentrazione di PM10 da 50 a 100 mg/m^3 si avrebbe un raddoppio degli effetti sanitari attribuibili a questa causa, sia come mortalità sia come incremento nei ricoveri per malattie respiratorie. Un calo delle concentrazioni a 30 mg/m^3 porterebbe invece a un calo del 5% della mortalità annua legata a queste cause.

8.2 Risposta: **A**. Le particelle al di sopra di 5 micron sono trattenute facilmente dalle prime vie aeree, dal muco e dai peli nel naso, fino alla mucosa di faringe e trachea. Solo al di sotto dei 3,5 micron è possibile penetrare in profondità nella struttura del polmone.

8.3 Risposta: **B**. All'inizio del brano si legge: "Senza necessità di allarmismi, i numeri sembrano sostenere la seconda ipotesi, indicando un problema non solo italiano, ma che accomuna la maggior parte delle grandi città europee".

9.1 Risposta: **C**. Il brano analizza il fenomeno del disadattamento in età senile in rapporto ai cambiamenti dell'ambiente circostante e al cambiamento fisico della persona, descrivendo la maniera in cui la mente si adatta o meno a questi cambiamenti.

9.2 Risposta: **E**. L'argomento centrale del brano è il cambiamento dell'uomo e dell'ambiente circostante, in riferimento all'età senile, con conseguente adattamento o disadattamento.

9.3 Risposta: **E**. L'adattamento si trasforma con l'età: per esempio può risultare più facile svolgere mansioni abituali ma più difficile svolgerne di nuove.

10.1 Risposta: **A**. Alla fine del brano Primo Levi sostiene che "uno scritto non compreso dai suoi contemporanei diventi chiaro e illustre decenni e secoli dopo".

10.2 Risposta: **D**. Secondo Primo Levi chi si compiace di usare un linguaggio oscuro non lo fa per manifestare il proprio disagio o disorientamento: "Neppure è vero che solo attraverso l'oscurità verbale si possa esprimere quell'altra oscurità di cui siamo figli, e che giace nel nostro profondo".

10.3 Risposta: **B**. Levi sostiene che lo scrittore sia libero di scegliere il linguaggio che preferisce poiché non è detto che un linguaggio oscuro risulti incomprensibile o non sia apprezzato dai lettori, magari addirittura di alcuni secoli successivi.

LOGICA ARITMETICA

1 Inserisci il numero mancante:

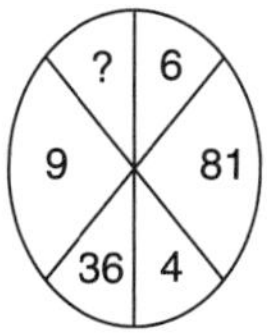

A 28
B 24
C 16
D 32
E 54

2 Una persona che deve forare un asse di legno può farlo in 5 minuti con il trapano elettrico o in 20 con il trapano manuale. Comincia col trapano elettrico, ma dopo 2 minuti lo lascia e continua con l'altro. Quanto tempo impiega con il trapano manuale?

A 10 minuti
B 12 minuti
C 12 minuti e 30 secondi
D 15 minuti
E 18 minuti

3 Aggiungi la lettera mancante:
B E I P ?

A T
B Z
C V
D L
E R

4 Inserisci il numero mancante:

3	5	3
5	5	5
10	5	?

A 7
B 2
C 20
D 15
E 10

5 Una moto avanza alla velocità di 120 km/h. Quanti minuti gli occorrono per percorrere alla stessa velocità 400 km?

A 190 minuti

B 120 minuti
C 150 minuti
D 200 minuti
E 160 minuti

6 Un treno che corre a 30 km/h precede un treno che corre a 50 km/h. Di quanti km distano l'uno dall'altro i treni se occorreranno 15 minuti al treno più rapido per raggiungere il più lento?

A 7
B 8
C 2,5
D 5
E 3,5

7 Si individui il successivo nella seguente: IV, XVI, LXIV, CCLVI, ...

A MXXIV
B DXII
C MMXLVIII
D MMDLX
E MMLXIV

8 Un giovane sta leggendo un libro. Ha letto 32 pagine più della metà, per cui gli mancano 132 pagine per finire il libro. A quale pagina è arrivato?

A 310
B 91
C 155
D 246
E Nessuna delle precedenti risposte è corretta

9 Inserisci il numero che completa la serie 3, 6, 9, 12, ...:

A 20
B 21
C 13
D 15
E 18

10 Si individui il successivo nella seguente: XII, XVIII, XXIV, ...

A XLII
B XXVII
C XXX
D XLVIII
E CXX

11 Individuare il numero che segue logicamente: 9, 10, 8, 11, 7, 12, ...

A 14
B 5
C 13

D 6
E 15

12 Indicare la maggiore tra le seguenti frazioni:

A 1/5
B 1/3
C 2/3
D 3/2
E 4/6

13 Data la sequenza A26W4H19O12L, qual è l'elemento successivo?

A 11
B 15
C 19
D 28
E 33

14 Francesco acquista dei bigliettini per invitare alcuni amici alla sua festa di compleanno. In cartoleria i bigliettini vengono venduti singolarmente al prezzo di € 0,43 l'uno, oppure in confezioni da 6 al prezzo di € 1,92 a confezione. Francesco acquista 8 confezioni. Dopo avere spedito gli inviti si rende conto che gli sono serviti solo 38 bigliettini.
Quanto ha speso Francesco più del necessario per acquistare i bigliettini di invito?

A € 3,64
B € 4,70
C € 1,72
D € 2,98
E € 1,06

15 Qual è il numero che manca per completare la sequenza:

8	5	12	9
3	10	7	?

A 14
B 10
C 4
D 20
E 21

16 Un asino disse a un mulo: "Se prendessi 20 kg del tuo carico, il peso che mi opprime diventerebbe il doppio del tuo". Il mulo rispose: "Se io prendessi 20 kg del tuo peso, io porterei un carico uguale al tuo". Quale peso portava ciascun animale?

A Asino = 120, mulo = 80
B Asino = 140, mulo = 80
C Asino = 125, mulo = 75
D Asino = 80, mulo = 130
E Asino = 140, mulo = 100

17 Indica il numero mancante:

7	4	2	26
8	5	2	?

A 42
B 36
C 15
D 38
E 44

18 In una classe ci sono studenti con capelli castani, neri, biondi e rossi. Quelli con capelli castani sono in numero uguale a quelli con capelli neri. Quelli con capelli biondi sono la metà di quelli con capelli neri. Quelli con capelli neri sono tutti meno 5. Il resto ha capelli rossi. Quale tra queste composizioni del colore dei capelli della classe può essere dedotta dalle regole precedenti?

A Neri = 4, biondi = 2, castani = 4, rossi = 1
B Neri = 2, biondi = 1, castani = 1, rossi = 2
C Neri = 2, biondi = 1, castani = 2, rossi = 2
D Neri = 2, biondi = 1, castani = 2, rossi = 1
E Neri = 1, biondi = 1, castani = 1, rossi = 1

19 Individuare, tra le alternative proposte, l'elemento che completa correttamente la seguente successione: 5, Z, 10, V, 20, U, 40, ...

A 60
B 80
C 160
D S
E T

20 Inserisci il numero mancante:

10	15	15
10	?	11
20	6	14

A 15
B 19
C 18
D 40
E 22

21 Il nuovo commesso della cartoleria non sa usare bene la calcolatrice. Un cliente entra in negozio, acquista due articoli e nota che il commesso, invece di schiacciare il tasto per l'addizione, schiaccia quello per la moltiplicazione. Casualmente il totale calcolato è giusto e quindi il cliente non si lamenta.
Se il prezzo di uno degli articoli era 6,00 euro, quanto ha pagato in totale il cliente?

A 12,00 euro
B 6,00 euro
C 1,20 euro
D 7,20 euro
E 13,00 euro

22 A una conferenza, 8 persone prendono appunti, 5 hanno un registratore. Con questi dati si può concludere con certezza che il numero totale n degli ascoltatori a quella conferenza è:

A $n > 8$
B $n = 13$
C $n < 8$
D $n \geq 8$
E $n \geq 13$

23 Aggiungi la lettera mancante B, D, G, M, ...:

A T
B S
C F
D Q
E R

24 Siano A l'insieme dei cuochi di un ristorante e B l'insieme degli addetti alle pulizie. Il fatto che nessun addetto alle pulizie può fare il cuoco comporta che:

A A è sottoinsieme di B
B B è il complementare di A
C A intersezione B è vuoto
D A intersezione B non è vuoto
E nessuna delle precedenti affermazioni è esatta

25 Due treni si incrociano procedendo in direzione opposta rispettivamente a 70 e a 90 km/h. Dopo 45 minuti i due treni sono distanziati tra loro di circa:

A 100 km
B 30 km
C 120 km
D 20 km
E 15 km

26 Se A + B = C e C – D = A, allora:

A 2B = A
B C = B
C 3D = C
D C > D
E B = D

27 I matematici di Numeropoli hanno scoperto i numeri "cavalloni". Ancora non hanno capito fino in fondo come sono fatti, però tutti concordano sul fatto che essi hanno queste caratteristiche:

- i numeri cavalloni sono numeri interi strettamente positivi;
- c'è almeno un numero cavallone maggiore di 1;
- se n è un numero cavallone, non sono cavalloni tutti i numeri maggiori di n e multipli di n.

Allora:

A da un certo numero in avanti, tutti i numeri interi positivi sono cavalloni

B c'è solo un numero finito di numeri cavalloni
C 1 non è un numero cavallone
D tutti i numeri interi positivi sono cavalloni
E se 2 è cavallone, allora c'è almeno un cavallone che non è primo

28 Completare la seguente successione di numeri: 6, 12, 24, 48, ...

A 86
B 60
C 96
D 64
E 72

29 La serie numerica riportata di seguito, 2, 5, 15, 18, 54, 57, 171, è governata da una logica di natura matematica; qual è la continuazione congruente a tale logica?

A 174
B 210
C 179
D 175
E 513

30 Una cellula si divide in due nuove cellule in un tempo *T*. Dopo un tempo 6*T*, essendo partiti da una sola cellula, le cellule prodotte sono:

A 6
B 8
C 12
D 38
E 64

31 La città A dista 295 km dalla città B. Un'automobile parte dalla città A alle ore 13.00 e viaggia verso la città B a 50 km/h. Un'altra automobile parte dalla città B alle 13.30 e si dirige verso la città A a 40 km/h. A che ora le due auto si incontrano?

A Alle 16.00
B Alle 17.15
C Alle 16.30
D Alle 15.40
E Alle 13.33

32 Se 20 sedie costano n euro, allo stesso prezzo unitario quanto costerebbero 75 sedie?

A $1500n$
B $75n/20$
C $20n/75$
D $n/1500$
E $95n$

33 Aggiungi la lettera mancante nella serie B-L, B-M, B ..., B-O:

A M

B N
C E
D A
E C

34 Se ho 12 palline, ne perdo la metà e ne ritrovo due terzi: quante palline mi rimangono?

A 8
B 9
C 10
D 11
E 5

35 Scrivi il numero mancante:

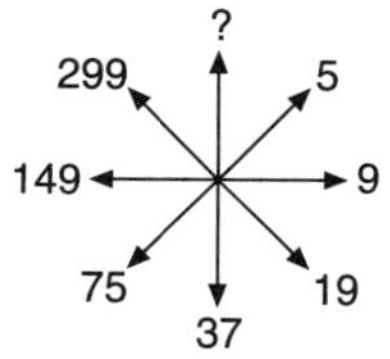

A 600
B 599
C 300
D 598
E 597

36 Se A + A = B e AB + A = AC, indica la lettera che manca all'equazione AC + ... = AE:

A A
B E
C B
D C
E D

37 Quale dei seguenti numeri di tre cifre è tale che: la somma delle cifre è 11; la cifra delle unità è doppia di quella delle decine; scambiando la cifra delle decine con quella delle centinaia si ottiene un altro numero che supera il numero dato di 90:

A 524
B 812
C 236
D 920
E nessuna delle precedenti risposte è corretta

38 Aggiungi la lettera che completa la serie: C, G, M, Q, ...

A Z
B W
C T

D U
E Y

39 Fra tre ore sarà passato tanto tempo dalle tre del pomeriggio quanto ne sarebbe passato fino alle tre della notte. Che ora sarà fra sei ore da adesso?

A 3 del pomeriggio
B Mezzanotte
C 3 della sera
D Mezzogiorno
E 6 di mattina

40 Un frantoio compra 1000 kg di olio a 1,5 euro al chilo. Lo rivende imbottigliato a 2,7 euro al chilo. Quanto guadagna?

A 1660 euro
B 1200 euro
C 1720 euro
D 1620 euro
E 1700 euro

41 Aggiungere la lettera mancante:
D G A, I N F, P S ...

A G
B H
C I
D M
E Q

42 Un'ameba spaziale cade in un lago. Ogni giorno raddoppia la sua estensione e in 100 giorni diventa così grande da ricoprire l'intera superficie del lago. In quanti giorni ne aveva coperto un quarto?

A Dopo 25 giorni
B Dopo 98 giorni
C Dopo 50 giorni
D Dopo 2 giorni
E Dopo 8 giorni

43 Completare correttamente la successione seguente in base all'alfabeto italiano:
B, E, H, M, ...

A O
B S
C P
D N
E Q

44 Chiara, Diana, Elisa, Federica e Grazia appartengono ad una squadra femminile di calcetto 5 contro 5.
Dopo aver giocato 20 partite, Chiara ha segnato in media 1,2 gol a partita, Diana 0,6 gol a partita e Elisa 0,75 gol a partita. Le altre giocatrici, Federica e Grazia, non hanno segnato alcun gol. Durante le 5 partite seguenti, Chiara segna in totale altri 6

gol, mentre Diana, Elisa e Federica segnano ciascuna 1 gol e Grazia non ne segna nemmeno uno.
Qual è in media il numero di gol segnati per partita dall'intera squadra dopo 25 partite?

A 2,40
B 2,55
C 12,00
D 0,60
E 0,48

45 Individua il valore degli operatori M e P che compaiono nella sequenza:
24 M 30 M 36 P 6 M 12

A M = –6; P = –30
B M = +6; P = /6
C M = +6; P = –6
D M = –6; P = /6
E M = +3; P = /6

46 Indica i due numeri che mancano alla serie: 10, 14, 28, 31, 62, 64, ..., ...:

A 72; 75
B 80; 92
C 112; 136
D 128; 129
E 144; 164

47 Una moto viaggia tra due città distanti tra loro 100 km alla velocità di 50 km/h. Se al ritorno la velocità è 25 km/h, qual è la velocità media dell'intero viaggio?

A 33,3 km/h
B 42,5 km/h
C 45 km/h
D 66,6 km/h
E Nessuna delle precedenti

48 Completare la seguente serie numerica: 3, 4, 7, 16, 43, ...

A 118
B 59
C 156
D 124
E 97

49 Aggiungi il numero che manca:

4	8
9	27
16	?

A 32

B 7
C 48
D 64
E 8

50 In un'ora si mettono in moto 12 auto. Quante se ne accendono in 40 minuti?

A 6 auto
B 10 auto
C 8 auto
D 9 auto
E 15 auto

51 Indica il numero mancante:
46 39 34 31 ?

A 25
B 30
C 29
D 27
E 33

52 Concludere questa serie di numeri: 9, 16, 25, 36, ...

A 47
B 49
C 48
D 45
E 51

53 Un giorno, per caso, tutte le femmine di una classe indossano scarpe nere, mentre tutti i maschi indossano scarpe marroni. Il totale degli alunni della classe è 25 e le femmine sono 5 in più dei maschi. Quante scarpe nere ci sono in totale?

A 10
B 25
C 15
D 30
E 20

54 Un museo ha 25 sale ed espone 9 opere in ciascuna di esse. A causa di una ristrutturazione dei locali, il numero di sale deve essere ridotto a 15.
Quante opere sono esposte in ciascuna sala, supponendo che ognuna ne contenga un ugual numero?

A 15
B 16
C 18
D 20
E 24

55 Il servizio di autobus Bologna-Parma ha una corsa diretta che parte ogni 12 minuti da ciascuna delle due città. Il servizio ha inizio contemporaneamente in entrambe le città. Il tragitto richiede 1 ora e 5 minuti in ciascuna direzione e gli autobus sostano per almeno 5 minuti presso la stazione di arrivo. Qual è il numero minimo di autobus necessari per fornire il servizio?

A 10
B 6
C 12
D 8
E 11

56 Osserva la seguente sequenza di numeri:
10, 20, 21 – 21, 42, 43 – 43, 86, 87 – ...
Per continuare la sequenza in modo logico, quale terna inseriresti al posto dei puntini?

A 10, 21, 22
B 21, 43, 87
C 87, 174, 175
D 87, 88, 89
E Non so quale inserire, perché la sequenza non ha alcuna regola

57 Una stazione ferroviaria è attigua all'ingresso di una lunga galleria. In quale vagone deve salire un tizio che soffre di claustrofobia se vuole trascorrere il minore tempo possibile nella galleria se il treno imbocca la galleria immediatamente dopo la partenza?

A Nel primo
B Nell'ultimo
C Nel vagone di centro
D Il tempo di permanenza in galleria è indipendente dalla posizione del vagone
E Nessuna delle precedenti risposte è corretta

58 Il doppio di 3/4 è:

A 7/6
B 3/2
C 9/16
D 3
E 23/4

59 Se undici metri di nastro costano 16 euro, quanto costeranno 5,5 m?

A 7 euro
B 8 euro
C 6 euro
D 1 euro
E 5 euro

60 Si individui il successivo nella seguente: V, XXV, CXXV, DCXXV, ...

A MMMCXXV
B MMMCXV
C MMCXLV
D MMCCCLX
E MMLXV

61 Considerate la sequenza: 5, 9, 17, 33, 65.
Quale elemento si può aggiungere in coda per continuare la sequenza?

A 133
B 129
C 113
D 97
E Nessuna delle precedenti risposte è corretta

62 Individua il numero che completa la serie:
5 5 25 7 4 28 6 3 ...

A 18
B 8
C 36
D 33
E 9

63 Si ha una corda lunga 7 m e ogni giorno se ne taglia un metro. Dopo quanti giorni la corda sarà completamente tagliata?

A 5
B 6
C 6,5
D 7
E 8

64 Completare la seguente successione numerica:
6, 12, 9, 18, 15, 30, 27, 54, 51, ...

A 57
B 99
C 48
D 102
E 112

65 Se nove metri di spago costano 36 euro, quanto costeranno 2,2 metri?

A 8,80 euro
B 6,40 euro
C 10,50 euro
D 4,00 euro
E 11,00 euro

66 Un fioraio deve utilizzare 28 rose e 36 garofani per preparare alcuni mazzi contenenti ciascuno lo stesso numero di fiori e dello stesso tipo.
Qual è il massimo numero di fiori di ciascun mazzo?

A 7
B 12
C 6
D 4
E 2

67 Completare la successione: 2, 4, 24, 424, 24424, ...

A 2424242
B 42424424
C 42242442
D 242424
E 424242

68 In un ristorante 15 avventori stanno seduti, 10 mangiano una torta. Con questi dati si può concludere con certezza che il numero totale n degli avventori è:

A $n \geq 15$
B $n = 25$
C $n > 14$
D $n < 15$
E $n > 25$

69 Un commerciante vende 4 giocattoli il primo minuto e ogni minuto raddoppia il numero di giocattoli venduti. Quanti giocattoli avrà venduto in 5 minuti?

A 126
B 224
C 164
D 144
E 124

70 Tre falegnami costruiscono un tavolo rispettivamente in quattro, cinque e dieci giorni.
Quanto tempo impiegano a costruire 11 tavoli lavorando insieme?

A 40 giorni
B 30 giorni
C 20 giorni
D 10 giorni
E 11 giorni

71 Individuare, tra le alternative proposte, l'elemento che completa correttamente la seguente successione: 3, G, 4, H, 3, I, 4, L, ...

A 3
B I
C M
D 4
E 7

72 Un'eredità di 180 000 euro è divisa in tre parti proporzionali ai numeri 2, 3 e 4. Qual è la porzione più ingente dell'eredità?

A 90 000 euro
B 80 000 euro
C 60 000 euro
D 120 000 euro
E 40 000 euro

73 Se un aereo vola per M km in H ore, quante ore impiegherà per viaggiare per N km alla stessa velocità?

A MH/N
B NH/M
C H/MN
D M/NH^2
E M/N^2H

74 Il contachilometri di una motocicletta, connesso alla ruota anteriore, calcola la velocità misurando la velocità di rotazione della ruota, ed è preciso solo quando il gonfiaggio dello pneumatico è effettuato alla pressione ottimale di 2,5 bar. In questo caso la ruota percorre 160 cm per rotazione.
Con la pressione di gonfiaggio a 2,0 bar la ruota percorre soltanto 152 cm per rotazione.
In questa condizione qual è la velocità effettiva della motocicletta (arrotondata ai km/h) quando il contachilometri segna 80 km/h?

A 76 km/h
B 72 km/h
C 64 km/h
D 84 km/h
E 80 km/h

75 In un giorno una persona riesce a confezionare 30 pacchi; in 5 giorni sono stati confezionati 600 pacchi. Quante persone hanno contribuito?

A 12 persone
B 8 persone
C 4 persone
D 2 persone
E 6 persone

76 Un tram ha percorso 1/3 del suo tragitto. Se ha percorso 1200 metri, quanti metri è l'intero tragitto?

A 2400
B 3600
C 4800
D 6300
E 7200

77 Un giardiniere pianta inizialmente 2 semi al minuto e ogni minuto raddoppia il numero di semi che pianta. Quanti semi pianterà in 7 minuti?

A 254
B 128
C 64
D 144
E 16

78 Indica la lettera che manca: V, B, U, ..., T, D, S, E

A G

B M
C C
D N
E Non si può stabilire

79 In una sala di aspetto della posta ci sono 14 file di persone. Ogni fila è composta da 4 persone in più della precedente. Se nella prima fila ci sono 6 persone, nell'ultima fila quante ce ne sono?

A 84
B 140
C 58
D 64
E 48

80 Completare correttamente la seguente successione numerica:
..., ..., 29, 26, 21, 18, 13, 10, 5

A 37, 36
B 35, 37
C 34, 36
D 37, 34
E 34, 37

81 Individuare il numero che completa la serie:
leone = 15 leopardo = 24 puma = ?

A 18
B 6
C 5
D 14
E 12

82 Se otto metri di stoffa costano 40 euro, quanto costeranno 4,5 m?

A 30 euro
B 25 euro
C 24 euro
D 15 euro
E 22,5 euro

83 Quanti quadrati possono essere contati su una normale scacchiera?

A 64
B 16
C 512
D 204
E 112

84 Completare la seguente serie: –2, 0, 2, ..., –2, 0

A –2
B 0
C 2

D 4
E 1

85 Inserisci il numero omesso:

12	(56)	16
8	(40)	12
17	(?)	21

A 34
B 87
C 76
D 67
E 44

86 Completa la serie inserendo il numero mancante:

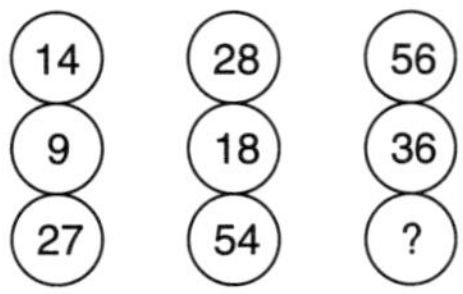

A 108
B 112
C 54
D 55
E 10

87 Un barman prepara 20 cocktail ogni 30 minuti. Quanti barman ci vogliono per preparare 120 cocktail in un'ora?

A 2
B 3
C 4
D 6
E 20

88 Se: Ï + @ = 2, @ + 5 = 6, Ï + 2@ – 8 = #. Allora # è uguale a:

A 1
B –1
C 50
D –5
E non ci sono elementi sufficienti per rispondere

89 Completare la seguente successione di numeri:
6, 8, 11, 13, 16, 18, ..., ...

A 22, 21
B 21, 23
C 20, 19
D 19, 20
E 15, 16

90 La frazione generatrice di 0,25 è:

A 1/25
B 25/99
C 1/4
D 25/75
E 100/25

91 Come si scrive 179 in cifre romane?

A CLXXIX
B CXLIX
C CMXXIX
D CXXIC
E CLXXI

92 Indica il numero mancante alla sequenza
4, 16, 8, 64, 32, 1024, ...

A 4096
B 512
C 2048
D 262144
E 1048576

93 Due imbianchini devono tinteggiare le pareti di un appartamento per 300 metri quadrati totali di superficie. Si sa che il primo dei due, lavorando singolarmente, impiega 1 ora per tinteggiare 10 metri quadrati, mentre il secodo, lavorando singolarmente, impiega 1 ora per tinteggiare 15 metri quadrati. In quanto tempo i due imbianchi tinteggeranno le pareti dell'appartamento lavorando insieme?

A 15 ore
B 10 ore
C 20 ore
D 12 ore
E 16 ore

94 Paolo vuole piantare degli alberi attorno alla sua villa di campagna. Lasciando fra un albero e l'altro la distanza di 8 metri, sono necessari 25 alberi. Quanti ne occorrerebbero se la distanza tra 2 alberi consecutivi aumentasse di 2 metri?

A 23
B 20
C 15
D 27
E 12

95 Completare la seguente successione di numeri e lettere:
Z, 4, T, 5, Z, 9, T, 14, Z, 23, ..., ...

A T, 34
B Z, 40
C T, 37

D Z, 51
E T, 64

96 All'inizio del 2007 ho comprato 1000 euro di azioni. Nel 2007 il valore è aumentato del 5% e nel 2008 del 10%. A fine del 2008 quanto avrò guadagnato rispetto all'inizio del 2007?

A 115 euro
B 80 euro
C 100 euro
D 110 euro
E 155 euro

97 Indica il numero che manca
11, 4, ..., 3, 13, 2:

A 1
B 43
C 12
D 14
E 66

98 Se in un giorno una persona riesce a confezionare 60 pacchi, quanti pacchi saranno confezionati da 4 persone in 3 giorni?

A 720
B 630
C 420
D 80
E 520

99 Indicare il numero successivo della seguente sequenza numerica:
64 34 14 4 ?

A 10
B 4
C 5
D 7
E 0

100 Indica il numero mancante:

16	6	10
9	3	6
18	7	?

A 7
B 11
C 14
D 13
E 18

101 Giacomo ha visto i 4/9 del film. Sapendo che ne ha visti 88 minuti, per quanti minuti ancora deve rimanere davanti allo schermo per arrivare a vedere la fine del film?

A 110
B 198
C 121
D 99
E 132

102 Paolo pesa il doppio di Marta che pesa 20 chilogrammi meno di Luca che, a sua volta, pesa 3/4 del peso di Paolo. Quanto pesa Paolo?

A 80 kg
B 90 kg
C 60 kg
D 100 kg
E 40 kg

103 Se 12 kg di pere costano 6 euro, quanto costano 20 kg di pere?

A 15 euro
B 14 euro
C 10 euro
D 11 euro
E 12 euro

104 Una segretaria deve battere a macchina 150 pagine. Il lunedì svolge un terzo del lavoro, il martedì tre quinti del rimanente. Quante pagine le rimangono da battere?

A 30
B 40
C 45
D 25
E 60

105 Indica il numero mancante:

30	20	25
5	4	3
20	12	?

A 19
B 32
C 22
D 28
E 30

106 Individuare il/i numero/i o la lettera che completano la serie: R, Q, O, L, ...

A G
B H
C E
D F
E T

107 Se 3 hg di mirtilli costano 12 euro, quanto costa un chilo di mirtilli?

A 15 euro
B 4 euro
C 40 euro
D 24 euro
E 36 euro

108 Una fabbrica produce 650 pezzi in cinque giorni. Quanti pezzi vengono prodotti in tre giorni?

A 450
B 390
C 300
D 350
E 290

109 Se a un certo numero *n* viene sommato 8, il risultato è pari a otto volte il numero *n* iniziale. Quanto vale *n*?

A 8/7
B 7/8
C 3/4
D 4/3
E 1

110 Completare la seguente successione di numeri:
512, 128, 32, 8, ...

A 0
B 1
C 2
D 4
E 6

SOLUZIONI E COMMENTI

1 Risposta: **C**. I numeri a due cifre sono il quadrato di quelli a una cifra quindi 16 è il quadrato di 4.

2 Risposta: **B**. Se il foro si completa in 5 minuti col trapano elettrico, in 2 minuti si realizzano 2/5 del lavoro. I rimanenti 3/5 vengono realizzati col trapano manuale.
Se col trapano manuale si realizza l'intero lavoro in 20 minuti, i rimanenti 3/5 si realizzeranno in $20 \cdot 3/5 = 12$ minuti.

3 Risposta: **C**. Seguendo l'ordine dell'alfabeto si saltano posizioni tra una lettera e l'altra progressivamente di 2, 3, 4, 5.

4 Risposta: **E**. Per ogni riga il terzo numero si ottiene dal prodotto dei primi due diviso per il secondo: $10 \times 5 = 50/5 = 10$.

5 Risposta: **D**. La moto percorre 120 km in 60 minuti, quindi percorre 400 km in $60 \cdot 400/120 = 200$ minuti.

6 Risposta: **D**. Il treno più veloce percorre la distanza che separa i due treni alla velocità relativa di $50 - 30 = 20$ km/h. A questa velocità in un quarto d'ora si percorrono $20/4 = 5$ km.

7 Risposta: **A**. La serie è costituita dalle potenze del 4 in numeri romani: IV (4), XVI (16), LXIV (64), CCLVI (256), 1024 (MXXIV).

8 Risposta: **E**. Detto x il numero totale delle pagine, sappiamo che il giovane ne ha lette la metà più 32 (ovvero $x = 1/2x + 32$) e questa quantità, sommata alle 132 mancanti è pari a x, il numero totale di pagine. Svolgendo le operazioni si giunge alla soluzione che 164 rappresenta l'esatta metà del libro. In termini matematici, abbiamo che $x = 164 + 32 = 196$, cioè la pagina a cui è arrivato il giovane.

9 Risposta: **D**. Partendo dal primo numero i successivi aumentano di 3 in 3.

10 Risposta: **C**. La differenza fra i termini della serie (sono numeri romani) è sempre pari a 6: 12, 18, 24, 30 (ovvero XXX).

11 Risposta: **D**. I termini dispari della sequenza formano una successione aritmetica crescente di ragione 1, mentre quelli pari formano una successione aritmetica decrescente di ragione –1. Il termine cercato è di posizione dispari e pertanto continua la successione 9, 8, 7, ...; si tratta quindi del 6.

12 Risposta: **D**. Si risolve subito poiché 3/2 è l'unica frazione impropria, ovvero maggiore di 1. Notare la presenza di una frazione spuria (o apparente), 4/6, pari a 2/3.

13 Risposta: **B**. Partendo dal presupposto che a ogni lettera venga associato il numero corrispondente alla sua posizione nell'alfabeto, si può constatare che la somma dei termini adiacenti è sempre 27, infatti abbiamo A = 1 + 26 = 27, W = 23 + 4 = 27 ... L = 12 + 15 = 27.

14 Risposta: **D**. Francesco ha speso complessivamente $1{,}92 \cdot 8 = 15{,}36$ euro.
Se avesse acquistato 6 confezioni e 2 biglietti singoli avrebbe speso

$$(1{,}92 \cdot 6) + (2 \cdot 0{,}43) =$$
$$= 11{,}52 + 0{,}86 = 12{,}38 \text{ euro.}$$

La differenza è $15{,}36 - 12{,}38 = 2{,}98$ euro.

15 Risposta: **A**. Se osserviamo la successione come due successioni aritmetiche sovrapposte, nella superiore la ragione è alternativamente –3 e +7, mentre nell'inferiore è alternativamente +7 e –3. Di conseguenza il termine mancante è $7 + 7 = 14$.

16 Risposta: **E**. Se verifichiamo i dati con ciò che troviamo scritto nel testo vediamo che se spostiamo 20 kg dal mulo all'asino risulta che asino = 160 e mulo = 80 e quindi il mulo sopporta un carico doppio rispetto all'asino; mentre se compiamo l'operazione opposta, cioè spostiamo 20 kg dall'asino al mulo otteniamo che asino = 120 e mulo = 120 quindi lo stesso peso.

17 Risposta: **D**. Il quarto numero delle due righe è ottenuto moltiplicando il primo per il secondo e sottraendo dal risultato il terzo.

18 Risposta: **C**. Infatti la condizione che impone che il numero di neri sia pari al numero di castani elimina la soluzione **B**. La **E** è errata perché i biondi non sono la metà dei neri. Tra le rimanenti solo la **C**, però, rispetta la relazione per cui quelli con i capelli neri sono tutti meno 5; infatti essendo 2 le persone con i capelli neri la legge è rispettata, avendo 2 castani, 1 biondo e 2 rossi, la cui somma è cinque.

19 Risposta: **E**. La successione è formata da due sottosequenze, una numerica e una alfabetica. Il termine mancante è una lettera. Le lettere sono in ordine alfabetico inverso: per cui dopo la U c'è la T.

20 Risposta: **B**. La somma di tutte le righe e colonne è sempre 40.

21 Risposta: **D**. Indicando con x il prezzo ignoto del secondo articolo, si può scrivere la relazione tra la moltiplicazione e l'addizione citata nel testo come:

$$6x = 6 + x,$$

da cui $5x = 6$ e dunque $x = 6/5 = 1{,}2$.
Il totale è dato dalla somma fra 1,2 euro e 6 euro.

22 Risposta: **E**. Le persone che hanno il registratore non prendono appunti; dunque abbiamo almeno 5 + 8 = 13. Il quesito però non spiega se le persone che prendono appunti e quelle col registratore siano tutte le persone presenti (potremmo avere altri presenti che non prendono appunti né hanno il registratore): dunque l'unica informazione che abbiamo è che i presenti sono in numero maggiore o uguale a 13 (ovvero sono almeno 13).

23 Risposta: **E**. Seguendo l'ordine dell'alfabeto si parte dalla B e si saltano 2, 3, 4, 5 posizioni.

24 Risposta: **C**. $A \cap B = \varnothing$. Se così non fosse, vi sarebbero persone che contemporaneamente fanno i cuochi e le pulizie.

25 Risposta: **C**. I due treni viaggiano a una velocità complessiva di 70 + 90 = 160 km/h. In 45 minuti percorrono (160/60)·45 = 120 km.

26 Risposta: **E**.
Se C – D = A allora C = A + D.
Se A + B = C allora A + B = C = A + D ed elidendo la A, B = D.

27 Risposta: **C**. I numeri cavalloni hanno queste caratteristiche: sono strettamente positivi, cioè tutti maggiori di zero, sono numeri interi e inoltre almeno un numero cavallone è maggiore di uno. Ma poiché i numeri sono tutti positivi e interi questo significa che sono tutti anche maggiori di uno, infatti non esiste alcun numero positivo che si trovi nell'intervallo tra 0 e 1, ma che sia intero, escluso 1.

28 Risposta: **C**. Ogni termine è il doppio del precedente.

29 Risposta: **A**. La logica è la seguente: al primo termine vengono sommate 3 unità, mentre il termine ottenuto viene moltiplicato per 3 e così si continua infatti abbiamo 2 + 3 = 5, 5 · 3 = 15, 15 + 3 = 18 e così via.

30 Risposta: **E**. Se ogni T la cellula si divide in 2 cellule significa che dopo $2T$ avremo 4 cellule poiché le iniziali 2 cellule si sono divise in altre 2 cellule. Sostanzialmente a ogni T avremo un numero di cellule pari al precedente moltiplicato per 2, quindi dopo $6T$ si avrà $2^6 = 64$ cellule.

31 Risposta: **C**. Tra le 13.00 e le 13.30, la prima auto viaggia per mezz'ora a 50 km/h, avvicinandosi di 25 km all'altra auto. Dunque alle 13.30 le due auto distano 270 km tra loro. Se le due auto si avvicinano, muovendosi una a 50 km/k e l'altra a 40, esse riducono la distanza che le separa a 90 km/h. Il numero di ore richiesto alle auto per percorrere questa distanza e incontrarsi è 3 (270/90).
Questo risultato, aggiunto a 13.30 fa ottenere 16.30, ovvero l'orario richiesto.

32 Risposta: **B**. Se 20 sedie costano n euro, una sedia costa *n*/20 e 75 sedie costano *n*/20 75 euro.

33 Risposta: **B**. Nella successione la lettera B è nelle posizioni dispari e rimane invariata mentre nelle posizioni pari, partendo dalla L la successione continua con M, N, O, ...

34 Risposta: **C**. La metà di 12 è 6 a cui sommiamo i 2/3 di 6, ovvero 4.

35 Risposta: **E**. A partire dal numero 5, ogni numero è il doppio del precedente diminuito o aumentato di un'unità in modo alterno. ($5 \cdot 2 - 1 = 9$; $9 \cdot 2 + 1 = 19$; $19 \cdot 2 - 1 = 37$ ...).

36 Risposta: **C**. Le lettere corrispondono in ordine alfabetico ai numeri: A = 1; B = 2, C = 3, ... Le equazioni sono dunque $1 + 1 = 2$, $12 + 1 = 13$ e $13 + 2 = 15$.

37 Risposta: **C**. La prima condizione è rispettata dai tutti i numeri, infatti la somma delle singole cifre dà sempre come risultato 11 (per esempio $6 + 3 + 2 = 11$). La seconda condizione viene rispettata dai primi tre numeri, difatti 4 è il doppio di 2, 2 di 1 e 6 di 3. È la terza condizione che elimina le prime due alternative, infatti scambiando la cifra delle decine con quella delle centinaia per il primo numero si ottiene 254 che è un numero inferiore rispetto a quello iniziale, la stessa cosa avviene per il secondo 182. Solo la terza soluzione rispetta anche l'ultima richiesta del testo: $236 + 90 = 326$.

38 Risposta: **D**. La serie è formata da lettere distanti tra loro quattro posizioni nell'alfabeto. Dunque andando avanti di quattro lettere partendo dalla Q abbiamo R, S, T e U.

39 Risposta: **B**. L'affermazione del testo vuol dire che tra 3 ore ci troveremo esattamente alla stessa distanza temporale sia delle 15.00 che dalle 03.00, cioè a metà percorso. La distanza tra i due orari è di 12 ore, quindi 6 ore. A queste 6 ore vanno sottratte altre 3 ore poiché il testo dice *fra 3 ore* quindi rimangono 3 ore, che sommate alle 15.00 danno come orario le 18.00. Adesso sono le 18.00, fra 6 ore saranno le 24.00 (ovvero le 0.00).

40 Risposta: **B**. Il guadagno è 1,20 euro al chilo che moltiplicato per 1000 kg produce un guadagno di 1200 euro.

41 Risposta: **D**. Partendo dalla prima lettera di ogni terna, le due successive si ottengono andando avanti e indietro di tre posizioni nell'alfabeto.

42 Risposta: **B**. Dato che l'ameba raddoppia di giorno in giorno, ogni giorno è grande il doppio del giorno precedente e la metà di quello seguente. Se al 100° giorno occupava tutto il lago, al 99° ne occupava metà e al 98° un quarto.

43 Risposta: **C**. Le lettere della successione sono distanziate tra loro di 3 posizioni alfabetiche.

44 Risposta: **A**. Per prima cosa si calcola il numero di gol segnati singolarmente da Chiara, Diana, Elisa nelle prime 20 partite, moltiplicando la loro media-gol per il numero di partite giocate. Pertanto Chiara: $1{,}2 \cdot 20 = 24$; Diana: $0{,}6 \cdot 20 = 12$; Elisa: $0{,}75 \cdot 20 = 15$. Il totale dei gal segnati nelle prime 20 partite è 51. Nelle ultime 5 partite i gol totali segnati sono 9, quindi il totale dei gol segnati dall' intera squadra è 60. La media dei gol segnati per partita si ottiene dividendo 60 per il numero totale di partite: $60/25 = 2{,}40$.

45 Risposta: **B**. La sequenza che abbiamo mostra come i primi tre numeri, associati al simbolo M, si incrementino di sei unità, perciò M = +6, mentre il quarto numero, associato alla P, viene poi ridotto a sei perché il 36 è stato diviso per 6.

46 Risposta: **D**. La serie è formata aggiungendo ai termini di posizione dispari 4, 3, 2, 1 e moltiplicando per due quelli di posizione pari:

$$\{[(10 + 4) \cdot 2] + 3\} \cdot 2 \ldots$$

quindi i termini sono

$$64 \cdot 2 = 128,\ 128 + 1 = 129.$$

47 Risposta: **A**. All'andata il tragitto è percorso in 2 ore (100/50), mentre al ritorno in 4. La media è $200/6 = 33{,}3$ km/h.

48 Risposta: **D**. Esistono due possibili analisi dell'incremento, che portano allo stesso risultato. Nel primo, ogni termine è il triplo del precedente meno 5: $3 \cdot 3 - 5 = 4$, $4 \cdot 3 - 5 = 7$, ... quindi $43 \cdot 3 - 5 = 124$. Nel secondo, ogni termine è uguale al precedente aumentato di 3^n, dove $n = 0, 1, 2, 3, \ldots$ (ricordando che $3^0 = 1$): $3+1 = 4$; $4+3 = 7$; $7+9 = 16$, ... quindi $43+3^4 = 43+81 = 124$.

49 Risposta: **D**. Le coppie di quadrati contengono, rispettivamente, il quadrato e il cubo dei numeri 2, 3, 4.

50 Risposta: **C**. Infatti 40 minuti sono i 2/3 di un'ora, dunque si mettono in moto 2/3 di 12 auto,cioè 8 auto.

51 Risposta: **B**. Partendo dal primo numero si sottrae inizialmente –7 e poi –5, –3, –1 (ogni volta si diminuisce di 2).

52 Risposta: **B**. La serie è composta dai quadrati dei numeri naturali a partire da 3: l'elemento cercato è $7 \cdot 7 = 49$.

53 Risposta: **D**. Se le femmine sono 5 in più dei maschi e il totale è di 25 alunni, i maschi saranno $(25 - 5)/2 = 10$ e le femmine di conseguenza 15; esse indossano dunque 30 scarpe nere.

54 Risposta: **A**. Il museo a $9 \cdot 25 = 225$ opere, che saranno ridistribuite in 15 sale, $225/15 = 15$ opere a sala.

55 Risposta: **C**. Ogni autobus, tra tragitto e sosta, è impegnato per un totale di 70 minuti. Se parte un autobus ogni 12 minuti, il primo autobus può ripartire per il ritorno dopo 72 minuti (il primo multiplo di 12). 72 diviso 12 è uguale a 6, per cui occorrono 6 autobus per ogni tratta Bologna-Parma e 6 per ogni ritorno Parma-Bologna.

56 Risposta: **C**. Le tre sequenze presenti nell'esempio hanno il seguente andamento: il primo numero viene moltiplicato per 2 e così si ha il secondo numero al quale poi si aggiunge un'unità per avere il terzo numero. La sequenza successiva poi riparte dal numero finale di quella precedente e applica lo stesso metodo. Quindi si parte da 87, si moltiplica per 2 ottenendo così 174 a cui si aggiunge 1 arrivando a 175.

57 Risposta: **B**. Quando l'ultimo vagone entra in galleria il treno ha una velocità maggiore di quando è entrato, perché appena partito, per cui rimane nella galleria un tempo minore.

58 Risposta: **B**. $3/4 \cdot 2 = 3/2$

59 Risposta: **B**. Infatti 5,5 metri sono esattamente la metà di 11.

60 Risposta: **A**. I numeri (romani) della traccia corrispondono a 5, 25, 125 e 625 ovvero sono tutte potenze del 5. Il successivo è MMMCXXV ovvero 3125.

61 Risposta: **B**. La serie si sviluppa raddoppiando a ogni passaggio l'incremento tra 1 numero e l'altro, cioè $5 + 4 = 9$; $9 + 8 = 17$; $17 + 16 = 33$ e $33 + 32 = 65$. Da cui si ottiene che $65 + 64 = 129$. Oppure si può considerare il doppio del numero meno 1: $5 \cdot 2 = 10 - 1 = 9$; $9 \cdot 2 = 18 - 1 = 17$; $17 \cdot 2 = 34 - 1 = 33$; $33 \cdot 2 = 66 - 1 = 65$; $65 \cdot 2 = 130 - 1 = 129$.

62 Risposta: **A**. Consideriamo i numeri a terzine: 5 moltiplicato per 5 = 25, 7 moltiplicato per 4 = 28 e 6 moltiplicato per 3 = 18.

63 Risposta: **B**. Tagliando ogni giorno un metro di corda sono necessari solo 6 tagli per dividere la corda in pezzi da un metro ciascuno, quindi dopo 6 giorni l'operazione sarà finita.

64 Risposta: **D**. I termini si ottengono moltiplicando per due e poi sottraendo 3: poiché in fondo alla successione abbiamo $54 - 3 = 51$, il successivo sarà $51 \cdot 2 = 102$.

65 Risposta: **A**. Lo spago costa 4 euro al metro e $4 \cdot 2{,}2 = 8{,}80$ euro.

66 Risposta: **D**. Il numero cercato è il massimo comun divisore (M.C.D.) tra 36 e 28, ovvero 4. Egli preparerà 7 mazzi di 4 rose ciascuno e 9 di 4 garofani ciascuno.

67 Risposta: **B**. Ogni numero è composto affiancando le cifre dei due precedenti.

68 Risposta: **A**. Il quesito non chiarisce se i 10 avventori che mangiano la torta facciano parte (anche parzialmente) dei 15 precedentemente nominati: dunque l'unica informazione che abbiamo è che gli avventori sono in numero maggiore o uguale a 15.

69 Risposta: **E**. La soluzione è

$$4 + 8 + 16 + 32 + 64 = 124.$$

70 Risposta: **C**. Chiamati A, B e C i tre falegnami, abbiamo che il tempo per costruire un tavolo è di 4 giorni per A, 5 per B e 10 per C, quindi A costruisce 1/4 di tavolo al giorno, B 1/5 e C 1/10; in totale vengono costruiti 1/4 + 1/5 + 1/10 = 11/20 di tavolo al giorno; per costruire 11 tavoli è neccessario un numero di giorni pari a 11/(11/20) = 11·(20/11) = 20.

71 Risposta: **A**. La successione logicamente corretta è:

3, G, 4, H, 3, I, 4, L, 3...

72 Risposta: **B**.
2 + 3 + 4 = 9; 9/9 = 180 000;
1/3 = 20 000; 4/5 = 80 000.

73 Risposta: **B**. Poiché la velocità è *M*/*H* km/h e percorre *N* chilometri in

$$\frac{N}{\frac{M}{H}} = \frac{NH}{M} \text{ ore.}$$

74 Risposta: **A**. La risposta si ottiene impostando la proporzione

$$160 = 80 : 152 : x,$$

da cui si ricava $x = (152 \cdot 80) : 160 = 76$.

75 Risposta: **C**. 600/(30 · 5) = 4 persone.

76 Risposta: **B**. Il tragitto è lungo il triplo di 1200 metri, ovvero 3600.

77 Risposta: **A**. Il giardiniere pianta 2 semi entro il primo minuto, altri 4 entro il secondo e così via aggiungendo 27 = 128 semi entro il settimo minuto. La soluzione è 2 + 4 + 8 + 16 + 32 + 64 + 128 = 254 semi in 7 minuti.

78 Risposta: **C**. La serie è ottenuta partendo dalla V (penultima lettera) e dalla B (seconda lettera) e inserendo dopo di queste la terzultima e la terza, al quartultima e la quarta e così via.

79 Risposta: **C**. La soluzione si ottiene così:

$$6 + (4 \cdot 13) = 58.$$

80 Risposta: **D**. I numeri della successione hanno differenza pari ad alternativamente 3 e 5: 29 – 26 = 3, 26 – 21 = 5, 21 – 18 = 3, 18 – 13 = 5 ...

81 Risposta: **E**. Le parole leone, leopardo e puma sono lunghe rispettivamente 5, 8 e 4 lettere. Quindi si ha la proporzione 5 : 15 = 8 : 24 = 4 : *x*, dove *x* vale 12.

82 Risposta: **E**. Si giunge alla soluzione secondo la proporzionalità tra metratura e costo 4,5/8 · 40 = 22,5 euro.

83 Risposta: **A**. Una scacchiera è un quadrato 8 × 8, quindi il risultato è

$$8 \times 8 = 64.$$

84 Risposta: **B**. In questo caso ai termini viene sommato per 2 volte il termine 2, e successivamente sottratto, cioè

$$-2 + 2 = 0,\ 0 + 2 = 2,\ 2 - 2 = 0,\ 0 - 2 = -2, \text{ e così via.}$$

85 Risposta: **C**. La soluzione si ottiene addizionando i numeri fuori dalla parentesi e raddoppiando la somma.

86 Risposta: **A**. La sequenza è (14–5)·3, per la prima colonna; (28–10)·3 per la seconda colonna, (56–20)·3 per la terza, che dà 108.

87 Risposta: **B**. Per poter preparare 120 cocktail nell'arco di un'ora è necessario, seguendo la velocità del primo barista, avere 3 barman ha disposizione.

88 Risposta: **D**. Seguendo le indicazioni date nella domanda, cioè sostituendo ai simboli i valori numerici, si trova che # è uguale a –5.

89 Risposta: **B**. La sequenza di numeri si ottiene sommando al termine precedente alternativamente 2 e 3.

90 Risposta: **C**. 25/100 = 1/4

91 Risposta: **A**. Il numero 179 va scomposto in 100 (C), 70 (50 + 20, ovvero LXX) e 9 (10 – 1, ovvero IX). Quindi 179 in cifre romane è CLXXIX.

92 Risposta: **B**. I termini di posizione pari sono il quadrato del termine precedente e il doppio del seguente.

93 Risposta: **D**. Il primo imbianchino da solo completa 10 m^2 di lavoro in un'ora e quindi terminerebbe il lavoro in 30 ore, mentre il secondo in 20. Ciò significa che il primo completa 1/30 del lavoro in un'ora e il secondo ne completa 1/20. Dunque i due imbianchini lavorando insieme completano 1/30 + 1/20 ovvero 1/12 del lavoro in un'ora, e quindi l'intero lavoro in 12 ore.

94 Risposta: **B**. 25 × 8 = 200; 200/10 = 20, che è il numero di alberi necessari quando la distanza tra di essi è di 10 metri.

95 Risposta: **C**. La successione alfabetica è costituita dall'alternanza delle lettere Z e T, mentre in quella numerica ogni termine è pari alla somma dei precedenti due, quindi la coppia di termini mancanti è T, 14 + 23 = 37.

96 Risposta: **E**. Nel 2007 i 1000 euro di azioni sono diventati 1050 poiché il loro valore è aumentato del 5% (1000 + 50 euro); analogamente nel 2008 il valore è aumentato del 10% (sul valore precedente) totalizzando 1155 euro (1050 + 105 euro).

97 Risposta: **C**. Partendo dal primo numero e andando verso destra i numeri della serie in posizione dispari (11, ..., 13) si ottengono aggiungendo 1, quelli in posizione pari (4, 3, 2) sottraendo 1.

98 Risposta: **A**. 60 · 4 · 3 = 720 pacchi.

99 Risposta: **B**. I numeri si ottengono sottraendo al numero precedente 30, 20, 10, perciò 4 – 0 = 4.

100 Risposta: **B**. Il terzo numero è il risultato della sottrazione del primo numero per il secondo nella riga.

101 Risposta: **A**. Se 88 minuti sono i 4/9 del film, l'intero film dura 88 · 9/4 = 198 minuti. Avendone già visti 88, ne rimangono 198 – 88 = 110.

102 Risposta: **A**. Paolo = 2 Marta; Marta = Luca – 20; Luca = 3/4 Paolo; perciò Paolo = 80 e Luca = 60.

103 Risposta: **C**. Infatti le pere hanno un prezzo di 6/12 = 0,50 euro/kg.

104 Risposta: **B**. Se la segretaria compie 1/3 del lavoro il primo giorno, questo significa che scrive 150 · 1/3 = 50 fogli, avanzandone 100, di questi 100 ne batte a macchina i 3/5 il giorno seguente cioè 100 · 3/5 = 60 perciò rimangono 100 – 60 = 40.

105 Risposta: **A**. I numeri della terza riga si ottengono dalla differenza tra i numeri della prima e il doppio dei numeri della seconda.

106 Risposta: **D**. Per passare dalla R alla Q si retrocede nell'alfabeto di una posizione, per passare dalla Q alla O si retrocede di 2, dalla O alla L di 3 e dalla L alla F di 4.

107 Risposta: **C**. Ogni etto costa 4 euro, quindi un chilo costa 40 euro.

108 Risposta: **B**. Il risultato cercato è 650/5 · 3 = 390 pezzi.

109 Risposta: **A**. L'incognita è il risultato dell'equazione $n + 8 = 8n$, ovvero $8 = 7n$ e $n = 8/7$.

110 Risposta: **C**. Ogni termine è la quarta parte del precedente.

LOGICA GEOMETRICA

1 Un cubo di lato 0,01 m ha un volume di:

A 10^{-3} m^3
B 10^{-6} m^3
C 10^{-5} m^3
D 10^{-2} dm^3
E 10^3 cm^3

2 Quanti gradi è ampio l'angolo x?

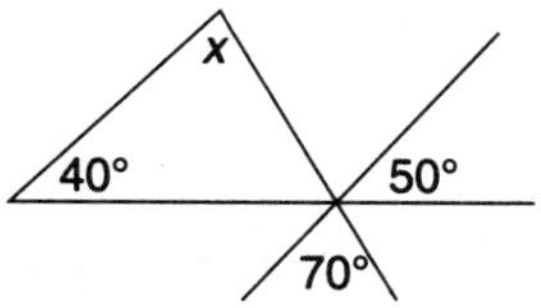

A 40°
B 50°
C 60°
D 70°
E 80°

3 Quale delle seguenti affermazioni riguardo gli angoli della figura sottostante è corretta?

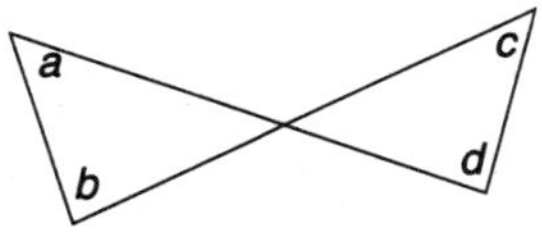

A $a = c + d - b$
B $a = b + d - c$
C $a = c - d + b$
D $a = c - d - b$
E Nessuna delle risposte precedenti

4 Se si danno due segmenti paralleli, e si divide uno di essi in quante parti si voglia, il rettangolo avente per lati i due segmenti iniziali è uguale:

A al doppio della somma dei rettangoli aventi per lati il segmento indiviso e ciascuna delle parti in cui è stato suddiviso l'altro
B alla somma dei rettangoli aventi per lati il segmento indiviso e ciascuna delle parti in cui è stato suddiviso l'altro
C alla somma dei triangoli rettangoli aventi come cateti il segmento indiviso e ciascuna delle parti in cui è stato suddiviso l'altro
D alla metà della somma dei rettangoli aventi per lati il segmento indiviso e ciascuna delle parti in cui è stato suddiviso l'altro
E alla somma dei quadrati aventi come lato ciascuna delle parti in cui è stato suddiviso l'altro segmento

5 Per raggiungere casa sua in macchina dall'ufficio, Diana si dirige a ovest per 3 km su Corso Italia, poi per 2 km in direzione nord su Via Vecchia, infine per 1 km in direzione est su Via Marulli, dove si trova la sua abitazione. Dal suo appartamento all'ottavo piano Diana riesce a vedere il suo ufficio.
In che direzione si trova l'ufficio di Diana rispetto al suo appartamento?

A Sud
B Sud-ovest
C Sud-est
D Nord-ovest
E Nord

6 Il parallelepipedo retto a base quadrata in figura è costituito interamente da cubi tra loro identici, tranne per il fatto che alcuni sono bianchi e altri neri.
Qual è il numero massimo di cubi neri presenti nel parallelepipedo?

A 66
B 56
C 51
D 69
E 64

7 L'ortocentro è il punto di incontro delle tre altezze di un triangolo. Dov'è l'ortocentro in un triangolo ottusangolo?

A È esterno al triangolo
B È interno al triangolo
C Coincide con un vertice
D Coincide col punto medio di un lato
E Non esiste

8 Il triangolo ABC nella figura sottostante è equilatero e l'angolo z è pari a 3/4 dell'angolo x. Quanto vale l'angolo y?

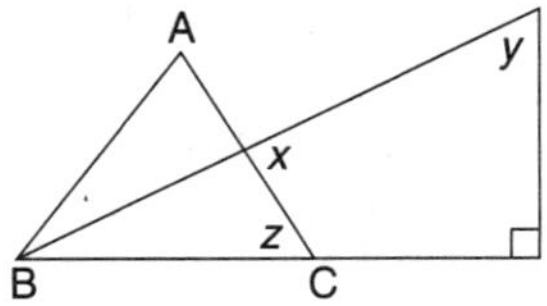

A 55°
B 70°
C 75°

D 80°
E Nessuna delle precedenti

9 La sezione passante per il centro di una sfera è:

A una parabola
B un'ellisse
C una circonferenza
D un rettangolo
E una retta

10 Dati 3 segmenti di lunghezza 6 m, 8 m e 10 m, dire quale delle seguenti affermazioni è vera:

A si può costruire un triangolo rettangolo
B non si può costruire un triangolo
C si può costruire un triangolo ottusangolo
D non si può costruire un triangolo rettangolo
E nessuna delle precedenti

11 Nella figura seguente il rettangolo FBCE, inscritto nella circonferenza di raggio r, ha la base EC doppia dell'altezza BC = a e i triangoli ABF e CDE sono isosceli. Quanto misura l'area dell'esagono ABCDEF?

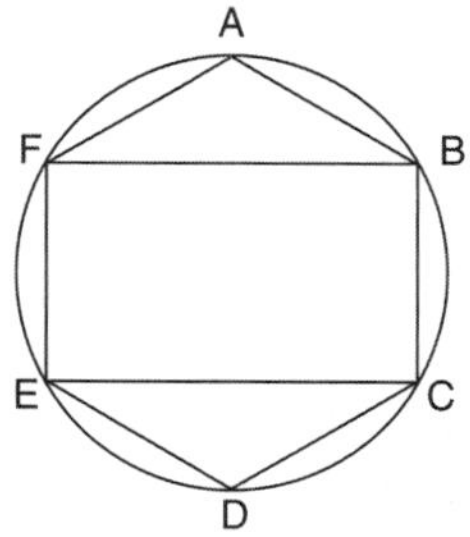

A $2a(a + r)$
B $2a^2 + 4r$
C $a(a + 2r)$
D $1/2a(a + 2r)$
E $a(a - 2r)$

12 Se un punto dista 10 cm dal centro di una circonferenza che ha diametro 24 cm...

A è esterno alla circonferenza
B è interno alla circonferenza
C si trova sul diametro
D si può trovare sulla circonferenza
E è coincidente con il centro della circonferenza

13 Si calcoli l'area del parallelogramma in figura.

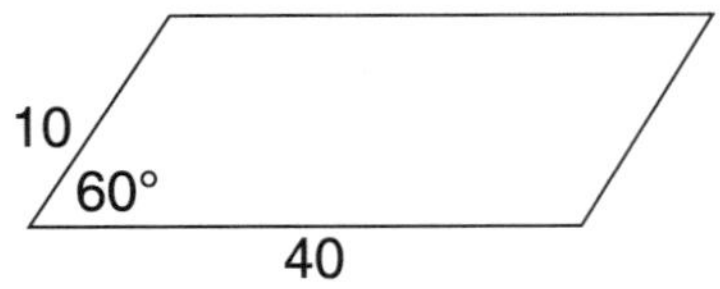

A $120\sqrt{3}$
B $200\sqrt{3}$
C 344,5
D $125\sqrt{2}$
E Nessuna delle precedenti

14 Se il lato di un quadrato è uguale a 5, la diagonale è circa:

A 5,5
B 6
C 6,5
D 7
E 7,5

15 Se al numero di lati del quadrato sottraggo due, elevo alla seconda potenza il precedente risultato, aggiungo il numero di lati di un esagono, e divido a metà il risultato; che tipo di poligono posso ottenere?

A Pentagono
B Triangolo
C Esagono
D Ottagono
E Quadrato

16 Dati i punti medi di due segmenti adiacenti AB e BC, quale delle seguenti affermazioni è vera?

A La distanza tra i punti medi è uguale alla distanza AC
B La distanza tra i punti medi è uguale al doppio della distanza AC
C La distanza tra i punti medi è uguale alla metà della distanza AC
D La distanza tra i punti medi è uguale al quarto della distanza AC
E Nessuna delle precedenti

17 La somma degli angoli interni di un pentagono è:

A 360°
B 180°
C 600°
D 720°
E 540°

18 Bisogna creare un libretto di otto pagine a partire da un singolo foglio di carta su cui è stato precedentemente stampato il contenuto di ogni pagina. Come mostrato in figura, inizialmente il foglio viene tagliato a metà (figura 1) e la parte inferiore del foglio, senza modificarne l'orientamento, viene sovrapposta a quella superiore. I due foglietti sovrapposti vengono poi piegati (figure 2 e 3) in modo tale che il

foglietto sovrastante risulti essere all'interno del libretto. Le prima pagina del libretto viene contrassegnata con una F (fronte), le pagine successive vengono numerate da 1 a 6 e l'ultima viene contrassegnata con una R (retro).
Quale tra le figure proposte mostra l'ordine corretto di lettere e/o numeri che dovrebbe apparire sul foglio prima che venga tagliato e ripiegato?

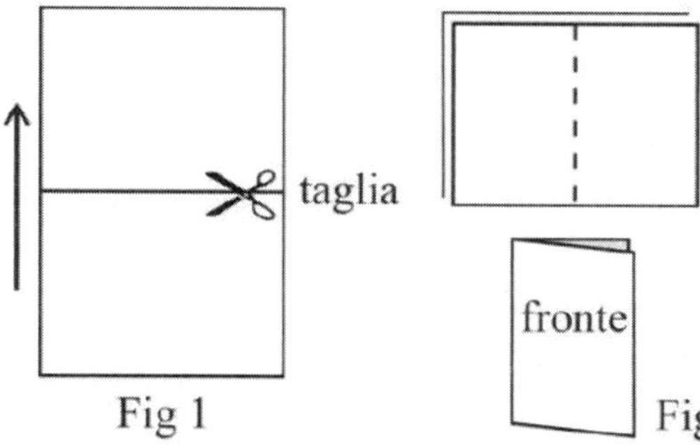

Fig 1 Fig 2 Fig 3

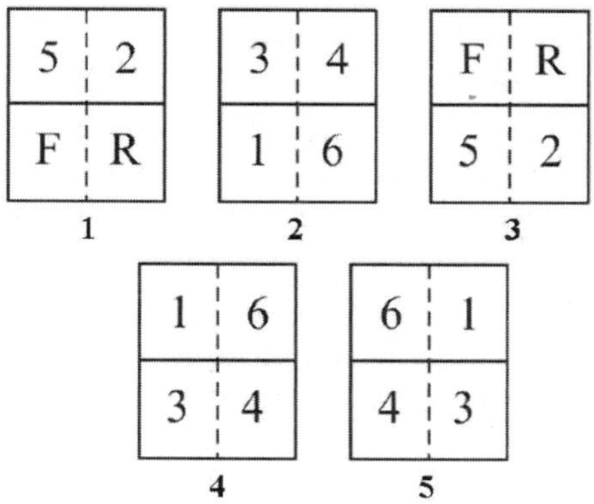

A 4
B 5
C 2
D 3
E 1

19 La somma degli angoli interni di un poligono convesso di 10 lati è uguale a:

A 10 angoli piatti
B 1440°
C 1800°, solo se il poligono è regolare
D 180°
E 540°

20 Paolo vuole erigere una recinzione di 21 m per delimitare il proprio giardino e trova in vendita i pannelli per costruirla. La lunghezza dei pannelli disponibili è la seguente:

Lunghezza Pannello	*Prezzo*
10 m	€ 16
6 m	€ 10
4 m	€ 8

Volendo acquistare il numero necessario di pannelli per erigere la sua recinzione con la soluzione più economica, quanti pannelli da 6 m serviranno a questo scopo? (I pannelli si possono tagliare su misura)

A 1
B 2
C 4
D 0
E 3

21 La sezione di un cilindro retto è:

A sempre un'ellisse
B sempre un poligono regolare
C sempre una circonferenza
D sempre un rettangolo
E nessuna delle precedenti risposte è corretta

22 Due rette, entrambe parallele a una terza...

A possono essere sghembe
B incidenti
C possono essere parallele
D sono sempre parallele tra loro
E possono essere perpendicolari fra loro

23 La mia città dista 600 km da quella di Agnese e 1400 km da quella di Barbara. Di quanti chilometri distano almeno le città di Agnese e Barbara?

A 1200
B 600
C 800
D 1400
E 2000

24 Se in un triangolo inscritto in una circonferenza un lato coincide col diametro, il triangolo è:

A equilatero
B scaleno
C rettangolo
D ottusangolo
E isoscele

25 Un quadrato ha lato a, con $a > 3$. Se diminuiamo il lato di 3, l'area del quadrato diminuirà di:

A $3(a - 3)$
B $6a + 9$
C $9a$
D $6a - 9$
E $(a - 3)^2$

26 L'ombra di un campanile è lunga la metà della sua altezza. Detta α la misura dell'angolo formato dal sole sull'orizzonte in quel momento, si può dire che:

A $\alpha < 30°$
B $30° \leq \alpha < 45°$
C è notte
D $60° < \alpha$
E $45° \leq \alpha < 60°$

27 Un rettangolo ha l'area di 32 m^2. Sapendo che un lato è la metà dell'altro, quanto misurano?

A 4 e 8
B 8 e 16
C 7 e 14
D 2 e 4
E 5 e 10

28 Una cassa cubica di 2 m di spigolo è riempita con dei tubi di 1 m di altezza e 25 cm di diametro. Quando la cassa è completamente riempita di tubi, quanto è lo spazio sprecato all'interno della cassa?

A 1,25 m^3
B 1,44 m^3
C 1,72 m^3
D 1,80 m^3
E 2,75 m^3

29 Il liquido che riempie una sfera di raggio K viene travasato in cilindri aventi diametro di base K e altezza K. Qual è il numero minimo di cilindri che occorrono per compiere questa operazione?

A 4
B 5
C 6
D 3
E 9

30 Quale delle seguenti terne di numeri può rappresentare la lunghezza dei lati di un triangolo rettangolo isoscele?

A 5, 5, $\sqrt{5}$
B 3, 3, $3\sqrt{3}$
C 1, 1, $\sqrt{2}$
D 7, 7, 14
E 2, 2. 4

31 Considerate una stanza quadrata con una volta a vela sferica. Sapendo che la diagonale del quadrato misura 3 m, l'imposta della volta è a 4 m di altezza: quale sarà l'altezza massima della stanza?

A 5 m
B 5,5 m
C 6 m

D 6,5 m
E 7 m

32 ACDE è un quadrato di lato pari a 8. Se l'area del triangolo ABD è scritta nella forma $m + ny$, dove y è la distanza tra B e C, quanto valgono m e n?

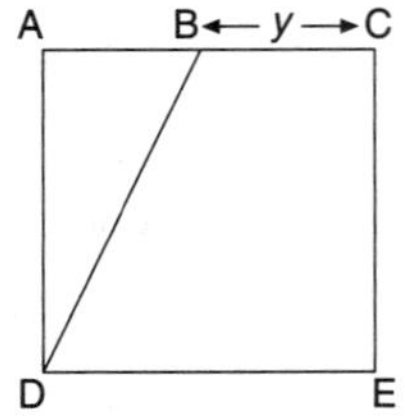

A $m = 20$, $n = -4$
B $m = -12$, $n = 4$
C $m = 36$, $n = -8$
D $m = 32$, $n = -6$
E $m = 32$, $n = -4$

33 Dato un angoloide tetraedro *Vabcd*, considerate due facce *ab* e *cd* non consecutive aventi in comune una retta *r* passante per *V* e opposta alla faccia *ad*, e considerato che per il teorema sui triedri una faccia è minore di quattro retti, quale delle seguenti proposizioni si verifica?

A La somma delle facce è minore di 270°
B La somma delle facce è uguale a 270°
C La somma delle facce è maggiore di 270°
D La somma delle facce è minore di 360°
E La somma delle facce è uguale di 360°

34 Un'automobile viaggia per 3 km verso sud, poi per 9 km verso est e infine per 9 km nuovamente verso sud. Qual è la distanza in linea d'aria tra il punto di partenza e il punto d'arrivo?

A 6 km
B 7,5 km
C 9 km
D 15 km
E 21 km

35 Se *a* è un quadrilatero, quale di queste affermazioni è sempre vera?

A *a* è un quadrato
B *a* è un rombo
C La somma degli angoli interni è 400°
D Ha 4 lati
E Ha 4 angoli retti

36 Di quanti gradi si muove in 5 minuti la lancetta lunga dell'orologio?

A 12
B 15
C 22,5

D 30
E 36

37 La circonferenza ha lunghezza pari a 10π. Qual è l'area del rettangolo KLMN, che è tangente al cerchio nei punti K, N e P?

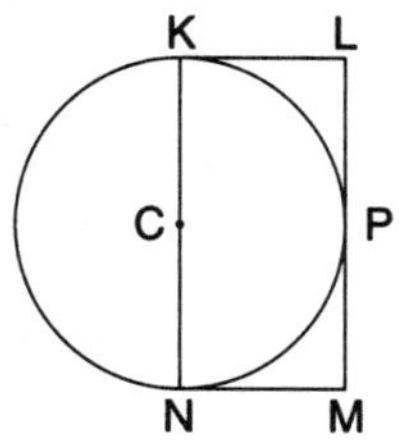

A 32,5
B 44
C 50
D 52
E 73,5

38 Quanti triangoli si vedono nella figura?

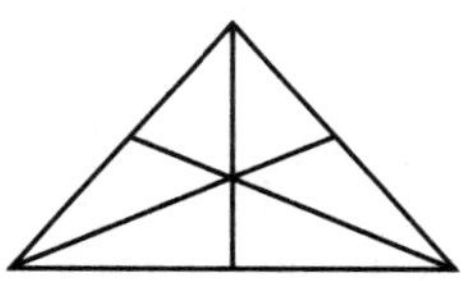

A 13
B 7
C 8
D 16
E 9

39 Dieci volumi aventi ciascuno 4 cm di spessore sono disposti su uno scaffale ordinati da sinistra a destra. Una tarma scava una galleria partendo dal frontespizio del primo volume alla controcopertina del decimo volume. Quanto è lunga la galleria?

A 40 cm
B 36 cm
C 42 cm
D 38 cm
E 32 cm

40 Considerate una stanza quadrata con una volta a vela sferica. Sapendo che il lato del quadrato misura 3 m, l'imposta della volta è a 4 m di altezza: quale sarà l'altezza massima degli archi sulle pareti della stanza?

A 5 m
B 5,5 m
C 6 m
D 6,5 m
E 7 m

SOLUZIONI E COMMENTI

1 Risposta: **B**.
$(0{,}01 \text{ m})^3 = (10^{-2} \text{ m})^3 = 10^{-6} \text{ m}^3$

2 Risposta: **E**. Se due rette si intersecano, gli angoli opposti sono uguali:

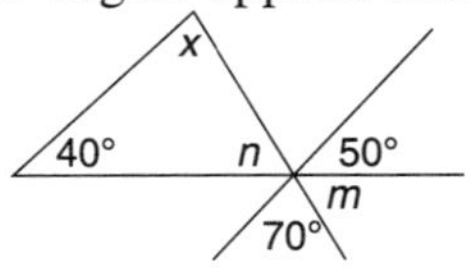

3 Risposta: **A**. $(a + b)$ e $(c + d)$ sono supplementari ad angoli alterni interni ovvero uguali.

4 Risposta: **B**. Osserviamo il disegno.

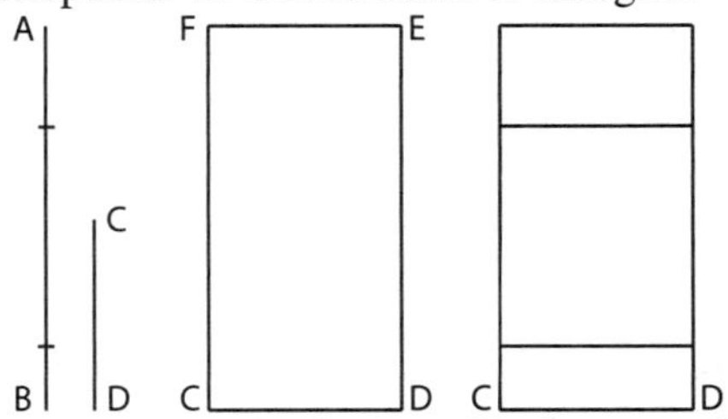

I due segmenti paralleli AB e CD formano il rettangolo CBFE, se dividiamo il segmento AB in tre parti si vengono a formare altri 3 rettangoli più piccoli di quello precedente, che se sommati tra di loro danno un rettangolo pari a quello iniziale.

5 Risposta: **C**. Partendo da un punto qualsiasi, la direzione verso ovest è a sinistra, il nord è verso l'alto e l'est è verso destra. Tracciando il percorso si ottiene una figura come quella mostrata: la direzione casa-ufficio risulta 2 km verso il basso e 2 km a destra, perciò esattamente a sud-est.

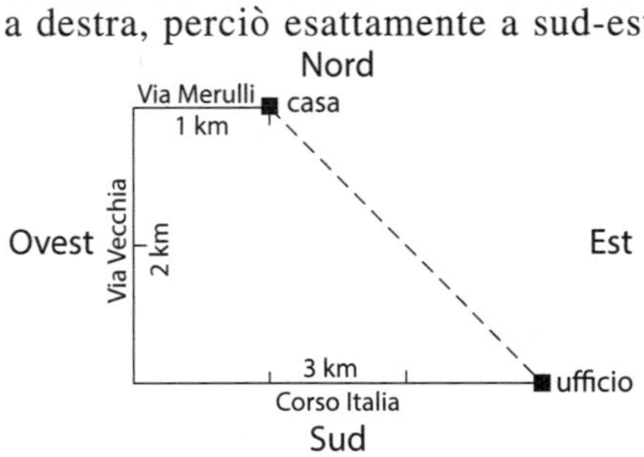

6 Risposta: **E**. Il numero di cubi contenuti nel parallelepipedo è uguale a 5 per 5 cubi sulla base, moltiplicato per 4 cubi in altezza: $5 \cdot 5 \cdot 4 = 100$ cubi. Il numero dei cubi neri può essere al massimo uguale a 100 meno il numero di cubi bianchi visibili in figura, che sono 36.

7 Risposta: **A**. Solo per il triangolo ottusangolo l'ortocentro è sempre esterno ai lati del triangolo.

8 Risposta: **B**. $x = 4/3z = 80°$, per cui $y = 360° - 80° - 90° - (180° - 60°) =$ $= 70°$.

9 Risposta: **C**. L'intersezione fra un piano passante per il centro di una sfera e la sfera stessa è una circonferenza.

10 Risposta: **A**. I numeri rappresentano una terna pitagorica, infatti si ottengono moltiplicando per due la terna fondamentale 3, 4, 5.

11 Risposta: **C**. L'area dell'esagono è pari all'area del rettangolo sommata alle aree dei triangoli. Il rettangolo ha area $S_R = 2a \cdot a = 2a^2$. L'altezza di ognuno dei due triangoli è

$$r - \frac{a}{2} = \frac{2r - a}{2}$$

per cui:

$$S_T = 2a \cdot \frac{2r - a}{2} \cdot \frac{1}{2} = \frac{2ar - a^2}{2}$$

L'area totale vale pertanto:

$$S = S_R + 2S_T = 2a^2 + 2 \cdot \frac{2ar - a^2}{2} =$$
$$= 2a^2 + 2ar - a^2 = a^2 + 2ar = a(a + 2r)$$

12 Risposta: **B**. Se il diametro misura 24 cm, allora il raggio è pari a 12 cm e un punto distante 10 cm dal centro è interno alla circonferenza.

13 Risposta: **B**. $A = \frac{40 \cdot 10\sqrt{3}}{2} = 200\sqrt{3}$

14 Risposta: **D**. Secondo il teorema di Pitagora il quesito proposto afferma che la diagonale è $5 \cdot \sqrt{2} = \sqrt{50} \cong 7$.

15 Risposta: **A**. Il numero dei lati del quadrato è 4 a cui sottraggo 2 e quindi mi rimane 2. Questo valore lo elevo alla seconda potenza ottenendo di nuovo 4 a cui aggiungo 6, il numero di lati dell'esagono, avendo come risultato 10; questo valore diviso a metà mi dà 5 che è il numero di lati di un pentagono.

16 Risposta: **C**. Due segmenti si dicono adiacenti se sono consecutivi e appartengono alla stessa retta. Dette x e y le lunghezze dei due segmenti, il punto medio di AB dista $x/2$ da B e il punto medio di BC dista sempre da B $y/2$. La distanza tra i punti medi è dunque $(x + y)/2$ ovvero AC/2.

17 Risposta: **E**. La somma degli angoli interni di un poligono di n lati è

$$(n - 2) \cdot 180°.$$

Nel nostro caso $n = 5$ e il risultato è 540°.

18 Risposta: **A**. Si devono individuare le scritte sul lato del foglio come lo si vede prima di tagliarlo e piegarlo. Le lettere che sono sulla copertina e sull'ultima pagina si trovano sul lato inferiore, perciò si possono scartare le alternative 1 e 3. Piegando il foglio in alto a sinistra si deve trovare il numero 1, che compare in questa posizione solo nella figura 4.

19 Risposta: **B**. In un poligono convesso di n lati, la somma degli angoli interni è $180° \cdot (n - 2)$

20 Risposta: **B**. Si consideri una prima opzione: 2 pannelli da 10 m, con cui si coprono 20 m di recinzione, più un pannello da 4 m. Il costo complessivo è di 40 euro. Si consideri ora una seconda opzione: 1 pannello da 10 m e 2 pannelli da 6 m (per un totale di 22 m). Il costo complessivo è di 36 euro. Qualsiasi altra alternativa, che prevede solo pannelli da 6 m e da 4 m, è più costosa, in quanto è maggiore il prezzo unitario.

21 Risposta: **E**. La sezione di un cilindro retto non è sempre una circonferenza, lo è soltanto quando il piano secante è orizzontale; non è sempre un'ellisse, per ottenerla è necessario un piano oblique; non è mai un poligono regolare, ma può essere un rettangolo.

22 Risposta: **D**. Due rette parallele a una terza retta sono sempre parallele tra loro.

23 Risposta: **C**. Nel migliore dei casi le due città sono lungo la stessa direzione e nello stesso verso (ovvero la città di Agnese è "di strada" per arrivare alla città di Barbara) e dunque la loro distanza è 1400 – 600 = 800 km. Nel peggiore dei casi le due città sono diametralmente opposte rispetto alla mia e la loro distanza è 1400 + 600 = 2000 km.

24 Risposta: **C**. Se un angolo al centro e uno alla circonferenza insistono sullo stesso arco, sono tra loro in rapporto 2 : 1. Ne segue che un triangolo inscritto in una semicirconferenza è rettangolo; difatti l'ipotenusa coincide col diametro ed è quindi un angolo al centro di ampiezza π; dunque l'angolo opposto, essendo ampio la metà, è retto.

25 Risposta: **D**. L'area del quadrato di lato a è uguale a: $A_1 = a^2$; l'area del quadrato cui il lato è diminuito di 3, ovvero pari ad $(a - 3)$ è uguale a: $A_2 = (a - 3)^2 = a^2 - 6a + 9$. Quindi l'area del quadrato diminuisce di

$$A_1 - A_2 = a^2 - a^2 + 6a - 9 = 6a - 9.$$

26 Risposta: **D**. In questo caso viene in nostro aiuto la trigonometria. Osserviamo la figura: abbiamo che h è l'altezza del campanile, o è la lunghezza dell'ombra e α è l'angolo formato dell'ipotenusa con il lato o. Sapendo che la lunghezza dell'ombra è pari alla metà dell'altezza si ha che $h = 2o = o \cdot \text{tg}\alpha$ da cui possiamo dedurre che $\alpha >$ 60°.

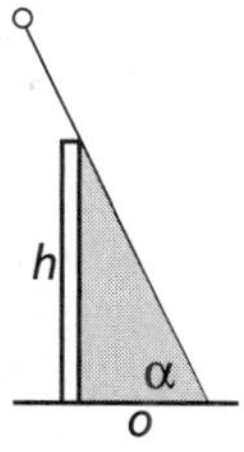

27 Risposta: **A**. Siano a e b i due lati; $b = 2a$; l'area del rettangolo è

$$a \cdot b = a \cdot 2a = 32 \rightarrow$$
$$\rightarrow 2a^2 = 32 \rightarrow a = 4,\ b = 8$$

28 Risposta: **C**. Per calcolare lo spazio vuoto, calcoleremo il volume della cassa e sottrarremo il volume di tutti i tubi che vi entrano. Il volume della cassa è 2^3 = 8 m^3. Disponendo i tubi verticalmente, poiché per ogni lato ci stanno 200/25 = 8 tubi, 64 tubi riempiranno esattamente la base della cassa. Dato che i tubi sono alti 1 metro e la cassa è alta il doppio, ci vorranno 128 tubi per riempirla totalmente. Ogni tubo ha volume pari a $\pi \times 0{,}125^2 \times 1 = 0{,}049$ m^3, dove 0,125 è il raggio del tubo in metri. Quindi 128 tubi occupano un volume di $128 \times 0{,}049 = 6{,}28$ m^3 e la differenza di volume è 8 – 6,28 = 1,72 m^3.

29 Risposta: **C**. Il volume della sfera si calcola come $V_{\text{sfera}} = 4/3 \cdot \pi \cdot K^3$, mentre il volume di un cilindro avente le misure espresse nel problema è pari a

$$V_{cil} = \frac{\pi \cdot K^3}{4}$$

Se calcoliamo il rapporto tra le due grandezze vediamo che $V_{\text{sfera}}/V_{\text{cil}} = 5{,}33333$, il che indica che per svuotare completamente il contenuto della sfera sono necessari 6 cilindri.

30 Risposta: **C**. Per il teorema di Pitagora, l'ipotenusa è pari alla radice della somma dei quadrati dei due cateti:

$$c = \sqrt{a^2 + b^2} = \sqrt{1^2 + 1^2} = \sqrt{2}$$

31 Risposta: **B**. Per una volta a vela sferica l'altezza massima dell'arco è uguale alla metà della diagonale del quadrato di base, in questo caso 1,5 m. L'altezza massima della stanza è uguale alla somma dell'altezza dell'imposta con l'altezza massima della volta: 4 m + 1,5 m = 5,5 m.

32 Risposta: **E**.

$$A = \frac{8(8 - y)}{2} = 32 - 4y.$$

Ne segue che $m = 32$, $n = -4$.

33 Risposta: **D**. Un tetraedro è un solido geometrico avente 4 facce; il teorema sui triedri sostiene che una faccia è minore di quattro angoli retti, cioè che la somma interna degli angoli formati dalle facce è inferiore a 360°.

34 Risposta: **D**. Si traccia un diagramma con gli spostamenti dell'auto, nel quale è stata disegnata una linea obliqua tratteggiata che rappresenta lo spostamento in linea d'aria tra il punto di partenza e il punto d'arrivo:
I cateti del triangolo rettangolo sono 9 km e 12 km, dunque per il teorema di Pitagora l'ipotenusa vale:

$$c = \sqrt{a^2 + b^2} = \sqrt{9^2 + 12^2} =$$
$$= \sqrt{81 + 144} = \sqrt{225} = 15$$

Dunque la distanza percorsa in linea d'aria è 15 km.

35 Risposta: **D**. Un quadrilatero ha sempre 4 lati; le affermazioni **A** e **B**, sono vere solo in casi particolari.

36 Risposta: **D**. La lancetta dell'orologio si muove in 5 minuti di 5/60 = 1/12 di angolo giro; dunque la quantità cercata è 360°/12 = 30°.

37 Risposta: **C**. Il raggio è 5, quindi l'area del rettangolo è pari al raggio per il diametro, ossia 50.

38 Risposta: **D**. I triangoli visibili nella figura data sono sedici: sei inscritti, nove composti (dai lati e dalle varie bisettrici) e uno che compone il tutto perimetralmente.

39 Risposta: **E**. I libri sono disposti in ordine di volume (1, 2, ... 9, 10) in modo che la copertina del primo sia adiacente alla quarta di copertina (ovvero il retro) del secondo e così via. La tarma comincia dal frontespizio (cioè dall'inizio) del primo volume e passa quindi subito alla quarta di copertina del secondo volume, percorrendo zero centimetri poiché non attraversa il primo volume. In successione la tarma attraversa tutti i volumi dal secondo all'ultimo (che non viene attraversato da parte a parte poiché la tarma giunge alla controcopertina ovvero la quarta di copertina). La tarma percorre quindi otto volumi da parte a parte totalizzando 8 · 4 = 32 cm di distanza.

40 Risposta: **C**. Per una volta a vela sferica l'altezza massima sarà pari alla metà della diagonale del quadrato di base, quindi con un alto di 3 m la diagonale sarà circa 4 m, la cui metà sarà 2 m. L'imposta o piano d'imposta è la superficie da cui ha inizio la costruzione dell'arco, quindi sarà sufficiente sommare all'altezza del piano la massima altezza raggiungibile dall'arco.

CALCOLO DELLE PROBABILITÀ

1 La media fra $(1/4)^{-1}$ e $(9/3)^2$ è:

A 3
B 6,5
C 3/8
D –3/8
E 7/2

2 Tredici persone si stringono la mano. Ciascuna stringe la mano a tutte le altre. Quante sono le strette di mano in totale?

A 51
B 78
C 26
D 156
E 169

3 Calcolare la moda dei seguenti numeri: 17, 24, 56, 57, 57, 57, 64, 70.

A 70
B 64
C 57
D 17
E 56,88

4 In quanti modi si possono confezionare coni gelato da tre gusti diversi avendo a disposizione i quattro gusti: nocciola, stracciatella, crema e cioccolato?

A 4
B 6
C 9
D 12
E 24

5 Nel primo appello dell'esame di Statistica sono stati promossi in 35 su 50; nel secondo appello 63 su 90; nel terzo 7 su 10, nel quarto 56 su 70. Ipotizzando che il livello medio di preparazione degli studenti nei quattro appelli sia stato lo stesso, in quale di essi, in proporzione, il docente è stato più clemente?

A Nel primo
B Nel secondo
C Nel terzo
D Nel quarto
E In nessuno dei tre

6 Un bicchiere è pieno per il 25%. Quanta acqua contiene se la sua capacità è pari a 1 decilitro?

A 0,025 decilitri
B 0,0025 decilitri

C 0,25 decilitri
D 0,4 decilitri
E 0,04 decilitri

7 Un ricco industriale possiede una squadra di calcio e invita 16 tra le squadre più forti del mondo per un torneo a eliminazione diretta (chi perde è fuori dal torneo). La squadra che avrà vinto il torneo dovrà sfidare la sua squadra.
Quante partite verranno giocate in tutto?

A 20
B 32
C 15
D 8
E 16

8 97 è la media aritmetica tra 78 e...

A 116
B 126
C 136
D 106
E Non si può stabilire

9 0,2 è il 5% di:

A 40
B 20
C 4
D 2
E 5

10 Calcolare la media dei numeri 4 e (–5):

A –5
B 2
C –0,5
D 0,5
E 1

11 Calcolare la media dei seguenti numeri: 60, 26, 43, 60, 26, 44, 45, 60.

A 44
B 45,5
C 45
D 44,5
E 46

12 In un lancio contemporaneo di due dadi quante volte è più probabile che la loro somma sia sette piuttosto che due?

A 6 volte
B 1 volta
C 5 volte

D 4 volte
E 3 volte

13 Viene depositato un capitale di 3000 euro. Dopo 2 anni viene corrisposto un interesse semplice di 120 euro. Quale tasso è stato applicato?

A 5%
B 4%
C 2%
D 1%
E 3%

14 In una tavolata di dieci persone quanti cincin vengono fatti se ognuno lo fa con ciascun altro?

A 20
B 40
C 45
D 20
E 100

15 Qual è la probabilità che lanciando due dadi, uno alla volta, escano 2 numeri uguali?

A 1/18
B 3/4
C 1/6
D 2/3
E 1/12

16 Calcolare la media dei numeri (–4) e 3:

A –5
B 2
C –0,5
D 0,5
E 1

17 In un edificio ci sono 30 scrivanie. Se ne comprano altre 15. Che percentuale si è aggiunta?

A 150%
B 10%
C 25%
D 30%
E 50%

18 Se si hanno 70 uova e se ne vendono 14, che percentuale è rimasta invenduta?

A 80%
B 30%
C 60%

D 15%
E 20%

19 Un capitale di 400 000 euro è depositato in banca ed è soggetto a un interesse annuo del 4%. A quanto ammonterà il capitale dopo un anno?

A 404 000 euro
B 440 000 euro
C 416 000 euro
D 1 600 000 euro
E Nessuna delle precedenti risposte è corretta

20 Un'urna contiene 10 palline delle quali 4 rosse e 6 nere.
Tra le 10 palline ne vengono estratte 3 a caso.
Qual è la probabilità di estrarre 3 palline rosse senza riporle nuovamente nell'urna?

A 1/30
B 1/60
C 2/30
D 2/40
E 1/10

21 In un mazzo di carte napoletane (40 carte, 4 semi, 3 figure per ogni seme), la probabilità di estrarre una carta che non sia una figura è:

A 2/3
B 4/40
C 7/40
D 7/10
E 4/10

22 Se si hanno 640 kg di caramelle e se ne vendono 240 kg, in che percentuale sono state vendute le caramelle?

A 48%
B 27,5%
C 37,5%
D 24%
E 11%

23 Dieci amici di vecchia data si incontrano per cenare insieme. Prima di sedersi, ciascuno dei dieci amici saluta ciascuno degli altri abbracciandolo.
Quanti abbracci si sono avuti in totale?

A 9
B 45
C 100
D 20
E 10

24 Dato il seguente istogramma:
Quale dei seguenti aerogrammi rappresenta la stessa distribuzione statistica?

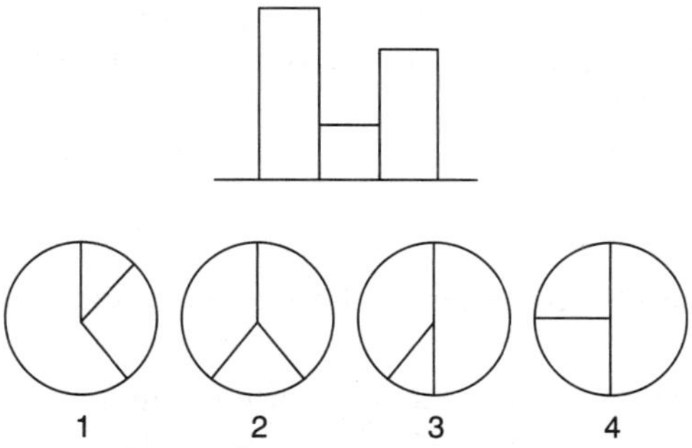

A La figura 1
B La figura 2
C La figura 3
D La figura 4
E Nessuna delle precedenti risposte è corretta

25 La media fra 0,8 e –1,4 è uguale a:

A –0,3
B –0,03
C 0,3
D 1
E –1

26 Una moto viaggia alla velocità di 60 km/h, ma dopo un certo periodo deve ridurre la propria velocità del 40%. A che velocità viaggia ora la moto?

A 30 km/h
B 24 km/h
C 40 km/h
D 42 km/h
E 36 km/h

27 In mazzo di carte napoletane qual è la probabilità di estrarre l'asso di spade?

A 1/18
B 1/10
C 1/40
D 2/40
E 1/36

28 Il prezzo di una camicetta era 54 euro. In tempo di saldi è diminuito ed è pari a 45 euro, lo sconto è stato del:

A 10%
B 15,6%
C 9%
D 16,7%
E nessuna delle precedenti risposte è corretta

29 Il direttore vendite deve recarsi in Canada per stipulare un contratto di vendita di cinture e borse. Il costo complessivo per la produzione e la spedizione in Canada è rispettivamente di € 20,00 e di € 22,00. La percentuale di profitto è calcolata come percentuale dei costi di produzione e di spedizione. La ditta vuole ottenere un profitto del 30%. A quanto dovrebbe vendere ogni borsa?

A € 26,00
B € 28,00
C € 28,60
D € 66,60
E Non è possibile rispondere in base a questi dati

30 Qual è la probabilità che estraendo 3 carte da un mazzo di carte francesi (52 carte), una alla volta con reinserimento, escano un asso, un re e un 4?

A 1/169
B $(1/13)^3$
C $4/52 \cdot 4/51 \cdot 4/50$
D $(1/52)^3$
E $(1/14)^3$

31 In un gruppo di 400 persone si trovano 160 maggiorenni. Quale percentuale di persone del gruppo è minorenne?

A 80%
B 60%
C 40%
D 20%
E 5%

32 Ordinare in modo crescente e calcolare la mediana dei numeri
52, 68, 17, 33, 33, 89, 72.

A 33
B 33,5
C 56,5
D 52
E 56

33 La media aritmetica di un insieme di 17 numeri è uguale a:

A alla somma di tutti i numeri diviso 2
B alla somma di tutti i numeri diviso 17
C alla somma degli estremi diviso 2
D alla radice quadrata della somma dei numeri
E alla differenza tra il massimo e il minimo

34 Un'azienda ha prodotto 750 bicchieri e ne vende 360; in che percentuale sono stati venduti i bicchieri?

A 36%
B 18%
C 30%

D 48%
E 58%

35 Calcolare la mediana dei numeri 97, 80, 37, 37, 99, 37, 80, 37.

A 58,5
B 50,5
C 58
D 59,5
E 57,5

36 Completare la proporzione 34 : x = 51 : 78

A 104
B 17
C 19
D 63
E 52

37 Il costo della pizza è determinato dalla somma dei costi di 5 elementi. Se ogni elemento aumenta del 10%, di quanto aumenta il costo della pizza?

A Del 12%
B Del 50%
C Del 10%
D Del 55%
E I dati forniti non sono sufficienti per rispondere

38 La media geometrica di 3 e 7 è:

A 1/7
B 1/21
C 1/3
D $21^{1/2}$
E 21

39 Calcolare la media dei numeri (–23) e 42:

A –4
B 4
C –0,5
D 9,5
E 2

40 Lo schema sottostante mostra la percentuale di popolazione mondiale relativa ad alcune nazioni:

Nazione	*% di popolazione*
Cina	23
India	15
CSI	6
Stati Uniti	5
Resto del mondo	51

Qual è la probabilità che una persona scelta a caso tra la popolazione mondiale sia un indiano?

A 1/15
B 3/10
C 3/20
D 4/5
E 3/8

41 Un'urna contiene 5 palline delle quali 3 rosse e 2 bianche.
Qual è la probabilità di estrarre una pallina rossa al primo tentativo?

A 40%
B 75%
C 60%
D 50%
E 25%

42 La probabilità di non estrarre una figura in un mazzo di carte da poker è:

A 6/51
B 40/52
C 1/13
D 3/52
E 4/52

43 In una ciotola vi sono 4 palline, due rosse e due bianche.
Qual è la probabilità di trovare una pallina rossa al primo colpo?

A 66,7%
B 20%
C 50%
D 25%
E 75%

44 Qual è la probabilità che, lanciando due monete, si ottengano una testa e una croce?

A 1
B 0
C 1/4
D 3/4
E 1/2

45 Se si hanno 450 kg di patate, si vendono 81 kg, qual è la percentuale delle patate vendute?

A 28%
B 18%
C 20%
D 10%
E 15%

46 La media fra 0,8 e –1,2 è uguale a:

A 0,2
B –0,02
C –0,2
D 1
E –1

47 Nel sottopassaggio di Porta Nuova il signor Truffolin ha allestito il suo banchetto per il gioco delle 6 coppette, che consiste nel nascondere sotto ciascuna delle sue 6 coppette (tutte uguali e numerate da 1 a 6) una delle seguenti monete: una da 5 centesimi, una da 10, una da 20 e una da 50 centesimi, una da 1 euro e una da 2 euro. Egli ha appeso un cartello dove espone le regole che segue nel nascondere le monete:
• la moneta da 50 centesimi sta sotto una coppetta numerata con un numero inferiore a quella che nasconde la moneta da 20 centesimi
• le monete da 1 euro e da 10 centesimi stanno sempre sotto due coppette adiacenti
• la moneta da 5 centesimi sta sempre sotto la coppetta numero 5 (e ovviamente non si può scommettere su di essa)
Amilcare e Basilio si fermano presso il banchetto; Basilio scommette che la moneta da 10 centesimi si trova sotto la coppetta numero 1 e vince. A questo punto Amilcare:

A non può scommettere con certezza su nessuna delle coppette
B scommettendo sulla sequenza delle monete è sicuro di vincere
C scommettendo sulla coppetta n. 3 è sicuro di vincere
D scommettendo sulla coppetta n. 6 è sicuro di vincere
E punta su una precisa coppetta ed è sicuro di vincere

48 Considerando l'alfabeto italiano, qual è la probabilità di estrarre una consonante?

A 11/21
B 14/21
C 6/21
D 15/21
E 16/21

49 In un mazzo di carte napoletane (40 carte, 4 semi e 12 figure), la probabilità di estrarre una figura di spade è:

A 1/40
B 3/40
C 1/12
D 3/8
E 1/4

50 Una maglia acquistata con il 30% di sconto è stata pagata € 63. Quale era il prezzo di listino della maglia?

A 89,50
B 90,00
C 87,50
D 83,00
E 92,50

SOLUZIONI E COMMENTI

1 Risposta: **B**. $(1/4)^{-1} = 4$; $(9/3)^2 = 9$; la media è uguale a $(9+4)/2 = 6{,}5$

2 Risposta: **B**. Ognuno stringe la mano agli altri 12 ($13 \cdot 12 = 156$) ma così facendo contiamo due volte tutte le strette di mano che dunque sono $156/2 = 78$.

3 Risposta: **C**. La moda è l'elemento più frequente in una successione, nel nostro caso il 57 che compare tre volte.

4 Risposta: **A**. Dovendo mettere in ogni gelato tre gusti su quattro, ne mancherà sempre uno. Quindi sono possibili quattro gelati differenti: quello senza nocciola, quello senza stracciatella, quello senza crema e quello senza cioccolato.

5 Risposta: **D**. Nel primo appello sono passati 35 studenti su 50, ovvero il 70%; nel secondo appello sono passati 63 studenti su 90, ovvero il 70%; nel terzo appello sono passati 7 studenti su 10, ovvero ancora il 70%; infine nel quarto e ultimo appello sono passati 56 studenti su 70, ovvero l'80%. Dunque quest'ultimo appello, a parità di preparazione degli studenti, è stato più facile.

6 Risposta: **C**. Contiene il 25% di un decilitro, ovvero un decilitro moltiplicato per 0,25.

7 Risposta: **E**. Le 16 squadre iniziali giocheranno 8 partite, da cui usciranno 8 squadre che giocheranno altre 4 partite. Da queste avremo altre 4 squadre che giocheranno 2 partite, e infine avremo le due ultime squadre che giocheranno la partita finale del girone eliminatorio. Fin qua si sono giocate 15 partite, ma manca il match finale con la squadra dell'industriale, quindi in totale avremo 16 incontri.

8 Risposta: **A**. 97 è la semisomma tra 78 e il numero incognito, dunque

$$97 \cdot 2 = 194$$

e $194 - 78 = 116$.

9 Risposta: **C**. $0{,}2 \cdot 100/5 = 4$.

10 Risposta: **C**. Infatti $(-5 + 4)/2 = -0{,}5$.

11 Risposta: **B**. Sommando tutti i numeri (364) e dividendo per il numero di elementi (8), abbiamo 45,5.

12 Risposta: **A**. La somma dei dadi risulta due in un solo caso, ovvero quando entrambi i dadi danno l'uno. Invece la somma risulta sette quando abbiamo le coppie uno-sei, sei-uno, due-cinque, cinque-due, tre-quattro e quattro-tre, ovvero in sei casi. Il rapporto tra le probabilità è dunque uno a sei.

13 Risposta: **C**. I 120 euro di interesse semplice in 2 anni equivalgono a 60 euro l'anno; inoltre 60 euro sono il 2% di 3000, infatti $60/3000 = 0{,}02 = 2\%$.

14 Risposta: **C**. Poiché le persone incrociano i bicchieri una sola volta, possiamo dire che la prima persona incrocerà 9 bicchieri, la seconda 8, la terza 7 e così via fino all'ultima. Perciò se sviluppiamo la somma di tutti questi incontri otteniamo

$$9 + 8 + 7 + 6 + 5 + 4 + 3 + 2 + 1 = 45.$$

15 Risposta: **C**. La probabilità è pari al numero dei casi favorevoli della seconda estrazione (lo stesso numero uscito precedentemente, ovvero 1) e i casi possibili (6 casi possibili).

16 Risposta: **C**. Infatti $(-4 + 3)/2 = -0{,}5$.

17 Risposta: **E**. Facciamo la proporzione:

$$30 : 100 = 15 : X$$

da cui segue che $X = 100 \cdot 15/30$ ovvero la soluzione **E**.

18 Risposta: **A**. Facciamo la proporzione:

$$70 \text{ uova} : 100 = 14 \text{ uova} : X$$

da cui segue che la percentuale venduta

$$X = 100 \cdot 14/70 \text{ ovvero } 20\%.$$

La percentuale invenduta è quindi data dalla differenza 100 – 20 ovvero la soluzione **A**.

19 Risposta: **C**. Il 4% di 400 000 è 16 000, quindi il capitale dopo un anno sarò di 400 000 + 16 000 = 416 000 euro.

20 Risposta: **A**. Nella prima estrazione avremo una probabilità 4/10, nella seconda 3/9 e nella terza 2/8. Quindi la probabilità totale si ottiene moltiplicando: (4/10) · (3/9) · (2/8) = 1/30.

21 Risposta: **D**. Le carte che non contengono figure sono 7 per ogni 10 del mazzo.

22 Risposta: **C**. Facciamo la proporzione: $x = (100 \cdot 240)/640 = 37{,}5\%$

23 Risposta: **B**. Poiché si abbracciano tutti gli amici, possiamo dire che il primo abbraccerà 9 persone, il secondo 8, il terzo 7 e così via fino all'ultimo. Perciò se sviluppiamo la somma di tutti questi incontri otteniamo

9 + 8 + 7 + 6 + 5 + 4 + 3 + 2 + 1 = 45.

24 Risposta: **C**. Le tre sezioni avranno ampiezza diversa, con la maggiore pari alla somma delle altre due, ovvero a metà cerchio.

25 Risposta: **A**. La media si trova sommando i numeri e dividendo per 2

(0,8 – 1,4)/2 = – 0,3.

26 Risposta: **E**. Il 40% di 60 è 24; si sottrae il 40% dalla velocità iniziale, e si trova la velocità del veicolo dopo la frenata 60 – 24 = 36 km/h, è la velocità finale.

27 Risposta: **C**. La probabilità, essendo l'asso di spade uno solo, sarà 1/40.

28 Risposta: **D**. Infatti lo sconto è di 9 euro (54 – 45) e 9/54 · 100 = 16,666, approssimabile a 16,7.

29 Risposta: **C**. Si calcola il 30% di € 22 (pari a € 6,60) e lo si somma ai 22 euro, ottenendo il prezzo finale di € 28,60 che permette alla ditta di ottenere per ogni borsa il guadagno richiesto.

30 Risposta: **B**. Sono 3 eventi indipendenti, e la possibilità che si estragga un 4, un re o un asso è la stessa (per via del reinserimento).

$(4/52) \cdot (4/52) \cdot (4/52) = (1/13)^3$.

31 Risposta: **B**. I minorenni sono 400 – 160 = 240 su 400 totali, ovvero 240/400 = 0,6 = 60/100 = 60%.

32 Risposta: **D**. L'elemento che occupa la posizione centrale, dopo aver ordinato i numeri in ordine crescente, è il 52.

33 Risposta: **B**. La media si calcola sommando tutti i dati, e dividendo il risultato per il numero di dati.

34 Risposta: **D**. Facciamo la proporzione 360/750 · 100 = 48%. Alternativamente si nota che 360 è lievemente inferiore alla metà di 750 (360 · 2 = 720) e dunque cerchiamo una percentuale lievemente inferiore al 50%.

35 Risposta: **A**. Dopo aver ordinato i numeri in ordine crescente, la mediana è la media dei due valori mediani ovvero (37 + 80) / 2 = 58,5.

36 Risposta: **E**. Il termine incognito della si ottiene come $x = 34 \cdot 78/51 = 52$.

37 Risposta: **C**. Se ogni elemento aumenta del 10%, aumenta del 10% anche la loro somma e quindi il costo della pizza.

38 Risposta: **D**. La media geometrica di 2 numeri è la radice quadrata del loro prodotto.

39 Risposta: **D**. Infatti (42 – 23)/2 = 9,5.

40 Risposta: **C**. La probabilità è 15/100 = 3/20.

41 Risposta: **C**. La probabilità di estrarre una pallina rossa è di 3/5 = 60%.

42 Risposta: **B**. Le figure sono 3 per ogni seme, quindi 12 nel mazzo. La probabilità sarà (52 – 12)/52 = 40/52.

43 Risposta: **C**. La probabilità si ottiene dividendo il numero di eventi favore-

voli (2) per quello di eventi totali (4):
2/4 = 1/2 = 50%.

44 Risposta: **E**. $P = nf/np$. La probabilità che si verifichi un evento P è data dal rapporto fra i casi favorevoli $nf = 2$ e quelli possibili $np = 4$.

45 Risposta: **B**. Facendo la proporzione, la percentuale di quelle vendute è
81/450 · 100 = 18%.

46 Risposta: **C**. (0,8 + (–1,2))/2 = –0,2

47 Risposta: **E**. Il fatto che Basilio trovi la moneta da 10 centesimi avvantaggia Amilcare, infatti nelle regole del gioco è scritto "che le monete da 1 euro e da 10 centesimi stanno sempre sotto due coppette adiacenti", perciò a fianco della coppetta numero 1 ci sarà solo la numero 2 e quindi lì sotto ci sarà la moneta di 1 euro. Le soluzioni **C**, **B** e **D** sono errate perché tra le condizioni c'è scritto "che la moneta da 50 centesimi sta sotto una coppetta numerata con un numero inferiore a quella che nasconde la moneta da 20 centesimi", ma essendo solo assegnate le coppette 1, 2 e 5 rimangono libere le coppette 6, 4 e 3 quindi la moneta da 20 centesimi potrebbe trovarsi sotto la coppetta 6 o 4, e quindi Amilcare non può scommettere né sulla sequenza né sulle coppette numero 3 o 6.

48 Risposta: **E**. Le consonanti sono 16 pertanto la probabilità sarà di 16/21.

49 Risposta: **B**. I casi favorevoli sono 3, i casi totali 40: la probabilità è 3/40.

50 Risposta: **B**. 63 euro è pari al 70% della cifra; pertanto il costo iniziale è 63 · (100/70) = 90 euro.

INTERPRETAZIONE DI GRAFICI E TABELLE

1 Una figura non rispetta la serie:

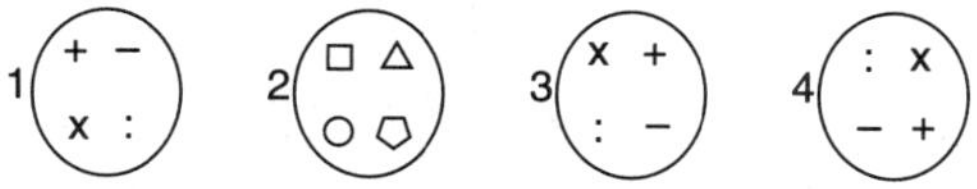

A 1
B 2
C 3
D 4
E nessuna, la serie è corretta

2 Individua tra i seguenti diagrammi quello che soddisfa la relazione insiemistica esistente tra i tre termini dati.
Cittadini di New York – cittadini di Nuova Delhi – cittadini della Nuova Zelanda:

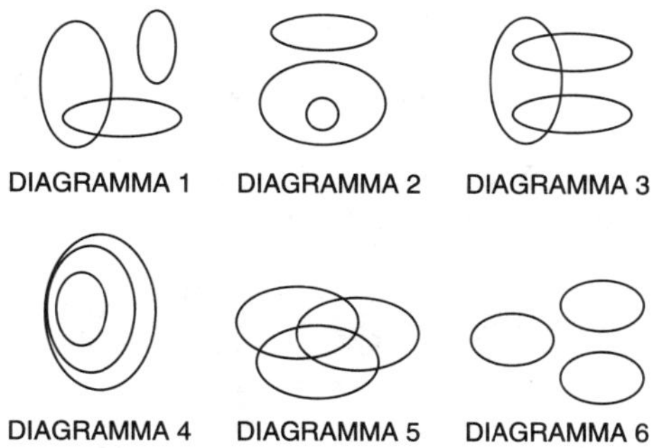

A diagramma 6
B diagramma 2
C diagramma 1
D diagramma 5
E diagramma 4

3 La seguente tabella riassume i dati sulla criminalità in due diverse aree metropolitane:

1983	*Pop.*	*Num. crimini*	*Rapp. crimini*
Città A	770 000		900
Città B	1 100 000	20 000	1 800
1999	*Pop.*	*Num. crimini*	*Rapp. crimini*
Città A	830 000	60 000	
Città B	1 850 000	150 000	7 800

Nota: la colonna "Rapporto crimini" si riferisce ai crimini ogni 100 000 abitanti (numeri arrotondati per semplicità)
Se nella città B il crimine fosse stato costante anziché aumentare, quanti crimini sarebbero stati commessi nel 1999?

A 21 000

B 25 000
C 33 300
D 32 500
E 18 000

4 Cosa manca per completare la serie?

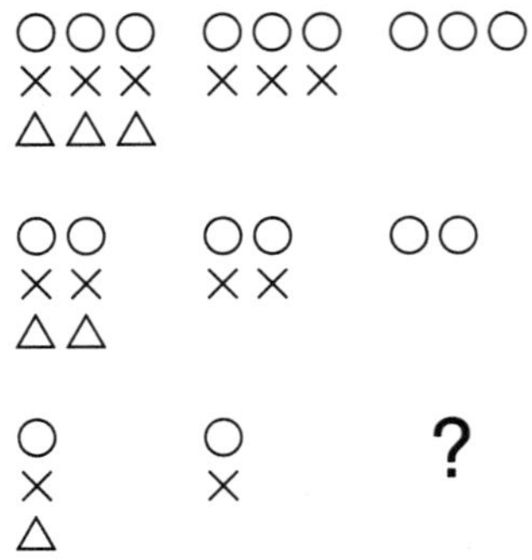

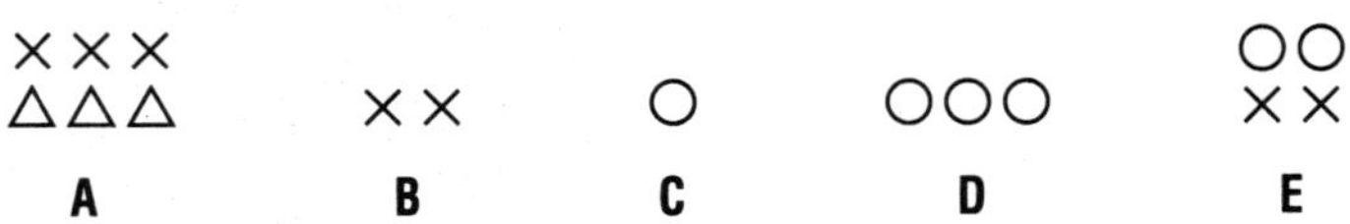

5 A ogni figura corrisponde un determinato valore numerico. Ricava questo valore tenendo conto delle operazioni indicate:

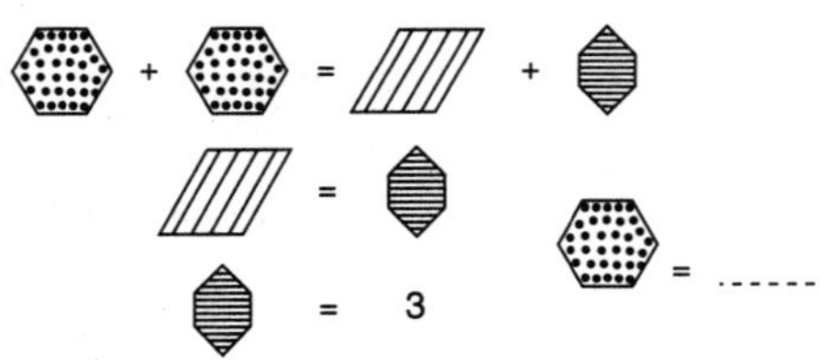

A 0
B 1
C 2
D 3
E 7

6 Aggiungi la quarta figura alla serie proposta:

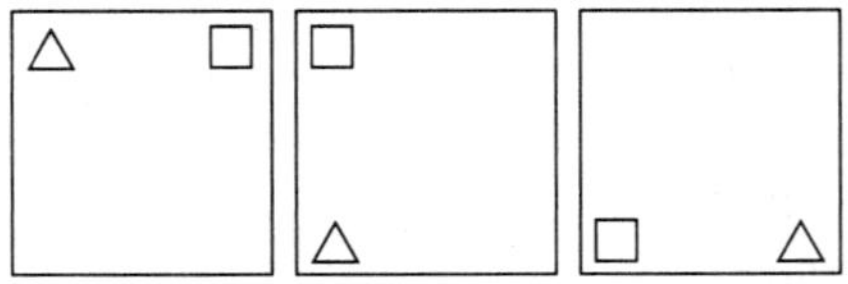

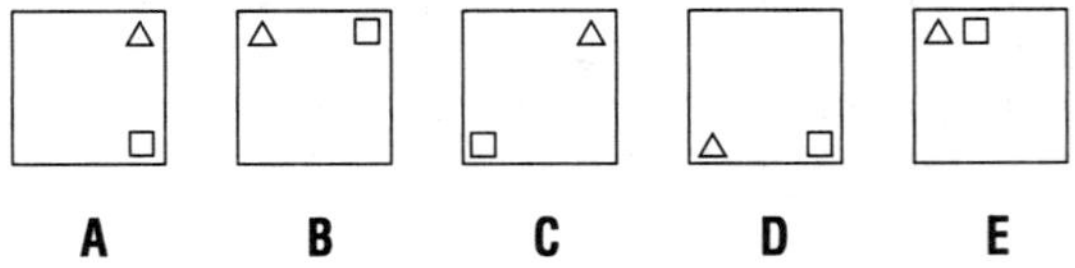

7 Nel seguente grafico è rappresentata la ripartizione della popolazione scolastica che globalmente consiste di 14000000 di studenti. Quanti sono gli studenti che frequentano l'università?

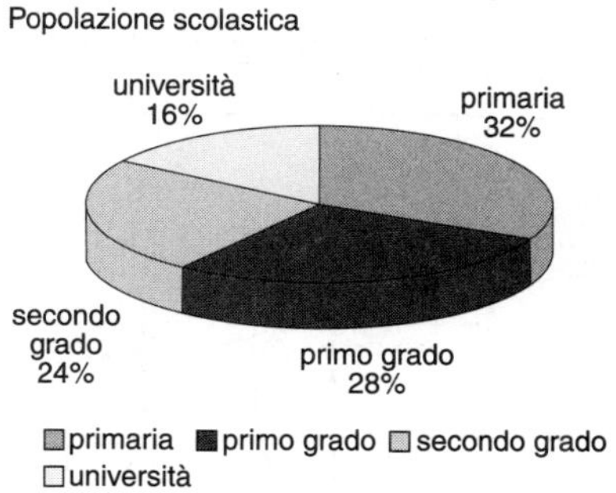

A 8400000
B 11200000
C 224000
D 2240000
E 9160000

8 Scegliere fra le alternative proposte quella che completa la serie:

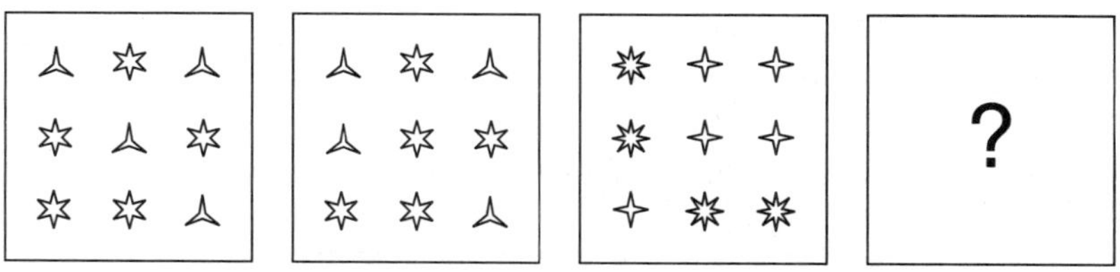

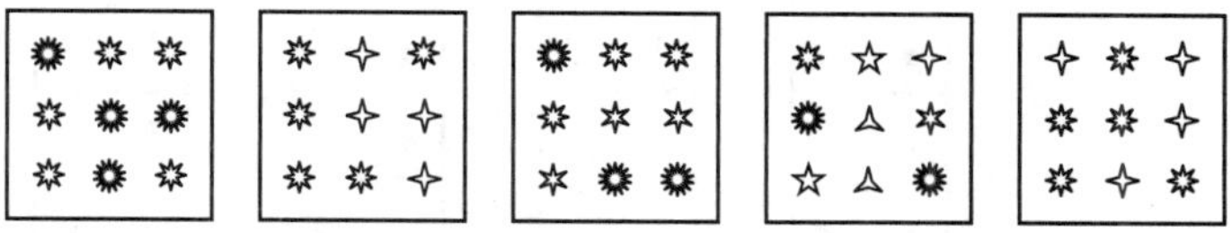

A **B** **C** **D** **E**

9 In merito alla figura mostrata quale affermazione è certamente vera?

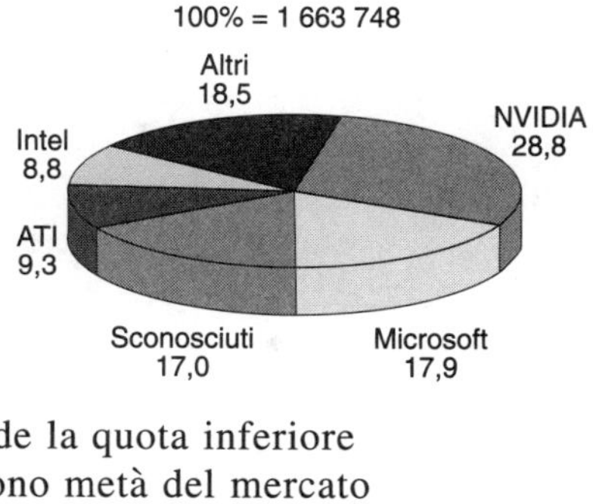

A Alla ATI corrisponde la quota inferiore
B ATI e Intel gestiscono metà del mercato
C La Microsoft è responsabile del maggior numero di crash

D La Nvidia ha la quota maggiore del mercato
E nessuna delle precedenti.

10 Vi vengono presentate delle configurazioni incomplete. Individuate fra cinque alternative proposte quella che completa il quadro

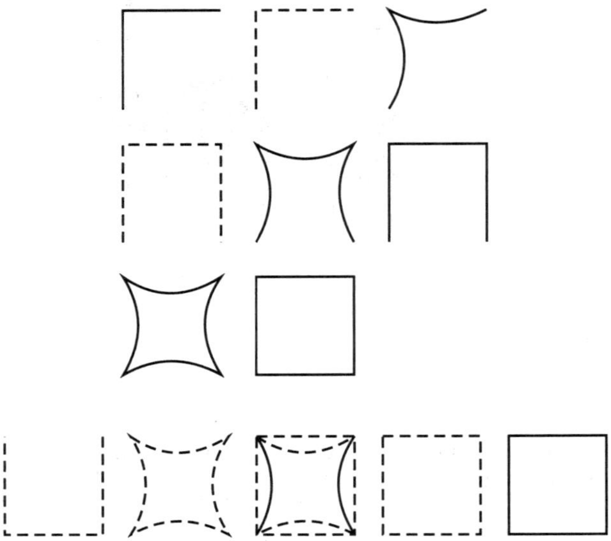

A **B** **C** **D** **E**

11 Quale numero manca nella pedina del domino?

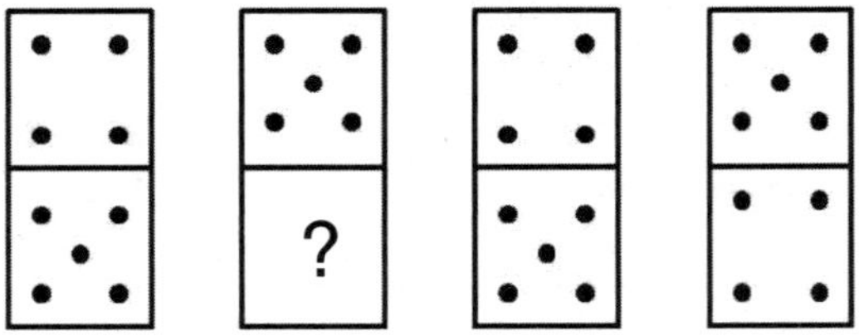

A 6
B 3
C 1
D 2
E 4

12 Quale numero completa la serie?

1	?	4	8
48	24	12	6

A 3
B 1
C 2
D 9
E 10

13 Quale tessera chiude la serie?

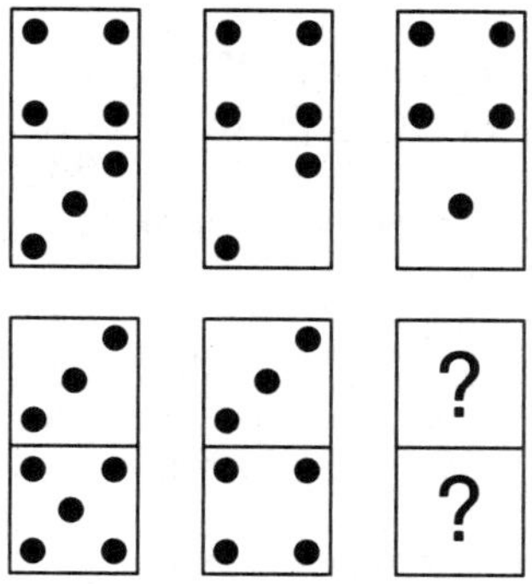

A 5/5
B 3/3
C 2/3
D 3/4
E 2/5

14 A ogni figura corrisponde un determinato valore numerico. Ricava questo valore tenendo conto delle operazioni indicate:

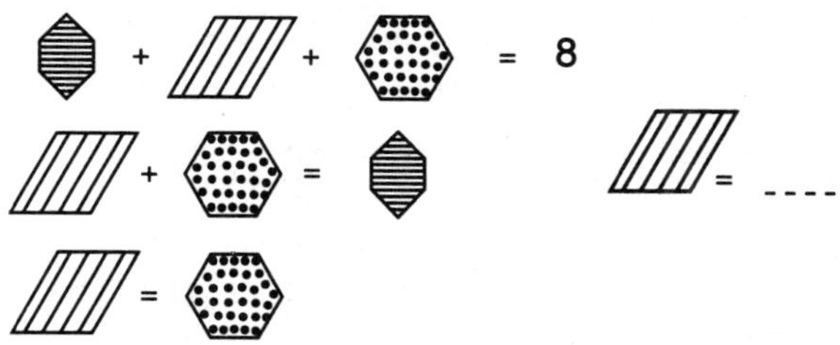

A 2
B 3
C 4
D 5
E 6

15 Il grafico seguente riporta alcuni dati sugli incidenti automobilistici avvenuti nella città di Toronto. Dal 1997 al 1998 sono aumentati in percentuale maggiore gli incidenti per guida pericolosa o per distrazione?

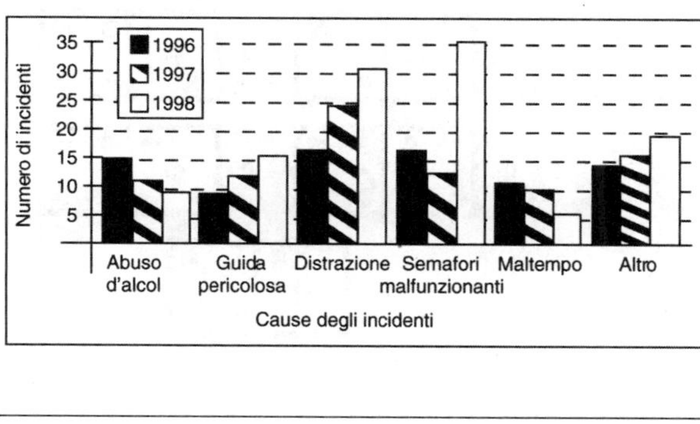

A Sono aumentati entrambi del 25% circa
B Per guida pericolosa
C Per distrazione
D Sono aumentati entrambi del 50% circa
E Nessuna delle precedenti risposte è corretta

16 Molte ricerche hanno confermato che le ipotesi sulla personalità degli altri tendono a corrispondere agli schemi di chi fa l'ipotesi; quest'ultimo seleziona informazioni tali da confermare i suoi schemi.
In una ricerca si chiese a un gruppo di studentesse universitarie d'intervistare un altro studente. A metà di esse fu detto che il loro compito era scoprire se l'intervistato era estroverso, all'altra metà se era introverso. Si diede poi a tutte le intervistatrici una serie di domande da cui dovevano estrarre un sottoinsieme da sottoporre all'intervistato. Metà delle domande verteva sull'estroversione e metà sull'introversione. Il grafico che segue illustra i risultati della ricerca. Il grafico conferma che le intervistatrici hanno selezionano domande sull'estroversione quando:

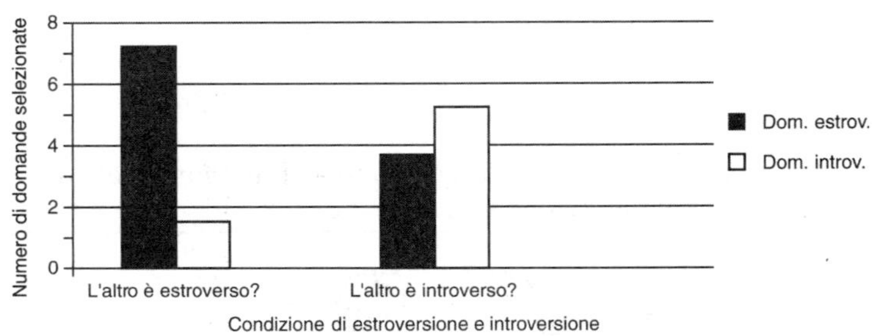

A l'intervistato sembrava loro estroverso
B loro stesse si consideravano estroverse
C è stato detto loro di scoprire se l'intervistato fosse persona estroversa
D l'intervistato non rispondeva alle domande che vertevano sull'introversione
E è stato detto loro di formulare ipotesi sulla personalità dell'intervistato

17 Quale tessera del domino risolve l'equazione?

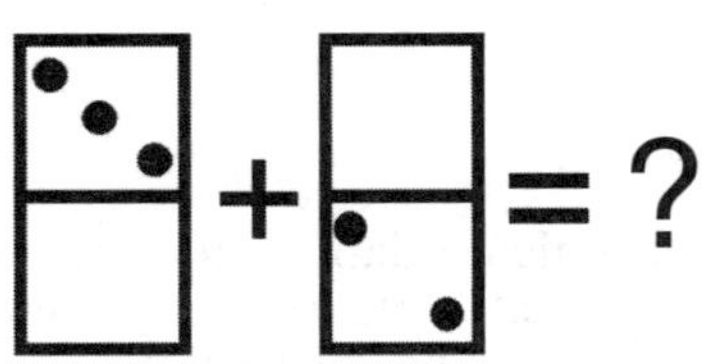

A 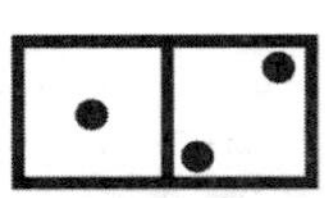 B 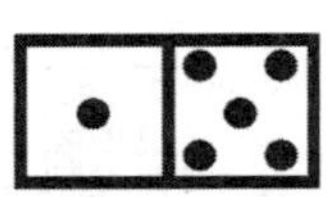

C 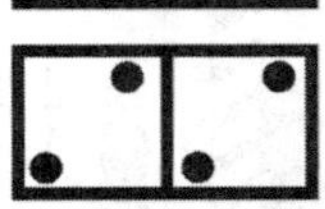 D 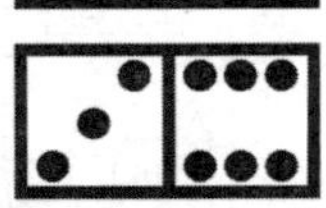

E 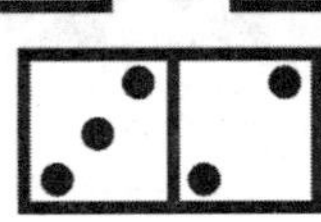

18 Il seguente istogramma indica la ripartizione delle spese in un'azienda. Qual è la parte di spesa dedicata alle spese di tutto il personale?

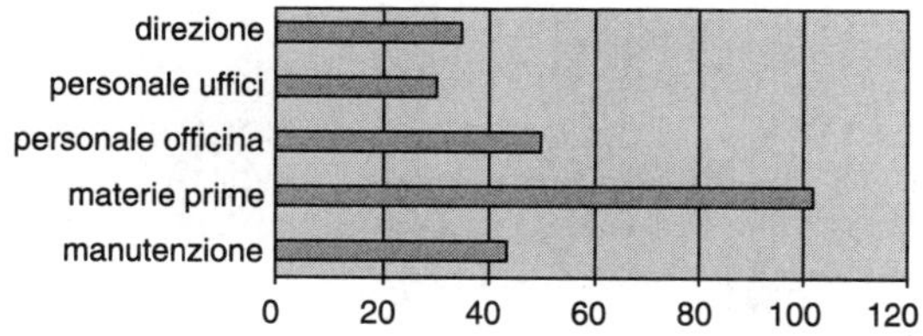

A Circa la metà
B Il doppio
C I tre quarti
D Un decimo
E I tre decimi

19 Quale tessera del domino risolve l'equazione?

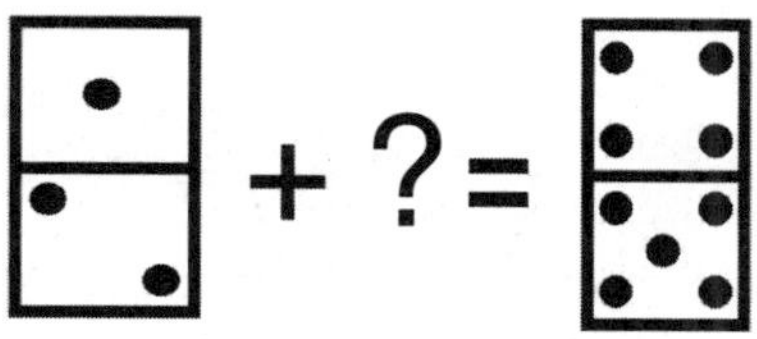

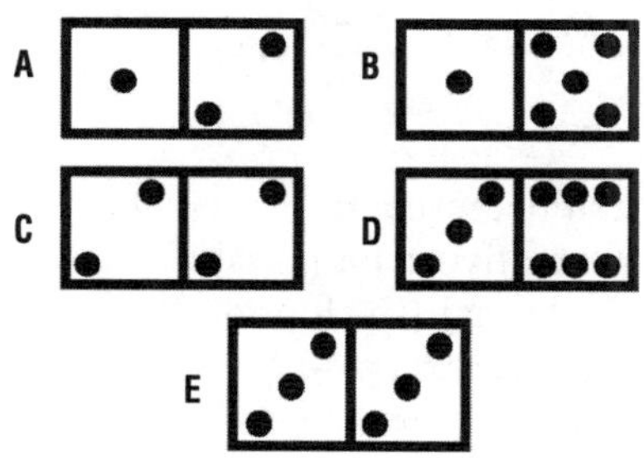

E

20 Indicare la figura che completa la serie:

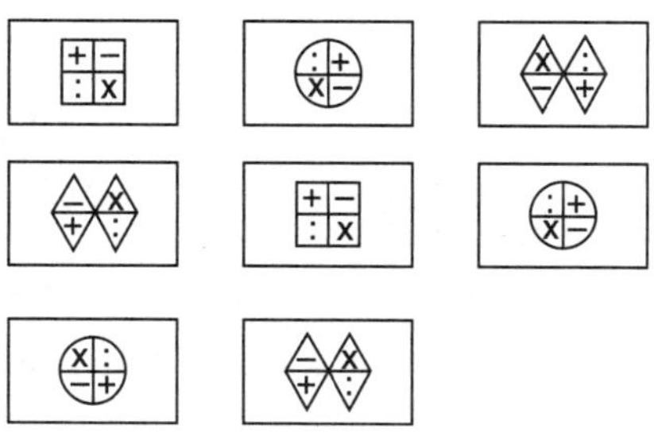

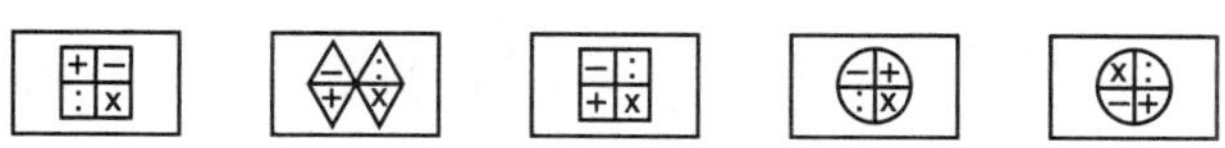

A **B** **C** **D** **E**

21 A ogni figura corrisponde un determinato valore numerico. Ricava questo valore tenendo conto delle operazioni indicate:

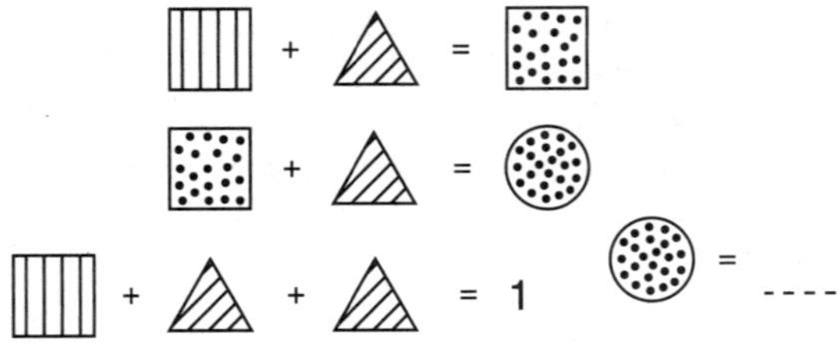

A 1
B 2
C 3
D 4
E 6

22 In merito alla figura mostrata quale affermazione è vera?

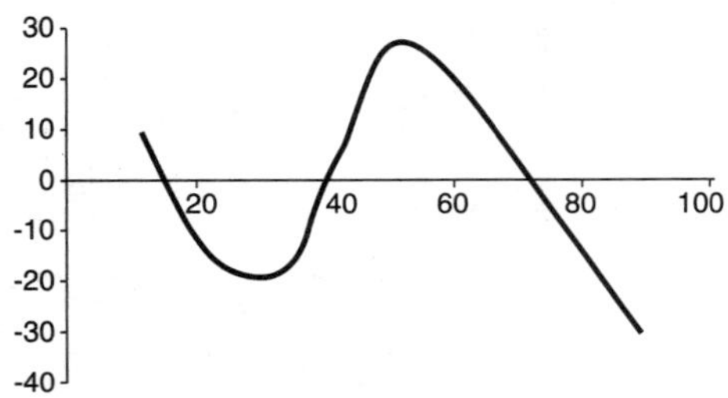

A L'andamento è non decrescente
B Esiste un minimo relativo e un massimo assoluto
C Il grafico non eccede mai il valore di 20
D Il valore minimo è inferiore a –40
E L'andamento è esponenziale

23 Indica quale figura completa la serie:

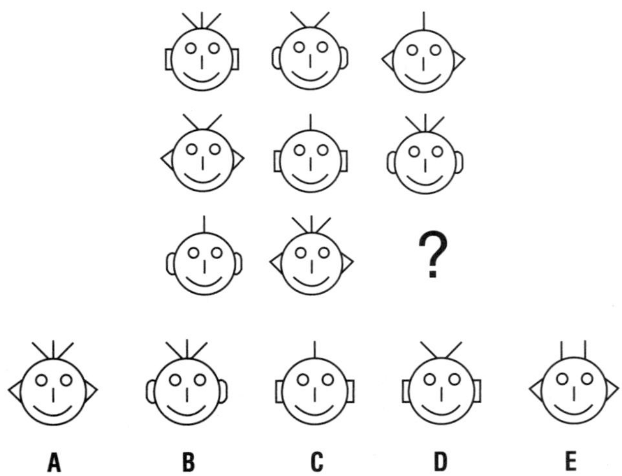

24 Si è condotto un esperimento per studiare gli effetti di due nuovi farmaci sulla pressione sanguigna dopo esercizio fisico e dopo mezz'ora di riposo. 50 persone sono state assegnate a caso a ciascuno degli 8 casi elencati. Per ogni caso sono presentati due valori: la pressione sanguigna media e la percentuale di uomini che in quel caso avevano pressione superiore a quella media totale di tutto lo studio. (Nota: il placebo è una sostanza inattiva che non ha alcun effetto sulla pressione)

	Nessuna medicina		*Placebo*		*Medicina A*		*Medicina B*	
Dopo esercizio	145	32%	150	48%	165	82%	165	84%
Dopo riposo	140	20%	145	30%	145	30%	140	22%

Supponendo che l'iniezione del placebo non abbia effetto fisiologico sulla pressione sanguigna, quale affermazione è corretta?

A La medicina A, confrontata col placebo, ha prodotto un piccolo aumento della pressione dopo riposo ma un grande aumento dopo esercizio
B La medicina A, confrontata col placebo, ha prodotto un aumento della pressione dopo riposo ma non dopo esercizio
C La medicina A, confrontata col placebo, non ha prodotto alcun aumento della pressione dopo riposo ma l'ha aumentata dopo esercizio
D La medicina A, confrontata col placebo, non ha prodotto alcun aumento della pressione dopo esercizio ma l'ha aumentata dopo riposo
E Nessuna delle precedenti

25 Quale delle figure numerate completa la serie?

1 2 3

A La numero 1
B La numero 2

C La numero 1 e la numero 2 vanno entrambe bene
D La numero 3
E Nessuna delle precedenti

26 Scegliere fra le alternative proposte:

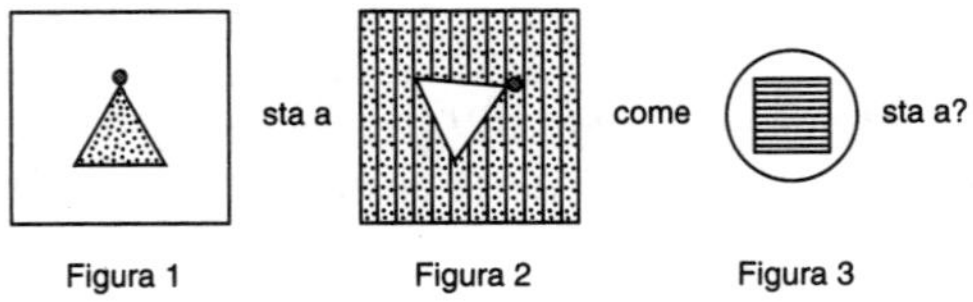

A **B** **C** **D** **E**

27 Quale figura non appartiene al gruppo?

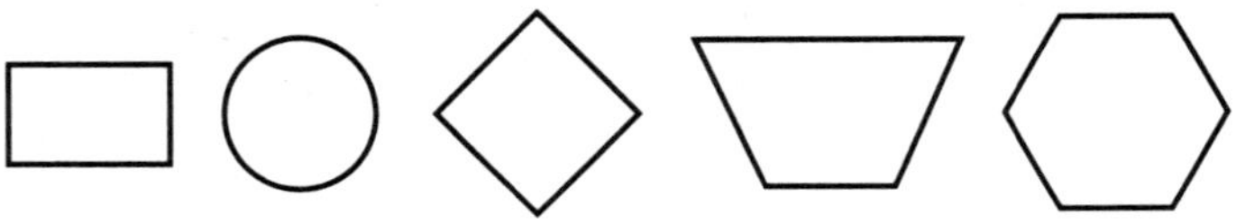

A **B** **C** **D** **E**

28 Individuare il diagramma che soddisfa la relazione insiemistica esistente tra i tre termini: felini, animali domestici, elefanti.

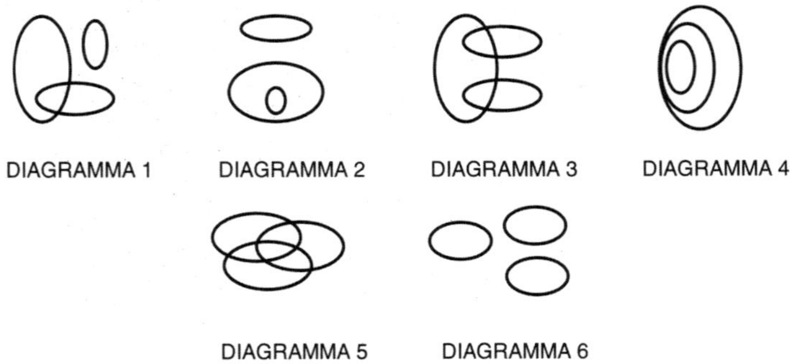

A Diagramma 5
B Diagramma 1
C Diagramma 3
D Diagramma 2
E Diagramma 6

29 Indicare la figura che completa la serie:

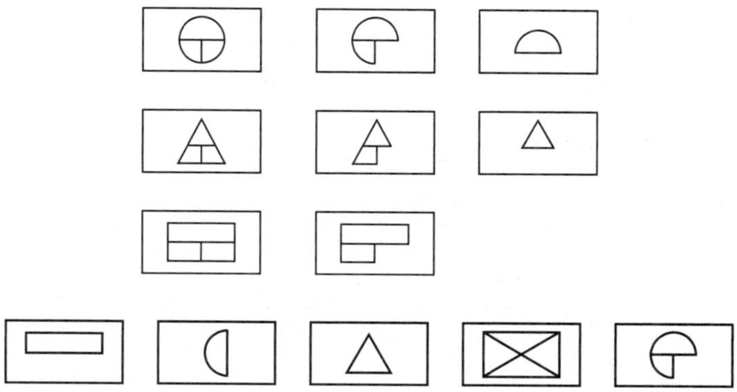

A B C D E

30 Quali sono i punti in cima e alla base dei tre dadi?

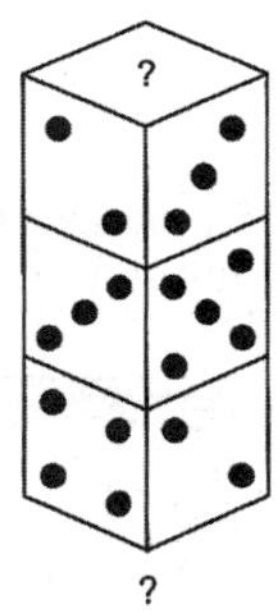

A 1 e 6
B 2 e 4
C 3 e 5
D 4 e 1
E non può essere determinato

31 In base alle figure sottostanti, quale affermazione è esatta?

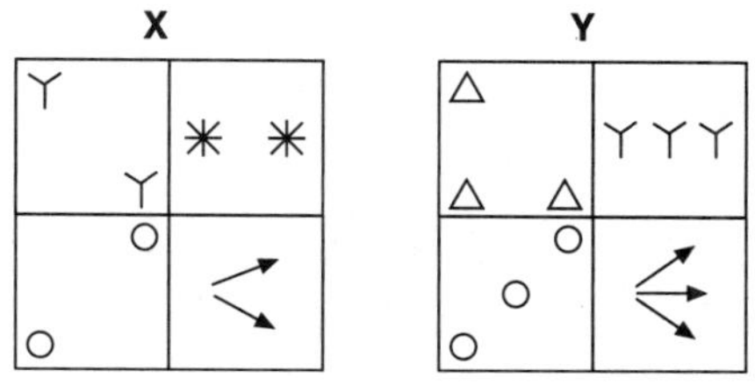

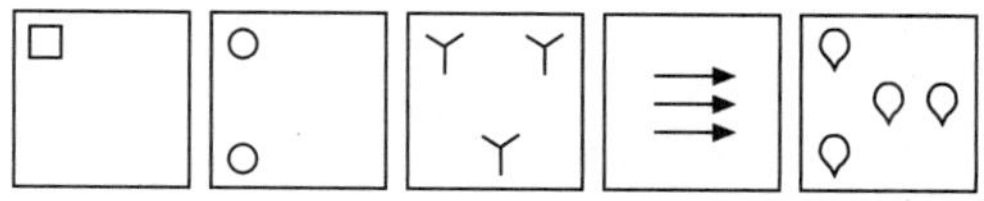

1 2 3 4 5

A La figura 4 non appartiene a nessun insieme
B La figura 5 appartiene all'insieme Y
C Le figure 1 e 5 non appartengono né all'insieme X né all'insieme Y
D Le figure 1 e 3 appartengono allo stesso insieme
E Nessuna delle precedenti risposte è corretta

32 Quale figura completa la serie?

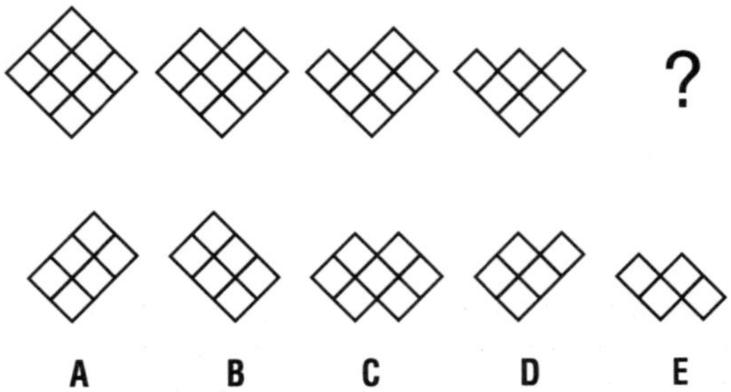

33 Il seguente istogramma indica la ripartizione delle spese in un'azienda. Qual è la parte di spesa dedicata alla manutenzione?

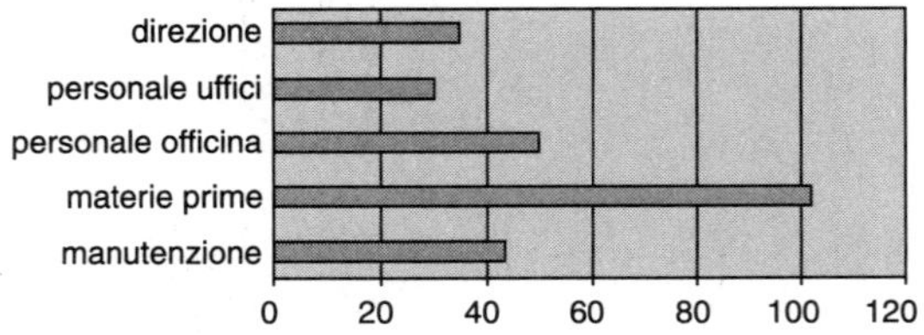

A Circa un quarto
B Un sesto
C Tre quarti
D Un decimo
E Un quinto

34 Quale figura non fa parte della serie?

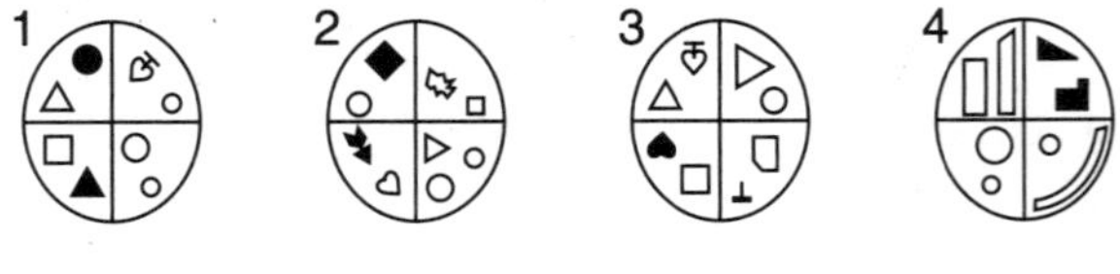

A 1
B 2
C 3
D 4
E Nessuna, la serie è corretta

35 A ogni figura corrisponde un determinato valore numerico. Ricava questo valore tenendo conto delle operazioni indicate:

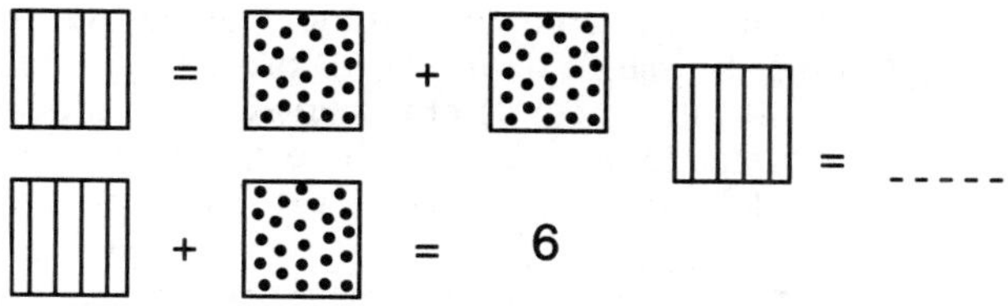

A 5
B 4
C 3
D 2
E 1

36 L'agenzia pubblicitaria Beautiful Promotions ha un nuovo logo. Il logo è stato inciso su vetro ed è stato esposto sulla vetrina principale in modo tale da essere visto dall'esterno come mostrato nella prima figura.
Sfortunatamente, il logo è stato appeso al contrario (ossia applicando una rotazione in senso orario di 180°). Quale delle seguenti immagini riproduce il logo visto dall'interno?

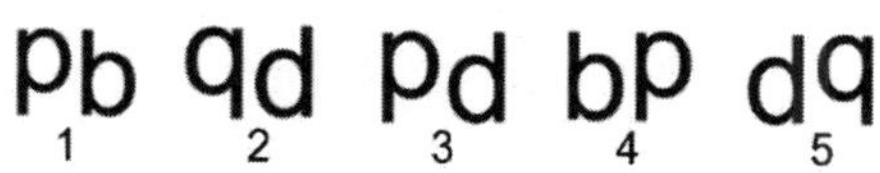

A 3
B 4
C 1
D 2
E 5

37 Scegliere fra le alternative proposte:

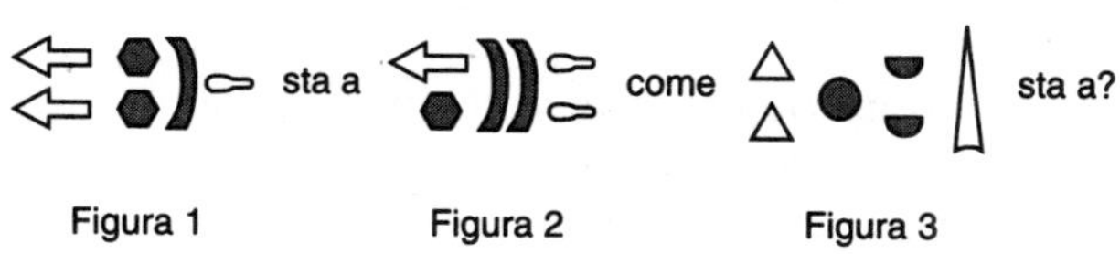

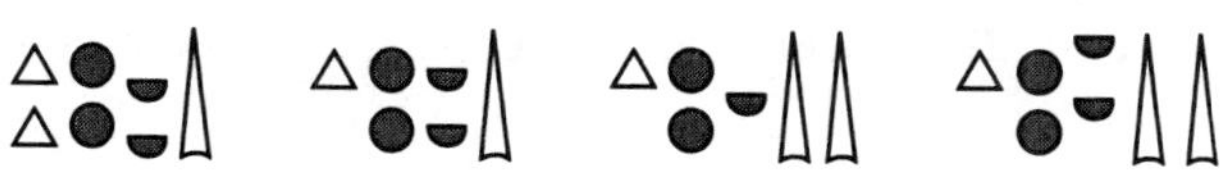

A **B** **C** **D**

E nessuna delle figure proposte è corretta

38 Molte ricerche hanno confermato che le ipotesi sulla personalità degli altri tendono a corrispondere agli schemi di chi fa l'ipotesi; quest'ultimo seleziona informazioni tali da confermare i suoi schemi.
In una ricerca si chiese a un gruppo di studentesse universitarie d'intervistare un altro studente. A metà di esse fu detto che il loro compito era scoprire se l'intervistato era estroverso, all'altra metà se era introverso. Si diede poi a tutte le intervistatrici una serie di domande da cui dovevano estrarre un sottoinsieme da sottoporre all'intervistato. Metà delle domande verteva sull'estroversione e metà sull'introversione.
Il grafico che segue illustra i risultati della ricerca. In conclusione, si può affermare che:

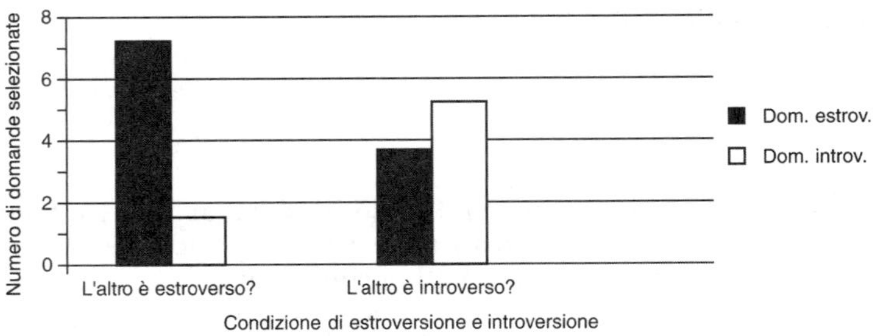

A le studentesse erano prevenute in senso confermativo
B le studentesse, una volta confermato lo schema, erano riuscite ad abbandonarlo
C le studentesse avevano individuato correttamente il tipo di personalità dell'intervistato
D le domande dell'intervista non ebbero nessun effetto sulle intervistatrici
E le studentesse selezionarono le domande basandosi sulla loro prima impressione

39 In merito alla figura mostrata quale affermazione è falsa?

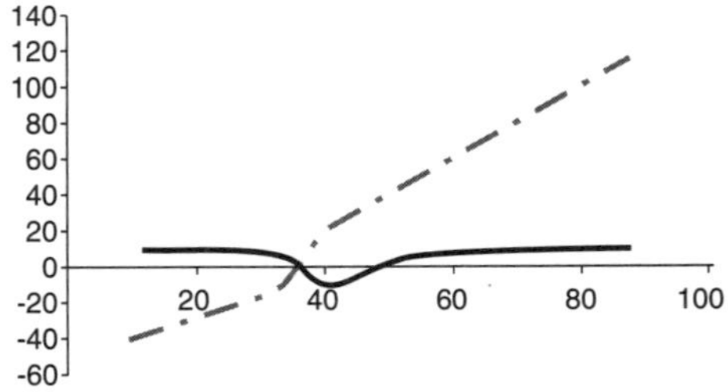

A La curva continua ha un minimo relativo
B Una delle curve eccede 70
C Le due curve intersecano l'asse delle ascisse nello stesso punto
D Il valore minimo è inferiore a –50
E L'andamento di una delle curve è crescente e decrescente a tratti

40 Scegliere fra le alternative proposte:

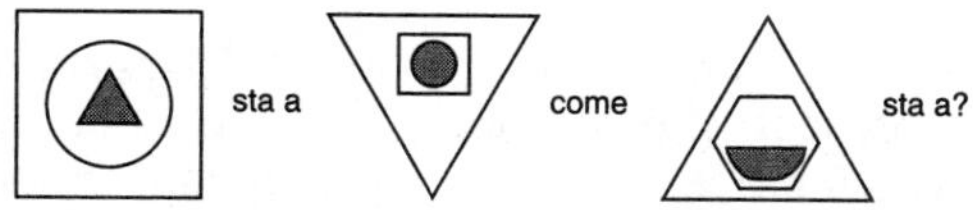

Figura 1 Figura 2 Figura 3

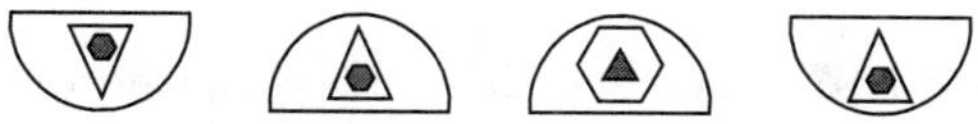

A **B** **C** **D**

E nessuna delle figure proposte è corretta

SOLUZIONI E COMMENTI

1 Risposta: **B**. È la sola figura in cui al suo interno sono presenti figure geometriche e non operatori numerici.

2 Risposta: **A**. Si tratta di tre insiemi disgiunti: Nuova Delhi è in India, New York negli USA e quindi nessuno dei tre insiemi ha a che fare con gli altri due.

3 Risposta: **C**. Infatti
$1800 \cdot 18{,}5 = 33\,300$.

4 Risposta: **C**. Le figure perdono a ogni successione degli elementi.

5 Risposta: **D**. 3.

6 Risposta: **A**. È la figura in cui le figure geometriche all'interno del quadrato si muovono in senso antiorario.

7 Risposta: **D**. Il 16% della popolazione scolastica frequenta l'università e il 16% di 14000000 è 2240000.

8 Risposta: **E**. Nell'ultimo elemento della sequenza devono essere presenti solo stelle a 4 punte e a 8 punte, il che elimina le soluzioni **A**, **C** e **D**. Inoltre, si nota che, passando dal primo diagramma al secondo, variano gli elementi delle prime due colonne, mentre rimangono immutati quelli della terza. Tra **B** ed **E** quest'ultima è quella che rispetta tale condizione.

9 Risposta: **D**. La Nvidia, avendo il 28,8%, ha la quota maggiore del mercato.

10 Risposta: **D**. Ogni fila è composta da 3 elementi differenti: una figura geometrica con linee rette continue, una con linee rette tratteggiate e una con linee curve continue. Nell'ultima riga manca il quadrato con linee rette tratteggiate.

11 Risposta: **E**. Si alternano 5 e 4 tra prima e seconda riga, quindi manca il 4 per completare la serie.

12 Risposta: **C**. I numeri della prima riga si ottengono raddoppiando il numero precedente, i numeri della seconda riga si ottengono dimezzando il numero precedente.

13 Risposta: **B**. La sequenza inferiore decresce di una unità mentre quella superiore rimane fissa.

14 Risposta: **A**. 2.

15 Risposta: **B**. Consultando i valori numerici forniti dal grafico, si nota che dal 1997 al 1998 gli incidenti per guida pericolosa sono passati da 12 a 16, mentre quelli per distrazione da 24 a 31, quindi questi ultimi hanno avuto un aumento percentuale minore.

16 Risposta: **C**. Le domande sull'estroversione sono quelle relative alle barre scure; nel grafico la barra scura risulta più alta di quella chiara (indicando una maggiore quantità di domande sull'estroversione) in corrispondenza del test atto a individuare un carattere estroverso.

17 Risposta: **E**. Infatti
3-0 (30) + 0-2 (2) = 32, cioè 3-2.

18 Risposta: **E**. Direzione: 35; personale uffici: 30; personale officina: 50; materie prime 102 e manutenzione 44. Il personale (uffici + officina) totalizza 80 e il totale è 261. La frazione risultante è circa 3/10.

19 Risposta: **E**. Infatti
1-2 (12) + 3–3 (33) = 4-5 (45).

20 Risposta: **A**. I simboli nelle figure contengono i quattro segni aritmetici che si muovono in senso orario, nella terza parte manca il quadrato con i segni indicati nella soluzione che forma una diagonale che parte dalla prima casella.

21 Risposta: **A**. 1.

22 Risposta: **B**. Esiste un minimo relativo di coordinate circa pari a (30, –20) e un massimo assoluto di coordinate circa pari a (50, 30).

23 Risposta: **D**. Per completare la serie manca la faccina con due capelli inclinati.

24 Risposta: **C**. La pressione a riposo rimane difatti invariata.

25 Risposta: **A**. Nelle tre serie sono presenti: tre tipi di testa, tre tipi di naso, tre tipi di bocca, tre tipi di occhi. Nella terza riga manca una faccia con la testa rettangolare (verticale), un naso a forma di trattino verticale, gli occhi chiusi e la bocca "triste".

26 Risposta: **B**. La figura centrale viene ruotata di circa 60° in senso orario e la figura esterna assume lo stesso sfondo che aveva quella interna, con l'aggiunta delle righe verticali.

27 Risposta: **B**. Gli altri elementi sono poligoni, mentre il cerchio è privo di lati.

28 Risposta: **B**. Gli elefanti non hanno alcunché in comune con i felini né con gli animali domestici; felini e animali domestici hanno però intersezione non vuota (per esempio i gatti sono felini domestici).

29 Risposta: **A**. Le figure della serie nella seconda parte perdono un quarto del simbolo, nella terza parte la metà.

30 Risposta: **A**. La somma delle facce opposte di un dado è sempre 7; giacché il primo e il terzo dado sono egualmente orientati (vediamo il 2, il 3 e il 4; conseguentemente le facce nascoste verticali presentano il 5, il 4 e il 3), i numeri contrapposti mancanti sono 1 e 6.

31 Risposta: **C**. Poiché la figura 1 presenta un solo elemento e la 5 ne ha 4, quindi non hanno nulla a che vedere né con l'insieme X, né con l'insieme Y.

32 Risposta: **D**. Viene tolto un quadratino a ogni figura dall'alto verso il basso e da sinistra verso destra.

33 Risposta: **B**. Direzione: 35; personale uffici: 30; personale officina: 50; materie prime 102 e manutenzione 44. Il totale è 261. La parte di spesa dedicata alla manutenzione corrisponde a circa 1/6 della spesa totale.

34 Risposta: **B**. È l'unica figura in cui in una sua porzione sono rappresentate tre figure.

35 Risposta: **B**. 4.

36 Risposta: **C**. La rotazione di 180° fa sì che il logo dall'esterno si presenti così:

dq

37 Risposta: **C**. Nella configurazione originale ci sono quattro tipi di figure geometriche: due di queste sono appaiate e due no. Per ottenere la seconda configurazione, si invertono i ruoli tra le figure appaiate e quelle spaiate, ovvero le figure che precedentemente comparivano in coppie adesso compaiono singolarmente e quelle che comparivano singolarmente adesso compaiono a coppie.

38 Risposta: **A**. Le studentesse che hanno scelto le domande le hanno appunto scelte in maniera da confermare i risultati che si aspettavano dal test.

39 Risposta: **D**. Il valore minimo è inferiore a –40. Tutte le altre affermazioni sono vere.

40 Risposta: **B**. La forma della figura esterna diventa quella della figura interna, quella della figura centrale diventa la forma della figura esterna e infine la figura interna prende la forma di quella centrale.

MATEMATICA

Argomenti affrontati negli esercizi della sezione:

- Insiemi, numeri e operazioni
- Algebra
- Radicali
- Equazioni
- Disequazioni
- Sistemi di equazioni
- Geometria nel piano
- Geometria solida
- Trigonometria
- Probabilità e statistica
- Funzioni
- Geometria analitica

MATEMATICA

1 In un numero di due cifre, la cifra delle unità è il doppio di quella delle decine: scambiando l'ordine delle cifre si ottiene un secondo numero che supera di 18 il primo. Qual è il primo numero?

A 84
B 48
C 36
D 42
E 24

2 Se la misura del lato di un cubo triplica, la misura della superficie totale del cubo:

A raddoppia
B dimezza
C triplica
D non varia
E diventa nove volte più grande

3 La retta $10y + 2 = 0$:

A è inclinata positivamente
B è inclinata negativamente
C è la bisettrice del primo quadrante
D è parallela all'asse x
E è parallela all'asse y

4 L'equazione $x^2 - 3|x| + 2 = 0$ ha:

A quattro soluzioni
B tre soluzioni
C due soluzioni
D una sola soluzione
E nessuna soluzione

5 Determinare i valori di k che verificano la disequazione: $12 + 3k \geq k$

A $k \geq -3$
B $k \geq 6$
C $k \geq 3$
D $k \geq -6$
E $k \leq -6$

6 Il valore della tangente di 120° è:

A 1
B $\sqrt{3}$
C ∞
D $-\sqrt{3}$
E -3

7 Le lunghezze di due circonferenze differiscono di un metro. E i loro raggi?

A La differenza tra le lunghezze dei raggi dipende dalla lunghezza delle due circonferenze
B Sono diversi solo se le circonferenze non sono concentriche
C Differiscono sempre di un metro
D Differiscono sempre di circa 16 cm
E Non si può calcolarne la differenza senza conoscere almeno uno dei raggi

8 Se un sistema del tipo

$$\begin{cases} ax + by = c \\ a'x + b'y = c' \end{cases}$$

è impossibile, allora:

A $\frac{a}{a'} \neq \frac{b}{b'}$

B $\frac{a}{a'} = \frac{b}{b'} = \frac{c}{c'}$

C $\frac{a}{a'} = \frac{b}{b'} \neq \frac{c}{c'}$

D $\frac{a}{a'} = \frac{c}{c'}$

E $\frac{a}{a'} \neq \frac{b}{b'} = \frac{c}{c'}$

9 Calcolare x se $5/x = 3/7$:

A 35/3
B 35
C 8
D 3
E 3/35

10 In un numero di due cifre, la somma della cifra delle decine e di quella delle unità è pari a 7. Invertendo le cifre, moltiplicando per 2 e aggiungendo 2 al numero trovato, si ottiene nuovamente il numero di partenza. Di quale numero si tratta?

A 61
B 25
C 16
D 52
E 64

11 Quale di queste espressioni equivale a $y = e^{(x)}$:

A $x = \log(y)$
B $y = x$
C $\ln(y) = x$
D $y = 1/x$
E $x = 1/y$

12 Quale delle seguenti affermazioni è corretta?

A La somma degli angoli interni di un triangolo è 270°
B Gli angoli interni di un triangolo isoscele misurano sempre 60°
C Un triangolo isoscele può avere due angoli di 90°
D Gli angoli interni di un triangolo equilatero misurano sempre 90°
E Un triangolo rettangolo può avere un angolo di 60°

13 Una fabbrica produce una batteria che ha durata media di 1380 ore, con scarto quadratico medio di 160 ore. Si calcoli la dispersione relativa:

A 6,8%
B 9,5%
C 11,6%
D 12%
E 14,6%

14 Il volume di un cubo di lato r equivale a:

A r^2
B r
C $4r^3$
D $1/3r^3$
E r^3

15 Per quali valori la funzione $y = 1/x$ non è definita in $\mathcal{R}$?

A Per ogni $x > 0$
B Per ogni $x < 0$
C Per $x = 0$
D È sempre definita
E Non è mai definita

16 Le formule di bisezione:

A permettono di calcolare le funzioni trigonometriche di un angolo pari a metà di un angolo di cui sia noto almeno il coseno
B permettono di calcolare le funzioni trigonometriche di una qualsiasi frazione di angolo
C sono l'opposto delle formule di prostaferesi
D hanno a che fare con la statistica
E nessuna delle precedenti

17 Quale retta si ottiene traslando $y - x + 2 = 0$ nell'origine?

A $y = -x$
B $y = x + 2$
C $y = x - 2$
D $y = 2x$
E $y = x$

18 Quale delle seguenti equazioni rappresenta una funzione lineare $y = f(x)$ tale che $f(-2) = 3$ e $f(3) = -2$?

A $y = x - 5$
B $y = x + 5$
C $y = -x + 1$
D $y = -2x - 1$
E $y = -2x + 4$

19 Determinare due numeri sapendo che il minore supera di 6 la metà del maggiore e che la somma dei 2/5 del maggiore e di 1/4 del minore è 12.

A 10, 16
B 20, 16
C 5, –16
D 20, –16
E I dati forniti sono insufficienti

20 Quante soluzioni ha l'equazione $\sqrt{x^2 + 8} = 3x$?

A 0
B 1
C 2
D Nessuna soluzione reale
E Nessuna soluzione

21 La soluzione della relazione $2(z - 6) + 4 = 2$ è:

A $z = 2$
B $z = 4$
C $z = 7$
D $z = 5$
E $z = 3$

22 Osservate i seguenti dati:

x	y
1	1
3	25
5	73
7	145
9	241

Attraverso quale delle seguenti relazioni sono collegate le grandezze x e y?

A $y^2 = x + 2$
B $y = x^2 - 2$
C $3y = x^2 - 2$
D $3x^2 = y + 2$
E $3x^2 = y - 2$

23 Un cono circolare retto ha raggio di base r e altezza h. Se si raddoppia il raggio di base e si dimezza l'altezza, il volume del cono:

A aumenta di πr^2
B diviene il doppio

C diviene la metà
D non cambia
E diviene il quadruplo

24 $(a + b)(a - b) = ?$

A $2a - 2b$
B $a^2 + ab + b^2$
C $a^2 - b^2$
D $a^2 - ab + b^2$
E $a^2 + b^2$

25 L'equazione $\sqrt{log_{10}x + k}$ nell'incognita x, con k parametro reale, ha soluzione:

A solo per k uguale a zero
B solo per valori di k non negativi
C solo per valori positivi di k
D solo per k uguale a dieci
E per ogni valore di k

26 Sottraendo a entrambi i membri di una disequazione la stessa quantità algebrica, la disequazione:

A cambia di verso
B cambia di verso solo se la quantità sottratta è negativa
C cambia di verso solo se il primo membro è maggiore del secondo
D cambia di verso solo se il primo membro è minore del secondo
E mantiene lo stesso verso della disuguaglianza

27 La somma di due numeri interi è uguale a 6 volte le loro differenza e il loro prodotto è 25 volte il loro quoziente. Quali sono i due numeri?

A 3 e 5
B 6 e 12
C 5 e 9
D 7 e 5
E 8 e 2

28 Semplificare la seguente frazione algebrica:
$(4a^2 - 4ab + b^2)/(2ab + 2a - b^2 - b)$

A $(2 - 2b)/b$
B $(2a - b)/(b + 1)$
C $(4a + 2b)/(b - 1)$
D $(b - 2a)/(b - 1)$
E $(2a + b)/(b - 1)$

29 L'espressione $2\log((1 + x)^{3/2})$ può essere scritta come:

A $3\log(1 + x)$
B $(2/3)\log(1 + x)$
C $2\log(1 + x)\log(3/2)$
D $(3/2)\log(1+ x)$
E $2\log((1+ x)^3)$

30 Determinare l'area del settore del cerchio di raggio unitario delimitato dal segmento di estremi ((0,0) e (cos{3π/8}, sen(3π/8)) e dal segmento di estremi ((0,0) e (sen{π/8}, cos(π/8)):

A π
B $\pi/8$
C 0,38
D $-\pi/8$
E 1

31 Al variare di x, $(2/3)^{-x}$ assume valori:

A sempre maggiori di 1/3
B per $x < 0$, valori > 1
C non è mai < 1
D per $x > 0$, assume valori negativi
E per $x < 0$, assume valori < 1

32 Se A è un quadrilatero, quale di queste affermazioni è sempre falsa?

A A ha 4 lati
B A è un rombo
C La somma degli angoli interni è 180°
D Ha 4 angoli retti
E A è un quadrato

33 Un termine di una disuguaglianza può essere trasportato da un membro all'altro purché:

A lo si cambi di segno
B lo si cambi di segno solo se positivo
C lo si cambi di segno solo se negativo
D non lo si cambi mai di segno
E nessuna delle precedenti

34 Semplificare l'espressione

$$\frac{(a+b)^2 - c^2}{c - a - b}$$

A Non si può semplificare
B $a + b + c$
C $-a - b - c$
D $2ab/(c - a - b)$
E $c - a - b$

35 Per quali x reali è verificata la disequazione $\sqrt{x^2 - 1} > 2x$?

A $x \geq -1$
B $x \leq -1$
C $-1 < x < 1$
D per nessun x reale
E $x \geq 1$

36 Risolvere la seguente potenza: a^{-2}

A $-2/a$
B $1/a^2$
C $-a^2$
D $-a/2$
E $\sqrt{2}a$

37 Quale tra le seguenti uguaglianze è quella vera?

A $\sqrt{0,04} = 0,2$
B $\sqrt{0,04} = 0,02$
C $\sqrt{0,04} = 0,4$
D $\sqrt{0,04} = 200$
E $\sqrt{0,04} = 20$

38 Se a e b sono due numeri positivi, indicare quale, tra le seguenti uguaglianze, è sempre valida:

A $10^{(a+b)} = 10^a + 10^b$
B $10^{(a+b)} = 10^a \cdot 10^b$
C $10^{-(a+b)} = -10^{(a+b)}$
D $10^{(ab)} = 10^{(a+b)}$
E $10^{(ab)} = 10^a 10^b$

39 Il punto medio di (1, 3) e (–3/2, 0) è:

A (3/2, 0)
B (–1/2, 5/2)
C (5/4, 3/2)
D (–1/4, 3/2)
E (–1, –1)

40 La somma degli angoli interni di un poligono convesso di 10 lati è:

A 10 angoli piatti
B 180°
C 720°
D 1440°
E 1800°, solo se il poligono è regolare

41 Qual è il campo di esistenza della funzione

$$y = \frac{x}{e^{x^2-1}}?$$

A $x \neq \pm 1$
B $x \neq 1$
C $x < -1$ e $x > 1$
D La funzione è sempre definita
E $x \neq 0$

42 Indicare la corretta fattorializzazione dell'equazione: $x^2 + 5x + 6 = 0$

A $(x + 2) = (x + 3)$

B $(x + 2)(x + 3) = 0$
C $(x + 2) + (x + 3) = 0$
D $(x + 2)/(x + 3) = 0$
E $(x + 5) + (x + 6) = 0$

43 Determinare l'equazione della retta passante per i punti di coordinate (–1, 2) e (3, 4):

A $y = (x + 7)/4$
B $y = x + 1$
C $y = (x + 5)/2$
D $y = -2x$
E $y = (x - 5)/2$

44 Se y non è mai uguale a zero, quale affermazione è corretta?

A $5y^2$ è maggiore di $(5y)^2$ per valori positivi di y e minore per valori negativi
B $5y^2$ è uguale a $(5y)^2$
C $5y^2$ è sempre minore di $(5y)^2$
D $5y^2$ è sempre maggiore di $(5y)^2$
E $5y^2$ è maggiore di $(5y)^2$ per valori negativi di y e minore per valori positivi

45 Per quali valori di x e y, $x + y = -6$ e $xy = 8$?

A $x = -4$, $y = -2$
B $x = 5$, $y = 10$
C $x = -5$, $y = -10$
D $x = -2$, $y = -25$
E $x = -2$, $y = -3$

46 In una stalla vi sono oche e coniglietti. Contando le teste queste sono 32, le zampe sono 100. Quante sono le oche?

A 12
B 14
C 17
D 21
E 8

47 Se nell'equazione della parabola non c'è il termine noto, possiamo ricavare che:

A ha il vertice nell'origine
B la direttrice passa per l'origine
C non interseca l'asse delle x
D la parabola passa per l'origine
E il vertice è su uno degli assi

48 Semplificando

$$\frac{2x(x^2 - 9)}{(4x^3 - 12x^2)}$$

si ha:

A $(x + 3)$

B $\frac{(x-3)}{2(x+3)}$

C $\frac{2x}{(x+3)}$

D $\frac{(x+3)}{2x}$

E $\frac{(x-3)}{2x}$

49 Quale delle seguenti equazioni rappresenta una funzione $y = f(x)$ tale che $f(2) = -1$ e $f(-1) = 5$?

A $y = 2x^2 - x - 7$
B $y = -2x^2 + x + 8$
C $y = -x^2 + 2x - 1$
D $y = x^2 - 3x + 1$
E $y = 3x^2 - 2x$

50 Una circonferenza e una retta tangente hanno in comune:

A 2 punti distinti
B 1 punto
C 2 punti opposti
D 2 punti immaginari
E nessun punto

51 L'equazione $\sqrt{x^2} - x = 0$:

A è verificata per ogni valore reale di x
B ha solo la soluzione $x = 0$
C ha solo la soluzione $x = 1$
D non ha soluzioni reali
E è verificata per ogni $x \geq 0$

52 La funzione $\log(-x + 1)$:

A è sempre crescente
B è definita per $x > 1$
C non è mai definita
D è definita per $x < -1$
E è definita per $x < 1$

53 La disequazione

$$\frac{x^2 - 1}{x^2 + 1} > 0$$

è soddisfatta per:

A $x > 0$
B $x > 2$
C $x > -1$

D $-1 < x < 1$
E $x < -1$ e $x > 1$

54 Trova la scrittura errata:

A $\sqrt{169} = 13$
B $\sqrt{64} = 8$
C $\sqrt{256} = 16$
D $\sqrt{8} = 4$
E $\sqrt{81} = 9$

55 Il luogo dei punti del piano equidistanti da un punto fisso detto fuoco e da una retta detta direttrice è:

A la parabola
B la circonferenza
C l'ellisse
D l'iperbole
E nessuna delle precedenti risposte è corretta

56 La disequazione $3^x + 1 \geq 0$ ha per soluzione:

A ogni valore di x
B nessun valore di x
C $x \geq 0{,}3$
D $x \geq 1$
E $x \geq 0$

57 Una sfera è inscritta in un cubo; il rapporto fra il volume della sfera e quello del cubo è:

A $\pi/4$
B $\pi/6$
C $2\pi/3$
D $4\pi/3$
E $\pi/2$

58 Siano α e β due angoli legati fra di loro dalla relazione $\beta = \pi - \alpha$. Quale delle seguenti uguaglianze è vera?

A $\tan \alpha + \tan \beta = 0$
B $\cos \alpha = \cos \beta$
C $\sin \alpha + \sin \beta = 0$
D $\tan \alpha = \tan \beta$
E $\cos \alpha + \cos \beta = -1$

59 Se si raddoppia il raggio di una sfera, la sua superficie:

A raddoppia
B quadruplica
C si moltiplica per 6
D triplica
E si moltiplica per 2π

60 L'equazione $x^3 - 1 = 0$ ammette:

A due radici reali
B tre radici reali
C nessuna radice reale
D due radici reali e una complessa
E una radice reale e due complesse

61 Per quali valori di x e y, la somma è $x + y = -5$ e il prodotto $xy = -50$?

A $x = -10$, $y = -5$
B $x = 5$, $y = 10$
C $x = 5$, $y = -10$
D $x = -2$, $y = -25$
E $x = -2$, $y = -3$

62 Tra le soluzioni proposte, si individui l'espressione numerica che traduce la frase "il rapporto fra il cubo di 2 e la somma di 3 e del prodotto di 2 per 3":

A $\frac{2^3}{3+2\times3}$

B $\frac{3^3}{(3+2)\times3}$

C $\frac{2^3}{(3+2)\times3}$

D $\frac{3^3}{3+2\times3}$

E nessuna delle precedenti risposte è corretta

63 Due triangoli simili hanno:

A area uguale
B lati uguali
C angoli uguali
D perimetro uguale
E bisettrici uguali

64 $\text{sen}^2 x + \cos^2 x = 1$ è equivalente a:

A $\text{sen}x^2 + \cos x^2 = 1$
B $\text{sen}x + \cos x = 1 + \cos 2x$
C $\text{sen}2x + \cos 2x = 1$
D $|\cos x| = \sqrt{1 - \text{sen}^2 x}$
E $\text{sen}x = \sqrt{1 - \text{sen}2x}$

65 Rispetto a un riferimento cartesiano ortogonale Oxy l'equazione dell'asse del segmento di estremi (0,0) e (2,2) è:

A $x - y = 2$
B $x = 1$
C $y = x$

D $x + y = 2$
E $y = 1$

66 Indica la media aritmetica tra 3, 7, 10:

A 7,11
B 5,94
C 6,5
D $6,\overline{6}$
E 6

67 $\sqrt{18} + \sqrt{32}$ è uguale a:

A $\sqrt{50}$
B $2\sqrt{20}$
C 10
D $\sqrt{98}$
E $20\sqrt{2}$

68 In quale punto l'asse y interseca la curva $5y^2 = x + 5$?

A Nessuno
B ± 1
C ± 5
D $+1$
E -1

69 Per quale valore di k l'equazione $x^2 + k^2 + 1 = 0$ ammette soluzioni reali?

A Per ogni valore di k
B Per $k > 0$
C Per $k < 0$
D Per nessun valore di k
E Per $-1 < k < 1$

70 Qual è la probabilità di estrarre da un mazzo di carte da poker una carta compresa tra 8 e 9 oppure una figura?

A 38%
B 52%
C 75%
D 17%
E Nessuna delle precedenti risposte è corretta

71 Fissato nel piano un sistema di assi cartesiani ortogonali Oxy, il luogo dei punti le cui coordinate (x, y) soddisfano l'equazione $|x^2 - y^2| = 1$ è costituito da:

A un'iperbole
B una coppia di iperboli
C una coppia di circonferenze
D una circonferenza
E una coppia di rette

72 Il valore di tangente di 225° è:

A 1
B $\sqrt{2}$
C ∞
D 1/225
E $-\sqrt{3}$

73 Le due rette r: $x + y/2 + 1 = 0$ e s: $8y + 16x - 9 = 0$:

A sono perpendicolari
B sono parallele
C sono coincidenti
D si intersecano in (–5/7, 4)
E si intersecano in (2/3, –1/3)

74 Siano x e y due numeri reali tali che $2x < y$, con x e y positivi. Quale delle seguenti affermazioni è vera?

A $x > y$
B $x^2 < y^2$
C $(x - y)^3 > 0$
D $(x - y)^2 < 0$
E $y/2 < x$

75 L'ortocentro è il punto di incontro delle tre altezze di un triangolo. Dov'è l'ortocentro in un triangolo ottusangolo?

A È esterno al triangolo
B È interno al triangolo
C Coincide con un vertice
D Coincide col punto medio di un lato
E Non esiste

76 Il grafico che si ottiene riportando, in un sistema di assi cartesiani, i valori corrispondenti di due grandezze direttamente proporzionali è:

A una retta passante per l'origine degli assi cartesiani
B una retta non passante per l'origine degli assi cartesiani
C una parabola
D un'iperbole
E un'iperbole equilatera

77 Sia α la misura in radianti di un angolo acuto. Da $\text{sen}\alpha = 0{,}8$ si deduce che:

A $\text{sen}2\alpha = 0{,}96$
B $\text{sen}2\alpha = 1{,}6$
C $\cos\alpha$ è un numero irrazionale
D α è minore di $\pi/6$
E $\tan\alpha$ è minore di 1

78 Dire se la funzione $\text{sen}(x/2)$ è periodica:

A sì, di periodo 2π

B no
C sì, di periodo 4π
D sì, di periodo $3\pi/2$
E sì, di periodo π

79 Quale terna di numeri può rappresentare la lunghezza dei lati di un triangolo rettangolo?

A 5, 5, 5
B 3, 4, 5
C 3, 2, 3
D 5, 6, 7
E 7, 6, 13

80 Quali sono le soluzioni dell'equazione $x^2 - 4x + 5 = 0$?

A $x_1 = 5, x_2 = 4$
B $x_1 = 5, x_2 = -4$
C $x_1 = 4, x_2 = -1$
D È impossibile
E Nessuna soluzione reale

81 $x^2 - x - 6 > 0$ per:

A $x < 1$ o $x > 3$
B $x < -2$ o $x > 3$
C $x < -3$ o $x > 2$
D $-2 < x < 3$
E $-3 < x < 2$

82 L'equazione $\cos x = 2$ ha soluzione:

A $x = 90$
B $x = 45$
C $x = 0$
D non esiste soluzione
E $x = 8$

83 Considerando i numeri 2, 3, 6, 8, 10, si estraggano tutti i possibili campioni di ampiezza 2 (con ripetizione) e si calcoli lo scarto quadratico medio della distribuzione della media campionaria:

A 2,12
B 4,5
C 5,8
D 6,0
E nessuna delle precedenti risposta è corretta

84 Per quali valori di x risulta $x^2 > 100$?

A $x < -10$
B $-10 < x < 10$
C $x > 10$

D $x < -10$ o $x > 10$
E Nessuno

85 La dispersione misura:

A la distanza tra un valore e un altro
B il rapporto tra i valori di un insieme di dati e un valore centrale (generalmente la media o la mediana)
C la differenza tra il valore minimo e quello massimo
D il rapporto tra il valor medio e un qualsiasi altro valore di una serie di dati
E la distanza tra i valori di un insieme di dati e un valore centrale (generalmente la media o la mediana)

86 Il rettangolo della figura seguente ha dimensioni a e b, con a maggiore di b. Quanto deve valere x affinché l'area del parallelogrammo ombreggiato sia uguale all'area della rimanente parte?

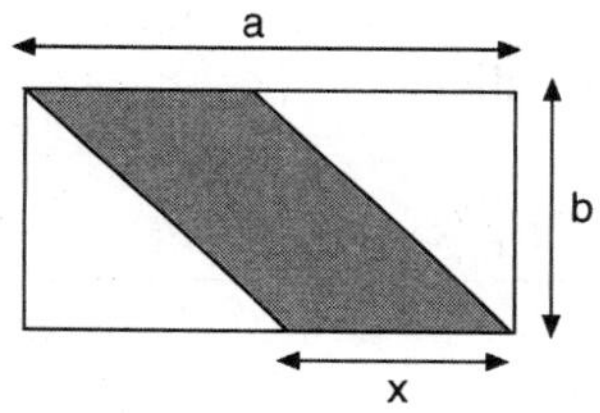

A $a/2$
B $b/2$
C $(2a)/\mathrm{b}$
D $ab/2$
E $(a + b)/2$

87 A quanto equivale la radice quadrata del numero $16 \cdot 1 \cdot 25$?

A 400
B 40
C 200
D 20
E 14

88 Quale dei seguenti numeri è uguale a $\log_5 \sqrt{125}$?

A 3/2
B 4/3
C 0
D 2
E 3

89 La moda dei seguenti dati {1, 1, 2, 4, 3, 3, 5, 3, 3, 4, 3, 4, 3, 5, 6, 3, 4, 3, 2, 1, 2, 3, 3, 5, 6, 7, 8, 3, 2, 3, 2, 1, 1, 1} è:

A 2
B 4
C 3

D 5
E 4

90 Al variare di x, $(5/4)^x$ assume valori:

A sempre maggiori di 5/4
B per $x < 0$, assume valori < 1
C per $x > 0$, assume valori negativi
D per $x < 0$, assume valori > 1
E nessuna delle precedenti risposte è corretta

91 Quanto vale $\sqrt{-4}$?

A –2
B +2
C Ha un valore negativo
D Non esiste nel campo dei numeri reali
E Ha un valore minore di 1

92 Dati due numeri, $a = \sqrt[4]{81}$ e $b = \log_5 125$:

A $a > b$
B non si possono confrontare
C $a = b$
D $a < b$
E nessuna delle precedenti risposte è corretta

93 $y - 2 = 3x - 4/2$ passa per il punto:

A (1,0)
B (1,1)
C (0,0)
D (–1,1)
E (1,–1)

94 Un triangolo rettangolo ha l'ipotenusa uguale a 25 cm. I suoi cateti misurano:

A 14 cm e 15 cm
B 7 cm e 20 cm
C 15 cm e 20 cm
D 5 cm e 25 cm
E 9 cm e 16 cm

95 Una funzione è definita da $f(x+1) = f(x)+2$, $f(1) = 1$. Quanto vale $f(3)$?

A $f(x)+1$
B 3
C 4
D 6
E 5

96 Se il volume di un cubo è 7 cm^3, quanto misura, in cm^3, il volume di un cubo il cui lato è 1,5 volte il lato del primo?

A $7 \cdot 1{,}5$
B $7 \cdot 1{,}5 \cdot 3$
C $(7)^3 \cdot 1{,}5$
D $7 \cdot (1{,}5)^2$
E $7 \cdot (1{,}5)^3$

97 Data una sfera di raggio R e un cubo di lato L (con $R = L$), il rapporto tra le superfici è:

A $2/(3\pi)$
B 2π
C $4\pi/3$
D $2\pi/3$
E 4π

98 Il prodotto fra un miliardesimo e 10^{-9} vale:

A $2 \cdot 10^{-9}$
B -10^{18}
C 10^{-18}
D 100^{-9}
E 20^{-9}

99 $(a - b)^2$ è uguale a:

A $a^2 + b^2$
B $a^2 - b^2$
C $a^2 + 2ab + b^2$
D $a^2 - 2ab + b^2$
E $2a - 2b$

100 Il M.C.D tra i polinomi $(x - 1)^3$ e $(x^2 + 1)^2$ è:

A $(x - 1)^2(x^2 - 1)$
B $(x - 1)^2(x + 1)$
C $(x + 1)^2$
D $(x - 1)(x + 1)$
E 1

101 $\sqrt{x^2 - 4x + 4}$ equivale a:

A $x + 2$
B $-x - 2$
C $(-1+ x)/2$
D $(x - 2)$
E nessuna delle risposte è vera

102 Che cosa si intende per grado di un monomio rispetto a una lettera?

A La base con cui la lettera figura nel monomio
B L'esponente con cui la lettera figura nel monomio

C La somma delle basi delle sue potenze
D La somma degli esponenti delle sue lettere
E Nessuna delle precedenti risposte è corretta

103 $4x^2 - 9y^2$ è uguale a:

A $(2x - 3y)^2$
B $(2x + 3y)^2$
C $(2x - 3y)(2x + 3y)$
D $(xy)^2$
E $(2x - y)(2x + 9y)$

104 Il valore di $\sqrt[4]{10^{-36}}$ è:

A 10^{-9}
B 10^{9}
C 10^{32}
D 10^{-40}
E nessuna delle precedenti

105 Le coppie di vertici opposti di un cubo sono:

A 12
B 2
C 8
D 4
E 6

106 Nel triangolo di Tartaglia ogni riga inizia e finisce con:

A 0
B 1
C n
D $\binom{n}{1}$
E $n/2$

107 Il polinomio $x^3 + 3x^2 - 4x$ è divisibile per:

A $x + 2$
B $x - 4$
C $x + 4$
D x^3
E $x + 1$

108 Siano a un numero positivo e b un numero negativo; la somma dei loro quadrati è:

A uguale al quadrato della somma
B minore del quadrato della somma
C dipende dai numeri
D maggiore del quadrato della somma
E nessuna delle precedenti

109 La funzione $y = \log x$ esiste:

A sempre
B solo per $x < 0$
C solo per $x > 0$
D solo per $x = 0$
E solo per $x \neq 0$

110 In un cortile ci sono alcuni polli, alcuni conigli e una pecora. Le zampe contate sono trentadue e gli animali, compresa la pecora, sono in tutto undici. Quanti sono i polli?

A Quattro
B Cinque
C Sei
D Sette
E Otto

111 Determinare quel numero che sottratto al suo quadrato dia come risultato 56.

A 6
B 4
C 8
D 3
E 14

112 Se $\log_5 x = -5$, allora:

A $x = 5^{-5}$
B $x = 5$
C $x = 5^5$
D $x = e^{5 \cdot 2}$
E $x = e^{5+2}$

113 L'area di una superficie sferica è:

A direttamente proporzionale al raggio
B inversamente proporzionale al quadrato del raggio
C direttamente proporzionale al quadrato del raggio
D inversamente proporzionale al raggio
E nessuna delle precedenti

114 $\log(3x \cdot (6 + x))$ è equivalente a:

A $\log(3x) \cdot \log(6 - x)$
B $3\log(x) + \log(6) - \log(x)$
C $3\log(x) + \log(6 - x)$
D $\log(x) - \log(x - 6)$
E $\log(3x) + \log(6 + x)$

115 La funzione $y + \ln z = 4x - 6\ln v$, con v e $z > 0$, è una retta. Questo è:

A vero se $z = v$
B falso, in ogni caso

C falso, perché si tratta di logaritmi
D vero, in ogni caso
E vero, se sugli assi cartesiani sono presenti le scale logaritmiche

116 Il sistema $\begin{cases} x^2 + y = 1 \\ 5x + y^3 = 5 \end{cases}$ è:

A lineare
B di secondo grado
C di terzo grado
D di sesto grado
E nessuna delle precedenti

117 La tangente di 315° vale:

A 1
B –1
C 2
D 0
E 45

118 Il raggio terrestre è circa 6400 km. Un ipotetico viaggiatore che percorresse a piedi metà di meridiano (muovendosi sempre in linea retta, senza dislivelli con un passo costante di circa 1 m) farebbe approssimativamente:

A 100 milioni di passi
B 10 milioni di passi
C 1 milione di passi
D 100 000 passi
E 10 000 passi

119 Che cosa è un monomio?

A Un'espressione con sole addizioni e sottrazioni
B Un'espressione letterale con sole moltiplicazioni e divisioni
C Un'espressione letterale con sole moltiplicazioni
D Un'espressione letterale con sole addizioni e sottrazioni
E Un'espressione con sole moltiplicazioni e divisioni

120 $\sqrt{4}$ è un numero:

A intero
B razionale
C decimale periodico misto
D reale
E decimale periodico semplice

121 Dati tre segmenti lunghi 3 cm, 4 cm e 5 cm:

A non si può costruire alcun triangolo
B si può costruire un triangolo rettangolo
C si può costruire un triangolo equilatero
D si può costruire un triangolo ottusangolo
E si può costruire un triangolo isoscele

122 Siano a e b due numeri reali tali che $a < 3$ e $b \leq 0$. Allora:

A $ab \leq 3b$
B $ab \geq 0$
C $ab < 3b$
D $ab > 3b$
E $ab \geq 3b$

123 Quanto vale $\sqrt[4]{625}$?

A 625/4
B 125
C 1/5
D 1/25
E 5

124 Se $|a| > |b|$ segue necessariamente che:

A $a > b$
B se $a > 0$, allora $b > 0$
C $a^2 > b^2$
D $a^3 < b^3$
E $a + b > 0$

125 Una di queste affermazioni è errata:

A per un punto passano infinite rette
B per tre punti non allineati nello spazio passa un solo piano
C due rette incidenti individuano infiniti punti
D per una retta passano infiniti piani
E due piani incidenti individuano infiniti punti

126 Le soluzioni dell'equazione $3/(x^2 - 1) = 1/(x^2 - 3)$ sono:

A –2; 2
B –2; 0
C 1; 3
D –4; 4
E l'equazione non ha soluzione

127 Un triangolo equilatero è inscritto in una circonferenza. Il rapporto fra la lunghezza della circonferenza e il perimetro del triangolo è:

A $\sqrt{3}\pi/2$
B $2\sqrt{3}\pi/9$
C $2\pi/\sqrt{3}$
D $\pi/3$
E $4\pi/3$

128 Al variare di x, 3^{-x} assume valori:

A sempre maggiori di 3
B per $x < 0$, assume valori > 1

C non è mai < 1
D può assumere valori < 0
E per $x < 0$, valori negativi

129 La somma di due segmenti misura 35 cm e uno è il quadruplo dell'altro. I due segmenti misurano:

A 7 cm; 28 cm
B 10 cm; 25 cm
C 5 cm; 30 cm
D 4 cm; 31 cm
E 9 cm; 26 cm

130 $\cos(2a - b)$ è uguale a:

A $\cos 2a \cos b - \text{sen} 2a\, \text{sen} b$
B $\cos 2a \cos b + \text{sen} 2a\, \text{sen} b$
C $\cos 2a\, \text{sen} b - \text{sen} 2a \cos b$
D $\cos 2a\, \text{sen} b + \text{sen} 2a \cos b$
E $\cos 2a + \cos b$

131 $-\text{sen}(3a + b)$ è uguale a:

A $\cos 3a \cos b - \text{sen} 3a\, \text{sen} b$
B $\cos a \cos b + \text{sen} a\, \text{sen} b$
C $-3\cos a\, \text{sen} b - 3\text{sen} a \cos b$
D $-\cos 3a\, \text{sen} b - \text{sen} 3a \cos b$
E $-\cos 3a\, \text{sen} b + \text{sen} 3a \cos b$

132 $\log_e e$ vale:

A 0
B 1
C e
D ∞
E $-\infty$

133 Al variare di x, $(1/4)^x$ assume valori:

A sempre maggiori di 1/4
B per $x < 0$, valori negativi
C non è mai >1
D può assumere valori >1
E nessuna delle precedenti risposte è corretta

134 Dati gli insiemi A = {1, 3, 5, 7,9}, B = {0, 2, 4, 6, 8} indicare quale delle seguenti affermazioni è corretta:

A $A \cap B = \emptyset$
B $A \cap B = \{0\}$
C $A \cup B = \emptyset$
D $A \cup B \cap B = \{1, 2, 5, 6, 9\}$
E $A \cap B \cup A = \{0, 1, 2, 3, 4, 5, 6, 7, 8, 9\}$

135 Dei seguenti sistemi lineari uno solo è indeterminato (ha infinite soluzioni). Quale di essi?

A $\begin{cases} y = 2x - 1 \\ x - 1/2y = 1/2 \end{cases}$

B $\begin{cases} x + y = 1 \\ 1/2x = 2 - 1/2y \end{cases}$

C $\begin{cases} y = 2x + 1 \\ y = 2x + 3 \end{cases}$

D $\begin{cases} 2x - y - 9 = 0 \\ -x + 2y + 6 = 0 \end{cases}$

E $\begin{cases} x = 2y - 1 \\ 2x = 2y - 1 \end{cases}$

136 Un contadino compra 500 kg di patate a 15 centesimi al kg. Le rivende a 27 centesimi al kg. Quanto guadagna in tutto?

A 30 euro
B 60 euro
C 90 euro
D 300 euro
E 600 euro

137 L'espressione trigonometrica (sen2x)/2 risulta uguale a:

A sen$x$
B sen$x$ · cos$x$
C $1 - x$
D 4cos2x · sen2x
E nessuna delle precedenti risposte è corretta

138 Il direttore di un progetto informatico sa che, per realizzare il lavoro di cui è responsabile, sono necessari 8 giorni utilizzando tutti i programmatori che ha attualmente a disposizione. Se potesse avere altri due programmatori, il lavoro verrebbe compiuto in 7 giorni. Tuttavia, la sua software house, anziché fornire altri due programmatori, sottrae tutte le risorse dal progetto, lasciando un solo programmatore.
Quanti giorni impiegherà il programmatore rimasto a realizzare il progetto, nell'ipotesi che tutti abbiano lo stesso ritmo di lavoro?

A 72
B 112
C 87
D 135
E 144

139 Il rapporto 12 m^3/4 m è pari a:

A 16 m^{-4}
B 16 m^{-2}
C 3 m^2

D 2 m^3
E 4 m^2

140 Quali delle seguenti terne di numeri possono essere le misure dei tre lati di un triangolo?

A 1, 2, 3
B 4, 5, 9
C 3, 6, 9
D 4, 6,10
E Nessuna delle precedenti risposte è corretta

141 Risolvere il seguente sistema:

$$\begin{cases} 3x + 2y = 3 \\ y - x = -1 \end{cases}$$

A $x = 1$; $y = 0$
B $x = 3$; $y = 1$
C $x = 0$; $y = 0$
D $x = 4$; $y = 4$
E $x = 2/4$; $y = 3/5$

142 L'equazione $\log(1 + x^2) = x - 1 - x^2$ non può avere soluzioni. Quale, tra le seguenti, ne è la motivazione?

A La funzione logaritmica è sempre positiva
B Una funzione logaritmica non può avere intersezioni con una parabola
C Il secondo membro non si annulla mai
D Né il primo membro né il secondo si annullano mai
E Il primo membro è sempre positivo o nullo mentre il secondo membro è sempre negativo

143 La disequazione:

$$\sqrt{\frac{x-1}{|x|}} \leq 0$$

A è verificata per $x < 0$ o $x > 1$
B è verificata per $x < 0$ o $x \geq 1$
C è verificata per $x \geq 1$
D è verificata per $x = 1$
E non è mai verificata

144 La funzione reale di variabile reale $y = \log x$ è definita se x è:

A razionale
B qualsiasi
C complesso
D reale positivo
E reale

145 Si calcoli $\frac{6!}{2!3!}$:

A 0
B 1
C 24
D 60
E 120

146 Per angoli compresi fra 0° e 90°, dire quale delle seguenti affermazioni è esatta:

A sen$a > 0$, cos$a < 0$
B sen$a < 0$, cos$a > 0$
C cos$a < 0$ sen$a < 0$
D cos$a > 0$ sen$a > 0$
E nessuna delle precedenti

147 L'equazione

$$\sqrt{x^2 + 2\sqrt{2}} = 3$$

ha:

A nessuna soluzione reale
B 1 soluzione
C nessuna soluzione
D 0 soluzioni
E 2 soluzioni

148 Trovare due numeri reali a e b tali che la loro somma sia 10 e il loro prodotto 16.

A 2, 8
B 4, 4
C 6, 4
D 6, 3
E 6, 10

149 Indica quale di queste affermazioni su e^x è falsa:

A non può mai essere negativa
B per $x \to -8$, $e^x \to 0$
C in $x = 0$ assume valore 1
D per $x \to -8$, cresce più rapidamente di x^4
E per $x < 0$ è una funzione decrescente, per $x > 0$ è una funzione crescente

150 La disequazione $(1{,}5)^x < 1/1{,}5$ è verificata per:

A nessun valore reale di x
B $x < -1$
C $x > -1$
D $x < 0$
E $x < 1$

151 Il grafico rappresentato in figura corrisponde alla funzione:

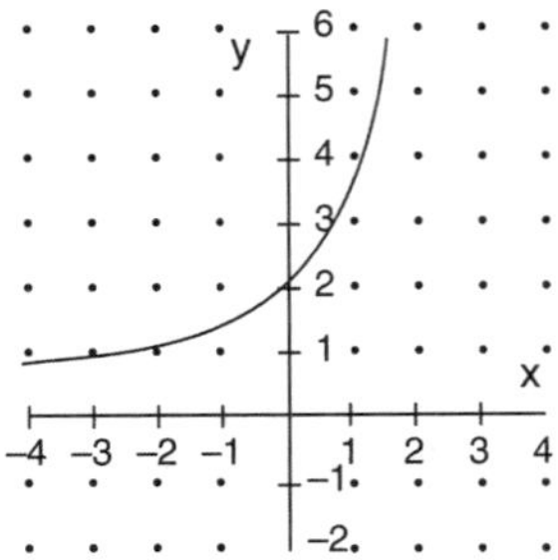

A $y = e^{|x|}$
B $y = e^x - 2$
C $y = e^x + 1$
D $y = e^x$
E $y = e^x - 1$

152 Semplificare la seguente espressione:

$$\frac{\sqrt{3\sqrt{3}}}{\sqrt{3}}$$

A $\sqrt{3\sqrt{3}}$
B 3
C $\sqrt{3}$
D $\sqrt[4]{3}$
E $3\sqrt{3\sqrt{3}}$

153 Per angoli compresi fra 90° e 180°, dire quale delle seguenti affermazioni è esatta:

A sen$a > 0$, cos$a < 0$
B sen$a < 0$, cos$a > 0$
C cos$a < 0$ sen$a < 0$
D cos$a > 0$ sen$a > 0$
E nessuna delle precedenti risposte è corretta

154 Quanto vale il volume di un cilindro di altezza h e raggio r?

A $4/3\ \pi r^3 \cdot h$
B $2\pi r \cdot h$
C $\pi r^2 \cdot h$
D $\pi r \cdot h$
E $\pi r/h$

155 $3 < x < 5$ e $-3 < y < -1$, tra quali estremi è compreso xy?

A $3 < xy < 15$
B $-15 < xy < -3$
C $0 < xy < 4$
D $-15 < xy < -9$
E $-9 < xy < -15$

156 Quanto vale la sommatoria

$$\sum_{j=0}^{6} j^2 \; ?$$

A 21
B 89
C 0
D 441
E 91

157 Per quali valori di x e y, $x + y = -8$ e $xy = 12$?

A $x = 6$, $y = -2$
B $x = 12$, $y = 1$
C $x = 2$, $y = -10$
D $x = -2$, $y = -6$
E $x = -4$, $y = -3$

158 Il cerchio in figura ha centro in C ed è tangente agli assi cartesiani. Se la misura della circonferenza è 24π, quali sono le coordinate di C?

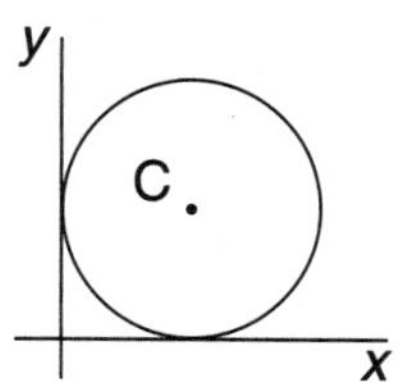

A 12, 12
B 10, 20
C 24, 24
D –12, –12
E 10, 14

159 $x = y^2 - 5y + 6$ è l'equazione cartesiana che rappresenta:

A una parabola
B un'ellisse
C una circonferenza
D una retta
E un'iperbole

160 sen(α + 90°) è uguale a:

A –senα
B senα
C cosα
D –cosα
E nessuna delle precedenti risposte è corretta

161 $x^2 - y^4$ è uguale a:

A $(x - y^2)^2$
B $(x + y^2)^2$
C $2(x - y^2)(x + y^2)$
D $(x + y^2)(x - y^2)$
E nessuna delle precedenti

162 Quanto vale la sommatoria $\sum_{j=1}^{n} c$?

A c
B c^n
C n
D nc
E 0

163 Qual è il campo di esistenza della funzione

$$y = \frac{6x + 4}{x^2 + 1} \text{ ?}$$

A $x \neq \pm 1$
B $x \neq 1$
C $x < -1$ e $x > 1$
D è sempre definita
E $-1 < x < 1$

164 $a^3 - 27$ si può scomporre nel seguente modo:

A $(a + 3)^3$
B $(a + 2)(a^2 + 3a + 9)$
C $(a - 3)(a^2 + 3a + 9)$
D $(a + 3)(a^2 - 3a + 9)$
E $(a - 3)^3$

165 Quali valori di x soddisfano l'equazione $(x + 1)(x + 2) < 0$?

A $x > -2$
B $x > -1$
C $x < -1$
D $-2 < x < -1$
E $-2 \leq x \leq -1$

166 Cosa rappresenta l'equazione $y = 5x^2 - 3x$?

A Una parabola passante per l'origine
B Una circonferenza passante per l'origine
C Un'iperbole passante per l'origine
D Un'iperbole
E Una retta

167 Le due rette $y = x + 1$ e $y = x + 2$ sono:

A perpendicolari

B coincidenti
C intersecanti
D sghembe
E parallele

168 Se un angolo misura 15° la sua misura in radianti è:

A compresa tra (1/4) π e (1/2) π
B compresa tra (3/4) π e π
C minore di (1/4) π
D maggiore di π
E non esprimibile

169 In una serie ordinata di 113 dati la mediana è:

A il 57° dato
B il 56° dato
C la media ponderata del 56° e del 57° dato
D la media aritmetica ponderata tra i 113 dati
E non esiste

170 Moltiplicando i due membri di un'equazione per il numero –1, le soluzioni dell'equazione che si ottiene:

A sono l'opposto di quelle dell'equazione di partenza
B sono le stesse di quella di partenza
C non hanno alcun legame con le soluzioni dell'equazione di partenza
D sono l'inverso delle soluzioni dell'equazione di partenza
E hanno legami con le soluzioni dell'equazione di partenza che dipendono dal grado dell'equazione stessa

171 Se J, K e L sono tre numeri positivi e $J < K < L$, quale affermazione è corretta?

A $J^2 + K^2$ è a volte minore e altre volte maggiore di $JK + KL$
B $J^2 + K^2$ è uguale a $JK + KL$
C $J^2 + K^2$ è maggiore di $JK + KL$
D $J^2 + K^2$ è minore di $JK + KL$
E I dati forniti non sono sufficienti a rispondere

172 Scrivere in notazione scientifica 434 588, con 3 cifre significative:

A $43458{,}8 \cdot 10^3$
B $4{,}34 \cdot 10^5$
C 434
D 4,34
E $4{,}34588 \cdot 10^5$

173 Dei seguenti sistemi lineari uno solo è indeterminato (ha infinite soluzioni). Quale di essi?

A $\begin{cases} y = 2x - 1 \\ x - 1/2y = 1/2 \end{cases}$

B $\begin{cases} x + y = 1 \\ 1/2x = 2 - 1/2y \end{cases}$

C $\begin{cases} y = 2x + 1 \\ y = 2x + 3 \end{cases}$

D $\begin{cases} 2x - y - 9 = 0 \\ -x + 2y + 6 = 0 \end{cases}$

E $\begin{cases} x = 2y - 1 \\ 2x = 2y - 1 \end{cases}$

174 In un campione di n elementi, la radice quadrata della media dei quadrati delle grandezze considerate è ...

A lo scarto quadratico medio
B la media geometrica
C la media quadratica
D il coefficiente di interpolazione
E la media armonica

175 La soluzione della relazione $5 - 2z = 3$ è:

A $z = 2$
B $z = -1$
C $z = 0$
D $z = 1$
E $z = -2$

176 Trovare due numeri reali x *e* y tali che la loro somma sia 3 e il loro prodotto sia 4:

A –1, –3
B 4, –1
C 1, 3
D –4, –1
E non esistono

177 Quale delle seguenti definizioni del punto medio di un segmento è esatta?

A È un punto che divide il segmento in tre parti uguali
B È il punto di convergenza delle mediane
C È il punto che divide il segmento in due parti uguali
D Non esiste per tutti i segmenti
E Nessuna delle precedenti risposte è corretta

178 Risolvere il seguente radicale doppio:

$$\sqrt{4 + \sqrt{7}}$$

A 2
B 4
C $\sqrt{\frac{7}{2}} + \sqrt{\frac{1}{2}}$
D $\sqrt{\frac{7}{2}} - \sqrt{\frac{1}{2}}$
E $\sqrt{\frac{1}{2}}$

179 L'equazione $\sqrt{e^x + k^2} = 1$ nell'incognita x, con k parametro reale, ha soluzione:

A solo per k uguale a uno
B per ogni valore di k non negativo
C per ogni valore positivo di k
D per ogni valore di k strettamente compreso tra –1 e 1
E solo per k uguale a zero

180 La circonferenza $x^2 + y^2 - 1 = 0$ e l'iperbole $xy = 2$ hanno in comune:

A nessun punto
B 1 punto
C 2 punti
D 3 punti
E 4 punti

181 Quante soluzioni ha l'equazione $\sqrt{x^2 + 2} = 0$?

A 0
B 1
C Due soluzioni reali coincidenti
D Due soluzioni reali distinte
E Nessuna soluzione reale

182 $\log_a(b \cdot c) = ?$

A $\log_a b + \log_a c$
B $\log_a b \cdot \log_a c$
C $\log_a b + \log_a a$
D $\log_a b \cdot \log_a c$
E Nessuno dei precedenti

183 Trovare le soluzioni della disequazione $(x + 2)^2 - 2x < x^2 - 4x - 3$

A $x > 0$
B $x < -3$
C $x > -7/6$
D $x < -7/6$
E $x < 5$

184 $\sqrt{x^2 - 2x + 1}$ equivale a:

A $x + 1$
B $x - 1$
C $(-1 + x)/2$
D $2(x - 1)$
E nessuna delle equazioni precedenti

185 Le equazioni $y = 2x$ e $x + y = 3$ sono verificate contemporaneamente per:

A $x = 0$ e $y = 0$
B $x = 1$ e $y = 2$
C $x = 1/2$ e $y = 1$

D $x = 3$ e $y = -1$
E $x = 0$ e $y = 1$

186 $\sqrt{x^2}$, intesa come radice aritmetica, è uguale a:

A x
B $\pm x$
C $|x|$
D $x^{1/2}$
E $|x^{1/2}|$

187 Quanti angoli acuti può avere un poligono regolare?

A ne ha sempre uno
B al più uno
C al più 2
D al più 3
E può averne quattro

188 Le bottiglie di birra costano a euro l'una, e il prezzo comprende il deposito per il vuoto di b euro a bottiglia. Quanto spende Francesca per comprare x bottiglie, se ne restituisce y vuote?

A $ax - by$ euro
B $ax + by$ euro
C $(a + b)(x - y)$ euro
D $(a + b)(x + y)$ euro
E $(a - b)(x - y)$ euro

189 Il m.c.m. tra i polinomi $6(x - 1)^2$ e $2(x^2 - 1)$ è:

A $2(x - 1)^2(x^2 - 1)$
B $6(x - 1)^2(x + 1)$
C $(x + 1)^2(x - 1)$
D $3(x - 1)(x + 1)$
E $3(x - 1)^2(x + 1)^2$

190 La media aritmetica di un insieme di M numeri è:

A la somma di tutti i numeri diviso 2
B la somma di tutti i numeri diviso M
C la somma degli estremi diviso 2
D la differenza tra il massimo e il minimo
E la radice quadrata della somma dei numeri

191 $2x^4y^6$ è equivalente a:

A $2(x^2y^3)^2$
B $(2x^2y^3)^2$
C $(2xy^2)^4$
D $(xy)^4$
E $24xy$

192 Il punto di coordinate $(-x, -y)$, con x e y numeri reali, si trova nel:

A terzo quadrante
B primo quadrante
C secondo quadrante
D può trovarsi in qualunque quadrante
E sia nel primo che nel terzo quadrante

193 L'equazione $x^2 + 6x + 13$ ammette:

A due radici complesse e coniugate
B due radici reali e coincidenti
C due radici reale e una immaginaria
D due radici reali, una positiva e l'altra negativa
E due radici complesse e coincidenti

194 Stanotte la temperatura di Mosca ha raggiunto i 25 gradi sotto zero; questa mattina la temperatura è aumentata di 11 gradi, raggiungendo...

A –24 °C
B –14 °C
C –34 °C
D 34 °C
E –36 °C

195 Elevando al cubo un numero reale negativo, in valore assoluto maggiore di 1, si ottiene sempre un numero:

A uguale a 1
B positivo e in valore assoluto minore di 1
C negativo e in valore assoluto maggiore di 1
D positivo e in valore assoluto maggiore di 1
E negativo e in valore assoluto minore di 1

196 Una piramide ha per base un quadrato di lato 3 cm, ed è alta 4 cm; il suo volume è quindi:

A 12 cm^3
B 18 cm^3
C 36 cm^3
D il volume di una piramide dipende dalla proiezione del vertice sul piano di base
E 24 cm^3

197 sen(π/2) è:

A un angolo espresso in gradi
B un angolo misurato in radianti
C un segmento del cerchio unitario
D un numero reale
E un numero decimale illimitato aperiodico

198 Quali sono le soluzioni dell'equazione $(x + 2)^{x-2} = 1$?

A Infinite
B $-2, 2$
C 0
D $-1, 2$
E Nessuna

199 Qual è il dominio della funzione $y = x/\log(x - 1)$?

A $x \neq -1$
B $x \neq 1$
C $x < 1$
D È sempre definita
E $x > 1$ e $x \neq 2$

200 Il valore normale è anche detto:

A scarto
B media
C moda
D varianza
E media geometrica

201 Quale delle seguenti proposizioni è vera per qualsiasi a e b reali?

A $a^2 + b^2 = 2ab + (a - b)^2$
B $a^3 + b^3 = (a + b)^3$
C $a^{1/2} + b^{1/2} = (a + b)^{1/2}$
D $1/a + 1/b = 1/(a + b)$
E $2(a + b) = 2a + b$

202 In quale modo $x^4 + y^4$ si può scomporre?

A Non si può scomporre
B $(x^2 + y^2)(x^2 - y^2)$
C $(x^2 + y^2)^2$
D $x(x^2 + y^2 - \sqrt{2}xy)(x^2 + y^2\sqrt{2}xy)$
E $(x - y)(x + y)$

203 La condizione cui deve soddisfare il parametro k affinché l'equazione $4\text{sen}x = 3k$ abbia soluzione è:

A $k \geq -4/3$
B $-4/3 \leq k \leq 4/3$
C $k = \pm 4/3$
D non c'è nessuna limitazione ai valori di k
E $k \leq 4/3$

204 Quando due monomi si dicono uguali?

A Quando hanno la stessa parte letterale
B Quando hanno lo stesso coefficiente numerico e la stessa parte letterale

C Quando hanno la stessa parte letterale con gli stessi esponenti
D Quando hanno coefficiente numerico opposto e la stessa parte letterale con gli stessi esponenti
E Quando hanno lo stesso coefficiente numerico e la stessa parte letterale con gli stessi esponenti

205 La somma degli angoli interni di un triangolo è:

A $\pi/2$
B $\pi/3$
C π
D 2π
E 3π

206 Il valore dell'espressione sen45° + cos135° è:

A 1
B positivo
C negativo
D –1
E 0

207 Qual è la probabilità che lanciando 2 dadi, uno alla volta, escano un 5 e un 6 indipendentemente dall'ordine?

A 1/3
B 1/6
C 1/36
D 1/12
E 1/18

208 Qual è il campo di esistenza della funzione $y = x/(x^2 - 1)$?

A $x \neq \pm 1$
B $x \neq 1$
C $x < -1$ e $x > 1$
D È sempre definita
E $-1 < x < 1$

209 L'equazione $2(3x - 3) + 7 = 0$ ha soluzione:

A 6
B 1/6
C –1/6
D –6
E 2

210 Un triangolo rettangolo, avente cateti di lunghezza rispettiva 1 cm e 2 cm, viene fatto ruotare di un giro completo, una volta intorno al cateto minore, generando un cono C_1, e una volta intorno al cateto maggiore, generando un altro cono C_2. Quale delle seguenti affermazioni è esatta?

A Il volume di C_1 è il doppio del volume di C_2
B Il volume di C_1 è la metà del volume di C_2

C Il volume di C_1 è il quadruplo del volume di C_2
D Il volume di C_1 è uguale al volume di C_2
E Il volume di C_1 è un quarto del volume di C_2

211 La ventisettesima parte di 3^{18} equivale a:

A 3^{12}
B $0{,}0027^6$
C 27
D 3^6
E 3^{15}

212 Due angoli si dicono consecutivi se:

A hanno i lati uguali
B hanno un lato in comune
C sono sovrapposti
D sono adiacenti
E sono supplementari

213 Il polinomio $ax^4 - 3x^2 + 1$ con a numero reale:

A ha come zero $x = -1$ per il valore di a uguale a uno
B è irriducibile per ogni valore di a
C ha come zero $x = 1$ per un valore di a uguale a 2
D ha come zero $x = 2$ per il valore di a uguale a uno
E si scompone in $(x^2 -1)(ax^2 -1)$ per ogni valore di a

214 L'equazione $x + y = 1$, associata a una delle seguenti equazioni, forma un sistema che non ha soluzioni. Qual è?

A $2x + 2y = 1$
B $x + y = 1$
C $x - y = 1$
D $2x - 2y = 1$
E $2x + y = 2$

215 Dire se la funzione sen$2x$ è periodica:

A sì, di periodo 2π
B no
C sì, di periodo 4π
D sì, di periodo $3/2\pi$
E sì, di periodo π

216 Andrea deve raggiungere in moto la località delle proprie vacanze. Sapendo che effettua una sosta dopo $4^h\ 05'$ e quindi guida per altre $3^h\ 20'$, per quanti minuti complessivamente viaggia in sella alla propria moto?

A 440
B 450
C 445
D 425
E 400

217 Dove si trovano tutti i punti che hanno l'ascissa uguale all'ordinata?

A Sulla bisettrice del 1° e 3° quadrante
B Sulla bisettrice del 2° e 4° quadrante
C Sulla bisettrice del 1° e 2° quadrante
D Sull'asse x
E Sull'asse y

218 L'espressione matematica $(a + b - c)^2$ può essere sviluppata come:

A $(a + b)(a - c)$
B $(a + b)^2 - (a - c)^2$
C $a^2 + b^2 + c^2$
D $a^2 + b^2 + c^2 + 2ab + 2ac + 2bc$
E $a^2 + b^2 + c^2 + 2ab - 2ac - 2bc$

219 Un poliedro è regolare se:

A tutte le sue facce sono perpendicolari tra loro
B tutte le sue facce sono poligoni regolari
C tutte le sue facce sono quadrati o triangoli equilateri
D tutte le sue facce sono uguali e perpendicolari tra loro
E alcune delle sue facce sono poligoni regolari

220 $\text{sen}^2 a + \cos^2 a = 1$ vale per:

A a negativi
B a positivi
C nessun valore di a
D tutti i valori di a
E alcuni valori di a

221 L'equazione $\log_3 x = 1/3$ ha soluzione:

A $x = 1$
B $x = -3$
C $x = 1/27$
D $x = -1$
E $x = \sqrt[3]{3}$

222 Quale tra i seguenti sistemi è impossibile?

A $\begin{cases} 3x - 5y = 2 \\ x - 2y = 0 \end{cases}$

B $\begin{cases} 3x + 5y = 0 \\ x - 2y = 0 \end{cases}$

C $\begin{cases} 3y = 2 \\ x - 2y = 0 \end{cases}$

D $\begin{cases} 3x + y = 5 \\ -6x - 2y = 0 \end{cases}$

E Nessuno dei precedenti

223 Quali delle seguenti eguaglianze è vera?

A $(2/3)^{-2} = -4/9$
B $(2/3)^{-2} = 4/9$
C $(2/3)^{-2} = -9/4$
D $(2/3)^{-2} = 9/4$
E $(2/3)^{-2} = 9$

224 Un cubo di legno di 60 cm di lato viene dipinto di verde. Successivamente lo si taglia in cubetti più piccoli, ognuno di 15 cm di lato. Quanti cubi sono verniciati di verde su nessuna faccia?

A 8
B 12
C 14
D 16
E 20

225 Data la seguente distribuzione di Poisson, calcolare

$$p(x) = \frac{0,72^x e^{-0,72}}{x!}$$

A 0
B 0,12
C 0,49
D 0,81
E 1,21

226 Qual è il campo di esistenza della funzione $y = 1/x$?

A $x = 0$
B $x < 0$
C $x > 0$
D $x \neq 0$
E Tutto $\mathcal{R}$

227 Per quale valore di m, una retta del fascio $y + 2 = m(x - 1)$ passa per l'origine?

A $m = -2$
B $m = 2$
C $m = 1/2$
D $m = -1/2$
E $m = 3$

228 La quantità (1/4 + 1/4) : (1/2) è uguale a:

A 1
B 2
C 1/4
D 1/8
E 1/10

229 Quante cifre significative ha il numero 9?

A Nessuna
B Una
C Nessuna o una, a seconda della notazione scelta
D Due, poiché non ha decimali
E Nove

230 Se il raggio di una sfera raddoppia, il suo volume:

A raddoppia
B aumenta di 4 volte
C aumenta di 9 volte
D aumenta di 8 volte
E si moltiplica per 27

231 Un cono illimitato è tagliato da due piani paralleli a una distanza dal vertice, misurata lungo l'asse, pari rispettivamente a 2 e 4 metri. Le aree intersecate dal cono sui due piani sono tra loro in un rapporto pari a:

A 3
B 4
C 9
D 2
E dipende dall'inclinazione dei piani

232 Quale delle seguenti relazioni è vera?

A $\text{sen}\alpha = 1 + \cos\alpha$
B $\text{sen}\alpha + \cos\beta = 1$
C $\text{sen}^2(\alpha) = 1 - \cos^2(\alpha)$.
D $\text{sen}\alpha + \text{sen}\alpha = \text{sen}2\alpha$
E $\text{sen}\alpha \cos\alpha = \text{sen}2\alpha$

233 Dove si trovano tutti i punti che hanno coordinate positive?

A Sul 1° quadrante
B Sul 2° quadrante
C Sul 1° e 3° quadrante
D Sul 3° quadrante
E Sul 2° e 4° quadrante

234 Se $y^2 - y = x$ e y è un numero intero positivo, quale dei seguenti potrebbe essere un valore di x?

A 25
B 20
C 10
D 3
E 4

235 Qual è il campo di esistenza della funzione $y = x/(x - 1)$?

A $x \neq 1$

B $x > 1$
C $x < 1$
D È sempre definita
E Non è mai definita

236 La centesima parte di 100^{100} è:

A 10^{190}
B 100^{1}
C 100^{99}
D 1^{100}
E $(0{,}01)^{100}$

237 Di una grandezza y si sa che:

$$\sum_{j=1}^{4} y_j = 4$$

e che

$$\sum_{j=1}^{4} y_j^2 = 8$$

si calcoli:

$$\sum_{j=1}^{4} (y_j + 3)^2$$

A 8
B 169
C 49
D 68
E non è possibile calcolarlo con i dati forniti

238 Se per ipotesi si ha $0 < x < y < 1$ allora:

A $x^2 > x$
B $x^2 > y$
C $y^{1/2} < x$
D $x \cdot y > x$
E $x' \cdot y < x$

239 Il valore di $\sqrt[5]{10^{20}}$ è:

A 10^{4}
B 10^{-15}
C 10^{25}
D 10^{-4}
E nessuna delle precedenti

240 Quale delle seguenti rette passa per il punto (0,3) e forma con l'asse delle x un angolo di 60 gradi?

A $y = \sqrt{3}x + 3$

B $y = \sqrt{3}1/3x + 3$
C $y = \sqrt{3}x - 3$
D $y = 3x - 3$
E $y = 60x - 3$

241 Il raggio dell'Universo visibile (che puoi immaginare come una sfera) è di circa $1{,}5 \cdot 10^{10}$ anni luce.
Calcola il volume dell'Universo in (anni luce)^3:

A $1{,}5 \cdot 10^{10}$ (a.l.)^3
B $30 \cdot 10^{30}$ (a.l.)^3
C $1{,}4 \cdot 10^{31}$ (a.l.)^3
D $7{,}1 \cdot 10^{20}$ (a.l.)^3
E ∞

242 L'equazione in campo reale $x^4 + 3x^2 - 4 = 0$ ha:

A due soluzioni positive e nessuna soluzione negativa
B nessuna soluzione
C una soluzione positiva e una soluzione negativa
D due soluzioni negative e nessuna soluzione positiva
E due soluzioni positive e due soluzioni negative

243 Se un angolo misura 15 gradi sessagesimali, la sua misura in radianti è:

A maggiore di 1 rad
B minore di 1/4 rad
C compresa fra 1/4 rad e 1/2 rad
D compresa fra 3/4 rad e 1 rad
E compresa fra 1/2 rad e 3/4 rad

244 Due oggetti a forma di cubo hanno rispettivamente lato di 5 e di 10 cm. I due cubi hanno esattamente lo stesso peso. Se indichiamo con p il peso specifico del cubo più piccolo e con P il peso specifico del cubo più grande, in che rapporto stanno i pesi specifici p e P?

A $(p/P) = 16$
B $(p/P) = 8$
C $(p/P) = 4$
D $(p/P) = 2$
E Non si può calcolare il rapporto p/P non essendo noto il peso (uguale) dei due cubi

245 La somma degli angoli interni di un rombo è:

A 180
B 360
C 540
D 440
E 500

246 La radice quadrata di un numero minore di 1 è:

A a volte minore, a volte maggiore del numero dato

B minore del numero dato
C uguale al numero dato
D maggiore del numero dato
E non esiste

247 La tangente di $-\pi$ vale:

A 0
B $+\infty$
C $-\infty$
D 1
E -1

248 x e y sono due numeri naturali tali che: la loro somma dà un numero a; x è il successivo di y. Quanto vale $x^2 - y^2$?

A $-a$
B a
C Non si può determinare
D $2a + 1$
E a^2

249 La formula per calcolare il volume di un cono è:

A $4/3\ \pi r^3$
B $1/3\ \pi r^3$
C $4/3\ \pi r^2 \cdot h$
D $\pi r^2 \cdot h$
E $1/3\ \pi r^2 \cdot h$

250 $\sqrt[3]{8/125}$ è equivalente a:

A $(5/2)^2$
B $(2/5)^{-3}$
C $2/5$
D $8 \cdot 125$
E $(5/2)^{-3}$

251 La radice cubica di un numero reale x, con $0 < x < 1$, risulta:

A un numero reale negativo
B un numero maggiore di x
C un numero minore di x
D non essere un numero reale
E un numero sempre maggiore di 1

252 Qual è il campo di esistenza della funzione $y = x/(x - 1)$?

A $x \neq -1$
B $x \neq 1$
C $x < 1$
D È sempre definita
E $x > 1$

253 Per quali valori la funzione $y = \sqrt{x}$ non è definita in $\mathcal{R}$?

A Per ogni $x > 0$
B Per ogni $x < 0$
C Per $x = 0$
D È sempre definita
E Non è mai definita

254 Una parabola e una retta tangente hanno in comune:

A 2 punti distinti
B 1 punto
C 2 punti coincidenti
D 2 punti immaginari
E nessun punto

255 Il valore della funzione trigonometrica sen(5π/2) (seno di 5π/2) è uguale a:

A 0
B sen(π)
C sen(1/2)
D sen(3π/2)
E sen(π/2)

256 Indica quale delle seguenti non è una forma indeterminata:

A 0/0
B ∞/∞
C $0 \cdot \infty$
D $0/\infty$
E $\infty - \infty$

257 x^2y^4 è equivalente a:

A $8xy$
B $(xy^2)^2$
C $(xy)^2$
D $(xy)^4$
E $4xy$

258 Considero una tabella quadrata formata da 4 numeri diversi e disposti in 2 righe ciascuna composta da 2 numeri.

$$\begin{pmatrix} a & b \\ c & d \end{pmatrix}$$

Siano:
T_1 il più piccolo dei numeri della prima riga
T_2 il più piccolo dei numeri della seconda riga
R il maggiore tra T_1 e T_2
K_1 il più grande dei numeri della prima colonna
K_2 il più grande dei numeri della seconda colonna
k il minore tra K_1 e K_2
Allora possiamo concludere che:

A $R < K$

B $R = K$
C $R > K$
D $R \geq K$
E $R \leq K$

259 L'equazione $x^2 - 2|x| = 0$, con x numero reale, ha:

A due soluzioni positive
B due soluzioni negative
C quattro soluzioni, due distinte e due uguali a 0
D infinite soluzioni
E nessuna soluzione

260 La funzione $y = a^{-x}$ con $a > 0$:

A può essere sia positiva che negativa
B è sempre positiva
C è sempre negativa
D interseca l'asse delle ascisse
E non interseca l'asse delle ordinate

261 Due sfere hanno raggi nel rapporto 1:10. Se vengono bagnate da un uguale spessore di acqua, le quantità di liquido corrispondenti depositate sulle sfere stanno nel rapporto:

A 1/1000
B 10/1
C 10^{-3}
D 1/100
E 1000/1

262 Si indichi con $\log_{10}x$ il logaritmo in base 10 del numero x.
Il numero reale $3^{(2\log_{10}100)}$ è dato da:

A 67
B 27
C 81
D 90
E 30

263 L'equazione che rappresenta una circonferenza è di:

A primo grado
B secondo grado
C non esiste
D grado negativo
E terzo grado

264 $729^{1/3}$ equivale a:

A 9
B 81
C 729/3

D 1/3
E 243

265 Indica la somma dei primi 200 numeri naturali:

A 18200
B 19700
C 20001
D 20100
E 21200

266 La media geometrica di 2 e 5 è:

A 1/10
B 1/2
C 1/5
D $10^{1/2}$
E 10

267 Il sistema

$$\begin{cases} 4x^2 - 9y^2 - 36 = 0 \\ 4x + 3y = 0 \end{cases}$$

A ha due soluzioni distinte
B ha infinite soluzioni
C non ha soluzioni
D ha una sola soluzione
E ha due soluzioni coincidenti

268 A parità di perimetro, quale dei seguenti poligoni ha l'area massima?

A Un quadrato
B Un ottagono regolare
C Un rettangolo con un lato quadruplo dell'altro
D Un triangolo equilatero
E Un esagono regolare

269 Quale delle seguenti equazioni ha quattro radici reali e distinte?

A $(x^2 - 1)(x^2 - 4) = 0$
B $4x^2 + 1 = 0$
C $x^2 - 3x + 2 = 0$
D $x^4 - 1 = 0$
E Nessuna delle precedenti risposte è corretta

270 Un tappezziere possiede 2 rotoli di carta lunghi rispettivamente 55 e 95 metri. Tagliando da essi alcuni pezzi, tutti della stessa lunghezza, gli avanzano 3 metri dal primo rotolo e 4 metri dal secondo. Quanti pezzi della stessa lunghezza ha tagliato in tutto?

A 13
B 11
C 15

D 14
E 9

271 Il sistema

$$\begin{cases} 4x^2 + 9y^2 - 36 = 0 \\ x - y - 4 = 0 \end{cases}$$

A non ha soluzioni
B ha infinite soluzioni
C ha due soluzioni distinte
D ha una sola soluzione
E ha due soluzioni coincidenti

272 Il parallelepipedo è una figura solida con:

A 8 vertici, 12 spigoli, 4 diagonali
B 8 vertici, 8 spigoli, 2 diagonali
C 4 vertici, 8 spigoli, 2 diagonali
D 8 vertici, 14 spigoli, 4 diagonali
E 12 vertici, 8 spigoli, 4 diagonali

273 Qual è il campo di esistenza della funzione $y = x/(2x - 1)$?

A $x \neq -1/2$
B $x > -1/2$
C $x < 1$
D è sempre definita
E $x \neq 1/2$

274 Consideriamo l'equazione $x^2 + y^2 + 4 = 0$. Non è l'equazione di una circonferenza perché:

A mancano i termini in x e y
B ha centro in (0, 0)
C il termine noto è positivo
D il coefficiente delle incognite è uguale a 1
E è l'equazione di un'ellisse

275 Un foglio di carta di forma quadrata viene piegato in due parti uguali in modo da formare due rettangoli sovrapposti. Sapendo che il perimetro del rettangolo è di 12 cm, qual è l'area del quadrato originario?

A 9 cm^2
B 36 cm^2
C 24 cm^2
D 72 cm^2
E 16 cm^2

276 Lo studente A ha superato 3 esami più dello studente B e la metà dello studente C; B ne ha superati 10 in meno dello studente D. I quattro studenti, nel complesso, hanno superato 29 esami. Determinare il numero di esami sostenuto da D:

A 25
B 10

C 1
D 12
E 4

277 27/8 è uguale a:

A $(3/2)^2$
B $(2/3)^{-3}$
C 3/2
D $27 \cdot 8$
E $(3/2)^{-3}$

278 Al termine di una seduta di allenamento della Nazionale, Totti e Buffon fanno la seguente scommessa: Totti tirerà 12 rigori e Buffon cercherà di pararli. Per ogni rigore parato Totti darà 50 euro a Buffon mentre per ogni rigore segnato Buffon darà 40 euro a Totti. Dopo di ciò viene eseguita la serie di rigori al termine della quale Totti deve ricevere da Buffon 120 euro. Quanti rigori ha parato Buffon?

A 9
B 5
C 6
D 4
E 12

279 Quanto vale la diagonale di un quadrato di lato 1?

A 1
B 1/2
C $\sqrt{2}$
D 2
E π

280 Riducendo ai minimi termini la frazione algebrica $(a^2 - 1)/(a^5 - a^3 + 4a^2 - 4)$ si ottiene:

A $1/(a^3 + 4)$
B $1/(a + 1)$
C $(a - 1)/(a^3 + 4)(a + 1)$
D $(a + 1)(a - 1)/(a^3 + 4)$
E $(a + 1)/(a + 4)^3$

281 Razionalizzare:

$$\frac{1}{3\sqrt[5]{4}}$$

A $\frac{\sqrt[5]{4}}{2}$

B $\frac{\sqrt[5]{4}}{12}$

C $\frac{\sqrt[4]{4^5}}{12}$

D $\dfrac{\sqrt[5]{4^4}}{12}$

E $\sqrt{\dfrac{1}{2}}$

282 Se $\cos x = 0{,}6$ $\operatorname{sen} x$ vale:

A 0,4
B 0,3
C 0,8
D 0,234
E 0,68

283 Razionalizzare:

$$\frac{5}{\sqrt{5}-\sqrt{3}}$$

A $\frac{3}{2}(\sqrt{5}+\sqrt{3})$
B $(\sqrt{5}-\sqrt{3})$
C $\frac{5}{2}(\sqrt{5}+\sqrt{3})$
D $\frac{5}{2}(\sqrt{8})$
E $\frac{5}{2}(\sqrt{5}-\sqrt{3})$

284 Un dado viene lanciato 2 volte. Qual è la probabilità che il punteggio ottenuto nel primo lancio sia minore di quello ottenuto nel secondo?

A 1/4
B 1/2
C 5/12
D 7/12
E 1/3

285 Con 3 segmenti di misura rispettivamente cm 2, cm 4 e cm 2:

A si può ottenere un triangolo rettangolo
B si può ottenere un triangolo scaleno
C si può ottenere un triangolo ottusangolo
D si può ottenere un triangolo solo in alcuni casi
E nessuna delle precedenti risposte è corretta

286 Da quale valore di x è soddisfatta la disequazione

$$\frac{x-1}{x^2-x+2} \geq 0$$

A $1 < x < 2$
B $x \geq 1$
C $x < 0$

D $x < 5$
E $x < -1$

287 $x^2 - y^2$ è uguale a:

A $(x - y)^2$
B $(x + y)^2$
C $(x - y)(x + y)$
D $(xy)^2$
E nessuna delle precedenti

288 Quanto vale la probabilità condizionata di due insiemi disgiunti?

A 1
B 0
C È la somma delle singole probabilità
D È il prodotto delle singole probabilità diviso per la loro somma
E Dipende dai casi

289 Qual è il campo di esistenza della funzione $y = x/(x^2 - 2x + 1)$?

A $x \neq \pm 1$
B $x \neq 1$
C $x < -1$ e $x > 1$
D È sempre definita
E $-1 < x < 1$

290 Se $x = \sqrt{1 + \sqrt{2}}$, allora sussistono le seguenti disuguaglianze:

A $-1 < x < 0$
B $0 < x < 1$
C $1 < x < 2$
D $2 < x < 3$
E $3 < x < 4$

291 Siano a e b due numeri negativi, la somma dei loro quadrati è:

A uguale al quadrato della somma
B minore del quadrato della somma
C dipende dai numeri
D maggiore del quadrato della somma
E nessuna delle precedenti risposte è corretta

292 Dato un cubo di volume V_c e una sfera di volume V_s (in cui il diametro della sfera è uguale al lato del cubo) calcolare il rapporto $(V_c - V_s)/V_c$:

A $1 - \pi/6$
B $1 - \pi/2$
C $\pi/6$
D $\pi/3$
E $\pi/2$

293 Qual è la scomposizione in fattori del polinomio $-a^2 + 2a - 1$?

A $(a - 1)^2$
B $-(a - 1)^2$
C $a - 1$
D $a + 1$
E Nessuna delle risposte precedenti è vera

294 Se A è un numero negativo, allora $(-A)^{-0,5}$ è sicuramente un numero:

A uguale a uno
B reale
C sempre uguale a 0,5
D in tutti i casi: intero
E in tutti i casi: nullo

295 Quali sono i numeri reali che soddisfano la condizione "diminuiti della loro metà sono maggiori del loro doppio":

A non esistono numeri che soddisfano la condizione richiesta
B tutti quelli maggiori di uno
C tutti quelli minori di zero
D tutti quelli maggiori di zero
E tutti quelli compresi tra zero e uno

296 Fissato nel piano un sistema di riferimento cartesiano ortogonale Oxy, l'insieme delle soluzioni (x, y) del sistema

$$\begin{cases} xy \gg 1 \\ x = y \end{cases}$$

A è formato da due soli punti
B è una retta
C è una coppia di semirette
D è una semiretta
E è un segmento

297 Che cosa è un polinomio?

A Sono due o più monomi non simili tra di loro legati da segni di operazione
B Un'espressione con sole moltiplicazioni e divisioni
C Un'espressione letterale con sole addizioni e sottrazioni
D La somma algebrica di due o più monomi non simili tra loro
E Un'espressione con sole potenze

298 Indica quale caratteristica di una circonferenza non dipende dal raggio:

A area
B perimetro
C diametro
D eccentricità
E equazione cartesiana

299 La grandezza H vale l'80% della grandezza K. Allora:

A $K = (1/5)H$
B $K = (5/4)H$
C $K = 8H$
D $K = (1/8)H$
E $K = (4/5)H$

300 Se entrambi i membri di una disequazione si dividono per una stessa quantità albegrica negativa la disequazione:

A cambia di verso solo se il primo membro è maggiore del secondo
B cambia di verso sempre
C cambia di verso solo se il primo membro è minore del secondo
D mantiene lo stesso verso
E nessuna delle precedenti risposta è corretta

301 Sia $f(x) = x^2$. Risulta $f(x_1) < f(x_2)$ per ogni coppia di numeri reali $x_1 < x_2$ tali che:

A x_1 diverso da x_2
B $0 < x_1 < x_2$
C $x_1 < 0 < x_2$
D $x_2 < 0 < x_1$
E $x_1 < x_2 < 0$

302 Sia data nello spazio una circonferenza c di centro C e appartenente a un piano p. Si ha che:

A ogni sfera con centro in C interseca il piano p nella circonferenza c
B ogni sfera con centro sulla retta passante per C e perpendicolare a p interseca il piano p nella circonferenza c
C esistono infinite sfere che intersecano il piano p nella circonferenza c. Esse hanno il centro sulla retta passante per C e perpendicolare a p
D esiste una sola sfera che interseca il piano p nella circonferenza c. Essa ha il centro in C
E nessuna delle precedenti risposte è corretta

303 I seguenti dati indicano l'energia in MJ impiegata giornalmente da 25 persone, scelte casualmente tra normali e sovrappeso:

Energia (MJ)	*Normali*	*Sovrappeso*
(6-8)	8	4
(8-10)	2	6
(10-12)	1	2
(12-14)	0	1
(14-16)	0	1

Qual è la probabilità che una persona che consuma oltre 8 MJ/giorno sia sovrappeso?

A 51%
B 56%
C 75%

D 77%
E 81%

304 Se $x \neq 0$, quale di queste affermazioni è corretta?

A $1/x < x$ per ogni x tranne $x = 1$
B $1/x > x$ quando $0 < x < 1$ o quando $x \leq -1$, ma $1/x < x$ quando $-1 < x < 0$ o quando $x \geq 1$
C $1/x > x$ quando $0 < x < 1$ o quando $x < -1$, ma $1/x < x$ quando $-1 < x < 0$ o quando $x > 1$
D $1/x > x$ quando $-1 < x < 0$ o quando $x > 1$, ma $1/x < x$ quando $0 < x < 1$ o quando $x < -1$
E nessuna delle precedenti

305 Dati tre numeri interi relativi a, b e c con $b < a$ e $c \neq 0$. La disuguaglianza $(b/c) < (a/c)$ è vera per:

A qualunque valore di c
B solo per $c > 0$
C solo per $c < 0$
D $c >$ a
E solo per $c \neq 0$

306 I seguenti dati mostrano la produzione annua di camion e autobus da un'industria (arrotondato alle 5 più prossime):

Anno	*Camion prodotti*	*Autobus prodotti*
1991	25 580	1200
1992	30 125	1295
1993	15 855	1325
1994	12 580	1405
1995	36 445	1425
1996	36 885	1245
1997	39 450	1270
1998	35 005	1310
1999	32 000	1375
2000	34 505	1370

Calcolare l'anno (o gli anni) in cui vi è stato il maggior calo produttivo di camion:

A 1994
B 1998
C 2000
D 1999
E 1993

307 Nel piano reale, per 3 punti passa:

A uno e un solo piano
B una e una sola retta
C infiniti piani
D infinite rette
E sono vere due delle risposte precedenti

308 Le due rette r: $2x + y + 1 = 0$ e s: $4y + 8x - 19 = 0$ ...

A sono perpendicolari
B sono parallele
C sono coincidenti
D si intersecano in (–5/7, 4)
E si intersecano in (2/3, –1/3)

309 Per quali valori reali di x l'espressione $x^2 + 4$ ha valori positivi?

A Per $x > 2$
B Per nessun valore di x
C Solo per $x = 4$
D Per tutti i valori di x
E Non si può stabilire con i dati forniti

310 Quale delle seguenti rette passa per il punto (0, –2) e forma con l'asse delle x un angolo di 120 gradi?

A $y = -\sqrt{3}x - 2$
B $y = \frac{x}{\sqrt{3}} + 2$
C $y = -\frac{x}{\sqrt{3}} - 2$
D $y = 3x - 2$
E $y = 120x - 3$

311 Quanti centimetri quadrati misura una superficie di area pari a 12 decimetri quadrati?

A 0,12
B 120
C 1,2
D 1200
E 0,012

312 L'equazione $x^2 + 2x - 8 = 0$ ha per soluzioni:

A 2, –8
B 2, 8
C 8, –4
D –2, 4
E 2, 4

313 Per quali valori di x e y, $x + y = -7$ e $xy \cdot 2 = 12$?

A $x = 6$, $y = -2$
B $x = 12$, $y = 1$
C $x = 2$, $y = -10$
D $x = -1$, $y = -6$
E $x = -4$, $y = -3$

314 Il polinomio $(x^2 - 3x - 10)$ si scompone in:

A $(x + 2)(x - 5)$
B $(x + 5)(x + 2)$
C $(x - 3)(x + 5)$
D $(x + 3)(x + 5)$
E $(x + 3)(x + 2)$

315 Qual è il radicando nell'espressione $\sqrt[3]{64}$?

A 2
B 3
C 4
D 8
E 64

316 La somma, la differenza e il prodotto di due numeri stanno tra loro come 7, 3 e 40. Quali sono questi due numeri?

A 15 e 6
B 2 e 5
C 4 e 10
D 20 e 8
E Nessuna delle precedenti risposte è corretta

317 Quale fra i seguenti logaritmi non esiste?

A Logaritmo iperbolico
B Logaritmo neperiano
C Logaritmo decimale
D Logaritmo arabo
E Nessuna delle precedenti risposte è corretta

318 Siano *a, b, c* tre numeri interi negativi. La somma dei loro quadrati è:

A uguale al quadrato della somma
B nessuna delle risposte è vera
C dipende dai numeri
D minore del quadrato della somma
E maggiore del quadrato della somma

319 $\sqrt{12} + \sqrt{24} = ?$

A $\sqrt{48}$
B $3\sqrt{8}$
C $2\sqrt{3} + 4$
D $2\sqrt{3}(1 + \sqrt{2})$
E $\sqrt{36}$

320 Una sfera con raggio di 2 cm e un cilindro circolare retto con raggio di base 2 cm hanno lo stesso volume. Allora l'altezza del cilindro è di:

A 4 cm

B 2/3 cm
C 4/3 cm
D 8/3 cm
E 6 cm

321 Quale delle seguenti funzioni non è invertibile?

A Esponenziale
B Logaritmo
C Seno
D Funzione identica
E Nessuna: sono tutte invertibili

322 Razionalizzando il denominatore della frazione $6/(2 + \sqrt{2})$ si ottiene:

A $12 - \sqrt{2}$
B $6 - 3\sqrt{2}$
C $2 + \sqrt{2} + 1$
D $3 - 2\sqrt{2}$
E $6 + 3\sqrt{2}$

323 L'equazione $3x - 5 = 2x + 2 + x$:

A ha soluzione $x = 4$
B è indeterminata
C ha soluzione $x = 1/4$
D è impossibile
E ha soluzione $x = -2$

324 Il numero (stimato) di batteri in una coltura di laboratorio è cresciuto da 100 a 300 in due giorni. Calcolare l'incremento percentuale giornaliero:

A 66,6%
B 73%
C 81%
D 100%
E 112%

325 Dato un cilindro retto a base circolare di raggio R e altezza $h = 2R$, qual è il rapporto fra il suo volume e quello della sfera massima contenibile?

A 3/2
B 4/3
C $6/\pi$
D $\pi/2$
E 3π

326 Gli zeri di un polinomio sono:

A i polinomi a esso equivalenti
B i parametri in esso presenti
C i gradi delle sue incognite

D le sue radici
E i polinomi e/o i monomi nel prodotto dei quali il polinomio dato può essere scomposto

327 Se $f(x, y) = x - xy^2 + y$, quale delle seguenti relazioni è vera?

A $f(x, -y) = -f(x, y)$
B $f(-x, -y) = -f(x, y)$
C $f(-x, y) = -f(x, y)$
D $f(-x, -y) = f(x, -y)$
E $f(-x, -y) = f(-x, y)$

328 La tangente di –90° vale:

A $-\infty$
B +8
C ∞
D 0
E –8

329 Se $a = \log_2 (1/2)$ allora:

A $a = 0$
B $a = -1$
C $a = 2$
D $a = 3$
E $a = 1$

330 Due punti P e Q di una retta hanno coordinate P = (1, 2) e Q = (3, 2). Indica il valore della distanza euclidea fra i due:

A $2\sqrt{2}$
B 2
C $2\sqrt{3}$
D $\sqrt{5}$
E $2\sqrt{5}$

SOLUZIONI E COMMENTI

1 Risposta: **E**. Dette x e y le cifre delle decine e delle unità rispettivamente, il numero cercato è quindi scritto come xy (e numericamente vale $10x + y$). Dalle relazioni elencate nella domanda si può impostare il sistema di equazioni

$y = 2x$ e $10x + y + 18 = 10y + x$.

Sostituendo la prima nella seconda, quest'ultima diventerà $12x + 18 = 21x$, da cui $9x = 18$ e conseguentemente $x = 2$.
Inoltre $y = 2x = 4$. Il numero cercato è dunque 24, ovvero $2 \cdot 10 + 4$.

2 Risposta: **E**. Il cubo o esaedro regolare è un solido platonico che presenta 6 facce quadrate, perciò la sua superficie è calcolabile moltiplicando 6 volte la superficie di una singola faccia. La superficie di ogni signola faccia è: $A = l^2$ quindi se il lato del cubo triplica, una singola faccia misurerà $A = (3l)^2 = 9l^2$ il che significa che la superficie totale aumenterà di nove volte.

3 Risposta: **D**. L'equazione generale della retta in forma esplicita è: $y = mx + q$, dove m rappresenta il coefficiente angolare della retta (la sua inclinazione) e q la sua intercetta (intersezione della retta con l'asse delle ordinate). La retta in osservazione non presenta il termine mx quindi ha coefficiente angolare pari a 0. Questo vuol dire che è parallela all'asse x (che ha equazione $y = q$).

4 Risposta: **A**. Per la presenza del valore assoluto l'espressione si scompone in un sistema di due equazioni:

$$\begin{cases} x^2 - 3x + 2 = 0 \\ x^2 + 3x + 2 = 0 \end{cases}$$

La prima equazione si scompone in:

$(x - 1)(x - 2) = 0$,

quindi ha come soluzioni: $x = 1$ e $x = 2$; la seconda equazione si scompone in:

$(x + 1)(x + 2) = 0$,

quindi ha come soluzioni: $x = -1$ e $x = -2$.
L'equazione nel complesso ha quattro soluzioni: $x = \pm 1$ e $x = \pm 2$.

5 Risposta: **D**.

$$12 + 3k \geq k \rightarrow 2k \geq -12 \rightarrow k \geq -6$$

La disequazione è dunque verificata per: $k \geq -6$.

6 Risposta: **D**.
$\mathrm{tg}120° = \sin120°/\cos120° = -\sqrt{3}$.

7 Risposta: **D**. $C = 2\pi r$. Poiché le due circonferenze differiscono di 1 metro: $C_1 = 1 + C_2$, quindi:

$2\pi r_1 = 1 + \pi r_2 \rightarrow r_1 = 1/2\pi + r_2 \rightarrow$
$\rightarrow r_1 = r_2 + 0{,}159$.

I due raggi differiscono quindi di circa 16 cm.

8 Risposta: **C**. Se il sistema è impossibile infatti le due equazioni si contraddicono tra loro; i termini a e b sono in proporzione con i termini a' e b', ma i termini noti non sono tra loro in questa stessa proporzione.

9 Risposta: **A**.
$5/x = 3/7 \rightarrow (35 - 3x)/7x = 0 \rightarrow$
$\rightarrow x = 35/3$. $(x \neq 0)$.

10 Risposta: **D**. Dette x e y le due cifre, il numero cercato è $10x + y$. Dalle relazioni indicate nella traccia si ottengono le due equazioni

$x + y = 7$ e $2(10y + x) + 2 = 10x + y$.

Mettendole a sistema si ottiene $y = 2$ e $x = 5$, quindi il numero è 52.

11 Risposta: **C**. $y = e^{(x)} \rightarrow \ln(y) = x$.

12 Risposta: **E**. L'opzione **A** è sbagliata poiché per definizione la somma degli angoli interni di un triangolo è 180°; la B non è corretta perché un triangolo è isoscele se ha due lati congruenti (quindi anche due angoli) ma il terzo può essere differente; la C è sbagliata poiché se così fosse si tratterebbe di un triangolo degenere (con un angolo nullo); la D non è corretta in quanto se così fosse la somma degli angoli interni sarebbe superiore a 180°.

13 Risposta: **C**. La dispersione relativa è pari alla dispersione assoluta (cioè lo scarto quadratico medio) divisa per la durata media, ovvero

$$V = \frac{s}{x} = \frac{160}{1380} = 0{,}116 = 11{,}6\%.$$

14 Risposta: **E**. Il volume di un cubo di lato r è uguale a r^3.

15 Risposta: **C**. x deve essere necessariamente diverso da 0, perché il denominatore di una frazione non può mai essere nullo.

16 Risposta: **A**. Le formule di bisezione ("bi" = "due" e "sezione" = "divisione") sono le relazioni che permettono di derivare le funzioni trigonometriche di un angolo corrispondente alla metà di un angolo di cui sia noto almeno il valore del suo coseno.

17 Risposta: **E**. Riscrivendo la retta in forma esplicita si ottiene: $y = x - 2$. Con la traslazione si modifica solo l'intercetta e non il coefficiente angolare (la retta traslata sarà sempre parallela alla retta di partenza); poiché la traslazione è effettuata fino all'origine la nuova intercetta sarà 0, quindi la nuova equazione della retta è: $y = x$.

18 Risposta: **C**.
Sostituendo $x = -2$ si ha $y = 3$ mentre sostituendo $x = 3$ si ha $y = -2$.

19 Risposta: **B**. Si imposta il sistema

$$\begin{cases} y = 6 + \frac{x}{2} \\ \frac{2}{5}x + \frac{1}{4}y = 12 \end{cases}$$

dal quale si ha

$$\begin{cases} y = 12 + x \\ 8x + 5y = 240 \end{cases}$$

ovvero

$$\begin{cases} x - 2y = -12 \\ 8x + 5y = 240 \end{cases}$$

Per sostituzione si ricavano $x = 2y - 12$ e $y = 16$, dalla quale si ricava $x = 20$

20 Risposta: **B**. Determiniamo il dominio dell'equazione risolvendo il sistema:

$$\begin{cases} \sqrt{x^2 + 8} > 0 \\ 3x > 0 \end{cases}$$

che è soddisfatto da $x > 0$. Si elevano entrambi i membri al quadrato, in modo da togliere la radice al primo membro.

$$x^2 + 8 = 9x^2 \rightarrow x^2 = 1,$$

da cui si ricava $x_1 = -1$ e $x_2 = 1$.
La soluzione $x_1 < 0$ non è accettabile, perché non appartiene al dominio. L'unica soluzione è qualla positiva.

Elevando al quadrato entrambi i membri si ottiene $8x^2 = 8$, equazione di secondo grado che ha 2 soluzioni reali.

21 Risposta: **D**. $2(z - 6) + 4 = 2 \rightarrow$
$\rightarrow 2z - 12 + 4 = 2 \rightarrow 2z = 10 \rightarrow z = 5$

22 Risposta: **D**. Per capire il legame esistente tra le variabili x e y isoliamo una coppia di valori corrispondenti, ad esempio $x = 3$ e $y = 25$. Se l'equazione che lega le due variabili è corretta, sostituendo la coppia di valori al suo interno l'uguaglianza sarà verificata: **A**: $25^2 \neq 3 + 2$ (scartiamo l'opzione); **B**: $25 \neq 9 - 2$ (scartiamo l'opzione); **C**: $75 \neq 9 - 2$ (scartiamo l'opzione); **D**: $27 = 27$ (opzione corretta: l'uguaglianza è verificata); **E**: $27 \neq 23$ (scartiamo l'opzione).

23 Risposta: **B**. Dalla formula per il calcolo del volume del cono:

$$V_1 = 2\pi \cdot r^2 \cdot \frac{h}{3}$$

Raddoppiando r e dimezzando h:

$$V_2 = 2\pi \cdot 2r^2 \cdot \frac{h}{6}$$

Quindi:

$$V_2 = 8\pi \cdot r^2 \cdot \frac{h}{6} = 2 \cdot 2\pi \cdot r^2 \cdot \frac{h}{3} = 2V_1$$

Raddoppiando il raggio e dimezzando l'altezza il volume del cono duplica: questo poiché raddoppiando il raggio la componenete r quadruplica (è presente nella formula il quadrato del raggio), mentre dimezzando l'altezza h semplicemente si dimezza.

24 Risposta: **C**. L'espressione rappresenta un prodotto notevole (identità che compare spesso nel calcolo letterale, consente di svolgere più rapidamente i calcoli ed è utile nella scomposizione in fattori di polinomi o altre espressioni algebriche). Il prodotto della somma di due termini per la loro differenza equivale alla differenza dei quadrati dei due termini.
Quindi: $(a + b)(a - b) = a^2 - b^2$.

25 Risposta: **E**. L'argomento della radice deve essere positivo, quindi $\log_{10}x + k > 0$, ovvero $\log x > -k$ e quindi $x \geq 10^{-k}$. La soluzione si ottiene elevando al quadrato ed è $x = 10^{-k}$, definita per ogni k.

26 Risposta: **E**. Le disequazioni sono caratterizzate dai seguenti principi. Principio di addizione:aggiungendo o sottraendo ad entrambi i membri di una disequazione una stessa espressione, si ottiene una disequazione equivalente (la disequazione mantiene lo stesso verso). Principio di moltiplicazione: moltiplicando o dividendo i due membri di una disequazione per una stessa espressione che sia sempre positiva, si ottiene una disequazione equivalente a quella data; se l'espressione è negativa, si ottiene una disequazione controversa a quella data (la disequazione modifica il proprio verso).

27 Risposta: **D**. Detti x e y i due numeri, abbiamo che $(x + y) = 6(x - y)$ da cui otteniamo $x = 7y/5$ e inoltre abbiamo che $xy = 25x/y$; se in questa relazione sostituiamo il valore di x precedentemente trovato, otteniamo 7x2/5 = 35 ovvero x2 = 25. Considerando i numeri entrambi positivi, otteniamo $x = 7$ e $y = 5$.

28 Risposta: **B**. Il numeratore rappresenta il quadrato di un binomio, semplificabile con: $(2a - b)^2$. Il denominatore è scomponibile tramite raccoglimento parziale in: $(2a - b)(b + 1)$. La frazione scomposta risulta quindi essere: $(2a - b)^2 / (2a - b)(b + 1)$. Semplificando i termini uguale si ottiene: $(2a - b)/(b + 1)$.

29 Risposta: **A**. Per le proprietà dei logaritmi: il logaritmo di un numero elevato ad un esponente è uguale al prodotto dell'esponente per il logaritmo del numero. Quindi:

$2\log((1 + x)^{3/2}) = (2 \cdot 3/2) \cdot \log(1 + x) =$
$= 3\log(1 + x)$.

30 Risposta: **B**. Entrambi i segmenti si trovano nel quadrante positivo, dove si trova un quarto dell'area del cerchio e se trasformiamo i valori in radianti in valori decimali otteniamo che $(3\pi/8) = 67{,}5°$ mentre $(\pi/8) = 22{,}5°$;questo significa che i due segmenti delimitano metà dell'area del quadrante ($67{,}5° - 22{,}5° = 45°$). L'area del cerchio è: $r^2 \cdot \pi \rightarrow A = \pi$. L'area di un quadrante sarà dunque $\pi/4$ e l'area del settore circolare di conseguenza è pari a $\pi/8$.

31 Risposta: **E**. $(2/3)^{-x} = (3/2)^x$ la base è maggiore di 1, per $x < 0$, assume valori < 1.

32 Risposta: **C**. In geometria si definisce quadrilatero un poligono con 4 lati, 4 vertici e 4 angoli interni. La somma delle ampiezze degli angoli interni di ogni quadrilatero è sempre uguale a 360°.

33 Risposta: **A**. Le disequazioni sono caratterizzate dal seguente principio di addizione: aggiungendo o sottraendo a entrambi i membri di una disequazione una stessa espressione, si ottiene una disequazione equivalente (la disequazione mantiene lo stesso verso). Questo implica che è possibile eliminare da entrambi i membri uno stesso termine oppure spostarlo da un membro all'altro cambiandolo di segno (equivale ad aggiungere il suo opposto).

34 Risposta: **C**.

$$\frac{(a+b)^2-c^2}{c-a-b}=$$
$$=\frac{(a+b+c)(a+b-c)}{-(a+b-c)}=-(a+b+c)$$

35 Risposta: **D**. Prima cosa imponiamo le condizioni di esistenza alla disequazione: l'argomento della radice deve essere positivo, quindi:

$$x^2-1\geq 0\rightarrow x^2\geq 1\rightarrow x\leq -1,\ x\geq 1$$

Procediamo ora con la risoluzione:

$$\sqrt{x^2-1}>2x\rightarrow x^2-1-4x^2>0\rightarrow$$
$$\rightarrow -3x^2-1>0\rightarrow 3x^2+1<0\rightarrow x^2<-\frac{1}{3}$$

La disequazione non è verificata per alcun valore di x in quanto un quadrato, sempre positivo, non può essere inferiore di un numero negativo.

36 Risposta: **B**. La potenza a^{-2} equivale a $1/a^2$.

37 Risposta: **A**. Infatti

$$0{,}2^2=\left(\frac{2}{10}\right)^2=\frac{2^2}{10^2}=\frac{4}{100}=0{,}04$$

38 Risposta: **B**. Tutte le potenze godono, tra le altre, della seguente proprietà:

il prodotto di due o più potenze, aventi la stessa base, è uguale a una potenza che ha per base la stessa base e per esponente la somma degli esponenti.

39 Risposta: **D**. Il punto medio M di 2 punti A(a, b) e B(c, d) si trova in questo modo: l'ascissa x è uguale a $(a + c)/2$, l'ordinata y è uguale a $(b + d)/2$; in questo modo si trovano le coordinate M(x, y)

40 Risposta: **D**. Per prima cosa analizziamo bene la domanda: un poligono si definisce convesso o regolare quando è sia equilatero che equiangolo; si tratta quindi di una porzione convessa del piano euclideo delimitata da una linea spezzata chiusa. Tutti i poligoni regolari godono di alcune proprietà, tra le quali: ogni angolo interno ha ampiezza pari a: $(1 - 2/n) \cdot 180°$ dove n è il numero di lati del poligono. Da questa proprietà si ricava che la somma degli angoli interni di un poligono di n lati è:

$$(n - 2) \cdot 180°.$$

Per un poligono di 10 lati sarà:

$$(10 - 2) \cdot 180° = 1440°.$$

41 Risposta: **D**. Bisogna porre il denominatore $\neq 0$; ma una funzione esponenziale è sempre $\neq 0$. (L'argomento della funzione esponenziale, è un polinomio che è definito in tutto $\mathcal{R}$).

42 Risposta: **B**. $x^2 + 5x + 6 = 0 \rightarrow$
$\rightarrow (x + 2)(x + 3) = 0$.

43 Risposta: **C**. Per trovare l'equazione della retta passante per 2 punti bisogna applicare la seguente formula:

$$\frac{y - y_1}{y_2 - y_1} = \frac{x - x_1}{x_2 - x_1}$$

dove x_1, y_1, x_2, y_2 sono le coordinate dei punti. Sostituendo e sviluppando l'equazione si ottiene $4y - 8 = 2x + 2$ che diventa $y = (x + 5)/2$.

44 Risposta: **C**. Infatti
$(5y)^2 = 25y^2 > 5y^2$.

45 Risposta: **A**. È un sistema simmetrico: si risolve l'equazione $t^2 + a\,t + b = 0$, dove $a = -(x + y) = -(-6)$ e $b = xy = 8$; le due soluzioni dell'equazione di 2° grado, corrispondono alle soluzioni del sistema.

46 Risposta: **B**. In questo caso è utile sviluppare un sistema dove x è il numero dei conigli e y il numero delle oche, detto questo, e sapendo che le oche hanno 2 zampe e i conigli 4, possiamo scrivere:

$$\begin{cases} x + y = 32 \\ 4x + 2y = 100 \end{cases}$$

$$\begin{cases} x = 32 - y \\ 4(32 - y) + 2y = 100 \end{cases}$$

$$\begin{cases} x = 32 - y \\ 128 - 4y + 2y = 100 \end{cases}$$

e infine

$$\begin{cases} x = 32 - y = 18 \\ y = 14 \end{cases}$$

47 Risposta: **D**. L'equazione in forma canonica della parabola è: $y = ax^2 + by + c$. Il termine noto c rappresenta l'intercetta della parabola (il suo punto di intersezione con l'asse delle ordinate). Quindi se il coefficiente c è pari a 0 la parabola passa per l'origine degli assi.

48 Risposta: **D**.

$$\frac{2x(x^2 - 9)}{(4x^3 - 12x^2)} = \frac{2x(x - 3)(x + 3)}{4x^2(x - 3)} = = \frac{(x + 3)}{2x}.$$

49 Risposta: **D**. Sostituendo nell'equazione il valore 2 alla x, si ha

$$y = 4 - 6 + 1 = -1;$$

sostituendo il valore -1 alla x si ottiene

$$y = 1 + 3 + 1 = 5.$$

50 Risposta: **B**. Per la definizione geometrica di tangente, la retta tangente ad una curva è chiamata in questo modo poiché tange o "tocca" la curva, senza secarla o "tagliarla". Dunque la retta tangente ad una curva dovrà necessariamente avere con quest'ultima un unico punto in comune. Se non avessero alcun punto in comune la retta sarebbe esterna alla curva, se i punti fossero più di 1, la retta sarebbe secante alla curva.

51 Risposta: **E**. Per valori negativi i due termini non si annullerebbero, poiché avremmo un termine positivo (la radice quadrata), a cui si sottrae un termine negativo; quindi si avrebbe la somma di due numeri positivi, che ha sempre risultato positivo e diverso da zero.

52 Risposta: **E**. L'argomento del logaritmo, deve essere sempre strettamente maggiore di zero: bisogna porre

$-x + 1 > 0 \rightarrow x < 1.$

53 Risposta: **E**. Prima cosa imponiamo le condizioni di esistenza della disequazione: una condizione è che il denominatore sia diverso da 0.
Quindi: $x^2 + 1 \neq 0 \rightarrow \forall x \in \Re$. Il denominatore è dunque sempre positivo, analizziamo ora il numeratore:

$x^2 - 1 > 0 \rightarrow x < -1$ o $x > 1$.

Quindi la disequazione ha come soluzioni:

$x < -1$ o $x > 1$.

54 Risposta: **D**. Infatti $2^3 = 8$, non $2^2 = 4$!

55 Risposta: **A**. In matematica, la parabola è una particolare figura contenuta nel piano. Si tratta di una particolare sezione conica, come l'ellisse e l'iperbole. Può essere definita come il luogo dei punti equidistanti da una retta (direttrice) e da un punto fisso (fuoco della parabola).

56 Risposta: **A**. Il termine 3^x è un esponenziale, quindi è sempre positivo; a maggior ragione è positivo $3^x + 1$

57 Risposta: **B**. Una sfera inscritta in un cubo possiede un raggio che è pari alla metà del lato del cubo. Quindi essendo il volume del cubo pari a $V_{\text{cubo}} = L^3$, dove L è il lato del solido, e il volume della pari a $V_{\text{sfera}} = 4/3 \cdot 1/8 \cdot L^3 \cdot \pi$, rapportando i due risultati, si verifica che $V_{\text{sfera}}/V_{\text{cubo}} = \pi/6$.

58 Risposta: **A**. Dalle formule degli angoli associati del I quadrante:

$\text{tg}(\pi - \alpha) = -\text{tg}\alpha.$

Quindi: $\text{tg}\beta = -\text{tg}\alpha \rightarrow \text{tg}\beta + \text{tg}\alpha = 0$.

59 Risposta: **B**. La superficie della sfera è definita come: $4 \cdot \pi \cdot r^2$, dove r è il raggio della sfera. Essendo la superficie direttamente proporzionale al quadrato del raggio, raddoppiando quest'utlimo si ottiene una superficie quattro volte maggiore.

60 Risposta: **E**. Scomponendo, abbiamo che $x^3 - 1 = (x - 1)(x^2 + x + 1)$; $(x - 1)$ ammette la radice reale +1 e $(x^2 + x + 1)$, avente determinante negativo, ammette due radici complesse coniugate.

61 Risposta: **C**. È un sistema simmetrico: si risolve l'equazione $t^2 + at + b = 0$, dove $a = -(x + y) = -(-5)$ e $b = xy = -50$; le soluzioni dell'equazione $t^2 + 5t - 50 = 0$, corrispondono alle soluzioni del sistema.

62 Risposta: **A**.

63 Risposta: **C**. Esistono alcuni criteri che permettono di determinare se due triangoli sono simili: due triangoli sono simili se e solo se hanno ordinatamente tre angoli congruenti; due triangoli rettangoli sono simili se hanno i cateti in proporzione.

64 Risposta: **D**. Da: $\text{sen}^2x + \cos^2x = 1$ si deduce

$\cos^2x = 1 - \text{sen}^2x$ ovvero

$$\cos x = \pm\sqrt{1 - \text{sen}^2x}$$

da cui $|\cos x| = \sqrt{1 - \text{sen}^2x}$.

65 Risposta: **D**. In geometria euclidea si definisce asse di un segmento la retta perpendicolare al segmento, passante per il suo punto medio. Il segmento in questione appartiene alla retta bisettrice del primo e terzo quadrante, che ha equazione $y = x$. L'asse del segmento, poiché perpendicolare allo stesso dovrà avere coefficiente angolare pari a –1 (inverso e opposto alla bisettrice) e ha equazione: $y = -x + q$. Sapendo poi che passa per il punto medio del segmento (1, 1) possiamo trovarne l'intercetta: $q = +2$. L'asse ha equazione: $y = -x + 2$.

66 Risposta: **D**. In statistica la media aritmetica di un insieme di dati è calcolata sommando tra loro i singoli valori, dividendo poi il risultato per il loro numero complessivo. La media aritmetica dei 3 dati è: $(3 + 7 + 10)/3 = 20/3 = 6,\overline{6}$.

67 Risposta: **D**. Non è possibile sommare direttamente i due radicali (non è vero che $\sqrt{18} + \sqrt{32} = \sqrt{50}$); si possono però scomporre i radicandi e mettere in evidenza il $\sqrt{2}$:

$$\sqrt{18}+\sqrt{32}=3\sqrt{2}+4\sqrt{2}=$$
$$=7\sqrt{2}=\sqrt{2\cdot 49}=\sqrt{98}$$

68 Risposta: **B**. Per verificare le eventuali intersezioni tra la curva e l'asse delle ordinate (equazione: $x = 0$) si pongono a sistema le due equazioni:

$$\begin{cases} 5y^2 = x+5 \\ x=0 \end{cases} \rightarrow \begin{cases} 5y^2-5=0 \\ x=0 \end{cases}$$

L'equazione di secondo grado ha come soluzioni:$y = \pm 1$. La curva interseca dunque l'asse delle ordinate nei punti: P_1 (0, 1) e P_2 (0, –1).

69 Risposta: **D**. Riscrivendo l'equazione in questo modo: $x^2 + k^2 = -1$ si nota che la somma di due quadrati (sempre positiva) dovrebbe risultare pari a un numero negativo e questo anche intuitivamente è impossibile. L'equazione non ammette nessuna soluzione reale per qualsiasi valore di k.

70 Risposta: **A**. Gli eventi sono disgiunti (le carte tra 8 e 9 e le figure hanno intersezione nulla). La probabilità di estrarre una carta tra 8 e 9 è P(tra 8 e 9) = 8/52 = 0,15; quella di estrarre una figura è P(figura) = 12/52 = 0,23. La probabilità di tutti e due gli eventi è P(tra 8 e 9 oppure figura) = 0,15 + 0,23 = 0,38 cioè 38%.

71 Risposta: **B**. Per la presenza del valore assoluto l'equazione si sdoppia in un sistema di due equazioni:

$$\begin{cases} x^2-y^2=1 \\ -x^2+y^2=1 \end{cases}$$

L'equazioni a sistema rappresentano: la prima un'iperbole avente centro coincidente con l'origine degli assi, che interseca l'asse delle ascisse e con asintoti di equazione: $y = \pm x$ (quindi coincidenti alle bisettrici del I e III quadrante e del II e IV quadrante); la seconda un'iperbole avente centro nell'origine degli assi, intersezione con l'asse delle ordinate e asintoti anch'essi coincidenti con le due bisettrici.

72 Risposta: **A**. Dalle formule degli angoli associati, relativi al terzo quadrante: $\tan(\pi+\alpha)=\tan\alpha$. Quindi: $\tan 225^{\circ}=\tan(180^{\circ}+45^{\circ})=\tan 45^{\circ}=1$.

73 Risposta: **B**. Scrivendo le due equazioni in forma esplicita si ottiene:

$$\begin{cases} y=-2x-2 \\ y=-2x+\frac{5}{3} \end{cases}$$

Quindi le due rette risultano parallele in quanto hanno i coefficienti angolari uguali. Le risposte **A** e **C** sono sbagliate, mentre **D** ed **E** risultano errate perché due rette parallele non hanno punti di intersezione (se non all'infinito).

74 Risposta: **B**. $x < 2x < y \rightarrow x < y$; se si elevano entrambi i numeri al quadrato, la disuguaglianza non cambia.

75 Risposta: **A**. Nei triangoli acutangoli l'ortocentro giace all'interno del perimetro (insieme al circocentro); nei triangoli rettangoli esso giace sul perimetro del triangolo (per esattezza sul vertice ad angolo retto); solo per i triangoli ottusangoli l'ortocentro è sempre esterno al perimetro del triangolo.

76 Risposta: **A**. Il grafico è sicuramente una retta, infatti due grandezze direttamente proporzionali hanno come costante il loro rapporto cioè $y/x = m$, che modificata nella forma si può scrivere come $y = mx$. Poiché nel testo non sono riportate altre asserzioni, si può dedurre che quando una grandezza è zero anche l'altra lo è. Infine poiché nell'equazione della retta non è presente il termine noto, la retta passa per l'origine.

77 Risposta: **A**. Sia la circonferenza goniometrica il nostro sistema di riferimento: se α è acuto vuol dire che α < 90° (scartiamo l'opzione **D** poiché può essere anche > 30°) quindi: 0 ≤ senα ≤ 1 e 0 ≤ cosα ≤ 1. Inoltre dalla prima relazione fondamentale della trigonometria: $\text{sen}^2(\alpha) + \cos^2(\alpha) = 1 \rightarrow \cos\alpha = 0{,}6$. Scartiamo l'opzione **C** poiché cosα è numero razionale (6/10) e l'opzione **E** poiché tanα = 0,8/0,6 = 1,33. Infine sen2α = 2senαcosα = 2 · 0,6 · 0,8 = 0,96, scartiamo anche l'opzione **B**.

78 Risposta: **C**. sen$x$ è una funzione trigonometrica con periodo: $2k\pi$. La funzione sen(x/2) avrà invece periodo $4k\pi$.

79 Risposta: **B**. Dal teorema di Pitagora discende che ad ogni triangolo rettangolo corrisponde una terna pitagorica e viceversa. Si definisce terna pitagorica una terna di numeri naturali a, b e c tali che: $a^2 + b^2 = c^2$. Appare chiaro a questo punto che una terna di numeri potrà rappresentare i lati di un triangolo rettangolo solo se rispetta la condizione sopra ed è quindi una terna pitagorica. Unica terna ammissibile è: 3, 4, 5 poiché: 9 + 16 = 25.

80 Risposta: **E**. L'equazione $x^2 - 4x + 5 = 0$ ha determinante $\neq = 16 - 20 < 0$ e ha quindi due soluzioni complesse coniugate.

81 Risposta: **B**. Bisogna trovare le soluzioni dell'equazione di 2° grado, $x^2 - x - 6 = 0$; risolvendo si trovano i valori $x = -2$ e $x = 3$; poiché dobbiamo trovare i valori tale che l'equazione sia > 0, la soluzione è $x < -2$ o $x > 3$.

82 Risposta: **D**. Il coseno ha valori compresi tra –1 e 1; quindi non esiste x tale che $\cos x = 2$

83 Risposta: **A**. Ecco i 25 campioni possibili:

(2, 2)	(2, 3)	(2, 6)	(2, 8)	(2, 10)
(3, 2)	(3, 3)	(3, 6)	(3, 8)	(3, 10)
(6, 2)	(6, 3)	(6, 6)	(6, 8)	(6, 10)
(8, 2)	(8, 3)	(8, 6)	(8, 8)	(8, 10)
(10, 2)	(10, 3)	(10, 6)	(10, 8)	(10, 10)

I quali hanno queste medie:

2	2,5	4	5	6
2,5	3	4,5	5,5	6,5
4	4,5	6	7	8
5	5,5	7	8	9
6	6,5	8	9	10

La media dei valori soprastanti ci dà la media della distribuzione della media; questa vale 5,8. Lo scarto quadratico medio dei valori soprastanti ci dà invece lo scarto quadratico medio della distribuzione della media, ovvero l'errore standard; questo vale 2,12.

84 Risposta: **D**. Dato che 100 ha radici 10 e –10, la soluzione della disequazione è l'intervallo esterno alle radici, ovvero $x < -10$ e $x > 10$.

85 Risposta: **E**. La dispersione misura la distanza tra i valori di una distribuzione e un valore centrale significativo, solitamente una media (spesso quella aritmetica) o la mediana. La dispersione (o variabilità) da la misura di quanto i dati si allontanano dal valore medio. Le misure di dispersione più usate sono: campo di variazione (range); devianza; varianza; deviazione standard; coefficiente di variazione (indice di variabilità relativa); differenza interquartile.

86 Risposta: **A**. Poiché sia valida la condizione richiesta, l'area del parallelogramma dovrà essere esattamente la metà dell'area del rettangolo. A_{rett} = ab; A_{par} = ab - 2(a - x)b (indichiamo l'area del parallelogramma come differenza tra l'area del rettangolo e le due aree triangolari, ciascuna di area: $(a - x)b/2$). Quindi:

$$\frac{a \cdot b}{2 = a \cdot b - (a - x) \cdot b} \to$$
$$\to ab = 2ab - 2ab + 2bx \to$$
$$\to 2bx = ab \to x = \frac{a}{2}.$$

87 Risposta: **D**.

$$\sqrt{16 \cdot 1 \cdot 25} = \sqrt{16} \cdot \sqrt{1} \cdot \sqrt{25} =$$
$$= 4 \cdot 1 \cdot 5 = 20$$

88 Risposta: **A**. Per definizione il logaritmo di un numero (argomento del logaritmo) in una data base, è l'esponente a cui elevare la base per ottenere l'argomento stesso.

$$\log_5 \sqrt{125} = \log_5 5^{\frac{3}{2}}$$

Quindi il logaritmo equivale a 3/2, poiché è proprio il numero con cui elevano la base (5) e si ottiene l'argomento del logaritmo ($5^{3/2}$).

89 Risposta: **C**. La moda di un insieme di dati è il dato che è più volte ripetuto. Nel caso specifico il numero più frequente nella sequenza è il 3 (12 osservazioni).

90 Risposta: **B**. Poiché la base è maggiore di 1, per $x < 0$, assume valori < 1.

91 Risposta: **D**. Le radici ad argomento negativo non esistono nel campo dei numeri reali, in quanto nessun numero reale, elevato al quadrato, origina un numero negativo. Esistono tuttavia i numeri immaginari che elevati al quadrato originano per l'appunto un numero negativo.

92 Risposta: **C**. $a = \sqrt[4]{81} = \sqrt[4]{3^4}, = 3$
$b = \log_5 125 = \log_5 5^3 = 3$,
quindi $a = b$

93 Risposta: **C**. L'equazione generale della retta, in forma esplicita, è: $y = mx + q$, dove m rappresenta il coefficiente angolare (l'inclinazione o pendenza della retta) e q l'intercetta (il punto d'intersezione tra la retta e l'asse verticale). $y - 2 = 3x - 4/2 \rightarrow y = 3x - 4/2 + 2 \rightarrow y = 3x$. L'intercetta è nulla: la retta passa per l'origine degli assi (0; 0). Per verificare che le altre opzioni sono errate basta sostituire le coordinate dei punti nell'equazione della retta: si ottengono uguaglianze non verificate, quindi i punti non appartengono alla retta (**A**: 0 = 3; **B**: 1 = 3; **D**: 1 = –3; **E**: –1 = 3).

94 Risposta: **C**. Una terna pitagorica è una terna di numeri naturali a, b, c tali che: $a^2 + b^2 = c^2$. Il nome viene dal teorema di Pitagora, da cui discende che ad ogni triangolo rettangolo con lati interi corrisponde una terna pitagorica, e viceversa. Dato che, per il teorema di pitagora l'area del quadrato costruito sull'ipotenusa è pari alla somma delle aree dei quadrati costruiti sui cateti, $c = 25$. Unica opzione per cui risulta verificata la condizione sopra è la **C**, infatti:

$$15^2 + 20^2 = 25^2 \rightarrow$$
$$\rightarrow 225 + 400 = 625 \rightarrow 625 = 625.$$

95 Risposta: **E**. $f(x+1) = f(x) + 1 = 1 \rightarrow$
$\rightarrow f(2) = f(1) + 2 = 3 \rightarrow$
$\rightarrow f(3) = f(2) + 2 = 5.$

96 Risposta: **E**. Il volume del cubo corrisponde al cubo del suo lato: $V_1 = l^3$.
Il primo cubo ha quindi lato pari a: $\sqrt[3]{7}$.
Il secondo cubo, avente lato pari a 1,5 volte quello del primo, avrà volume pari a:

$$V_2 = 1,5 \cdot \sqrt[3]{7}^3 = 7 \cdot 1,5^3.$$

97 Risposta: **D**. La superficie del cubo è: $6L^2$; la superficie della sfera è: $4\pi R^2$. Il rapporto tra la superficie della sfera e quella del cubo risulta essere:

$$R = \frac{4\pi R^2}{6L^2} = \frac{2\pi}{3}$$

(Ricordando che $R = L$).

98 Risposta: **C**. Un miliardesimo vale 10^{-9}; moltiplicato per 10^{-9} dà
$10^{-9 + (-9)} = 10^{-18}$.

99 Risposta: **D**. L'espressione rappresenta il quadrato di un binomio che sviluppato diventa: $a^2 - 2ab - b^2$. La risposta **C** è sbagliata perché il doppio prodotto è riportato con segno positivo, ma:
$2 \cdot (a) \cdot (-b) = -2ab$.

100 Risposta: **E**. Il M.C.D. di 2 polinomi si trova scomponendo i polinomi in fattori irriducibili, e poi prendendo in considerazione solo quelli comuni con l'esponente più piccolo; in questo caso, i due polinomi non sono ulteriormente scomponibili, e non hanno nessun fattore comune, il M.C.D = 1.

101 Risposta: **D**.

$$\sqrt{x^2 - 4x + 4} = \sqrt{(x-2)^2} = x - 2$$

102 Risposta: **B**. Il grado di un monomio rispetto a una lettera è l'esponente con cui la lettera figura nel monomio. Il grado complessivo o grado di un monomio è la somma degli esponenti delle sue lettere.

103 Risposta: **C**. Questo binomio è una differenza i quadrati; si scompone nel seguente modo:
$4x^2 - 9y^2 = (2x - 3y)(2x + 3y)$.

104 Risposta: **A**.

$$\sqrt[4]{10^{-36}} = (10^{-36})^{\frac{1}{4}} = 10^{\frac{-36}{4}} = 10^{-9}$$

105 Risposta: **D**. Il cubo (o esaedro) ha 8 vertici (ovvero 4 coppie) ognuno dei quali ne ha un altro diametralmente opposto.

106 Risposta: **B**. Il triangolo di Tartaglia (detto anche triangolo di Pascal) è una disposizione geometrica a forma triangolare dei coefficienti dello sviluppo del binomio: $(a + b)$ elevato ad una qualsiasi potenza n. È costruito in modo tale che su ciascuna riga ogni elemento è costituito dalla somma dei due elementi adiacenti della riga precedente, ed ogni riga inizi e termini con il termine 1.

107 Risposta: **C**. Scomponiamo il polinomio $x^3 + 3x^2 - 4x$ raccogliendo la x e otteniamo: $x(x^2 + 3x - 4)$.
Il trinomio tra parentesi inoltre è scomponibile come: $(x + 4)(x - 1)$.
Dunque otteniamo: $x(x + 4)(x - 1)$.
Il polinomio è divisibile per: x, $x + 4$, $x - 1$.

108 Risposta: **D**. Bisogna tener conto che il quadrato di un numero negativo è sempre positivo.

109 Risposta: **C**. La funzione logaritmica esiste solo per x strettamente positive, dato che si avvicina asintoticamente all'asse y.

110 Risposta: **C**. Possiamo partire dal fatto che la somma di conigli e polli è pari a 10 e che il numero totale delle zampe di conigli e di polli è di 28, questo si può dire poiché nel testo c'è scritto che la pecora è una sola. Ora il problema è risolvibile applicando un sistema con 2 incognite e 2 equazioni:

$$\begin{cases} x + y = 10 \\ 2x + 4y = 28 \end{cases}$$

dove x è il numero dei polli, infatti nella seconda equazione x è moltiplicato per 2 poiché l'equazione si riferisce al numero di zampe, mentre y è il numero dei conigli. Risolvendo il sistema

$$\begin{cases} x = 10 - y \\ 2(10 - y) + 4y = 28 \end{cases}$$

si ricava $y = 4$ e $x = 6$, cioè i conigli sono 4 e i polli sono 6.

111 Risposta: **C**. Infatti $8 \cdot 8 = 64$; $64 - 8 = 56$.

112 Risposta: **A**. $\log_5 x = -5 \rightarrow x = 5^{-5}$
$\log_a b = c \rightarrow b = a^c$

113 Risposta: **C**. Per definizione: $S = 4\pi r^2$; dunque la superficie sferica è direttamente proporzionale al quadrato del raggio.

114 Risposta: **E**. $\log a \cdot b = \log a + \log b$
$\log(3x \cdot (6 + x)) = \log 3x + \log(6 + x)$

115 Risposta: **D**. Risulta vero in ogni caso perché sotto le condizioni v e $z > 0$, $\ln v$ e $\ln z$ sono dei numeri reali. Quindi l'equazione della retta risulta: $y = 4x - 6\ln v + \ln z$ ed è sempre verificata.

116 Risposta: **D**. Il grado di un sistema è il prodotto dei gradi delle singole equazioni che lo costituiscono. La prima equazione è di secondo grado e la seconda di terzo, quindi il sistema è di sesto grado.

117 Risposta: **B**. Per le formule degli angoli associati, relativi al quarto quadrante:

$$\tan(2\pi - \alpha) = -\tan(\alpha)$$

Quindi

$$\tan(315^\circ) = \tan(360^\circ - 45^\circ) = -\tan 45^\circ = -1$$

118 Risposta: **B**. Un meridiano corrisponde a metà circonferenza terrestre, quindi poiché il raggio è di 6400 km la semicirconferenza sarà πR il che equivale a 20 000 000 di metri. Questa distanza deve essere ancora divisa per 2 perché il viaggiatore percorre solo mezzo meridiano e 10 000 000 metri corrispondono, in base ai dati della domanda, a 10 000 000 passi.

119 Risposta: **B**. In matematica si definisce monomio un'espressione algebrica costituita da un coefficiente numerico e una parte letterale, dove non compaiano addizioni o sottrazioni. Due monomi sono definiti simili se, una volta ridotti a forma normale, hanno la medesima parte letterale, con gli stessi esponenti. Due monomi sono definiti uguali se oltre ad essere simili hanno anche lo stesso coefficiente numerico.

120 Risposta: **A**. $\sqrt{4} = 2$, che è un numero intero.

121 Risposta: **B**. Dal teorema di Pitagora discende che a ogni triangolo rettangolo con lati interi corrisponde una terna pitagorica e viceversa: quindi ad ogni terna pitagorica è possibile associare un triangolo rettangolo. Una terna pitagorica è una terna di numeri naturali a, b e c tali per cui:

$$a^2 + b^2 = c^2.$$

I tre segmenti poiché misurano rispettivamente 3, 4 e 5 cm rappresentano proprio una terna pitagorica (infatti: $3^2 + 4^2 = 5^2$) e ad essi è riconducibile dunque un triangolo rettangolo.

122 Risposta: **E**. Se $a > 0$ con $b < 0$ allora $ab > 3b$, quindi potrebbe essere corretta la soluzione *D*. Ma se consideriamo la situazione in cui $a < 3 \rightarrow b = 0$ verifichiamo che $ab = 3b$, perciò la soluzione esatta è la **E**.

123 Risposta: **E**. $\sqrt[4]{5^4} = 5$

124 Risposta: **C**. Se si elevano al quadrato entrambi i membri di una disequazione, il segno della disequazione rimane invariato.

125 Risposta: **C**. Per definizione, due rette sono dette incidenti se hanno un unico punto in comune. Caso particolare di rette incidenti è quello di due rette che incontrandosi formano quattro angoli retti, si parla in questo caso di rette perpendicolari.

126 Risposta: **A**. Dapprima si pongono le condizioni di esistena delle due frazioni:

$$x^2 - 1 \neq 0 \rightarrow x \neq \pm 1$$
$$x^2 - 3 \neq 0 \rightarrow x \neq \pm\sqrt{3}$$

L'equazione

$$\frac{3}{x^2 - 1} = \frac{1}{x^2 - 3}$$

si risolve portando tutto a primo membro e ponendo i due termini a fattor comune:

$$\frac{3x^2 - 9 - x^2 + 1}{(x^2 - 1)(x^2 - 3} = 0 \rightarrow$$
$$\rightarrow \frac{2(x^2 - 4}{(x^2 - 1)(x^2 - 3)} = 0$$

Le soluzioni di quest'ultima equazione si hanno per $(x^2 - 4) = (x - 2)(x + 2) = 0$, ovvero per $x = 2$ e $x = -2$; queste soluzioni sono entrambe accettabili in quanto non annullano il denominatore.

127 Risposta: **B**. Il teorema della corda dice che, dati una circonferenza e una corda AB, il rapporto tra tale corda e il seno di qualsiasi angolo alla circonferenza che insista sulla corda AB è pari al diametro della circonferenza, ovvero $\overline{AB} = 2r \cdot \text{sen}\alpha$, dove α è l'angolo alla circonferenza che sottende la corda. Nel nostro caso l'angolo vale 60° e la corda corrisponde al lato del triangolo equilatero; infatti, essendo il triangolo inscritto nella circonferenza, possiamo assimilare i suoi lati a delle corde sottese dagli angoli del triangolo. Quindi il perimetro del triangolo vale $3 \cdot 2r \cdot \text{sen}\alpha = 33\sqrt{3}r$, mentre la circonferenza misura $2\pi r$, ora se mettiamo a rapporto le due grandezze otteniamo $2\pi r/3\sqrt{3}r = 2\pi\sqrt{3}/9$

128 Risposta: **B**. $3^{-x} = (1/3)^x$, la base è < 1, per valori di $x < 0$, la funzione esponenziale assume valori > 1.

129 Risposta: **A**. Detto x il minore dei due segmenti, l'altro misura il quadruplo ovvero $4x$; la loro somma, $x + 4x = 5x$, è pari a 35 cm, da cui $5x = 35$ cm e $x = 7$. Dunque i due segmenti sono lunghi 7 e 28 centimetri rispettivamente.

130 Risposta: **B**. Dalle formule goniometriche di sottrazione:

$$\cos(\alpha - \beta) = \cos\alpha \cdot \cos\beta + \text{sen}\alpha \cdot \text{sen}\beta$$

Quindi: $\cos(2a - b) = \cos 2a \cos b + \text{sen} 2a \, \text{sen} b$.

131 Risposta: **D**. Dalle formule goniometriche di addizione:

$$\text{sen}(\alpha + \beta) = \text{sen}\alpha \cdot \cos\beta + \cos\alpha \cdot \text{sen}\beta$$

Quindi: $-\text{sen}(3a + b) =$
$= -(\text{sen}3a \cos b + \cos 3a \, \text{sen} b) =$
$= -\text{sen}3a \cos b - \cos 3a \, \text{sen} b$.

132 Risposta: **B**. In matematica si definisce logaritmo di un numero (argomento del logaritmo) in una data base, l'esponente a cui elevare la base per ottenere l'argomento stesso. Quindi: $\log_e e = 1$, poiché: $e^1 = e$.

133 Risposta: **D**. Se $x < 0 \rightarrow (1/4)^x > 1$.
Se $x = 0 \rightarrow (1/4)^x = 1$.
Se $0 < x < 1 \rightarrow 1/4 < (1/4)^x < 1$.
Infine se $x > 1 \rightarrow (1/4)^x < 1/4$.

134 Risposta: **A**. L'intersezione tra due insiemi A e B è definita come quell'insieme contenente gli elementi appartenenti sia ad A che a B. Nel nostro caso: A

$\cap$ B = Ø in quanto non c'è alcun elemento appartenente sia ad A che a B. L'intersezione dei due insiemi è necessariamente l'insieme vuoto.

135 Risposta: **A**. Un sistema lineare si dice indeterminato se ammette infinite soluzioni. Se moltiplichiamo per un fattore 2 l'equazione $x - 1/2y = 1/2$, essa diventa uguale all'equazione $y = 2x - 1$: le due equazioni del sistema sono quindi coincidenti, ovvero il sistema ammette infinite soluzioni, che sono rappresentate da tutte le coppie di numeri che rappresentano coordinate dei punti dell'unica retta corrispondente a entrambe le equazioni.

136 Risposta: **B**. Ha un guadagno di 12 centesimi al chilo che moltiplicato per 500 kg porta ad avere un guadagno di 6000 centesimi ovvero 60 euro.

137 Risposta: **B**. Per le formule di duplicazione: (sen$2x$) = (2sen$x$ · cos$x$). Quindi l'espressione diventa:
(2sen$x$ · cos$x$) / 2 = sen$x$·cos$x$.

138 Risposta: **B**. Detto x il numero dei programmatori, il tempo necessario al completamento del lavoro è $8x$ con tutti i programmatori e $7(x + 2)$ con due programmatori in più. Uguagliando tali quantità, si ricava $x = 14$ programmatori. Se un solo programmatore svolge il lavoro di 14, lo farà in 14 · 8 = 112 giorni.

139 Risposta: **C**. Nell'operazione di divisione vengono divisi sia operandi sia unità di misura. Quindi 12/4 è uguale a 3 e il rapporto m^3/m è uguale al m^2. Il risultato complessivo è 3 m^2.

140 Risposta: **E**. La somma di due lati di un triangolo deve essere sempre maggiore del terzo lato; nessuna delle quattro terne soddisfa questa proprietà.

141 Risposta: **A**.

$$\begin{cases} 3x + 2y = 3 \\ y - x = -1 \end{cases} \rightarrow$$

$$\rightarrow \begin{cases} 3x + 2x - 2 = 3 \\ y = x - 1 \end{cases} \rightarrow \begin{cases} x = 1 \\ y = 0 \end{cases}$$

142 Risposta: **E**. Il primo membro è sempre positivo poiché l'argomento del logaritmo è maggiore di 1 e quindi la funzione logaritmo è sempre positiva; la disequazione $x - 1 - x^2 > 0$ non ammette soluzioni reali.

143 Risposta: **D**. Dato che una radice quadrata restituisce sempre un valore maggiore o uguale a zero, l'unica possibilità per la quale la disequazione data sia minore o uguale a zero è che l'argomento della radice sia nullo, cioè $x - 1 = 0$

144 Risposta: **D**. Unica condizione di esistenza da porre alla funzione è che l'argomento del logaritmo sia > 0. Dunque la funzione è definita: $\forall x > 0$.

145 Risposta: **D**.

$$\frac{6!}{2!3!} = \frac{6 \cdot 5 \cdot 4 \cdot 3 \cdot 2 \cdot 1}{2 \cdot 1 \cdot 3 \cdot 2 \cdot 1} =$$

$$= \frac{6 \cdot 5 \cdot 4}{2 \cdot 1} = 60$$

146 Risposta: **D**. Per rispondere alla domanda consideriamo la circonferenza goniometrica (circonferenza con centro nell'origine degli assi e raggio unitario) riportata sul diagramma cartesiano. Gli angoli compresi tra 0° e 90° sono contenuti nel primo quadrante dove sia il seno che il coseno dell'angolo assumono solo valori positivi, compresi tra 0 e 1. Unica risposta corretta risulta essere la **D**.

147 Risposta: **E**. Si elevano entrambi i membri al quadrato, e si trova il determinante dell'equazione di 2° grado

$$x^2 + 2\sqrt{2} - 9 = 0,$$

che è > 0 quindi esistono 2 soluzioni distinte.

148 Risposta: **A**. È un sistema simmetrico: si risolve l'equazione $t^2 + at + b = 0$, dove $a = -(x + y) = -(10)$ e $b = xy = 16$; le due soluzioni dell'equazione di 2° grado, corrispondono alle soluzioni del sistema.

149 Risposta: **E**. e^x è crescente per ogni valore della x.

150 Risposta: **B**.

$$1,5^{x} 1,5^{-1} \rightarrow$$
$$\rightarrow \log_{1,5} 1,5^{x} log_{1,5} 1,5^{-1} \rightarrow x - 1$$

151 Risposta: **C**. La funzione e^x è una funzione crescente compresa nel I e II quadrante, con asintoto orizzontale sinistro ($x = 0$) e intercetta nel punto (0; 1). La funzione riportata nella figura è crescente con asintoto orizzontale sinistro ($x = 1$) e intercetta nel punto (0; 2). Il grafico rappresenta dunque la funzione **C**: la presenza del termine +1 ha l'effetto di traslare il grafico verso l'alto; dunque l'asintoto si sposta da $x = 0$ a $x = 1$ (+1) così come il punto d'intersezione con l'asse delle ordinate (da (0;1) a (0;2)).

152 Risposta: **D**.

$$\frac{\sqrt{3\sqrt{3}}}{\sqrt{3}} = \frac{\sqrt{3}\sqrt[4]{3}}{\sqrt{3}} = \sqrt[4]{3}$$

153 Risposta: **A**. Angoli compresi fra 90° e 180°, sen$a > 0$, cos$a < 0$.

154 Risposta: **C**. Il volume del cilindro corrisponde alla sua area di base moltiplicata per l'altezza, quindi è pari a:

$$V_c = \pi \cdot r^2 \cdot h$$

dove r è il raggio della circonferenza alla base del cilindro, h la sua altezza.

155 Risposta: **B**. Bisogna moltiplicare gli estremi dei due intervalli, $3 < x < 5$ e $-3 < y < -1 \rightarrow 5 \cdot (-3) < xy < -1 \cdot 3 \rightarrow$
$\rightarrow -15 < xy < -3$.

156 Risposta: **E**. La sommatoria si svolge come somma dei quadrati dei numeri da 0 a 6: $0 + 1 + 4 + 9 + 16 + 25 + 36 = 91$. Attenzione a non fare invece il quadrato della somma ovvero
$(0 + 1 + 2 + 3 + 4 + 5 + 6)^2 = 21^2 = 441$.

157 Risposta: **D**. È un sistema simmetrico: si risolve l'equazione $t^2 + at + b = 0$, dove $a = -(x + y) = -(-8)$ e $b = xy = 12$; le due soluzioni dell'equazione di 2° grado, corrispondono alle soluzioni del sistema.

158 Risposta: **A**. Se la misura della circonferenza vale 24π, il diametro vale 24 e il raggio 12. Dunque il centro ha coordinate C(12, 12).

159 Risposta: **A**. Ricordando che l'equazione cartesiana di una parabola con asse parallelo all'asse delle ascisse (asse orizzontale) è: $x = ay^2 + by + c$, è evidente che l'equazione del quesito rappresenta proprio una parabola con asse orizzontale.

160 Risposta: **C**. Dalle formule degli angoli associati, relative ad angoli che differiscono di un angolo retto: $\text{sen}(\alpha + \pi/2) = \cos\alpha$.

161 Risposta: **D**. L'espressione nel quesito rappresenta un prodotto notevole, più precisamente una differenza di quadrati che è scomposta nel modo seguente:
$x^2 - y^2 = (x - y)(x + y)$.
Quindi: $x^2 - y^4 = (x - y^2)(x + y^2)$.

162 Risposta: **D**. Dato che c è una grandezza non dipendente da j,

$$\sum_{j=1}^{n} c = c + c + ... + c = nc$$

163 Risposta: **D**. Bisogna porre il determinante $\neq 0$; $x^2 + 1$ è sempre diverso da 0, quindi la funzione è continua su tutto R (non ci sono punti di discontinuità).

164 Risposta: **C**.
$a^3 - 27 = (a - 3)(a^2 + 3a + 9)$.

165 Risposta: **D**. Come equazione,
$(x - x_1)(x - x_2) = 0$
ha soluzioni −1 e −2. Come disequazione ha soluzioni interne all'intervallo (−2, −1) se minore di zero ed esterne se maggiore di zero.

166 Risposta: **A**. L'equazione cartesiana della parabola (con asse parallelo all'asse delle ordinate) è: $y = ax^2 + bx + c$. Il coefficiente a determina la convessità della parabola ($a > 0$: concavità verso l'alto; $a < 0$: concavità verso il basso; $a = 0$: la parabola degenera in una retta); il coefficiente b esprime la posizione dell'asse della parabola; infine c determina il punto d'intersezione della parabola con l'asse delle ordinate. La parabola non presenta termine noto, c è pari a 0 quindi la parabola passa per l'origine degli assi.

167 Risposta: **E**. Data l'equazione generale della retta in forma esplicita:

$$y = mx + q,$$

dove m è il coefficiente angolare (c.a.) e q l'intercetta, sapendo che due rette sono tra di loro parallele se hanno uguale c.a. Possiamo subito rispondere al quesito: la risposta corretta è la **E** poiché le due rette presentano uguale c.a. ($m = 1$) quindi sono sicuramente parallele.

168 Risposta: **C**. Il radiante (simbolo rad) è l'unità di misura degli angoli del Sistema Internazionale. Il radiante è l'angolo al centro che intercetta su una circonferenza un arco di lunghezza pari al raggio della circonferenza stessa. Misurare un angolo in radianti equivale a misurare la lunghezza dell'arco di circonferenza, spazzato dall'angolo medesimo, e dividerlo per il raggio. Di conseguenza un angolo giro ha ampiezza in radianti pari alla circonferenza $C = 2\pi r$ divisa per il raggio r, ovvero ha ampiezza 2π radianti. Di conseguenza, un angolo di 15° ha ampiezza pari a un ventiquattresimo di angolo giro, ovvero $\pi/12$ radianti.

169 Risposta: **A**. In statistica la mediana è un indice di posizione che bipartisce la distribuzione in due metà. Per questo motivo è il valore assunto dalle unità statistiche che si trovano al centro della distribuzione. Unica risposta corretta è quindi la **A**, poiché il valore centrale in una serie ordinata di 113 dati è proprio (e solo) il 57° dato. In questo modo si ottengono due sotto-distribuzioni con frequenza cumulata relativa identica (0,5), avendo 56 dati ognuna.

170 Risposta: **B**. Per il secondo principio di equivalenza, o principio della moltiplicazione: moltiplicando o dividendo i due membri di un'equazione per una stessa espressione diversa da zero si ottiene un'equazione equivalente alla data.

171 Risposta: **D**. Infatti se $J < K < L$, J^2 è minore di JK e K^2 è minore di KL, quindi $J^2 + K^2 < JK + KL$.

172 Risposta: **E**. Si moltiplica per 100 000 in modo da avere una sola cifra non nulla prima della virgola; di conseguenza bisogna poi moltiplicare per 10^{-5}. Inoltre dovendo il risultato avere solo tre cifre significative, lo si tronca dopo il secondo decimale.

173 Risposta: **A**. Un sistema lineare si dice indeterminato se ammette infinite soluzioni. Se moltiplichiamo per un fattore 2 l'equazione $x - 1/2y = 1/2$, essa diventa uguale all'equazione $y = 2x - 1$: le due equazioni del sistema sono quindi coincidenti, ovvero il sistema ammette infinite soluzioni, che sono rappresentate da tutte le coppie di numeri che rappresentano coordinate dei punti dell'unica retta corrispondente a entrambe le equazioni.

174 Risposta: **C**. La media quadratica, per $p = 2$ è usata soprattutto in presenza di numeri negativi per eliminare i segni. La media quadratica è quel numero che sostituito ai valori x_i lascia invariata la somma dei loro quadrati.

175 Risposta: **D**. $5 - 2 \cdot 1 = 3 \rightarrow 3 = 3$

176 Risposta: **E**. È un sistema simmetrico: si risolve l'equazione $t^2 + at + b = 0$, dove $a = -(x + y) = -(3)$ e $b = xy = 4$; l'equazione di secondo grado non ha soluzione, quindi non esistono x e y che soddisfano le relazioni.

177 Risposta: **C**. In geometria si definisce punto medio il punto equidistante da altri due punti presi a riferimento e allineati con esso. Solitamente il punto medio è associato a un segmento i cui punti di riferimento sono i suoi estremi ed è diviso in due parti congruenti dal punto medio.

178 Risposta: **C**.

$$\sqrt{4 + \sqrt{7}} =$$

$$= \sqrt{\frac{4 + \sqrt{(4^2 - 7)}}{2}} + \sqrt{\frac{4 - \sqrt{(4^2 - 7)}}{2}} =$$

$$= \sqrt{\frac{4+\sqrt{9}}{2}} + \sqrt{\frac{4-\sqrt{9}}{2}} = \sqrt{\frac{7}{2}} + \sqrt{\frac{1}{2}}$$

Attenzione: questo risultato non si semplifica in

$$\sqrt{\frac{7}{2}} + \sqrt{\frac{1}{2}} = \sqrt{\frac{8}{2}} = 2 \text{ !!!}$$

179 Risposta: **D**. Eleviamo al quadrato ottenendo $e^x + k^2 = 1$, ovvero

$e^x = 1 - k^2$.

Dato che $e^x > 0$, deve anche essere

$1 - k^2 > 0$,

ovvero $k^2 < 1$.

Ciò avviene per $-1 < k < 1$.

180 Risposta: **A**. Per verificare se hanno punti in comune, si pongono a sistema le 2 equazioni:

$$\begin{cases} x^2 + y^2 - 1 = 0 \\ xy = 2 \end{cases} \rightarrow \begin{cases} x = \frac{2}{y} \\ y^4 - y^2 + 4 = 0 \end{cases}$$

Per risolvere la seconda equazione poniamo $y^2 = t$, si ottiene: $t^2 - t + 4 = 0$. L'equazione è impossibile poiché il suo determinante è negativo. Essendo impossibile l'equazione in t lo è anche l'equazione di partenza in y. Il sistema non ammette dunque nessuna soluzione reale: le due curve non hanno alcun punto d'intersezione.

181 Risposta: **E**. Si elevano entrambi i membri al quadrato, e si ottiene:

$x^2 + 2 = 0$,

ma quest'equazione di 2° grado non ha soluzioni reali.

182 Risposta: **A**. Tutti i logaritmi godono della seguente proprietà: il logaritmo del prodotto di due numeri è uguale alla somma dei logaritmi dei due numeri. Dunque: $\log_a(b \cdot c) = \log_a(b) + \log_a(c)$.

183 Risposta: **D**. Eseguiamo i calcoli:

$x^2 + 4x + 4 - 2x < x^2 - 4x - 3$

$x^2 + 4x - 2x - x^2 + 4x < -4 - 3$

La disequazione è apparentemente di secondo grado, ma i termini di secondo grado si annullano.

$6x < -7$

$x < -7/6$.

184 Risposta: **B**.

$$\sqrt{x^2 - 2x + 1} = \sqrt{(x-1)^2} = (x-1)$$

185 Risposta: **B**. Verificare per quali valori le due equazioni sono verificate contemporaneamente equivale a verificare se hanno punti d'intersezione. Per verificare l'eventuale presenza d'intersezioni tra le due rette si pongono a sistema le due equazioni:

$$\begin{cases} y = 2x \\ y = -x + 3 \end{cases} \rightarrow \begin{cases} y = 2x \\ 3x = 3 \end{cases} \rightarrow \begin{cases} x = 1 \\ y = 2 \end{cases}$$

Le due rette si intersecano nel punto P(1; 2), quindi sono verificate contemporaneamente per i valori: $x = 1$ e $y = 2$.

186 Risposta: **C**. Si definisce radice quadrata di un numero razionale positivo Z un numero x, anch'esso positivo, che soddisfa l'equazione $x^2 = Z$. Per ogni numero reale x si trova che $\sqrt{x^2} = |x|$.

187 Risposta: **D**. In geometria si definisce poligono regolare un poligono convesso che è contemporaneamente equilatero (ha tutti i lati uguali) ed equiangolo (ha tutti gli angoli interni congruenti). Si tratta cioè di una porzione convessa di piano euclideo delimitato da una linea spezzata chiusa, formata da una successione di segmenti di uguale lunghezza (detti lati), che formano tra di loro angoli di uguale ampiezza. L'unico poligono regolare ad avere angoli acuti è il triangolo equilatero (ha tre angoli di 60°). All'aumentare del numero di lati troviamo: quadrato (angoli di 90°), pentagono (108°), esagono (120°).

188 Risposta: **A**. Per calcolare la spesa totale si considera il costo di acquisto sostenuto, pari a: ax, a cui si deve sottrarre il rimborso per la restituzione del vuoto, pari a: by. L'esborso netto è quindi pari a: $ax - by$ euro.

189 Risposta: **B**. Si considerano tutti i binomi con l'esponente più alto. La **A** è sbagliata perché bisogna trovare il m.c.m. anche dei numeri.

190 Risposta: **B**. In statistica la media di M numeri è uguale alla somma di tutti i numeri diviso M.

191 Risposta: **A**. $2x^4 y^6 = 2(x^2y^3)^2$.

192 Risposta: **D**. Non ci si lasci ingannare dai segni "–": il punto di coordinate $(-x; -y)$ è semplicemente diametralmente opposto (ovvero simmetrico rispetto all'origine) al generico punto di coordinate $(x; y)$ e può quindi trovarsi indifferentemente in qualsiasi punto del piano cartesiano e non per forza nel terzo quadrante.

193 Risposta: **A**. Il determinante è negativo, quindi l'equazione ammette due radici complesse coniugate.

194 Risposta: **B**. La temperatura rilevata la mattina è pari alla somma

$$(-25\ °C) + 11\ °C = -14\ °C.$$

195 Risposta: **C**. Elevando al cubo un numero negativo si ottiene ancora un numero negativo; se il suo valore assoluto è maggiore di 1, elevando il numero al cubo il suo valore aumenta, diventando a maggior ragione superiore a uno.

196 Risposta: **A**. Il volume della piramide è pari a 1/3 del parallelepipedo che la contiene, ovvero
$V = l^2 \cdot h/3 = 3^2 \cdot 4/3 = 12\ cm^3$.

197 Risposta: **D**. $sen(\pi/2) = 1$ e quindi è un numero reale. Più in generale, è reale il seno di qualsiasi angolo, essendo il rapporto tra due segmenti.

198 Risposta: **D**. Sostituendo, abbiamo $(-1 + 2)^{-1-2} = 1^{-3} = 1$ e $(2 + 2)^0 = 4^0 = 1$

199 Risposta: **E**. Il denominatore deve essere $\neq 0$, e l'argomento del logaritmo > 0; si pone $x - 1 > 0$, $x > 1$ per l'esistenza del logaritmo; poi

$$\log(x - 1) \neq 0 \rightarrow x - 1 \neq 1 \rightarrow x \neq 2$$

200 Risposta: **C**. In statistica la norma o valore normale è sinonimo di moda, dunque rappresenta la modalità caratterizzata da frequenza di osservazione massima (è il valore che compare il maggior numero di volte).

201 Risposta: **A**. $2ab + (a - b)^2 =$
$= a^2 + b^2 - 2ab + 2ab = a^2 + b^2$

202 Risposta: **A**. L'espressione a quesito non rappresenta nessun prodotto notevole (dunque non rappresenta nessuna identità ricorrente nel calcolo letterale). Non è infatti differenza o somma di cubi, differenza di quadrati o altro e non è possibile quindi scomporla in alcun modo.

203 Risposta: **B**.
$4senx = 3k \rightarrow senx = 3k/4$.
Il codominio della funzione seno (l'insieme dei valori che la funzione può assumere) è definito dall'intervallo [– 1, 1], dunque:
$-1 \leq 3k/4 \leq 1 \rightarrow -4/3 \leq k \leq 4/3$.

204 Risposta: **B**. In matematica si definisce monomio un'espressione algebrica costituita da un coefficiente numerico e una parte letterale, dove non compaiano addizioni o sottrazioni. Due monomi sono definiti simili se, una volta ridotti a forma normale, hanno la medesima parte letterale, con gli stessi esponenti. Due monomi sono definiti uguali se oltre ad essere simili hanno anche lo stesso coefficiente numerico.

205 Risposta: **C**. In ogni triangolo la somma dei tre angoli interni è sempre pari a π.

206 Risposta: **E**. $sen45° = \sqrt{2}/2$. Inoltre dalle formule degli angoli associati relativi al secondo quadrante:

$$\cos(\pi - \alpha) = -\cos\alpha \rightarrow$$
$$\rightarrow cos(\pi - 45^{\circ}) = -cos45^{\circ} = -\sqrt{2}/2.$$

Quindi: $sen45° + cos135° = 0$.

207 Risposta: **E**. Per prima cosa serve chiarire il concetto di probabilità (p.), definita come il rapporto tra casi favorevoli e casi possibili. Inoltre per eventi indipendenti la p. finale è data dal prodotto delle singole p. di estrazione. La p. che nel primo dado esca o il 5 o il 6 è: 2/6 (2 casi favorevoli sui 6 casi possibili). Nel secondo dado dovrà uscire il numero tra il 5 o il 6 che non si è ottenuto col lancio del primo, p. 1/6. Quindi dal lancio simultaneo di due dadi la p. di ottenere un 5 e un 6 è:

$$2/6 \cdot 1/6 = 2/36 = 1/18.$$

208 Risposta: **A**. Unica condizione di esistenza da imporre alla funzione è che il denominatore sia diverso da zero:
$x^2 - 1 \neq 0 \rightarrow x^2 \neq 1 \rightarrow x \neq \pm 1$.

209 Risposta: **C**. $6x - 6 + 7 = 0 \rightarrow$
$\rightarrow 6x + 1 = 0 \rightarrow x = -1/6$

210 Risposta: **A**. Il cono C_1 ha come base una circonferenza di raggio di 2 cm e l'altezza di 1 cm, quindi
$V_1 = 1/3\ \pi h R^2 = 4\pi/3$;
il cono C_2 ha per base una circonferenza di lato 1 cm e l'altezza di 2 cm, quindi:
$V_2 = 2\pi/3$.
Se confrontiamo i due volumi appare evidente che $V_1 = 2V_2$, i coni hanno dunque volume uno il doppio dell'altro.

211 Risposta: **E**. $3^{18} : 27 = 3^{18} : 3^3 = 3^{15}$

212 Risposta: **B**. Due angoli sono consecutivi se hanno in comune una semiretta (hanno un lato in comune).

213 Risposta: **C**. Opzione **A**: $x^4 - 3x^2 + 1$ non ha come radice –1 poiché la radice o zero del polinomio è quel valore che, sostituito alla variabile, annulla il polinomio, ma: $-1^4 -3 + 1 \neq 0$.
Opzione **B** e C: per $a = 2$, $x = 1$ è radice del polinomio, infatti: $2 - 3 + 1 = 0$ (opzione **C** è corretta mentre l'ozione B è errata).
Opzione **D**: per $a = 1$, $x = 2$ non è radice del polinomio, poiché: $16 - 12 + 1 \neq 0$.
Opzione **E**: solo $(x^4 - 2x^2 + 1)$ è scomponibile in: $(x^2 - 1)^2$. Unica risposta corretta è la **C**.

214 Risposta: **A**. Si nota subito che le equazioni $x + y = 1$ e $2x + 2y = 1$ sono incompatibili poiché altrimenti avremmo $1 = 2$.

215 Risposta: **E**. sen$x$ è una funzione periodica, di periodo 2π (poiché x e $x + 2\pi$ definiscono il medesimo angolo. Esempio: sen$x = 1/2 \rightarrow x = 30° + 2\pi$.
Invece:
sen$2x = 1/2 \rightarrow 2x = 30° + 2\pi \rightarrow x = 15° + \pi$.
La funzione sen$2x$ ha periodo pari a π.

216 Risposta: **C**. Il motociclista compie un primo tratto di strada in 245 minuti, il secondo 200 minuti. Rimane quindi in sella per un totale di 445 minuti.

217 Risposta: **A**. Infatti l'equazione della sulla bisettrice del 1° e 3° quadrante è proprio $y = x$

218 Risposta: **E**. L'espressione rappresenta un prodotto notevole, in particolare il quadrato di un trinomio che ha il seguente sviluppo:
$(x + y + z)^2 = x^2 + y^2 + z^2 + 2xy + 2xz + 2yz$.
Quindi:
$(a + b - c)^2 = a^2 + b^2 + c^2 + 2ab - 2ac - 2bc$.

219 Risposta: **B**. In matematica, in geometria solida in particolare, si definisce poliedro un solido delimitato da un numero finito di facce piane poligonali. Dunque è una figura solida formata da più poligoni, figure geometriche piane delimitate da una spezzata chiusa. Si definisce poliedro regolare, un poliedro avente come facce poligoni regolari tra loro congruenti: poligoni convessi che sono contemporaneamente equilateri (hanno tutti i lati congruenti) ed equiangoli (hanno tutti gli angoli interni uguali). Esempi di poliedro regolare sono il tetraedro (4 facce costituite da triangoli equilateri) e il cubo (6 facce formate da quadrati).

220 Risposta: **D**. sen^2x + cos$^2x = 1$, è la prima relazione fondamentale della trigonometria, derivante dal teorema di Pitagora. Infatti considerando una circonferenza goniometrica (centro nell'origine e raggio unitario) è possibile costruire per qualsiasi angolo un triangolo, che ha per cateti il seno e il coseno dell'angolo stesso e per ipotenusa il raggio della circonferenza: applicando il teorema di Pitagora si ottiene che il quadrato costruito sul raggio (1) è pari alla somma dei quadrati costruiti sui due cateti (sen^2x + cos^2x). Il teorema è valido per ogni valore di x.

221 Risposta: **E**. Il logaritmo di un numero (argomento del logaritmo) in una data base, è definito come l'esponente a cui elevare la base per ottenere l'argomento stesso. Dunque:
$\log_3 x = 1/3 \rightarrow x = 3^{1/3} = \sqrt[3]{3}$.

222 Risposta: **D**. Il sistema è impossibile poiché le due equazioni affermano cose diverse (moltiplicando la prima per –2 si nota subito l'uguaglianza con il –10 nella prima e con lo 0 nella seconda).

223 Risposta: **D**. $(2/3)^{-2} = (3/2)^2 = 9/4$

224 Risposta: **A**. Partendo dal cubo iniziale e dividendo il lato in 4 parti si ottengono 64 cubetti più piccoli, infatti

$$4 \cdot 4 \cdot 4 = 64.$$

Di questi cubetti solo i più interni, cioè 8, non hanno una faccia che sbuca sull'esterno del cubo iniziale e quindi colorata.

225 Risposta: **C**.

$$p(0) = \frac{0,72^0 e^{-0,72}}{0!} = e^{-0,72} = 0,49$$

(si ricordi che 0! =1).

226 Risposta: **D**. Unica condizione di esistenza per la funzione è che il denominatore deve essere diverso da 0 (altrimenti la funzione perderebbe di significato). Dunque: $x \neq 0$.

227 Risposta: **A**. Per prima cosa consideriamo l'equazione generale del fascio: $y = mx + k$. La retta appartenente ad esso per poter passare per l'origine (O.) dovrà avere $k = 0$ (quindi il termine noto della sua equazione dovrà essere nullo). Sviluppando l'equazione nel quesito si ottiene:$y = mx - m - 2$. Per passare per l'origine dovrà essere: $-m - 2 = 0 \rightarrow m = -2$.
La risposta corretta come dimostrato è la **A**.

228 Risposta: **A**. $(1/4 + 1/4) : (1/2) =$
$= (1/2) : (1/2) = 1/2 \cdot 2 = 1$.

229 Risposta: **B**. Il numero 9 è intero e ha una sola cifra che dunque è l'unica significativa.

230 Risposta: **D**. Il volume di una sfera è definito come:

$$V = \frac{4}{3} \cdot \pi \cdot r^3$$

Il volume è quindi proporzionale al cubo del raggio: raddoppiando quest'ultimo, si ottine un volume della sfera otto volte superiore.

231 Risposta: **B**. Se le due sezioni hanno l'una distanza doppia dal vertice, avranno raggio di base proporzionale: si tratta di due coni simili, il primo grande il doppio del secondo. Se vige un fattore di proporzionalità lineare 2, vi sarà un fattore 2^2 per le aree e 2^3 per i volumi.

232 Risposta: **C**. Dalla prima relazione fondamentale della trigonometria:
$\text{sen}^2\alpha + \cos^2\alpha = 1 \rightarrow \text{sen}^2\alpha = 1 - \cos^2\alpha$.

233 Risposta: **A**. Il primo quadrante è delimitato dai rami positivi degli assi cartesiani e pertanto i punti che vi giacciono hanno entrambi le coordinate positive.

234 Risposta: **B**. Basta sostituire e si ricava $y = 5$.

235 Risposta: **A**. Unica condizione di esistenza per la funzione è che il denominatore deve essere diverso da 0 (altrimenti la funzione perderebbe di significato). Dunque: $x - 1 \neq 0 \rightarrow x \neq 1$.

236 Risposta: **C**. Per le proprietà delle potenze: il quoziente di potenze che hanno la stessa base è una potenza che ha per base la stessa base e come esponente la differenza tra l'esponente del dividendo e l'esponente del divisore. Quindi: $100^{100}/100^1 = 100^{100-1} = 100^{99}$.

237 Risposta: **D**.

$\sum_{j=1}^{4} (y_j + 3)^2 =$
$= (y_1 + 3)^2 + (y_2 + 3)^2 + (y_3 + 3)^2 + (y_4 + 3)^2$
$= y^2{}_1 + 6y_1 + 9 + y^2{}_2 + 6y_2 + 9 + y^2{}_3 + 6y_3 +$
$9 + y^2{}_4 + 9 = \sum_{j=1}^{4} y_j + 6\sum_{j=1}^{4} y^2{}_j + 36 =$
$= 8 + 6 \cdot 4 + 36 = 68$.

238 Risposta: **E**. Infatti, se sia x che y sono inferiori all'unità il loro prodotto è minore di entrambi i fattori.

239 Risposta: **A**.

$$\sqrt[5]{10^{20}} = (10^{20})^{\frac{1}{5}} = 10^{\frac{20}{5}} = 10^4$$

240 Risposta: **A**. L'equazione generale della retta, in forma esplicita, è: $y = mx + q$. Il coefficiente angolare (m) di una

retta è uguale alla tangente dell'angolo formato dalla retta e dall'asse delle ascisse. Se la retta forma con l'asse orizzontale un angolo di 60°: $tg60° = \sqrt{3} \rightarrow m = \sqrt{3}$. La retta ha equazione: $y = \sqrt{3}x + q$. Sapendo che la retta passa per (0; 3) sostituiamo le coordinate del punto nella sua equazione per trovare l'intercetta (q): $3 = 0 + q \rightarrow q = 3$.
La retta ha dunque equazione: $y = \sqrt{3}x + 3$.

241 Risposta: **C**. Il volume di una sfera è calcolabile come:

$$V = \frac{4\pi r^3}{3}$$

Se si sostituisce il valore del raggio, da noi conosciuto, nelle espressione precedente si trova che $V = 1{,}4 \cdot 10^{31}$ (a.l.)^3.

242 Risposta: **C**. Scomponendo il polinomio con la regola di Ruffini otteniamo:

$$(x - 1)(x^3 + x^2 + 4x + 4);$$

applicando la regola nuovamente si ottiene:

$$(x - 1)(x + 1)(x^2 + 4) = 0.$$

L'equazione ha dunque soluzioni: $x = \pm 1$, mentre il termine nell'ultima parentesi non ammette nessuna soluzione (nessun numero elevato al quadrato dà come risultato un numero negativo). L'equazione ha due soluzioni reali e distinte, una positiva e una negativa.

243 Risposta: **C**. Vale infatti la proporzione

$$15 : 180 = x : \pi$$

ovvero

$$x = 15\pi/180 = \pi/12 \text{ radianti} = 3{,}14/12 \text{ rad} = 0{,}26 \text{ rad}.$$

Questo è un valore compreso tra 1/4 = 0,25 rad e 1/2 = 0,5 rad. La risposta è quindi **C**.

244 Risposta: **B**. Tra i due cubi vi è un rapporto di scala 1/2 per quanto riguarda le dimensioni lineari, $(1/2)^2 = 1/4$ per le superfici e $(1/2)^3 = 1/8$ per i volumi. Essendo la massa dei cubi proporzionale ai loro volumi, se avessero lo stesso peso specifico, il cubo più piccolo avrebbe 1/8 del peso del cubo più grande; dato che invece hanno lo stesso peso, ciò vuol dire che il cubo più piccolo ha peso specifico 8 volte maggiore di quello del cubo più grande.

245 Risposta: **B**. La somma degli angoli interni di un quadrilatero è sempre 360°.

246 Risposta: **D**. La radice di un numero maggiore di 1 è minore del numero dato, mentre quella di un numero minore di 1 è maggiore. Per esempio:
$\sqrt{4} = 2 < 4$, ma $\sqrt{0,25} = 0{,}5 > 0{,}25$

247 Risposta: **A**. Dalle formule degli angoli associati, relative ad angoli opposti: $\tan(-a) = -\tan a$.
Quindi:

$$\tan(-\pi) = -\tan\pi = -\operatorname{sen}\pi / \cos\pi = -0 / -1 = 0.$$

248 Risposta: **B**.

$$\begin{cases} x + y = a \\ x = y + 1 \end{cases} \rightarrow \begin{cases} 2y + 1 = a \\ x = y + 1 \end{cases} \rightarrow \begin{cases} y = \frac{a-1}{2} \\ x = \frac{a+1}{2} \end{cases}$$

Quindi: $x^2 = a^2 + 2a + 1/4$ e $y^2 = a^2 - 2a + 1/4$.

Quindi:

$$x^2 - y^2 = \frac{a^2 + 2a + 1 - a^2 + 2a - 1}{4} = \frac{4a}{4} = a.$$

249 Risposta: **E**. Il volume del cono è: $1/3\pi r^2 \cdot h$.

250 Risposta: **C**.

$$\sqrt[3]{8/125} = \sqrt[3]{(2/5)^3} = 2/5$$

251 Risposta: **C**. La radice cubica di un numero reale positivo ma inferiore a 1, sarà sempre un numero compreso tra 0 e 1, inferiore al valore di partenza. Per esempio: $0{,}5^3 = 0{,}125 < 0{,}5$.

252 Risposta: **B**. La funzione è una equazione polinomiale fratta; bisogna porre il denominatore diverso da 0:

$$x - 1 \neq 0 \rightarrow x \neq 0$$

253 Risposta: **B**. L'argomento della radice quadrata non può essere negativo.

254 Risposta: **B**. Per la definizione geometrica di tangente, la retta tangente ad una curva è chiamata in questo modo poiché tange o "tocca" la curva, senza secarla o "tagliarla". Dunque la retta tangente ad una curva dovrà necessariamente avere con quest'ultima un unico punto in comune. Se non avessero alcun punto in comune la retta sarebbe esterna alla curva, se i punti fossero più di 1, la retta sarebbe secante alla curva.

255 Risposta: **E**. Dato che la funzioni trigonometriche sono periodiche di periodo 2π, angoli di ampiezza α, $\alpha + 2\pi$, $\alpha + 4\pi$ ... condividono gli stessi valori delle funzioni trigonometriche.
Quindi $\text{sen}(5\pi/2) = \text{sen}(\pi/2) = 1$.

256 Risposta: **D**. In matematica, e in particolare nel calcolo infinitesimale, le forme indeterminate sono: $0/0$, ∞/∞, $0 \cdot \infty$, 0^0, $\infty - \infty$. L'espressione: $0/\infty$ dà come risultato 0 (poiché non esiste altro numero con cui moltiplicare il denominatore per ottenere lo 0 a numeratore), e non rappresenta una forma indeterminata.

257 Risposta: **B**. Proprietà delle potenze: $(a^n)^m = a^{n \cdot m}$. La potenza di una potenza è una potenza con base uguale ed esponete uguale al prodotto degli esponenti.

258 Risposta: **B**. Risulta più semplice fare un esempio pratico. Partendo dallo schema del testo imponendo $a = 1$, $b = 4$, $c = 3$, $d = 6$; quindi, seguendo le condizioni riportate nella domanda, risulta che $R = 3$ e che $K = 3$ perciò i due valori sono uguali, che è la relazione riportata nella risposta **B**.

259 Risposta: **C**.

$$\begin{cases} x - 2 = 0, \text{ se } |x| > 0 \\ x + 2 = 0, \text{ se } |x| < 0 \end{cases} \rightarrow$$

$$\rightarrow \begin{cases} x = 0, \ x = 2 \\ x = 0, \ x = -2 \end{cases}$$

L'equazione ha quindi quattro soluzioni reali, due coincidenti e pari a 0, due distinte e pari a + 2 e – 2.

260 Risposta: **B**. La funzione $y = a^{-x}$ è equivalente alla funzione $y = 1 / a^x$: se $a > 0$, l'esponenziale è sempre positivo, quindi la funzione è sempre positiva.

261 Risposta: **D**. Superficie della sfera: $S = 4\pi \cdot r^2$.
Sapendo che $r_2 = 10r_1$ allora: $S_1 = 4\pi \cdot r^2$ e $S_2 = 4\pi \cdot 10r^2 = 400\pi \cdot r^2$. Le superfici delle sfere sono in rapporto 1:100, così come le quantità di liquido che su di esse si depositano.

262 Risposta: **C**. $\log_{10} 100 = 2 \rightarrow 3^4 = 81$

263 Risposta: **B**. L'equazione in forma canonica della circonferenza è: $x^2 + y^2 + ax + by + c = 0$. Dunque è un'equazione di secondo grado.

264 Risposta: **A**.

$$729^{1/3} = \sqrt[3]{729} = \sqrt[3]{9^3} = 9$$

265 Risposta: **D**. Si tratta di una serie aritmetica (cioè la somma dei numeri di una progressione aritmetica finita). La somma dei primi n valori di una progressione aritmetica (dove per progressione aritmetica si intende: una successione di numeri tali che la differenza tra ogni termine e il suo precedente sia costante) è definita dalla seguente formula:

$$\frac{a_1 + a_n}{2} \cdot n$$

dove a_1 è il primo termine della successione e a_n l'ultimo. Si ottiene:

$$\frac{1 + 200}{2} \cdot 200 \rightarrow S = 20100.$$

266 Risposta: **D**. In statistica si definisce media geometrica di n numeri, la radice n-esima del prodotto degli n valori. Quindi la media geometrica dei valori 2 e 5 corrisponde alla radice quadrata (n = 2) del loro prodotto (10).

267 Risposta: **C**.

$$\begin{cases} 4x^2 - 9y^2 - 36 = 0 \\ 4x + 3y = 0 \end{cases} \rightarrow$$

$$\rightarrow \begin{cases} 9y^2 - 36y^2 - 144 = 0 \\ x = \frac{-3y}{4} \end{cases}$$

L'equazione:

$$9y^2 - 36y^2 - 144 = 0 \to -3y^2 = 16 \to$$

$$\to y^2 = \frac{-16}{3}$$

risulta impossibile poiché un numero elevato al quadrato è sempre positivo. Il sistema non ammette alcuna soluzione reale, ovvero è impossibile.

268 Risposta: **B**. Ipotizziamo un perimetro pari a 8 *m*. **A**: il quadrato avrà lato pari a 2 e area: $2^2 = 4\ m^2$. **B**: l'ottagono avrà lato pari a 1 e area: $4{,}828\ l^2 = 4{,}828\ m^2$. **C**: il rettangolo avrà base pari a 3,2, altezza pari a 0,8 e area = $2{,}56\ m^2$. **D**: il triangolo equilatero ha base pari 2,7 mentre l'altezza è pari a 2,34, l'area é = $2{,}77m^2$. **E**: l'esagono ha lato pari a 1,3 e area: $2{,}598\ l^2 = 4{,}39\ m^2$. Il poligono con area massima è dunque l'ottagono.

269 Risposta: **A**. Scartiamo subito: l'opzione **B** perché il quadrato di un numero è sempre positivo, l'equazione non ha radici reali; l'opzione **C** poiché il polinomio a primo membro è scomponibile in: $(x-1)(x-2)$, l'equazione ha dunque due radici reali e distinte: $x = 1$ e $x = 2$. Opzione **D**: l'espressione a primo membro si scompone in: $(x^2 + 1)(x + 1)(x - 1)$, l'equazione ha come uniche soluzioni reali $x = \pm 1$. Opzione **A**: l'espressione a primo membro si scompone in: $(x + 1)(x - 1)(x^2 - 4)$, l'equazione ha 4 soluzioni reali e distinte: $x = \pm 1$ e $x = \pm 2$.

270 Risposta: **B**. Tolti gli avanzi, il tappezziere ha usato 52 metri dal primo rotolo e 91 dal secondo. Dato che i pezzi sono tutti della stessa lunghezza, cerchiamo il sottomultiplo comune tra $52 = 4 \cdot 13$ e $91 = 7 \cdot 13$. Essendo questo 13, 13 metri è la lunghezza dei pezzi tagliati e il loro numero è $4 + 7 = 11$.

271 Risposta: **A**.

$$\begin{cases} 4x^2 + 9y^2 - 36 = 0 \\ x - y - 4 = 0 \end{cases} \to$$

$$\to \begin{cases} 13y^2 + 32y + 28 = 0 \\ x = y + 4 \end{cases}$$

L'equazione: $13y^2 + 32y + 28 = 0$ non ammette alcuna soluzione reale, poiché ha determinante negativo. Il sistema è impossibile, non avendo anch'esso alcuna soluzione.

272 Risposta: **A**. In geometria solida, il parallelepipedo (etimologicamente: a piani, in greco *epipedòn*, paralleli) è un poliedro le cui facce sono 6 parallelogrammi. L'ampiezza degli angoli formati dalle sue facce può variare; quando gli angoli sono retti (formando un rettangolo per ogni faccia) si parla di parallelepipedo rettangolo.

273 Risposta: **E**. Bisogna porre il denominatore $\neq 0$; $2x - 1 \neq 0 \to x \neq 1/2$.

274 Risposta: **C**. Se il centro della circonferenza è nell'origine degli assi (0, 0) l'equazione generale diventa:

$$x^2 + y^2 = r^2$$

(in quanto se la circonferenza ha centro in O non sono presenti i termini di primo grado). Dunque il termine noto portato al secondo membro rappresenta il quadrato del raggio della circonferenza. Nel nostro caso eseguendo questa operazione si ottiene che il quadrato del raggio è un numero negativo e questo già intuitivamente è impossibile. Si può arrivare alla medesima conclusione considerando che la somma di due quadrati non può essere uguale a un numero negativo.

275 Risposta: **E**. Sapendo che il foglio iniziale era di forma quadrata e che i due rettangoli ottenuti dopo la piegatura sono sovrapposti, si può dire che il lato più lungo del rettangolo è il doppio dell'altro oltre che uguale al lato iniziale del foglio. Quindi essendo il perimetro di 12 cm, dividendolo per 2 si trova la somma di due lati contigui che è 6 cm. Poiché questi sono uno il doppio dell'altro, il più lungo sarà pari a 4 cm, che è anche la misura del lato iniziale del foglio. Da ciò si può calcolare l'area del quadrato:

$$A = L^2 = 16\ \text{cm}^2.$$

276 Risposta: **D**. Detti *A*, *B*, *C* e *D* il numero di esami superati dai quattro studenti, abbiamo che $A = B + 3$; $A = C/2$, $B = D - 10$. Portando tutto in funzione di *A*, $B = A - 3$, $C = 2A$ e $D = B + 10 = A - 3 + 10 = A + 7$.
Il numero totale di esami superati è

$A + B + C + D =$
$= A + (A - 3) + 2A + (A + 7) =$
$= 5A + 4 = 29$, da cui $A = 5$ e $D = 12$.

277 Risposta: **B**.
$27/8 = 3^3/2^3 = (3/2)^3 = (2/3)^{-3}$

278 Risposta: **D**. Poiché Buffon deve pagare Totti questo implica che quest'ultimo abbia segnato un maggior numero di rigori rispetto a quelli parati da Buffon, infatti se lo scontro si fosse risolto in parità sarebbe stato Totti a dover pagare Buffon, questo perché un rigore parato vale di più di uno segnato. Tra le soluzione sono due quelle che contemplano questa condizione la **D** e la **B**; verifichiamo la prima: Totti ha segnato 12 – 4 = 8 rigori, il che vuol dire che ha guadagnato 320 €, mentre Buffon ne ha parati 4 che corrispondo a 4 · 50 € = 200 €. Se facciamo la differenza vediamo che 320 € – 200 € = 120 € che è il caso riportato nel testo.

279 Risposta: **C**. Applichiamo il teorema di Pitagora: i cateti del triangolo rettangolo sono due lati adiacenti del quadrato mentre l'ipotenusa è la diagonale dello stesso quadrato. Sapendo che il quadrato costruito sull'ipotenusa è pari alla somma dei quadrati costruiti sui due cateti, si avrà: $d = \sqrt{2}$.

280 Risposta: **A**. Il numeratore rappresenta la differenza di due quadrati e si scompone in: $(a + 1)(a - 1)$. Il denominatore è scomponibile tramite raccoglimento parziale e diventa:
$(a^2 - 1)(a^3 + 4) = (a + 1)(a - 1)(a^3 + 4)$.
La frazione algebrica è quindi equivalente a: $[(a + 1)(a - 1)] / [(a + 1)(a - 1)(a^3 + 4)] = 1 / (a^3 + 4)$.

281 Risposta: **D**.

$$\frac{1}{3\sqrt[5]{4}} = \frac{\sqrt[5]{4^4}}{3\sqrt[5]{4}\sqrt[5]{4^4}} = \frac{\sqrt[5]{4^4}}{3 \cdot 4} = \frac{\sqrt[5]{4^4}}{12}$$

282 Risposta: **C**. Dall'equazione fondamentale della trigonometria: $\cos^2 x + \text{sen}^2 x = 1$; quindi sostituendo $\cos x = 0{,}6$ otteniamo:

$$\text{sen} x = \sqrt{1 - 0{,}6^2} = \sqrt{1 - 0{,}36} = \sqrt{0{,}64} = 0{,}8$$

283 Risposta: **C**.

$$\frac{5}{\sqrt{5} - \sqrt{3}} = \frac{5(\sqrt{5} + \sqrt{3})}{(\sqrt{5} + \sqrt{3})(\sqrt{5} - \sqrt{3})} = = \frac{5}{2}(\sqrt{5} + \sqrt{3})$$

284 Risposta: **C**. Concentriamoci sul risultato del primo lancio: se esce 1 ho 5 casi su 6 in cui il risultato del secondo lancio è maggiore del primo, quindi p. = 5/6 che il primo lancio sia minore del secondo; se esce 2 p. = 4/6; se esce 3 p. = 3/6; se esce 4 p. = 2/6; 5 p. = 1/6; 6 p. = 0. Dunque si hanno 15 casi favorevoli su 36 casi possibili (tutte le possibili coppie di numeri). La p. totale è dunque pari a: 15/36 = 5/12.

285 Risposta: **E**. In un triangolo qualsiasi ogni lato è minore della somma degli altri due e maggiore della loro differenza. Un triangolo i cui lati misurino 2, 2 e 4 è un triangolo degenere, avente un angolo di 180°. Gli altri due angoli hanno ampiezza zero, e un lato misura quanto la somma degli altri due: graficamente, il triangolo risulta essere un segmento.

286 Risposta: **B**. Ponendo il numeratore della disequazione maggiore o uguale a 0 si ottiene: $x \geq 1$. Poniamo ora il denominatore maggiore di 0 (non può mai essere = 0) e otteniamo: $\forall x \in \Re$ (poiché l'equazione associata ha determinante negativo e risulta quindi impossibile, e la disequazione è concorde). Il sistema di disequazioni avrà come soluzione: $x \geq 1$.

287 Risposta: **C**. L'espressione nel quesito rappresenta un prodotto notevole, più precisamente una differenza di quadrati e si scompone così: $x^2 - y^2 = (x - y)(x + y)$.

288 Risposta: **B**. La probabilità condizionata di due insiemi disgiunti è zero, poiché due insiemi si dicono disgiunti se non si intersecano mai, e dunque la probabilità della loro intersezione è zero.

289 Risposta: **B**. Bisogna porre il denominatore $\neq 0$, $x^2 - 2x + 1 \neq 0 \rightarrow x \neq 1$.

290 Risposta: **C**.
$x = \sqrt{1+\sqrt{2}} \rightarrow x = 1{,}554$.
Quindi: $1 < x < 2$.

291 Risposta: **B**.
$(-a)^2 + (-b)^2 = a^2 + b^2 < (-a - b)^2 =$
$= a^2 + b^2 + 2ab$

292 Risposta: **A**. La sfera, per ipotesi, ha raggio pari a metà del lato del quadrato, quindi: $r = l/2$. $V_c = l^3$, mentre
$V_s = (4\pi r^3)/3 = (\pi l^3)/6$.
Quindi il rapporto:
$(V_c - V_s)/V_c = [l^3 - (\pi l^3)/6] / l^3 = 1 - \pi/6$.

293 Risposta: **B**. $-a^2 + 2a - 1 =$
$= -(a^2 - 2a + 1) = -(a - 1)^2$.

294 Risposta: **B**. $(-A)^{-0,5} = 1/\sqrt{-A}$; se A è negativo allora $-A$ è positivo e la sua radice è definita nel campo dei numeri reali.

295 Risposta: **C**. Condizione: $x - x/2 > 2x \rightarrow -3x > 0 \rightarrow x < 0$. La condizione è verificata dunque per tutti i numeri minori di zero.

296 Risposta: **E**. Ricordando che l'equazione di un'iperbole equilatera, riferita ai propri asintoti (gli asintoti coincidono con gli assi cartesiani) ha equazione: $xy = 1 \rightarrow y = 1/x$, la disequazione presente a sistema rappresenta l'area esterna ai rami dell'iperbole (l'iperbole è il luogo dei punti per cui, fissati due punti detti fuochi, è costante il valore assoluto della differenza delle distanze dai fuochi: la disequazione rappresenta dunque il luogo dei punti aventi distanza maggiore, quindi i punti esterni ai rami dell'iperbole). L'equazione rappresenta invece la bisettrice del I e III quadrante. L'insieme delle soluzioni è rappresentato dal segmento che giace sulla bisettrice, i cui estremi (esclusi) sono i punti dei due rami dell'iperbole più vicini all'origine degli assi.

297 Risposta: **D**. Un polinomio è la somma algebrica di due o più monomi non simili tra loro.

298 Risposta: **D**. La circonferenza può essere intesa come un'ellisse degenere, con fuochi coincidenti (al raggio della circonferenza) ed eccentricità sempre pari ad 0, indipendentemente dal raggio.

299 Risposta: **B**. $H = 80\%\ K \rightarrow H = 0{,}8K \rightarrow K = 1{,}25H \rightarrow K = 5H/4$.

300 Risposta: **B**. Poiché i numeri negativi sono ordinati in maniera opposta a quelli positivi. Per esempio, $2 < 4$, ma $-2 > 4$.

301 Risposta: **B**. La funzione $y = x^2$ è una parabola con asse verticale, vertice nell'origine e concavità rivolta verso l'alto; di conseguenza è strettamente crescente per valori positivi della x e strettamente decrescente per valori negativi della x.

302 Risposta: **C**. L'opzione **A** è da scartare poiché esistono infinite sfere con centro in C che non intersecano p nella circonferenza c, poiché hanno raggio maggiore; **B** è da scartare poiché esistono infinite sfere con centro sulla retta passante per C e perpendicolare a p che non intersecano il piano. L'unica risposta corretta è la **C**: esistono infatti infinite circonferenze aventi per intersezione con p un'area pari alla circonferenza, unica condizione è quella di avere centro lungo la retta passante per C e perpendicolare a p. Scartiamo di conseguenza anche le opzioni **D** ed **E**.

303 Risposta: **D**. Le persone che consumano oltre 8 MJ/giorno di energia sono $2 + 1 = 3$ tra le normali e $6 + 2 + 1 + 1 = 10$ tra le soprappeso: le soprappeso sono $10/(3 + 13) = 0{,}77$, dunque il 77%.

304 Risposta: **C**. La funzione $y = 1/x$ rappresenta graficamente un'iperbole equilatera i cui asintoti coincidono con gli assi cartesiani; la funzione $y = x$ rappresenta la bisettrice del primo e del terzo quadrante; le due funzioni si intersecano nei punti (1, 1) e (–1, –1). Di conseguenza, l'iperbole di equazione $1/x$ assume valori maggiori della retta $y = x$ per valori della x minori di –1 oppure compresi tra 0 e 1; invece è la retta ad assumere valori maggiori dell'iperbole per valori della x compresi tra –1 e 0 oppure maggiori di 1.

305 Risposta: **B**. Se $b < a$, la disuguaglianza $b/c < a/c$ è vera per $c > 0$ in quanto se dividessimo la relazione $b < a$ per un numero negativo, dovremmo cambiare il verso della disequazione.

306 Risposta: **E**. Gli anni in cui si è avuto un calo della produzione dei camion sono stati il 1993 (da 30 125 a 15 855, circa 14 000 in meno), il 1994 (da 15 855 a 12 580, circa 3000 in meno), il 1998 (da 39 450 a 35 005, circa 4000 in meno) e il 1999 (da 35 005 a 32 000, circa 3000 in meno).

307 Risposta: **A**. Dai 5 postulati di euclide è possibile dedurre alcune relazioni di incidenza tra punti, rette e piani, tra le quali: per 3 punti non allineati nello spazio passa uno e un solo piano.

308 Risposta: **B**. Scrivendo le due equazioni in forma esplicita si ottiene:

$$\begin{cases} y = -2x - 1 \\ y = -2x + 19/4 \end{cases}$$

Quindi le due rette sono parallele in quanto i due coefficienti angolari sono uguali. Le risposte **A** e **C** sono dunque sbagliate perché le rette sono parallele, cosi come le risposte **D** ed **E** in quanto due rette essendo parallele non hanno punti di intersezione (se non all'infinito).

309 Risposta: **D**. $x^2 + 4 \geq 0 \rightarrow x^2 \geq -4$. L'equazione associata $x^2 = -4$ è impossibile poiché il quadrato di un numero non può essere negativo. L'equazione associata non ammette dunque soluzioni reali, e la disequazione risulta verificata: $\forall x \in \Re$.

310 Risposta: **A**. L'equazione generale di una retta, in forma esplicita, è: $y = mx + q$. Il coefficiente angolare della retta (m) è pari alla tangente dell'angolo formato dalla retta con l'asse orizzontale: $\text{tg}120° = -\sqrt{3} \rightarrow m = -\sqrt{3}$. L'equazione della retta è dunque: $y = -\sqrt{3}x + q$. Sapendo che la retta passa per (0, –2), sostituiamo le coordinate del punto nella sua equazione per trovare l'intercetta (q): $-2 = q$. L'equazione della retta è dunque: $y = -\sqrt{3}x - 2$.

311 Risposta: **D**. Un decimetro quadrato è un quadrato di 10 cm di lato e quindi ha area pari a 100 cm^2. 12 dm^2 sono dunque pari a $12 \cdot 100 = 1200$ cm^2.

312 Risposta: **D**. Senza neanche risolvere l'equazione né sostituire le cinque coppie di soluzioni, basta notare che essendo $c = -8$, il prodotto delle due soluzioni deve valere –8, in quanto il termine noto rappresenta il prodotto delle due soluzioni, mentre il coefficiente del termine di primo grado esprime la loro somma: opzione corretta **A**, infatti $-2 \cdot 4 = -8$ e $-2 + 4 = 2$.

313 Risposta: **D**. Corrisponde a un sistema simmetrico con equazione risolvente $z^2 + 7z + 6 = 0$, che ha per soluzione i valori –1 e –6.

314 Risposta: **A**. Cerchiamo due numeri tali che la loro somma sia –3 e il loro prodotto sia –10, ovvero 2 e –5. Quindi $(x^2 - 3x - 10) = (x + 2)(x - 5)$

315 Risposta: **E**. Il radicando è l'argomento della radice, ovvero il numero sul quale eseguire l'operazione.

316 Risposta: **D**. $(x + y) : (x - y) = 7 : 3$. Per la proprietà delle proporzioni: il prodotto dei medi è uguale al prodotto degli estremi, quindi:

$$7(x - y) = 3(x + y) \rightarrow 4x = 10y.$$

Inoltre sappiamo che: $(x - y) : (xy) = 3 : 40$, quindi: $3xy = 40(x - y)$. Ponendo a sistema le due equazioni ottenute si ha:

$$\begin{cases} 4x = 10y \\ 3xy = 40x - 40y \end{cases} \rightarrow$$

$$\rightarrow \begin{cases} x = \frac{10y}{4} \\ 15y^2 - 120y = 0 \end{cases} \rightarrow \begin{cases} x = 20 \\ y = 8 \end{cases}$$

La soluzione $y = 0$ non è accettabile.

317 Risposta: **D**. Il logaritmo neperiano è il logaritmo di base e (numero di Nepero), quello decimale ha base 10; inoltre esistono logaritmi iperbolici ossia logaritmi di funzioni periodiche.

318 Risposta: **D**.

$$a^2 + b^2 + c^2 < (a + b + c)^2 =$$
$$= a^2 + b^2 + c^2 + 2ab + 2ac + 2bc$$

319 Risposta: **D**. Infatti

$$\sqrt{12} + \sqrt{24} = 2\sqrt{3} + 2\sqrt{2}\sqrt{3} =$$
$$= 2\sqrt{3}(1 + \sqrt{2})$$

320 Risposta: **D**. $V_{sfera} = 4\pi R^3/3$.
$V_{cil} = \pi h R^2$.
Sostituendo i valori del raggio della sfera e del raggio di base del cilindro si ottiene: $V_s = 4\pi \cdot 8/3$ e $V_c = 4\pi h$. Se $V_s = V_l \rightarrow$
$\rightarrow 4\pi \cdot 8/3 = 4\pi h \rightarrow h = 8/3$.

321 Risposta: **C**. La funzione seno è periodica, quindi non biunivoca né invertibile.

322 Risposta: **B**. Razionalizziamo:

$$\frac{6}{2+2\sqrt{2}} = \frac{6(2-2\sqrt{2})}{(2+2\sqrt{2})(2-2\sqrt{2})} =$$

$$= \frac{6(2-2\sqrt{2}}{4-2} = 3(2-2\sqrt{2})$$

323 Risposta: **D**. Semplificando l'equazione $3x - 5 = 2x + 2 + x$ otteniamo $-5 = 2$ ovvero un'equazione impossibile.

324 Risposta: **B**. Si potrebbe supporre un incremento pari al 100% giornaliero, poiché in due giorni l'incremento è stato del 200%. Ciò significherebbe, però, che da 100 batteri iniziali se ne avrebbero 200 dopo un giorno e 400 dopo il secondo. Se p è l'incremento percentuale medio, i batteri saranno 100 il 1° giorno, $100(1 + p)$ il 2° e $100(1 + p)(1 + p)$ il 3°. Il numero di batteri dopo due giorni è = 300, ovvero $300 = 100(1 + p)(1 + p)$, da cui $p = 73{,}2\%$. Data una quantità iniziale q_0, incrementandola di un tasso p costante per unità di tempo, dopo un tempo t avremo un totale $q = q_0(1+p)^t$.

325 Risposta: **A**. $V_c = \pi r^2 h = 2\pi r^3$. La sfera di volume massimo, contenibile nel cilindro deve avere lo stesso raggio della base circolare del cilindro, quindi r.

$$V_s = (4\pi r^3)/3.$$

Il rapporto tra il volume del cilindro e quello della sfera sarà dunque:

$$(6\pi r^3)/(4\pi r^3) = 3/2.$$

326 Risposta: **D**. Le radici di un polinomio sono dette anche zeri in quanto sono le soluzioni dell'equazione associata a quel polinomio e come tali lo annullano se sostituite nel polinomio stesso. Un qualsiasi polinomio in forma lineare può essere scomposto in fattori che contengono le singole radici, risultando del tipo $f(x) = (x - x_1)(x - x_2) \ldots (x - x_n)$ dove $x_1, x_2, \ldots, x_n$ sono appunto le radici o zeri.

327 Risposta: **B**. Se $f(x,y) = x - xy^2 + y$, $f(-x,-y) = -x - xy^2 - y = -f(x,y)$.

328 Risposta: **A**. La tangente di un numero è definita come il rapporto tra il seno e il coseno dell'angolo stesso.
Quindi: $\text{tg}(-90°) = -1 / 0 = -\infty$

329 Risposta: **B**. Il logaritmo di un numero (argomento del logaritmo) in una data base, è definito come l'esponente a cui elevare la base per ottenere l'argomento del logaritmo stesso.
Quindi:

$$a = \log_2 (1/2) \rightarrow 2^a = 1/2 \rightarrow a = -1.$$

330 Risposta: **B**. I due punti giacciono, per ipotesi, entrambi sulla medesima retta. La retta ha dunque equazione: $y = 2$. La distanza tra i due punti, che hanno uguale ordinata, corrisponde alla differenza delle ascisse: $D = 3 - 1 = 2$.

Lingua inglese

LINGUA INGLESE

1 Why don't you want to go to the Far East? It's __________ interesting.

A Much
B Many
C Very
D A lot
E Too

2 Quale tra i seguenti termini completa correttamente la frase "Fred is usually on time. He _____ to be here any time now".

A Might
B Ought
C Has
D Must
E Sia B sia D

3 The man who's speaking to Sarah is her new assistant.

A L'uomo che sta parlando con Sarah è il suo nuovo assistente
B L'uomo con cui sta parlando Sarah è il suo nuovo assistente
C L'uomo di cui sta parlando Sarah è il suo nuovo assistente
D L'uomo che sta parlando di Sarah è il suo nuovo assistente
E L'uomo di cui stanno parlando con Sarah è il suo nuovo assistente

4 Choose the word or words which best complete the following sentence. "We ran all the way, but got to the station really late, and our train _____".

A Has already left
B Has although left
C Had already left
D Already leaved
E Had although left

5 This radio is __________ than that.

A Cheaper
B More cheap
C Most cheap
D Cheapest
E Nessuna delle precedenti risposte è corretta

6 I have __________ in the office since six o'clock in the afternoon.

A Been working
B Worked
C Done
D Working
E Nessuna delle precedenti risposte è corretta

7 You are a pirate! How many songs and films __________ from Internet this week?

A Do you download
B Have you downloaded
C Did you download
D Want you to download
E Were you downloaded

8 I don't think she'll pass the exam easily.

A Non penso che lei abbia passato l'esame con difficoltà
B Non penso che lei abbia passato l'esame facilmente
C Penso che lei passi l'esame facilmente
D Penso che lei abbia passato l'esame facilmente
E Non penso che lei passerà l'esame facilmente

9 This is the living room and this is the __________.

A Girls' bedroom
B Bedroom girl's
C Girls bedroom's
D Bedrooms' girls
E Girl's bedrooms

10 Your letter _____.

A Has arrived since three days
B Has arrived three days ago
C Arrived three days ago
D Arrived since three days
E Has arrived until three days

11 Robert _______ to play football this evening.

A Shall
B Can
C Is going
D Will
E Nessuna delle precedenti risposte è corretta

12 Choose the correct sentence:

A I was born in June the tenth
B I am born on June the tenth
C I was born on June the tenth
D I am born in June the tenth
E nessuna delle precedenti risposte è corretta

13 This park is quite old. __________ trees were planted 100 years ago.

A Its
B Their
C Every

D Any
E Lots

14 Choose the answer that is closest in meaning to the word in brackets and that does not change the meaning of the sentence. "We arrived too late. The party was (over)".

A Crowded
B Far
C Finished
D Closed
E Nessuna delle opzioni precedenti è corretta

15 Fill in the blanks. "When we arrived at the cinema, the film had _________ started".

A Just
B Still
C Also
D Yet
E Already

16 Find the opposite meaning of insolent.

A Polite
B Delicate
C Rich
D Determined
E Stubborn

17 How's your mother?

A She's very well
B That's she
C This is her
D She's good
E Nessuna delle precedenti risposte è corretta

18 Choose the word or words which best complete the following sentence. "She has never _____ at a public event before".

A Spoken
B Speaked
C Spoke
D Spoked
E Speak

19 Choose the word or words which best complete the following sentence. "By the time he gets to the office the meeting _____ over".

A Would be
B Is being
C Will start to be

D Will be
E Has been

20 Quale tra i seguenti termini completa correttamente la frase "I was told about your car accident. You ________ terrified!".

A Might have been
B Needed to be
C Shall have been
D Must have been
E Nessuna delle precedenti risposte è corretta

21 Choose the word which best completes the following sentence. "They are jealous _____ your success".

A For
B With
C Of
D At
E To

22 Choose the word or words which best complete the following sentence. "The professor _____ talking despite the fact that his students _____ listening to him".

A Carried on – were already
B Was carrying on – were no more
C Carries on – are always
D Did continue – won't be
E Carried on – were no longer

23 Choose the word which best completes the following sentence: "They go to the airport __________ taxi".

A By
B With
C Over
D Off
E On

24 If the restaurant is closed where __________?

A About we go
B Go we
C Shall we go
D Let's go
E Do we go

25 Choose the answer which is closest in meaning to the *italic* word and which does not change the meaning of the original sentence. "The council has been running training schemes for the *jobless*."

A Unemployed
B Employed
C Unhappy

D Needy
E Elderly

26 I put the beer in the fridge __________.

A Since four hours
B For four hours
C Four hours ago
D Before four hours
E At four hours

27 Choose the word which best completes the following sentence. "The books are _____ there".

A Till
B On
C Of
D Farther
E Over

28 If you _____ help you, you only have to ask me.

A Want me to
B Want that I
C Are wanting me to
D Want I should
E Must

29 The first plane __________ on 17th December 1903.

A Flyed
B Flied
C Flew
D Flown
E Flow

30 Quale tra i seguenti termini completa correttamente la frase "It's the rule. They ________ pass that test before they subscribe".

A Ought
B Might
C Have to
D Can
E Could

31 John's house has 3 bedrooms and Mary's has 1. Mary's house is __________ John's.

A Smaller than
B Bigger than
C Smaller then
D Bigger then
E Smallest then

32 The country was against the war __________ the president started it.

A So
B Why
C But
D And
E Otherwise

33 Jack has been reading that book ________ six hours.

A For
B Since
C Ago
D From
E Now

34 If you leave before ten, you __________ the train.

A Catched
B Cought
C Will catch
D Would catch
E Nessuna delle precedenti risposte è corretta

35 When the party had finished we __________ home __________ taxi.

A Went – by
B Go – in
C Went – on
D Go – by
E Go – on

36 Would you like _____? Yes, I _____ have an orange juice, please.

A To order – ’d
B Ordering – ’d
C Order – ’ll
D To order – ’ll
E Ordering – ’ll

37 This is our son James and __________ are our twin daughters, Sabrina and Jessica.

A Their
B That
C Them
D These
E This

38 I like __________ to parties and __________.

A Go – dance
B Going – dancing
C Going – dance

D Goes – to dance
E Goes – dance

39 How _____ milk do you drink in a week?

A Many
B Lot of
C Many litre of
D Much
E More

40 I don't know what my father __________ with his students. With me he's always nice.

A Likes
B Is like
C Looks like
D Would like
E Likes all

41 The part of the following sentence between square brackets contains one or more mistakes; choose the correct form. "That guy thinks [to be more smart than] anyone else".

A Being smarter like
B To be smart than
C He's more smart than
D He's most smart of
E He's smarter than

42 What's your father?

A This is him
B He's an engineer
C That's he
D I haven't got any
E Nessuna delle precedenti risposte è corretta

43 We're going to the cinema tonight. Would you like __________ us?

A To join
B Join
C Joining
D To joining
E Of joining

44 If I _____ you were coming, I would have made a cake.

A Would have known
B Knew
C Had known
D Would know
E Could known

45 Choose the word or words which best complete the following sentence. "The General Manager suggested _____ the working week to 35 hours".

A Reducing
B To reduce
C Reduce
D To be reduced
E That we would to reduce

46 Choose the word or words which best complete the following sentence. "I remember the Christmases we spent in Italy when we _____ Martinis on the beach before Christmas lunch".

A Had drunk
B Should drinking
C Used to drinking
D Were used to drinking
E Used to drink

47 Quale tra le seguenti è la forma corretta?

A Independance
B Indepandance
C Independense
D Independence
E Indipendence

48 "_________ your brother like?" – "He's a very nice person but shy."

A What does
B What
C What's
D What would
E What will

49 Spencer's always loved staying with his grandparents.

A Spencer è sempre stato amato dai suoi nonni
B Spencer ha sempre amato stare con i suoi nonni
C I nonni di Spencer amano stare con lui
D Spencer vorrebbe sempre stare con i suoi nonni
E Spencer ha sempre amato stare con i suoi parenti adulti

50 Jill, are you hungry? _________ you like something to eat?

A Could
B Will
C Do
D Would
E Should

51 "Hello. I'm Otto Steiner." – "Hello _________ I'm Sam. Can I help you?".

A Pleased!

B What do you do?
C Nice to meet you!
D How does it go?
E Very happy!

52 Her brothers __________ in Jakarta.

A Were born
B Are born
C Have born
D Born
E Borned

53 She'll be at home between __________ and five. Call her.

A Two past half
B Thirty past two
C Two and half
D Two half past
E Half past two

54 The room is __________ and nobody is allowed to enter it.

A Hers
B Of her
C Her
D She's
E Of she

55 __________ for breakfast.

A Often he eats bacon and eggs
B He eats often bacon and eggs
C He often eats bacon and eggs
D He eats bacon and eggs often
E Often eats he bacon and eggs

56 The following sentence contains one or more mistakes; choose the correct form. "Are you ever been in Florida?".

A Are you never been at Florida?
B Have you ever been to Florida?
C Are you ever been to Florida?
D You been in Florida?
E Have you ever be to Florida?

57 The Pacific is the _____ ocean in the world.

A Most large
B Largest
C Larger
D More large
E Most largest

58 There were too _____ people at the conference and we couldn't hear _____.

A Many – something
B Much – anything
C Many – anything
D Much – something
E Much – nothing

59 Give _______ the right wage for ______ work.

A Ours – our
B His – him
C Us – our
D My – me
E Nessuna delle precedenti risposte è corretta

60 Qual è la forma plurale di wife?

A Wifes
B Wofe
C Wolves
D Wives
E Nessuna delle precedenti risposte è corretta

61 A lot of milk _______ in the USA.

A Has drunk
B Is drinking
C Drinks
D Is drunk
E Was drinking

62 Choose the word which best completes the following sentence. "My brother is never on time. Neither _____ your sister".

A Do
B Is
C Does
D Arrive
E Isn't

63 Quale tra i seguenti termini completa correttamente la frase "I'm really quite lost. ______ showing me how to get out of here?".

A Would you be
B Must you be
C Will you
D Would you mind
E Sia A sia D

64 Susan works in a bank and _____.

A That does John
B So does John

C So John does
D That John does
E So John is

65 "Consuelo and Carlos speak French very well. Do they live in France?" – "No, they __________ They go to France every summer".

A Haven't
B Don't live
C Aren't
D Don't
E Live not

66 Most of the Americans I know are from California.

A Molti Americani che conosco sono della California
B La maggior parte degli Americani conoscono la California
C La maggior parte degli Americani che conosco sono della California
D Molti Americani conoscono la California
E Molti Americani che conoscono sono della California

67 She was easily intimidated __________ her employer, who made a practice of abusing his authority over her.

A From
B To
C With
D By
E Nessuna delle precedenti risposte è corretta

68 I met a young lady __________ cousin lives near me.

A Who's
B That
C Which
D Whose
E Who her

69 I drank a cold Coke __________ it was too hot.

A But
B So
C And
D Why
E Because

70 When you work in a hospital, do you __________ wear a uniform?

A Have got
B Must
C Should
D Have
E Have to

71 __________ something special for your next anniversary?

A Do you do
B Will you doing
C Do you
D Are you doing
E Are you go

72 Last year I __________ on holiday with two friends of mine.

A Spent
B Was
C Passed
D Trip
E Stayed

73 Quale forma superlativa è errata?

A The most strong
B The best
C The most beautiful
D The worst
E The quickest

74 Quale tra i seguenti termini completa correttamente la frase "Teacher, we've finished studing our lesson. _____ we leave now, please?"

A Must
B Can
C May
D Need to
E Sia A sia B

75 Choose the word or group of words which best completes the following sentence. "Send _____ a card, please".

A Us
B We
C You
D At us
E To us

76 You can choose __________ book you like.

A A few
B A lot
C Some
D Any
E Nessuna delle precedenti risposte è corretta

77 Choose the word or group of words which best completes the following sentence. "If John had studied more last year, he _____ in an advanced class this year".

A Would had been

B Had been
C Will be
D Would be
E Can be

78 _____ is that book?

A Who's
B Who
C Whose
D Whom
E Whos

79 "This year we only have one week's holiday for Christmas." – "What __________?".

A Do you do
B You do
C Will you doing
D You are doing
E Are you doing

80 My sister _____ me yesterday.

A Has phoned
B Will phone
C Phone
D Phoned
E Phones

81 Choose the word or words which best complete the following sentence. "I urgently need information on the climate in Patagonia but _____".

A I can't find it
B I can't find one
C I can't find some
D I can't find none
E I can't find them

82 Jayapura is __________ place they've been to.

A More distant
B The most distant
C The distantest
D Distant than
E The distant of

83 Choose the word or words which best complete the following sentence. "In ancient times, doctors ________ decide what was wrong by examining body fluids such as urine, phlegm and vomit".

A Had
B Must
C Have to

D Had to
E Musted

84 Choose the group of words which best completes the following sentence: "How __________ to work in the morning?". "On foot. I live near the office".

A Does he go
B You go
C Are you go
D Do you go
E Go you

85 Choose the answer which is closest in meaning to the *italic* word and which does not change the meaning of the following sentence. "Your car is *nearly* as old as mine."

A All most
B Already
C Near
D Almost
E Quite

86 __________ has turned up the volume of the radio?

A Whose
B What
C Which
D Who
E Nessuna delle precedenti risposte è corretta

87 "Do they read novels?" – "Yes they __________. They've lots at home."

A Read
B Are
C Have
D Do
E Like

88 Choose the word or words which best complete the following sentence. "_____ if I open the window?".

A Mind
B Would mind you
C Should it mind you
D Does it trouble to you
E Do you mind

89 Choose the word or words which best complete the following sentence. "We'll be late: _____".

A We will be stuck until two hours
B It is two hours since we've been stuck here
C We are stuck in two hours

D It are two hours since we have been stuck here
E We've been stuck two hours yet

90 When the thieves broke in they __________.

A Were sleeping
B Slept
C Are sleeping
D Have been sleeping
E Had slept

91 Have you __________ Sarah today?

A Sawn
B See
C Seen
D Saw
E Nessuna delle precedenti risposte è corretta

92 Choose the word or words which best complete the following sentence. "_____ to get to Piazza Garibaldi? About 20 minutes".

A How much does it take
B How much take we
C How long does it take
D What long does it take
E How long takes it

93 Choose the correct sentence:

A listen at my radio
B listen to my radio
C Susan listens my radio
D Susan is listen my radio
E nessuna delle precedenti risposte è corretta

94 __________ do you play best, the guitar or the violin?

A What
B Who
C Which
D Whom
E Nessuna delle precedenti risposte è corretta

95 Why __________ supported me? I could have won the elections!

A Anybody
B Somebody
C Nobody
D Did anybody
E Nessuna delle precedenti risposte è corretta

96 Choose the word or words which best complete the following sentence. "I had _____ his phone number so I _____ get in touch with him before".

A Loosed; didn't have to
B Lost; needn't
C Loosen; mightn't
D Lost; couldn't
E Loosed; hadn't

97 Peter has __________ in the garden since ten o'clock this morning, and he's still hard at work.

A Done
B Been working
C Worked
D Working
E Nessuna delle precedenti risposte è corretta

98 We haven't seen our neighbours __________.

A Yet
B Already
C Still
D Even
E Nessuna delle precedenti risposte è corretta

99 Choose the word or group of words which best completes the following sentence: "He hasn't got __________ interesting news".

A A lot
B The
C Some
D Any
E Those

100 Choose the word or group of words which best completes the following sentence. "Who _____ mobile phone belong to?".

A Do these
B Does this
C Does
D Is this
E This

101 __________ do you think of that film?

A Who
B What
C Which
D Whom
E Nessuna delle precedenti risposte è corretta

102 Is her _____ than mine?

A Longer hair
B Hair longer
C More long hair
D Hair more long
E Hair long

103 Quale tra i seguenti termini completa correttamente la frase "_____ too many dogs in the yard"?

A They're
B These are
C There is
D There are
E Their

104 Helen _____ in Poland since 2001.

A Lived
B Has lived
C Have lived
D Is leaving
E Has leaving

105 Fill in the blanks. "He lives in Paris with his family, _____ he?".

A Hasn't
B Don't
C Doesn't
D Does
E Liven't

106 Choose the group of words which best completes the following sentence. "What's your boyfriend like?" "_____".

A Yes, he does
B Very handsome
C Playing the guitar
D Almost anything
E He likes playing football

107 Fill in the blanks. "I haven't been to London ________ five years".

A Of
B Away
C At
D For
E Since

108 Would you like me to drive you home?

A Vorresti guidare fino a casa?
B Vuoi portarmi a casa?

C Vorresti portarmi a casa?
D Vuoi che ti porti a casa?
E Vuoi guidarmi fino a casa?

109 Choose the answer that is closest in meaning to the word in brackets and that does not change the meaning of the sentence. "The teacher's way of explaining has been very (clear)".

A Loud
B Plain
C Confused
D Acute
E Fair

110 How long __________ here? I __________ here __________ 3 years.

A Did you live – 've lived – for
B Has you lived – 's lived – since
C You have live – 've live – for
D Have you lived – 've lived – for
E You have live – 've lived – since

111 They _____ in Rome 10 years ago, now they _____ in Milan.

A Lived – live
B Live – lived
C Are living – live
D Were living – lives
E Lived – lives

112 Despite the fact that James is very rich and successful, he isn't happy.

A Quando di fatto James sarà molto ricco e di successo, sarà felice
B Non essendo molto ricco e di successo, James non è felice
C Anche se James fosse molto ricco e di successo, non sarebbe felice
D Nonostante il fatto che James sia molto ricco e di successo, non è felice
E Nonostante il fatto che James sia molto ricco e di successo, egli è felice

113 The accident happened while they __________ coming down the mountain.

A Are
B Were
C Have
D Had
E Nessuna delle precedenti risposte è corretta

114 Find the opposite meaning of "vivacious":

A shy
B traditional
C victorious
D immoral
E brilliant

115 I _____ my friend since last summer.

A Don't see
B Didn't see
C Am not seeing
D Haven't seen
E Nessuna delle precedenti risposte è corretta

116 Choose the word or group of words which best completes the following sentence. "What are you doing this evening?" "_____ at home. I have to study".

A I stayed
B I stay
C I'm staying
D I must stay
E I do

117 "What's this?" – "It's __________ australian surfing board".

A The
B An
C La frase non necessita di aggiunte
D A
E There

118 He needs a portable computer but he doesn't have __________ money.

A A lot
B Too
C Almost
D Much
E Many

119 Choose the answer that is closest in meaning to the word in brackets and that does not change the meaning of the sentence. "This is a clear (instance) of his laziness".

A Example
B Part
C Event
D Way
E Witness

120 Find the synonym of the word between square brackets: "[Ultimately] he had to give in".

A At the end
B In the end
C Endlessly
D Final
E In ending

121 Choose the group of words which best completes the following sentence: "You were born in Italy, __________?"

- **A** Don't you
- **B** Weren't you
- **C** Aren't you
- **D** Wasn't you
- **E** Did you

122 "Are you meeting her tonight?" – "Yes, I __________. Why?"

- **A** Am meeting
- **B** Meet
- **C** Can meet
- **D** Am
- **E** Do

123 Fill in the blanks. "When I arrived at the restaurant, they _____ already eaten".

- **A** Have
- **B** Did
- **C** Had
- **D** Was
- **E** Were

124 Choose the word or group of words which best completes the following sentence. "Is that David's car parked outside?" "The grey one? No, it's _____".

- **A** His
- **B** Mine
- **C** My
- **D** The mine
- **E** Of me

125 My father read me a story.

- **A** Mio padre mi legge una storia
- **B** Mio padre mi ha letto una storia
- **C** Mio padre mi ha scritto una storia
- **D** Mio padre mi scrive una storia
- **E** Mio padre mi sta scrivendo una storia

126 What's __________ this noise?

- **A** Making
- **B** Make
- **C** Makes
- **D** Made
- **E** Nessuna delle precedenti risposte è corretta

127 "Quanti alberi ci sono in giardino?"

- **A** How much trees are in the garden?
- **B** How much trees are there in the garden?

C How trees are there in the garden?
D Are there many trees in the garden?
E How many trees are there in the garden?

128 John must _____ in bed for a few days.

A To stay
B Stay
C Go
D Stays
E Go stay

129 You have still to wait, he's __________.

A Coming
B Come
C Came
D Being to come
E Nessuna delle precedenti risposte è corretta

130 You are not unfit. You __________ walk more.

A Musted
B Need
C Should
D Are
E Nessuna delle precedenti risposte è corretta

131 Don't you think that __________ in Milan is dangerous?

A You cycle
B Cycling
C To cycle
D By cycling
E The cycling

132 Choose the word or group of words which best completes the following sentence. "Fred and Peter hadn't _____ before".

A Met
B Meat
C Meet
D Meet him
E Meeting

133 They go _____ Paris _____ year for the Christmas holidays.

A To – every
B In – all
C At – every
D To – all
E At – all

134 Have you got _________ brothers or sisters?

A Some
B Any
C A
D The
E Of

135 Our holidays were not as expensive _________ we thought.

A Than
B That
C Like
D So
E As

136 "So that's your new boyfriend. And _________?" – "He works in a bank".

A What he makes
B What does he do
C What job he does
D Where is he
E Which job does he

137 Have you ever been to London?

A Not already
B Not yet
C Not ever
D Not still
E Nessuna delle precedenti risposte è corretta

138 Choose the answer which is closest in meaning to the *italic* word and which does not change the meaning of the original sentence. "Andrew Carnegie *pioneered* the use of the Bessemer process for making steel."

A Initiated
B Explored
C Settled
D Colonized
E Managed

139 Choose the word or words which best complete the following sentence. "The car stopped outside the supermarket _____ the bank".

A About
B In front of
C Over
D Next
E Behind of

140 What time _____ in the morning?

A Do he get up

B He gets up
C Does he get up
D Gets up he
E Gets he up

141 Fill in the blanks. “It _____ to rain”.

A Will
B Is going
C Will go
D Is
E Will going

142 She’s an old friend; I _________ years.

A ’ve known, for
B Know, for
C ’ve known, since
D ’ve knew, since
E Nessuna delle precedenti risposte è corretta

143 _________ does it take to get to the airport from the station?

A How long
B How much
C How far
D How time
E How often

144 Look at those black clouds! I think this evening _________.

A It’s raining
B It’s going to rain
C It rains
D It would rain
E It has to rain

145 Those _________ are very efficient! What about a promotion?

A Policeman
B Policemens
C Policemans
D Policemen
E Policemen’s

146 What time does she have _________ lunch?

A A
B The
C Some
D Any
E La frase non necessita di aggiunte

147 Choose the word or words which best complete the following sentence. "____ is strong enough to lift it".

A Nor of us
B All of us
C Nobody of us
D Noone of us
E None of us

148 Choose the word which best completes the following sentence: "You were frightened by a concept which you __________ in your own mind".

A Externalized
B Created
C Hired
D Sought
E Lived

149 I can't use my computer because it _________ by a virus.

A Has affected
B Affected
C Is affected
D Affects
E Is affecting

150 My holiday is _____ July.

A On
B In
C For
D At
E Up

SOLUZIONI E COMMENTI

1 Risposta: **C**. Tutte le alternative proposte sono traducibili con il termine "molto", ma l'unica corretta è *very*. Questo è dovuto al fatto che il termine è singolare ed è un aggettivo simile a una forma verbale. Traduzione: "Perché non vuoi andare in Estremo Oriente? È molto interessante".

2 Risposta: **B**. Il verbo corretto è *ought*, che regge il verbo preceduto dal *to* e dà senso compiuto alla frase che tradotta significa: "Fred di solito è in tempo. Dovrebbe essere qui da un momento all'altro".

3 Risposta: **A**. The man who's speaking to Sarah is her new assistant.
Che: pronome relativo invar. con funzione di soggetto è who, that (riferito a persone); which, that (riferito ad animali e cose). Who's speaking to: che sta parlando con ...; her new assistant: il suo nuovo assistente. Traduzione: "L'uomo che sta parlando con Sarah è il suo nuovo assistente".

4 Risposta: **C**. *We ran all the way, but got to the station really late, and our train had already left.* "Noi corremmo tutta la strada, ma arrivammo alla stazione veramente tardi e il nostro treno era già partito". *Ran* è il passato del verbo irregolare *to run*, perciò la risposta **A** è errata in quanto *to have* è coniugato al presente. Le risposte **B** ed **E** utilizzano *although*, congiunzione che significa benché, sebbene; *already* è un avverbio che significa già, di già e quindi è la soluzione giusta per la nostra traduzione.

5 Risposta: **A**. *This radio is cheaper than that.* "Questa radio è più conveniente di questa".

6 Risposta: **A**. I have been working in the office since six o'clock in the afternoon. L'azione è ancora in svolgimento. Traduzione: "Sto lavorando in ufficio dalle sei del pomeriggio".

7 Risposta: **B**. Si potrebbe accettare la forma espressa nella soluzione **C**, ma poiché l'azione svolta è collegata col presente e poiché il termine temporale non è troppo ampio, risulta corretta la forma *have you*. Traduzione: "Tu sei un pirata! Quanti brani e film hai scaricato da Internet questa settimana?".

8 Risposta: **E**. La forma futura (*she'll pass*) indica che l'azione si svolge nel futuro, quindi le risposte **A**, **B** e **D** sono errate. Nella risposta **A**, inoltre, *easily* è tradotto con "con difficoltà" mentre il significato è l'opposto. Nelle traduzioni **C** e **D**, la forma negativa *I don't think* è tradotta con la forma affermativa "penso".

9 Risposta: **A**. Nella frase viene utilizzato il genitivo sassone, che indica il possesso di qualcosa. Poiché il possessore è un termine al plurale, che termina con la *s*, si pone solo l'apostrofo. "Questo è il soggiorno e questa è la camera da letto delle ragazze".

10 Risposta: **C**. L'azione finita nel passato si traduce con il *simple past* (*arrived*). La preposizione *since* riportata nell'opzione **D** e **A** introduce una data precisa e non un periodo di tempo. La frase quindi sarà: "Your letter arrived three days ago" che significa "La tua lettera è arrivata tre giorni fa".

11 Risposta: **C**. *Robert is going to play football this evening*. "Roberto andrà a giocare a football questa sera". La risposta esatta è la **C** in quanto forma verbale corretta perché è una azione che si sta per compiere. La **A** è una forma da usare per il futuro, esso infatti è l'ausiliare per il futuro. Invece *can* è potere, essere capace di, essere in grado di, sapere. Quindi sarebbe scorretto in questa frase, si tratta di un'azione che Robert compirà la sera, si tratta quindi di futuro prossimo e quindi si usa la forma *ing*.

12 Risposta: **C**. *I was born on June the tenth.* "Io sono nato il dieci di giugno". La risposta esatta è la **C** perché la **A**, pur utilizzando la formula esatta *I was born*: io sono nato, predilige *in June* a *on June*. Esso è sbagliato perché in preposizione semplice, in, a, dentro, non può sostituire *on*, che generalmente vuol dire su, sopra, ma nelle espressioni di tempo si traduce con *a*, *in*. La **B** e la **D** sono sbagliate in quanto utilizzano la forma presente del verbo essere invece della forma al passato.

13 Risposta: **A**. L'aggettivo possessivo che deve essere posizionato all'inizio della frase, deve essere di terza persona singolare. Tra le alternative l'unico che rispecchia questa richiesta è *its*. "Questo parco è piuttosto vecchio. I suoi alberi sono stati piantati 100 anni fa".

14 Risposta: **C**. *Over* in questo caso significa concluso. Il suo sinonimo è dunque *finished. Crowded* e *far* significano rispettivamente affollato e lontano, mentre *closed* significa chiuso. *Finish* significa invece finisce.

15 Risposta: **E**. When we arrived at the cinema, the film had already started".
Already è un avverbio: già, di già: have you – been to Turin?, sei già stato a Torino?; it's – seven o'clock, sono già le sette / that's enough – !, (amer. fam.) su, basta! La frase sarà: Quando arrivammo al cinema, il film era già iniziato.

16 Risposta: **A**. *Insolent*: aggettivo, insolente, arrogante, impertinente. Il suo opposto è *polite*: educato, gentile, cortese, garbato, raffinato, colto, elegante. La risposta non può essere la *E*: ostinato, cocciuto, caparbio, testardo, tenace; neppure la **B** che significa delicato, fragile; la **C**, *rich* ricco e la *D* determinato.

17 Risposta: **A**. *How's your mother? She's very well.* "Come sta tua mamma? Lei sta molto bene". *How* è un avverbio e vuol dire come? In che modo? Quindi insieme al verbo essere richiede com'è, *your*: tua, *mother*: mamma. La risposta esatta è quindi quella che informa come sta la madre: *she's*: lei sta, *very well*: molto bene. Le altre risposte non rispondono a tale domanda ma a quella di quale sia o se le appartiene qualcosa. La risposta **D** ci dice che lei è buona con *good*: aggettivo qualificativo, non corretto parlando di come ci si sente.

18 Risposta: **A**. Il *present perfect* utilizzato in questa frase richiede il participio passato del verbo irregolare *to speak* (parlare) ossia *spoken*. Traduzione: "Lei non ha mai parlato a un evento pubblico prima".

19 Risposta: **D**. Per concordanza con il verbo al *simple present* della subordinata, nella principale deve essere utilizzato un verbo al *simple future*. Traduzione: "Nel momento in cui arriverà in ufficio la riunione sarà finita".

20 Risposta: **D**. Dalla frase si intuisce che la seconda parte ha il significato di "devi essere rimasto terrorizzato!" e quindi è corretta l'opzione **D**, *must have been*. La frase completa è "I was told about your car accident. You must have been terrified!" che tradotta significa: "Mi è stato detto del tuo incidente d'auto. Devi essere rimasto terrorizzato!".

21 Risposta: **C**. "Essi sono gelosi del tuo successo". *Of*: preposizione che introduce un tipo o una qualità. Come preposizione, introduce provenienza o appartenenza, di; terzo significato di *of*, da parte di, (tipico) di: in espressioni di tempo si traduce, di, in, a. Infine introduce la causa di, per: *He was tired of waiting*, *era stanco di aspettare*, oppure come in questo caso, *They are jealous of your success*.

22 Risposta: **E**. Il senso della frase è "il professore continuò a parlare nonostante i suoi studenti non lo stessero più ascoltando". Quindi la risposta corretta è l'opzione **E**.

23 Risposta: **A**. La frase significa "Essi vanno all'aeroporto con il taxi". By: preposizione (per introdurre un compl. di mezzo o di modo) per mezzo di; con; attraverso; in: they came – bus, tram, car, train, plane, vennero in autobus, tram, macchina, treno, aereo; we travelled – land, sea, and air, abbiamo viaggiato via terra, via mare e per via aerea; – rail, per ferrovia.

24 Risposta: **C**. Si potrebbe considerare corretta anche la forma **E**, ma poiché possiamo considerare che la frase sia pronunciata tra alcuni ragazzi la forma migliore da utilizzare è: *where shall we go*. Traduzione: "Se il ristorante è chiuso dove Andiamo?".

25 Risposta: **A**. *Jobless*, aggettivo, senzalavoro, disoccupato. *Unemployed*, aggettivo, disoccupato, non occupato. Traduzione: "La commissione sta sviluppando dei programmi di formazione per i disoccupati".

26 Risposta: **C**. Anche in questo caso si potrebbe considerare giusta la forma della soluzione **A**, ma visto il costrutto utilizzato (*four hours ago*), la risposta **C** è l'unica corretta. Traduzione: "Ho messo la birra in frigo quattro ore fa".

27 Risposta: **E**. Il senso della frase è: "I libri sono laggiù". *Farther* è un comparativo di *far* e indica distanza o tempo. Non essendovi un termine di paragone (nemmeno sottointeso) non ha senso usarlo in questa frase.

28 Risposta: **A**. La struttura utilizzata in questo periodo richiede il verbo all'indicativo seguito dal pronome complemento che regge un verbo all'infinito nell'implicita. Quindi la risposta esatta è la **A**: "If you want me to help you, you only have to ask me" che tradotta significa "Se vuoi che ti aiuti, non hai che chiedermelo".

29 Risposta: **C**. Il verbo *to fly* è un verbo irregolare quindi la forma al passato non è la classica verbo + *ed*, ma è necessario utilizzare una forma differente. "Il primo aereo volo il 17 dicembre 1903".

30 Risposta: **C**. La frase inizia con "è la regola", il che indica necessità, obbligo. Per questo si usa *have to*. Quindi la frase completa sarà: "They have to pass that test before they subscribe" che tradotta è "Essi devono superare questa prova prima di iscriversi".

31 Risposta: **A**. John's house has 3 bedrooms and Mary's has 1. Mary's house is smaller than John's. Nella frase viene utilizzato il genitivo sassone: John's house/ Mary's. Il primo assunto ci dice che la casa di John ha 3 camere da letto, quella di Mary 1. La casa di Mary è più piccola di quella di John. Small-er: aggettivo, più piccolo.

32 Risposta: **C**. In questo caso l'unico avverbio che, una volta inserito nella frase, risulta di senso compiuto è *but*, che significa "ma". Traduzione: "Il paese era contro la guerra, ma il presidente l'ha iniziata".

33 Risposta: **A**. "Jack aveva letto quel libro per sei ore". La preposizione "per" si traduce con *for* quando introduce una forma di durata. *Ago* deve essere posposto al periodo di tempo (per esempio, *six hours ago*), mentre *from* traduce la preposizione *da* di moto da luogo e non ha significato temporale.

34 Risposta: **C**. La principale iniziando con "if" pone la subordinata obbligatoriamente da coordinare col futuro del verbo.

35 Risposta: **A**. When the party had finished we went home by taxi. *Had finished* è past perfect del verbo *finish*, finire (letteralmente fu finito) e richiama il verbo go, andare, sempre al passato, questa volta Simple Past, alla prima persona plurale: essi andarono a casa. *By taxi* ricorda la regola per cui il *by* viene usato in questo caso per indicare il mezzo con il quale si compie l'azione: by taxi, ma anche by train, by mail ecc. Traduzione: "Quando il party finì, essi andarono a casa con il taxi".

36 Risposta: **D**. L'oggettiva presente nella domanda richiede l'infinito (*to order*) mentre nella risposta è consigliabile l'uso del *simple present*. Quindi la frase completata sarà "Would you like to order? Yes, I'll have an orange juice, please". La traduzione è: "Vorresti ordinare? Si, io vorrei un succo d'arancia, per favore".

37 Risposta: **D**. La frase manca di un aggettivo dimostrativo, nella fattispecie "queste", che è tradotto dalla parola *these*. "Questo è il nostro figlio James e queste sono le nostre figlie gemelle, Sabrina e Jessica".

38 Risposta: **B**. I like going to parties and dancing: "Mi piace andare alle feste e ballare". Mentre le risposte **C**, **D** ed **E** sono errate in quanto usano tempi verbali sbagliati e scoordinati fra loro, il dubbio può nascere con la risposta **A** ma la presenza di "to like" lascia intendere il senso della frase che presuppone un'azione che si compie volentieri nel tempo.

39 Risposta: **D**. "Quanto latte bevi in una settimana?". Il sostantivo *milk*, in quanto *uncountable*, richiede l'uso dell'aggettivo *much*. L'opzione **C** sarebbe corretta se *litre* fosse al plurare (*litres*). *More* significa "di più" e *Lot of* si usa con significato di "molto" quindi la **E** e la **B** sono errate.

40 Risposta: **C**. Il verbo mancante è *looks like*. Questo perché l'oggetto della frase è una terza persona e quindi è necessaria la *s* finale. Inoltre è l'unico verbo che inserito nella frase la rende di senso compiuto.

41 Risposta: **E**. Il comparativo degli aggettivi monosillabici si costruisce aggiungendo il suffisso *-er* all'aggettivo seguito dalla preposizione *than*. La frase contiene inoltre una proposizione oggettiva che vuole il verbo all'infinito. Nel caso **A**, oltre alla preposizione errata, il verbo è coniugato nella forma in *-ing*. Nel caso **B** l'aggettivo non ha il suffisso *-er*. Nel caso **C** viene utilizzato *more*, proprio degli aggettivi plurisillabici. Nel caso **D** è presente lo stesso errore ma viene inoltre utilizzato *most* che introduce un superlativo.

42 Risposta: **B**. *What's your father? He's an engineer.* "Cosa fa tuo padre"? Lui è un ingegnere. La domanda chiede non qual è suo padre a cui potremmo dare risposta **C** o **D**, questo è lui, oppure, io non ne ho. La domanda chiede cos'è, cioè che cosa sia nella vita. La risposta esatta si deve riferire quindi a cosa faccia suo padre nella vita; in questo caso *he's*, forma abbreviata di *he is*, è un ingegnere: *an engineer.*

43 Risposta: **A**. Il verbo *like*, di solito, è seguito dalle forme verbo + *ing* o forma *to* + verbo. Poiché in questo caso il verbo è transitivo e quindi è necessario un complemento oggetto, è da preferire la forma *to* + verbo. Traduzione: "Andiamo al cinema stasera. Vuoi unirti a noi?".

44 Risposta: **C**. Il periodo ipotetico dell'irrealtà (*third conditional*) si costruisce in inglese con: *if* + *past perfect* nella protasi e *would have* nell'apodosi. La frase corretta quindi sarà: "If I had known you were coming, I would have made a cake" il cui significato è "Se avessi saputo che saresti venuto, avrei fatto una torta".

45 Risposta: **B**. *The general manager suggested to reduce the working week to 35 hours.* "Il direttore generale ha suggerito di ridurre la settimana lavorativa a 35 ore". *To suggest*: proporre, suggerire, ispirare, far nascere, esprimere. *To reduce*: ridurre.

46 Risposta: **E**. *I remember the Christmases we spent in Italy when we used to drink Martinis on the beach before Christmas lunch.* "Io ricordo i Natali che noi trascorrevamo in Italia quando noi usavamo bere Martini sulla spiaggia prima del pranzo di Natale". *Spent* è il participio passato del verbo *to spend*: spendere, dedicare, consumare, passare, trascorrere; *Christmas*, al plurale aggiunge *-es*. *We used*, da *to use*: usare, servirsi di, avere l'abitudine. *Before*, è avverbio di tempo, (prima, precedentemente, innanzi).

47 Risposta: **D**. La forma corretta è *independence*, dal verbo *to depend.*

48 Risposta: **C**. L'unica risposta corretta è quella che significa "Com'è tuo fratello?" - " È una persona molto piacevole ma timido".

49 Risposta: **B**. La forma *'s* è l'abbreviazione di *has* non l'abbreviazione di *is* di una passiva. Tale verbo avrebbe dovuto essere seguito da *been loved* e il complemento di agente avrebbe dovuto essere introdotto da *by* e non da *with* (**A** errata). Il soggetto della frase è *Spencer*, quindi la **C** è errata. Nella risposta **D** l'avverbio *always* viene associato al verbo *stay* anziché al verbo *love*. In tal caso, l'avverbio dovrebbe essere anteposto al verbo relativo (per esempio: *Spencer loves to always stay with his grandparents*).

50 Risposta: **D**. La domanda è interrogativa, ma posta nella forma condizionale, cioè viene chiesto "vorresti", che viene tradotto col termine *would*. "Jill, hai fame? Vorresti qualcosa da mangiare?".

51 Risposta: **C**. Quando si incontra una persona per la prima volta, come nel caso descritto nella domanda, uno dei modi per darle il benvenuto è utilizzare la forma *Nice to meet you*. "Ciao. Sono Otto Steiner" – "Ciao piacere di conoscerti! Io sono Sam. Posso aiutarti?".

52 Risposta: **A**. In questo caso a forma verbale utilizzata è *was/were born*. Essendo il soggetto al plurale (*her brothers*) deve essere declinata al plurale, cioè were born.

53 Risposta: **E**. È l'unica forma corretta tra tutte le soluzioni per esprimere un orario ben definito. Traduzione: "Lei sarà a casa tra le due e mezzo e le cinque. Chiamala".

54 Risposta: **A**. In questo caso deve essere inserito un pronome possessivo. Quindi le uniche alternative possibili sono *her* o *hers,* ma *her* ha la funzione di aggettivo quindi risulta sbagliato. Traduzione: "La camera è sua e nessuno può entrarvi".

55 Risposta: **C**. L'ordine corretto delle parole è quello nella soluzione **C**, in cui il soggetto precede l'avverbio, che a sua volta precede il verbo."Egli mangia spesso uova e pancetta per la colazione".

56 Risposta: **B**. Il senso della frase è: "Sei mai stato in Florida?". Il verbo principale (*to be*) è retto dall'ausiliare avere (unico ausiliare possibile), e quindi la frase deve cominciare con *have*. La scelta è dunque tra la **B** e la **E**. Inoltre il verbo deve essere presente in una forma passata (*been* e non *be*), dunque la **B** è la risposta corretta.

57 Risposta: **B**. "Il Pacifico è il più grande oceano del mondo". Il superlativo degli aggettivi monosillabici si costruisce aggiungendo il suffisso *-est*. *Most* si utilizza solo per gli aggettivi plurisillabici, *larger* non è un superlativo bensì un comparativo, mentre l'opzione *more large* è errata per entrambi i suddetti motivi (*more* si utilizza per i comparativi degli aggettivi plurisillabici).

58 Risposta: **C**. Il sostantivo *people* si comporta come i sostantivi *countable* e, pertanto, vuole l'aggettivo *many*. La forma negativa della proposizione coordinata richiede l'uso di *anything*; (*nothing* causerebbe una doppia negazione e *something* può essere utilizzato solo in frasi affermative. La traduzione è "C'erano troppe persone alla conferenza e non abbiamo potuto sentire niente".

59 Risposta: **C**. La corretta disposizione dei pronomi dev'essere in accordo, "noi" è il soggetto di entrambe le azioni. Quindi la frase completa sarà: Give us the right wage for our work e cioè "Dacci il salario giusto per il nostro lavoro".

60 Risposta: **D**. *Wife* (moglie) al plurale diventa *wives*, seguendo la regola dei nomi che terminano in *-fe*.

61 Risposta: **D**. È necessaria una forma passiva. Da notare il verbo irregolare quindi il participio passato assume una forma particolare.

62 Risposta: **B**. "My brother is never on time. Neither is your sister" che tradotta è "Mio fratello non è mai in orario. Neppure tua sorella lo è". *Neither* come aggettivo si traduce con né l'uno né l'altro, né l'una né l'altra, o come pronome. Tradotto come avverbio viene seguito da *nor*, e come congiunzione si traduce con neppure, nemmeno. Le risposte *A*, *C* e *D* non si inseriscono in questo contesto e la *E* darebbe un significato di doppia negazione.

63 Risposta: **D**. Si usa *would you mind* (ti spiacerebbe) dato il contesto della frase e dato che è l'unico che regge correttamente il verbo in *-ing*. La frase tradotta è: "Mi sono davvero perso. Ti dispiacerebbe mostrarmi come uscire di qui?".

64 Risposta: **B**. La costruzione della forma utilizzata in questa frase per tradurre "anche John" richiede l'avverbio *so*, il soggetto e l'ausiliare preposto. Quindi la risposta esatta è "Susan works in a bank and so does John" che traddotta è "Susan lavora in una banca e anche John".

65 Risposta: **D**. Per rispondere a una domanda è necessario utilizzare il verbo ausiliare, in questo caso il verb *to do* ma in forma negativa. "Consulo e Carlo parlano il francese molto bene. Vivono in Francia?". "No, Vanno in Francia ogni estate".

66 Risposta: **C**. Most of the: non riferisce una totalità ma una parte del gruppo più grande: la maggior parte. I know: implica una conoscenza diretta (che) io conosco; are from: sono di, introduce una provenienza geografica.

67 Risposta: **A**. She was easily intimidated from her employer, who made a practice of abusing his authority over her.

68 Risposta: **D**. Si potrebbe pensare che anche il termine *that* sia corretto, ma in realtà *whose* risulta migliore in quanto tradotto significa "il cui", che è più appropriato alla frase. Traduzione: "Ho incontrato una giovane donna il cui cugino abita vicino a me".

69 Risposta: **E**. In questo caso è necessario l'avverbio *because*. "Ho bevuto una Coca Cola fredda perché era troppo caldo".

70 Risposta: **E**. I verbi modali come *must* e *should* non richiedono alcun ausiliare nella forma interrogativa (il verbo *do*), quindi essendo presente il verbo *do*, per sviluppare la forma interrogativa l'unica alternativa possibile è inserire il verbo *have to*. "Quando lavori in ospedale, devi indossare una divisa?".

71 Risposta: **D**. Il verbo "essere" può anche essere utilizzato per sviluppare una forma verbale declinata al futuro. Poiché il prossimo anniversario è un evento futuro, questa forma verbale risulta l'unica corretta sia a livello temporale sia a livello grammaticale. Traduzione: "Farete qualcosa di speciale per il vostro prossimo anniversario".

72 Risposta: **B**. Tutte le soluzioni sono al passato, il che è corretto, ma la forma verbale "essere in vacanza" è traducibile con il costrutto *to be on holiday* che nel nostro caso va declinato come *I was on holiday*. Traduzione: "L'anno scorso ero in vacanza con due miei amici".

73 Risposta: **A**. La forma errata è *the most strong*, in quanto dovrebbe essere *the strongest*, essendo *strong* monosillabo.

74 Risposta: **C**. La richiesta è formale (da alunno a professore), quindi occorre usare *may*. "Maestro, abbiamo finito di studiare la lezione. Possiamo andare adesso, per favore?".

75 Risposta: **A**. Il termine mancante è un complemento oggetto, quindi si usa *us* e non *we*. L'alternativa della risposta **C** non va bene poiché è una seconda persona (singolare o plurale) e non corrisponde al soggetto parlante (prima persona singolare o plurale) che chiede di ricevere una cartolina.

76 Risposta: **C**. You can choose some book you like. Traduzione: "Puoi scegliere un libro che ti piace".

77 Risposta: **D**. "Se John avesse studiato di più l'anno scorso, lui potrebbe essere in una classe avanzata quest'anno". Si tratta di una proposizione condizionale, introdotta nella secondaria con se, *if*. In tale prima proposizione viene impiegato il verbo al *past perfect* ma nella seconda, per richiamare la particella "se", si usa il *present conditional*.

78 Risposta: **C**. La frase si traduce: "Di chi è questo libro?" Si utilizza *whose* come pronome interrogativo genitivo per tradurre l'espressione "di chi".

79 Risposta: **E**. Il verbo essere con questo costrutto viene anche utilizzato per indicare un tempo futuro. Infatti ciò che la domanda chiede è: "Cosa farai?". Traduzione: "Quest'anno abbiamo solo una settimana di vacanza per Natale" . "Cosa farai?".

80 Risposta: **D**. "Mia sorella mi ha telefonato ieri". *Yesterday*, ieri, implica che la risposta **B** è errata in quanto prevede il futuro, la **C** è al presente quindi anch'essa errata. L'azione finita nel passato richiede l'uso del *simple past* e non come la risposta **A** che utilizza il *present perfect*.

81 Risposta: **A**. *I urgently need information on the climate in Patagonia but I can't find it*. "Ho bisogno urgentemente di informazioni sul clima della Patagonia ma non riesco a trovarle". *To need*, seguito dal complemento oggetto, gerundio o infinito passivo, viene tradotto come aver bisogno di, abbisognare di. *Urgently*, urgentemente; *on the climate*: sul clima; *can't*, abbreviazione di *can not*, forma negativa di *to can*, potere, riuscire; *find it*: *to find*, trovare, *it*: esse, le informazioni.

82 Risposta: **B**. La frase per essere completa ha bisogno di un superlativo relativo e le soluzioni che contemplano questo argomento sono la **B** e la **C**, ma la **C** risulta errata a livello grammaticale. Traduzione: "Jayapura è il posto più lontano dove sono stati".

83 Risposta: **D**. Come forma passata del verbo dovere si utilizza esclusivamente il passato del verbo *have to* ossia *had to* poiché il verbo *must* è difettivo della forma passata (la forma *musted*, riportata nell'opzione **E**, non esiste). Le opzioni **B** e **C** sono errate poiché la frase è al passato (introdotta da *in ancient times*). Nell'opzione **A** manca la preposizione *to* necessaria per questa forma. Traduzione: "In passato i medici dovevano decidere che cosa non andava esaminando i fluidi corporei come le urine, il catarro e il vomito".

84 Risposta: **D**. How do you go to work in the morning? On foot. I live near the office. "Come vai a lavorare al mattino?. A piedi. Vivo vicino all'ufficio". La risposta esatta prevede di utilizzare il verbo to do come ausiliare di to go, andare. La domanda chiede: Come vai a lavorare? Inteso come "come fai ad andare ...". L'unica altra risposta che utilizza l'ausiliare to do è la **A**, ma in questo caso è sbagliata la persona di coniugazione. Si tratta infatti di una terza persona mentre la nostra domanda è diretta e quindi richiede una seconda persona singolare.

85 Risposta: **D**. *Nearly*, avverbio, quasi; *always*, quasi sempre; *almost* avv. quasi, pressoché (cfr. about). La traduzione della frase è: "la tua macchina è quasi vecchia come la mia".

86 Risposta: **D**. *Who has turned up the volume of the radio?*. Traduzione: "Chi ha alzato il volume della radio?".

87 Risposta: **D**. Per rispondere a una domanda è necessario utilizzare il verbo ausiliare, in questo caso il verbo *to do*. "Non leggono i romanzi?" – "Sì. Ne hanno un sacco a casa".

88 Risposta: **E**. *Do you mind if I open the window*? "Ti spiace se apro la finestra"? *To mind* in questo caso viene tradotto con importare, spiacere, ma la risposta **A** che lo vede da solo non è corretta perché manca del soggetto e del verbo che regge l'azione. Tale verbo corrisponde a *to do* e non a *to will*, al passato nella risposta **B**, o *should* passato di *to shall* risposta **C**. La risposta **D**, pur utilizzando *to do*, è errata in quanto coniuga il verbo alla terza persona singolare *does*.

89 Risposta: **B**. L'espressione "dal momento che" si traduce con la preposizione *since*. *Until*, utilizzato nell'opzione **A** significa *finché* e introduce un momento preciso. Per le opzioni **C** ed **E** sarebbe stato necessario utilizzare la preposizione *for* e non *in* né *yet* (per esempio *we have been stuck here for two hours*). Nell'opzione **D** è presente un errore di concordanza tra il pronome *It* e il verbo *are*. A reggere il verbo non è infatti il sostantivo *two hours* ma il neutro astratto *it*.

90 Risposta: **A**. È necessario, per mantenere la consecutio temporum, che il verbo abbia forma passata e attiva, quindi le soluzioni **C** e **D** risultano errate. Tra le rimanenti la più adatta e avente senso risulta essere la forma **A**. Traduzione: "Quando i ladri intervennero loro stavano dormendo".

91 Risposta: **C**. Forma interrogativa che presuppone l'utilizzo del participio passato del verbo. "Hai visto Sarah oggi?".

92 Risposta: **C**. L'espressione "Quanto tempo" si traduce in inglese con *how long*. L'espressione *how much* riportata nelle opzioni **A** e **B** non include un riferimento al tempo. Nell'opzione **D** il pronome interrogativo è errato, mentre nell'opzione **E** manca l'ausiliare *do* richiesto dalla forma interrogativa. Traduzione: "Quanto tempo ci vuole per arrivare in Piazza Garibaldi? Circa 20 minuti".

93 Risposta: **B**. *Listen to my radio*. "Ascolta la mia radio". Sia la risposta **C** sia la **D**, sono errate in quanto non hanno una forma verbale corretta. La **A** invece è sbagliata perché utilizza *at my radio* quando *at*, preposizione semplice, è da tradurre con a, ad, da, in, presso. Il *to* della risposta **B** è sempre traducibile con a, ad, da, ma anche verso, riguardo, per cui è più appropriato per la musica che esce dalla radio.

94 Risposta: **A**. What do you play best, the guitar or the violin?. Traduzione: "Che cosa suoni meglio, la chitarra o il violino?".

95 Risposta: **C**. Why nobody supported me? I could have won the elections! "Perché nessuno mi ha sostenuto? Avrei potuto vincere le elezioni!".

96 Risposta: **D**. Il participio passato di *to lose* (perdere) è *lost*. Il verbo *loosed*- del caso **A** è il participio passato del verbo *to loose* (allentare). Il verbo *loosen* è la *base form* del verbo *to loosen* (allentare). La forma negativa passata del verbo potere (*can*) è *couldn't*. Le espressioni *didn't have to* e *needn't* significano "non avere l'esigenza" e non "Essere nell'impossibilità" come in questo caso. "*I didn't have to* o *I needn't* get in touch with him before" significa "Non mi era necessario contattarlo prima" ma il senso di questa frase è "Mi è stato impossibile contattarlo prima".

97 Risposta: **B**. Peter *has been working* in the garden since ten o'clock this morning, and he's still hard at work. "Peter lavora in giardino dalle dieci di questa mattina, ed è ancora al lavoro".

98 Risposta: **A**. We haven't seen our neightbours yet. Traduzione: "Non abbiamo ancora visto i nostri vicini".

99 Risposta: **D**. He hasn't got any interesting news; "Egli non ha acluna notizia interessante". Il verbo avere, to have got, è coniugato alla terza persona singolare nella forma negativa. Any: aggettivo (in frasi interrogative, dubitative o negative) alcuno, alcuna, alcuni, alcune.

100 Risposta: **B**. "A chi appartiene questo cellulare?" *To belong*: verbo intransitivo, significa: appartenere, far parte di, concernere, spettare, essere riposto (*The cups belong on the shelf*, "Le tazze stanno sulla mensola"). *Mobile phone*: cellulare del quale si chiede (interrogativa) a chi appartenga, perciò è necessaria la terza persona che è espressa da *does*, dal verbo ausiliare *to do*: fare.

101 Risposta: **B**. *What do you think of that film?* Traduzione: "Che cosa ne pensi di questo film?".

102 Risposta: **B**. Il comparativo degli aggettivi monosillabici si costruisce aggiungendo il prefisso *-er*. In questo caso l'aggettivo risulta postposto al sostantivo a causa dell'inversione effettuata per la forma interrogativa. In questo caso: *Her hair is longer than mine* → *is her hair longer than mine*?). Traduzione della forma interrogativa: "I suoi capelli sono più lunghi dei miei?".

103 Risposta: **D**. L'unica risposta tra le cinque che dia senso compiuto alla frase è *there are* (*There are too many dogs in the yard* = "ci sono troppi cani nel cortile").

104 Risposta: **B**. "Helen ha vissuto in Polonia dal 2001" (viene utilizzato il *present perfect* per indicare un'azione passata che si protrae fino a ora) e non la **D** dove è riportato il *present continuous* del verbo *to leave* (lasciare).

105 Risposta: **C**. La frase significa "Vive a Parigi con la sua famiglia, non è vero?" e termina con una forma simile all'italiano "nevvero?" oppure "non è vero?". In inglese ciò si ottiene negando il verbo (quindi a una forma affermativa ne segue una negativa e viceversa). In questo caso il verbo (*lives*) è in forma affermativa, quindi la frase sarà seguita dalla forma negativa *doesn't he?*

106 Risposta: **B**. La frase significa: "Com'è il tuo ragazzo?". La risposta deve dunque essere una descrizione fisica (*very handsome*, ovvero "molto bello").

107 Risposta: **D**. La risposta giusta è *for* poiché la frase contiene una forma di durata (il senso è "non sono stato a Londra per cinque anni").

108 Risposta: **D**. Would you like me to drive you home?
Letteralmente: Vuoi che guidi (porti) te a casa? Would you like: è la formula utilizzata per chiedere cortesemente una preferenza mentre la forma "me to drive you" letteralmente diventa: me guidare te. Per correttezza fonica in italiano si traduce: "vuoi che ti porti a casa?".

109 Risposta: **B**. *Clear* in questo caso significa chiaro (la frase dice "Il modo di spiegare dell'insegnante è stato molto chiaro"). Il termine che si avvicina di più è *plain* che significa semplice. *Loud* significa rumoroso, *confused* ha significato opposto e si traduce con confuso e *acute* significa acuto.

110 Risposta: **D**. How long have you lived here? I've lived here for 3 years.
La forma corretta del verbo è "have you lived" e "'ve lived" perché si tratta del present perfect in forma interrogativa, terza persona singolare: Quanto tempo hai vissuto qui? La risposta è ovviamente sempre in present perfect però in prima persona, il verbo ausiliare, avere, si dimezza nella forma abbreviata 've. La traduzione è: "Quanto tempo hai vissuto qui? Ho vissuto qui per 3 anni".

111 Risposta: **A**. La prima frase vuole il *simple past* poiché indica un'azione finita nel passato, mentre la seconda vuole il *simple present* poiché indica un'azione abituale ricorrente: "Essi vivevano a Roma dieci anni fa, ora vivono a Milano".

112 Risposta: **D**. Despite the fact that James is very rich and successful, he isn't happy.
Despite: a dispetto di; malgrado; nonostante; very: molto, assai; successful: aggettivo, che ha successo, che si è fatto una posizione: – career, carriera di successo/-ly avv. he isn't: forma contratta del simple present in forma negativa: he is not.

113 Risposta: **B**. Concordanza dei verbi al passato di due azioni differenti, la subordinata è ancora in via di effettuazione. Traduzione: "L'incidente è avvenuto mentre stavano scendendo dalla montagna".

114 Risposta: **A**. Vivacious: aggettivo, vivace, vispo; brioso; animato, pieno di vita. Shy: timido; riservato; schivo; timoroso: a – person, una persona timida, schiva; he makes me –, mi intimidisce; she is – of crowds, la folla la intimidisce; ombroso: a – horse, un cavallo ombroso; diffidente; poco produttivo, sterile (di piante): a – tree, un albero che produce poco.

115 Risposta: **D**. *I haven't seen my friend since last summer.* "Io non ho visto il mio amico dall'ultima estate". Sia la risposta **A** sia la **B** sono sbagliate in quanto usano l'ausiliare sbagliato cioè *to do* che in questo caso non regge *to see* che invece è collegato a *to have*, avere. Per questo stesso motivo non è esatta la risposta **C** che non usa nessun ausiliare.

116 Risposta: **C**. "Cosa fai stasera? Sto a casa. Ho da studiare." Il verbo corretto è *To stay*: stare, restare. Il tempo giusto, in conseguenza della domanda che è posta al *present continuous*, al modo *infinitive*. Si tratta infatti di un'azione che è già stata decisa quindi iniziata e che si sta compiendo nel presente.

117 Risposta: **B**. È possibile che per indicare qualcosa venga utilizzato l'articolo *a/an*, come in questo caso. Poiché il sostantivo a cui è collegato inizia con un vocale, è necessario usare *an*.

118 Risposta: **D**. La soluzione **E** è errata poiché *money* è singolare, mentre *many* è plurale, mentre il termine *almost* possiede un significato (quasi) che non avrebbe senso; tra le soluzione rimanenti quella corretta è *much*. "Egli ha bisogno di un computer portatile ma non ha molti soldi".

119 Risposta: **A**. *Instance* ed *example* significano in questo caso entrambi esempio. Spesso si dice *as an instance* per dire *per esempio*. La frase si traduce in "Questo è un palese esempio della sua pigrizia".

120 Risposta: **B**. *Ultimately he had to give in. In the end he had to give in.* "Alla fine egli aveva ceduto". *Ultimately* è un avverbio con significato: alla fine, in definitiva, così come *the end*. *To give in*: cedere, arrendersi.

121 Risposta: **B**. Weren't you.

122 Risposta: **D**. La risposta corretta è la **D** perché nella domanda è presente il verbo "essere".

123 Risposta: **C**. Il senso è "quando arrivai al ristorante, loro avevano già mangiato". Il verbo *eaten* al passato composto è retto dall'ausiliare avere e quindi è preceduto da *had*.

124 Risposta: **B**. "È di David la macchina parcheggiata fuori? La grigia? No, è la mia." *Mine* è un pronome possessivo alla prima persona singolare: il mio, la mia, le mie.

125 Risposta: **B**. Il verbo *read* significa leggere e non scrivere. La frase **A** è errata poiché è coniugata al presente, ma la frase è al passato perché in una frase al presente il verbo *read* riporterebbe la desinenza *-s* della terza persona singolare.

126 Risposta: **A**. What is making this noise?

127 Risposta: **E**. Essendo "alberi" plurale, si usa *many* e non *much*. La frase viene introdotta dalla forma interrogativa *How ...?* dato che si tratta di una quantità. *Are there many trees in the garden?* significa invece "Vi sono molti alberi in giardino?".

128 Risposta: **B**. "John deve stare a letto per pochi giorni". Il verbo *must* deve essere seguito dalla *base form* senza *to*. Il verbo *go* è errato perché se anche il significato fosse "John deve andare a letto" sarebbe errata la preposizione *in* (che dovrebbe essere *to*) e comunque non avrebbe senso il complemento *for a few days*.

129 Risposta: **A**. You have still to wait, he's coming.

130 Risposta: **C**. La risposta corretta può essere *shoud* o *have to*. You are not on fit. You should walk more. Traduzione: "Voi non siete in forma. Dovreste camminare di più".

131 Risposta: **B**. Sarebbe anche utilizzabile la forma **C**, ma poiché in questo caso il verbo viene utilizzato come sostantivo risulta più adatta la forma verbo + *ing*. Traduzione: "Non pensate che andare in bicicletta a Milano sia pericoloso".

132 Risposta: **A**. *Fred and Peter hadn't met before*. "Fred e Peter non si sono mai incontrati prima". *Before*: avverbio, prima, precedentemente, già. *Met* è il past perfect del verbo *to meet*: incontrare; andare, venire incontro a.

133 Risposta: **A**. Il moto a luogo vuole la preposizione *to*. L'aggettivo "ogni" si traduce con *every* (seguito da sostantivo al singolare). Quindi: "Essi vanno a Parigi ogni anno per le vacanze di Natale".

134 Risposta: **B**. Anche in questo caso, poiché la forma è interrogativa, il termine da utilizzare cambia. Al posto di *some*, deve essere usato il termine *any*. "Hai dei fratelli o delle sorelle?".

135 Risposta: **E**. In questo caso è necessaria una preposizione che tradotta significhi "come". Sarebbero utilizzabili sia *like* che *as*, ma l'ultimo risulta più adatto alle forme verbali utilizzate.Traduzione:

"Le nostre vacanze non erano così costose come pensavamo".

136 Risposta: **B**. La frase termina con un punto interrogativo, quindi è necessaria una forma interrogativa e tra tutte le alternativa possibili, l'unica corretta è la **B**. Traduzione: "Quindi questo è il tuo nuovo ragazzo. E cosa fa?" – "Lavora in una banca".

137 Risposta: **B**. *Have you ever been to London? Not yet*. "Sei mai stato a Londra? Non ancora". La domanda ci richiede direttamente se siamo mai (*ever*) stati a Londra, per cui la risposta **A** con *already*, già, di già, non è esatta, così come la **C** con *ever*, che significa mai ma non associato al *not*. È esatto utilizzare *yet*: avverbio, ancora, tuttora.

138 Risposta: **A**. *Pioneered*: verbo al simple past, aprire la strada a; fare da pioniere in. *Initiated*: verbo, simple past, promuovere, dar inizio a. La traduzione della frase è: "Andrew Carnegie ha aperto la strada all'uso del metodo Bessemer per la produzione dell'acciaio".

139 Risposta: **B**. *The car stopped outside the supermarket in front of the bank*. "La macchina si fermò fuori il supermercato, di fronte alla banca". In questa frase bisogna inserire l'avverbio di luogo esatto. La risposta **A**, *about*, vuol dire circa, all'incirca ed è un avverbio generico. La **D**, *next*, per significare accanto deve essere seguito dal *to*. La risposta **C** è errata in quanto l'avverbio *over* si traduce con: di sopra, al di sopra, al di là. La **E** è sbagliata perché l'avverbio *behind* non deve essere seguito da *of*.

140 Risposta: **C**. "A che ora lui si alza al mattino?" La forma interrogativa della frase richiede l'uso dell'ausiliare *do*, coniugato alla terza persona singolare (*does*) poiché il soggetto è alla terza persona singolare (*he*).

141 Risposta: **B**. Il senso della frase è "sta per piovere". Infatti *will* non regge il *to*, *will go* non c'entra col resto della frase e *is* da solo non basta.

142 Risposta: **C**. She's an old friend; I've known since years.

143 Risposta: **A**. Poiché viene utilizzato il verbo ausiliare per sviluppare la domanda, la forma corretta per iniziare la domanda è *How long*. "Quanto tempo ci vuole per raggiungere l'aeroporto dalla stazione?".

144 Risposta: **B**. La forma *it's going to ...* è utilizzata per indicare qualcosa che avverrà nel prossimo futuro, cioè in un tempo molto breve, come in effetti è riportato nella frase che specifica " ...this evening ...". "Guarda quelle nuvole nere! Credo che questa sera pioverà".

145 Risposta: **D**. La frase deve essere completata da una parola al plurale. Il termine *policemen* è una parola composta dal termine *police* e *men*, quest'ultima è il plurale del termine *man* (infatti ha una forma irregolare). "Quei poliziotti sono molto efficienti! Che dire di una promozione?".

146 Risposta: **E**. Nella lingua inglese non si è soliti utilizzare l'articolo prima di un oggetto, a meno che non si voglia indicare qualcosa di ben preciso. Poiché in questo caso si indica il pranzo, non è necessario aggiungere nulla.

147 Risposta: **E**. L'espressione "nessuno di noi" si traduce in inglese con *none of us*. *Nor* (opzione **A**) si utilizza in frasi quali "Né uno né l'altro". La parola *noone* dell'opzione **D** non esiste. *Nobody* significa "nessuna persona" e non può essere utilizzato in questa costruzione. Anche se la frase volesse dire "Tutti noi siamo abbastanza forti da sollevarlo", l'opzione **B** non sarebbe corretta poiché il verbo *be* dovrebbe essere coniugato al plurale (*are*). Traduzione: "Nessuno di noi è abbastanza forte per sollevarlo".

148 Risposta: **B**. You were frightened by a concept which you created in your own mind. "Avevi paura di un concetto che ti eri creato solo nella tua mente". To frighten: v.tr. spaventare, far paura a; to – to death, far morire di paura. Verbo intr. impaurirsi, spaventarsi. Which: Pronome relativo il quale, la quale, i quali, le quali; che;

il che, la qual cosa. Own: aggettivo (proprio, propria: she had her – little room, aveva la sua cameretta.

149 Risposta: **C**. Deve essere utilizzata una forma passiva, poiché nel costrutto è presente *by;* quindi tra tutte le alternative proposte l'unica che è passiva risulta la **C**. "Non posso usare il mio computer perché è infettato da un virus".

150 Risposta: **B**. "Le mie vacanze sono in luglio". Per indicare un periodo che cade all'interno di un mese, di un anno e così via si utilizza in inglese la preposizione *in*. La preposizione *on* introduce una data precisa e non un periodo di tempo (per esempio *My holiday starts on 1st July*). Le preposizioni *for*, *at* e *up* sono estranee a questo tipo di costruzione.

Cultura generale

Argomenti affrontati negli esercizi della sezione:

- Educazione civica
- Letteratura italiana
- Conoscenza della grammatica italiana
- Geografia
- Storia moderna e contemporanea
- Conoscenze socio-economiche

CULTURA GENERALE

1 Mistico significa:

A favoloso; fantastico
B composto da sostanze sintetiche
C relativo alla conoscenza del divino
D incompleto
E nessuna delle precedenti risposte è corretta

2 Prima dell'introduzione dell'euro, la funzione di moneta unica senza corso legale era assunta:

A da un paniere fittizio di più valute europee e non
B dal dollaro
C dall'ecu
D dallo yen
E dall'esperanto

3 Il Sindaco e il Consiglio comunale durano in carica:

A cinque anni
B sette anni
C sino a quando godono della fiducia del corpo elettorale
D dieci anni
E otto anni

4 Il Pubblico Ministero:

A è un magistrato
B è un avvocato che difende le ragioni dello Stato
C è la più alta carica delle forze di polizia
D è un questore
E nessuna delle precedenti risposte è corretta

5 Qual è l'oggetto di studio dell'entomologia?

A Gli uccelli
B Gli insetti
C I mammiferi
D I rettili
E I pesci

6 Nel luglio 1943:

A i sovietici vincono la battaglia di Stalingrado e Mussolini istituisce la Repubblica di Salò
B gli anglo-americani sbarcano in Sicilia e Mussolini viene deposto
C i giapponesi attaccano Pearl Harbour e Mussolini viene liberato dalla prigionia sul Gran Sasso

D Parigi viene occupata dai tedeschi e Mussolini dichiara guerra alla Francia
E gli anglo-americani sbarcano in Normandia e Mussolini viene fucilato a Dongo

7 Le dimissioni di un ministro:

A obbligano il Governo alle dimissioni
B obbligano il Governo alla nomina di un nuovo ministro
C obbligano il Governo a porre la questione di fiducia
D sono giuridicamente ininfluenti ai fini della permanenza in carica dell'Esecutivo
E devono essere autorizzate dal Parlamento

8 Quale tra questi laghi non è un lago appenninico?

A Orta
B Trasimeno
C Bolsena
D Vico
E Albano

9 In cosa consiste la NEP, varata in Russia nel 1921?

A È una parziale concessione a forme economiche di tipo capitalistico
B È la definitiva instaurazione di un sistema economico comunista
C È il programma delle confische delle terre da parte dello Stato
D È un riconoscimento della indipendenza agli Stati rientranti nell'orbita russa
E È il programma di realizzazione della "rivoluzione permanente"

10 Quale anno segnò la crisi generale dei Paesi a regime comunista?

A 1978
B 1998
C 1989
D 1987
E 1985

11 Quali anni della storia di Italia vengono ricordati con il nome di "Età giolittiana"?

A 1903-1914
B 1901-1903
C 1898-1924
D 1920-1921
E 1914-1924

12 Quale fu lo sfondo della promozione del volgare a lingua letteraria nel centro-nord della penisola?

A La corte popolare
B La corte imperiale
C La chiesa
D I moti eretici
E Il Comune

13 Quale contenuto ebbe il "Patto Gentiloni"?

A Riaffermava il *non expedit* di Pio IX
B Stabiliva un accordo elettorale tra cattolici e liberali
C Stabiliva un accordo elettorale tra cattolici e socialisti
D Stabiliva l'elezione dei cattolici
E Stabiliva una tregua tra le forze sociali italiane in conflitto

14 Il disavanzo pubblico ...

A coincide con il debito pubblico
B rappresenta un saldo negativo della bilancia dei pagamenti
C in Italia è andato sempre diminuendo
D coincide con il disavanzo primario
E è andato in Italia aumentando progressivamente, in misura maggiore rispetto alla maggior parte dei paesi europei

15 Il fiume Danubio sfocia:

A nel mar Mediterraneo
B nel mar Baltico
C nel mar Nero
D nel mar Rosso
E nell'oceano Atlantico

16 La risoluzione del contratto designa:

A l'estinzione del contratto
B la decisione di due soggetti di stipulare un contratto
C l'interpretazione delle clausole di un contratto
D un'ipoteca
E un interesse

17 La Confindustria rappresenta:

A l'organo di consultazione tra il Governo e i lavoratori
B l'organo di vigilanza del Governo sulle imprese
C il sindacato dei lavoratori
D le imprese manifatturiere e di servizi
E nessuna delle precedenti risposte è corretta

18 Chi erano, nella Russia zarista e bolscevica, i Kulaki?

A I contadini agiati
B L'aristocrazia di corte dello Zar
C I nobili decaduti
D L'élite militare
E I burocrati più potenti

19 Tra i poteri presidenziali, particolarmente importanti sono:

A i poteri nell'ambito della politica estera e militare
B i poteri di revisione costituzionale
C i poteri di nomina delle autorità amministrative indipendenti

D i poteri di garanzia
E i poteri di delega statutaria

20 Con l'espressione "ministri senza portafoglio" si intende indicare:

A i ministri che non dirigono i Ministeri economici (Finanze, Tesoro, Industria)
B i ministri che non partecipano al Consiglio dei Ministri quando quest'ultimo discute temi di rilevanza economico-finanziaria
C i ministri che, pur partecipando al Consiglio dei Ministri deliberante in materia economico-finanziaria, non godono del diritto di voto
D i ministri non preposti a Ministeri
E i ministri extraparlamentari, cioè, i cosiddetti ministri tecnici

21 Quale delle seguenti alternative riporta gli eventi nel corretto ordine cronologico?

A Nascita di Cristo, scoperta dell'America, guerra di secessione americana, Seconda Guerra Mondiale
B Scoperta dell'America, nascita di Cristo, guerra di secessione americana, Seconda Guerra Mondiale, caduta dell'Impero Romano d'Occidente
C Nascita di Cristo, caduta dell'Impero Romano d'Occidente, scoperta dell'America, guerra di secessione americana, Seconda Guerra Mondiale
D Caduta dell'Impero Romano d'Occidente, nascita di Cristo, scoperta dell'America, guerra di secessione americana, Seconda Guerra Mondiale
E Scoperta dell'America, nascita di Cristo, caduta dell'Impero Romano d'Occidente, guerra di secessione americana, Seconda Guerra Mondiale

22 Non rientrano tra gli atti sottoponibili al giudizio della Corte:

A le leggi costituzionali
B gli atti normativi comunitari
C i regolamenti parlamentari
D i decreti legislativi
E i decreti legge

23 Gli elementi costitutivi dello Stato sono:

A la sovranità, la bandiera, il Presidente della Repubblica
B l'inno nazionale, il Parlamento, il territorio
C il popolo, il territorio, la sovranità
D il Governo, le leggi, la religione
E la Costituzione, il lavoro, il popolo

24 Chi era Himmler?

A Il segretario di Hitler
B Il comandante del campo di concentramento di Auschwitz
C Il generale nazista assediato a Stalingrado
D Il comandante supremo delle SS
E Il generale soprannominato la "volpe del deserto"

25 Nell'elenco di personalità che segue, un nome è incongruo dal punto di vista del ruolo istituzionale ricoperto, mentre gli altri sono accomunati da una caratteristica. Indica il personaggio da scartare:

A Carlo Azeglio Ciampi
B Silvio Berlusconi
C Sandro Pertini
D Enrico De Nicola
E Giovanni Gronchi

26 Uno dei temi centrali di Leopardi è quello della speranza che non regge "all'apparir del vero"; questo tema, nella poesia *Il sabato del villaggio*, è simboleggiato:

A dalla spensieratezza del garzone
B dalla giovinezza della contadinella
C dall'allegria della domenica
D dal silenzio della notte
E dalla felice aspettativa del sabato

27 Un ossimoro è:

A uno scontro fra autocarri
B un trastullo per cani
C una stalla tecnologica
D una figura retorica
E uno strumento chirurgico

28 Il sistema fiscale italiano è:

A fisso
B improntato a criteri di proporzionalità
C improntato a criteri di progressività
D improntato a criteri di esponenzialità
E nessuna delle precedenti risposte è corretta

29 In che anno è caduto il muro di Berlino?

A 1989
B 1961
C 1987
D 1945
E 1991

30 Chi scrive il romanzo *Il marchese di Roccaverdina*?

A Verga
B De Roberto
C Capuana
D Aleramo
E Serao

31 L'Italia è una:

A democrazia a rappresentanza diretta

B repubblica parlamentare
C repubblica presidenziale
D repubblica federale
E democrazia assembleare

32 L'incontro di Teano del 1860 avvenne tra Garibaldi e:

A Cavour
B Umberto I
C Mazzini
D Vittorio Emanuele II
E Pio IX

33 In base alla Costituzione italiana, la facoltà di promuovere l'azione disciplinare nei confronti di un magistrato è attribuita:

A al Presidente della Repubblica
B al Parlamento
C a qualunque cittadino
D al Presidente del Consiglio
E al Ministro della Giustizia

34 In base alla Costituzione italiana, la Repubblica è una e indivisibile?

A Sì
B Sì, ma è costituzionalmente prevista la possibilità di divisione
C No, perché è divisa in tante regioni
D La Costituzione non si pronuncia a riguardo
E Nessuna delle precedenti risposte è corretta

35 Che cosa è la tettonica?

A Scienza che studia la formazione dei gusci dei semi
B Studio dell'inclinazione dei tetti
C Scienza che si occupa delle conformazioni scheletriche
D Studio accurato delle caverne
E Studio delle formazioni montuose

36 Che cosa significa NATO?

A Nazioni Associate a Tutela degli Ordinamenti
B North Atlantic Treaty Organization
C New Anti Terrorism Organization
D North Altantic Trade Organization
E National Anti-terrorist Organization

37 Che differenza c'è tra economia politica e politica economica?

A La prima si occupa solo di microeconomia, la seconda solo di macroeconomia
B La prima si occupa solo di macroeconomia, la seconda solo di microeconomia
C La prima spiega e non influenza la realtà economica, la seconda adopera taluni strumenti per influenzare i grandi aggregati economici e i comportamenti collettivi

D La prima è in mano agli imprenditori, la seconda è gestita dallo Stato
E La prima spiega e modifica la realtà economica, la seconda spiega unicamente i grandi aggregati economici e i comportamenti collettivi

38 Il percorso verso l'Europa unita comincia con:

A la costituzione della NATO dopo la Seconda Guerra Mondiale
B il trattato di Roma del 1957
C l'intervento europeo in Bosnia
D la nascita del Sistema Monetario Europeo (SME)
E il trattato di pace dopo la Prima Guerra Mondiale

39 L'unica ipotesi in cui è consentito un accesso diretto alla Corte attiene ai rapporti tra:

A legge statale e legge regionale
B legge ordinaria e legge costituzionale
C decreto legge e decreto legislativo
D legge quadro e legge delega
E regolamenti parlamentari e fonti secondarie

40 Il participio passato del verbo assumere è:

A assunto
B assumendo
C ho assunto
D assunsi
E assumerò

41 Il termine totalitarismo allude:

A a un sistema politico dispotico, teso a controllare ogni aspetto di una società di massa
B al tentativo di uno Stato di espandersi fino a comprendere la totalità di una data area geografica
C all'intenzione di unificare, in una compagine salda e unitaria, un'etnia divisa e sparsa
D alla volontà d'imporre a tutti i cittadini dello Stato l'uso di una medesima lingua
E al progetto d'imporre a un intero popolo una medesima fede religiosa

42 Quale Stato non fu tra i membri fondatori della CEE?

A Olanda
B Polonia
C Italia
D Francia
E Lussemburgo

43 Quante capitali europee sono bagnate dal fiume Danubio?

A 3
B 2
C 5

D 7
E 4

44 Che cos'è la Base Monetaria?

A L'insieme del circolante in mano ai privati
B L'insieme delle banconote e delle monete che circolano all'interno di un paese
C La liquidità in mano ai singoli individui pronta per essere utilizzata negli scambi
D La quantità di moneta domandata alle banche da parte degli individui
E Liquidità in mano al pubblico più le riserve delle banche

45 All'elezione del Presidente della Repubblica partecipano anche:

A i delegati regionali
B i giudici del Consiglio superiore della magistratura
C i rappresentanti del Governo
D i ministri della Repubblica
E i membri del corpo diplomatico accreditato presso la Repubblica Italiana

46 Come amava definirsi e veniva chiamato Goethe?

A Maestro
B Genio
C Maledetto
D Favorito dagli dei
E Venditore d'anime

47 L'organo che dirige la politica generale del Governo e ne è responsabile si chiama:

A Consiglio dei Ministri
B Presidente del Consiglio dei Ministri
C Ministro
D Ministero
E Presidente della Repubblica

48 Chi fu il primo presidente della Repubblica del Pakistan dopo la secessione del Bangladesh nel 1971?

A Sukarno
B Faruk Leghari
C Benazir Bhutto
D Zulfiqar Alì Bhutto
E Nehru

49 In caso di impedimento, il Presidente della Repubblica viene sostituito dal:

A Presidente della Camera
B Presidente della Corte Costituzionale
C Presidente del Senato
D Presidente del Consiglio
E Vicepresidente

50 La durata in carica dei giudici della Corte Costituzionale è fissata in anni:

A 3
B 5
C 7
D 9
E si tratta di una carica a vita

51 Secondo la Costituzione della Repubblica Italiana lo scioglimento del Parlamento è decretato dal:

A Presidente del Consiglio dei Ministri
B Presidente della Corte Costituzionale
C Presidente della Repubblica
D Presidenti di Camera e Senato in seduta congiunta
E Presidente della Corte di Cassazione

52 Gaetano Salvemini ne parlò come della conquista di uno "scatolone di sabbia"; Giovanni Pascoli le consacrò il discorso celebrativo *La grande Proletaria s'è mossa*; fu promossa da Giolitti, nel tentativo di guadagnare consensi per la propria politica, sull'onda dell'opinione pubblica nazionalista. Si tratta di una delle seguenti imprese:

A la conquista dell'Algeria
B la conquista d'Etiopia
C la conquista della Somalia
D la conquista della Tunisia
E la conquista della Libia

53 La bilancia dei pagamenti ...

A è composta dalle partite correnti che devono essere sempre in pareggio
B prevede dei movimenti monetari compensativi
C è una competenza oramai delegata all'UE
D non prevede movimenti monetari compensativi ma solo flussi reali
E venne ideata da Keynes per l'economia aperta

54 Quale dei seguenti statisti italiani guidò, nell'età liberale, il governo che fu chiamato il "lungo ministero"?

A Giovanni Giolitti
B Camillo Benso conte di Cavour
C Francesco Crispi
D Agostino Depretis
E Francesco Saverio Nitti

55 Il Presidente della Repubblica:

A nomina 3 giudici costituzionali
B nomina 5 giudici costituzionali
C nomina 7 giudici costituzionali
D non nomina giudici costituzionali
E conferma o revoca le nomine dei giudici costituzionali disposte dal Parlamento

56 Cosa sono i soviet?

A Associazioni di mestiere
B Forma embrionale di sindacalismo contadino
C Consigli rivoluzionari composti da rappresentanti di fabbrica
D Formazioni politiche di partito
E Associazioni paramilitari di destra

57 Si indichi il significato dell'espressione edizione critica:

A l'edizione che, attraverso varianti, ricostruisce il testo così come l'autore lo ha scritto
B l'edizione di uno o più saggi di analisi critica, letteraria e filosofica
C l'edizione di un'opera che stava per essere finita, ma già in una fase critica l'autore non ha potuto concludere
D l'edizione di un volume stroncato dalla critica
E l'edizione di un volume non autorizzata dall'autore

58 In Italia, i componenti della Giunta provinciale sono nominati:

A dal Presidente della Provincia
B dal Consiglio provinciale
C dagli elettori residenti nella Provincia stessa al momento del voto
D dal Presidente della Giunta regionale
E dalle Giunte comunali della Provincia

59 Il fiume Volga è il più lungo dell'Europa e scorre in:

A Germania
B Russia
C Finlandia
D Danimarca
E Norvegia

60 In quale anno l'Italia è entrata a far parte dell'Unione Europea?

A 1948
B 1957
C 1989
D 1999
E 2002

61 All'interno di un vulcano, il condotto che consente al magma di risalire è detto:

A cratere
B braciere
C cappa
D camino
E serbatoio magmatico

62 In quale città si riunisce l'Assemblea plenaria del Parlamento europeo?

A Strasburgo
B Roma

C Parigi
D Londra
E Bruxelles

63 Individuare fra i seguenti il sinonimo di “prorompere”:

A prorogare
B proporre
C rompere
D scoppiare
E prorogare

64 Corrado Govoni:

A a Milano collabora con la “Domenica Letteraria”
B è autore dell’*Imperialismo artistico* (1903)
C pubblica *Le fiale* e il volume *Armonia in grigio et in silenzio*, entrambe nel 1903
D scrive in francese le prime opere: le poesie *Les vieux marins* (1897), *La conquête des étoiles* (1902), *Destruction* (1904) e la commedia *Le roi Bombance* (1905).
E nessuna delle precedenti risposte è corretta

65 La frase subordinata implicita non può essere:

A all’infinito
B al participio
C al gerundio
D al condizionale
E con due verbi

66 La Corte Costituzionale giudica:

A sul regolare funzionamento delle Camere
B sulla legittimità dell’operato del Presidente della Repubblica
C sulla legittimità delle leggi e degli atti a essa equiparati
D qualsiasi cosa
E nessuna delle precedenti risposte è corretta

67 Che cosa significa vacuo?

A Denso
B Colmo
C Errabondo
D Vuoto
E Desideroso

68 I Romantici rispetto ai Classicisti:

A si oppongono
B si uniscono
C si rivalutano
D si convergono
E si disprezzano

69 Quale delle seguenti città italiane si trova più a sud?

A Firenze
B Rimini
C Perugia
D Bologna
E Nessuna delle precedenti risposte è corretta

70 Che cos'è la rendita del consumatore?

A È il reddito del nostro soggetto non derivante dal lavoro
B È esattamente identica al vincolo di bilancio
C È inferiore al vincolo di bilancio
D È la condizione che si verifica quando il consumatore, nell'acquisto di un bene, cede più moneta di quanto sarebbe disposto a fare in base alla sua utilità marginale
E È la condizione che si verifica quando il consumatore, nell'acquisto di un bene, cede meno moneta di quanto sarebbe disposto a fare in base alla sua utilità marginale

71 Quale di questi caratteri il Decadentismo non ebbe?

A Misticismo
B Naturalismo
C Storicismo
D Simbolismo
E Estetismo

72 Chi è il grande storico dell'età rinascimentale?

A Guicciardini
B Machiavelli
C Castiglione
D Della Casa
E Firenzuola

73 La struttura del Parlamento italiano è descritta dalla formula:

A monocameralismo imperfetto
B bicameralismo perfetto
C monocameralismo perfetto
D bicameralismo imperfetto
E monocameralismo bicamerale

74 Nel periodo proposto di seguito, quale termine svolge la funzione di avverbio? "Gli amministratori devono convocare l'assemblea quando ne è fatta domanda da un numero di soci che rappresenti almeno il quinto del capitale sociale":

A ne
B almeno
C quinto
D tanti
E numero

75 Indicare quale delle seguenti successioni di eventi della storia mondiale è corretta:

A creazione dello Stato di Israele – assassinio di JF Kennedy – fine della guerra del Vietnam – caduta del muro di Berlino – Nobel della Pace a N. Mandela
B assassinio di JF Kennedy – fine della guerra del Vietnam – caduta del muro di Berlino – creazione dello Stato di Israele – Nobel della Pace a N. Mandela
C fine della guerra del Vietnam – caduta del muro di Berlino – assassinio di JF Kennedy – creazione dello Stato di Israele – Nobel della Pace a N. Mandela
D caduta del muro di Berlino – assassinio di JF Kennedy – creazione dello Stato di Israele – Nobel della Pace a N. Mandela – fine della guerra del Vietnam
E nessuna delle precedenti risposte è corretta

76 La Costituzione italiana definisce espressamente l'insegnamento dell'arte e della scienza:

A obbligatorio
B limitato
C sottoposto all'autorizzazione dei Provveditorati agli Studi
D gratuito
E libero

77 Quale leader della Sinistra storica fu capo del Governo quasi ininterrottamente per dieci anni a partire dal 1876?

A Giovanni Giolitti
B Urbano Rattazzi
C Quintino Sella
D Agostino Depretis
E Camillo Benso conte di Cavour

78 Quale leader politico italiano, nel 1973, dichiarò la necessità di giungere a un compromesso storico tra le forze cattoliche, comuniste e socialiste del Paese?

A Enrico Berlinguer
B Bettino Craxi
C Giulio Andreotti
D Aldo Moro
E Ugo La Malfa

79 L'usucapione è:

A uno dei modi di acquisto della proprietà di un bene in virtù del possesso continuato per almeno venti anni
B un effetto della compravendita
C una delle cause di impugnazione del contratto
D un'ipoteca
E un atto di fiducia

80 Il femminile corretto di "vigile" è:

A la vigila
B la vigilessa
C la vigile

D la donna vigile
E nessuna di queste definizioni

81 Adolf Hitler nacque in:

A Prussia
B Renania
C Baviera
D Austria
E Sassonia

82 Che cosa indica la "latitudine" di un punto?

A La distanza angolare del punto dall'Equatore
B La distanza angolare del punto dal Meridiano di Greenwich
C La distanza angolare del punto dal Tropico del Capricorno
D La distanza del punto dal Sole
E Nessuna risposta è esatta

83 La frase "Teresa ha detto a Simona che gli spaghetti che Max aveva cucinato erano scotti" contiene:

A una frase relativa
B due frasi relative
C una frase oggettiva e una frase relativa
D una frase soggettiva e una oggettiva
E una frase comparativa e una oggettiva

84 Ogni qualvolta il Presidente della Repubblica non possa adempiere alle proprie funzioni, queste sono esercitate:

A dal Presidente della Camera
B dal Presidente del Senato
C dal Presidente del Consiglio
D l'istituto della supplenza non è previsto
E nessuna delle precedenti risposte è corretta

85 Il Regno di Sardegna ebbe come capitale:

A Cagliari
B Sassari
C Genova
D Torino
E Ajaccio

86 Con quale istituto di democrazia diretta il corpo elettorale può partecipare al procedimento di modifica della Costituzione?

A Referendum abrogativo
B Elezioni politiche
C Referendum costituzionale
D Elezioni politiche, elezioni regionali ed elezioni amministrative
E Referendum legislativo

87 Sei in Francia e hai deciso di visitare la città di Reims. Desideri vedere:

A una villa barocca
B una cattedrale gotica
C il palazzo trecentesco dei duchi di Borgogna
D una casa di Le Corbusier
E i celebri resti dell'accampamento romano della VII legione

88 I principali organi dell'ONU sono:

A l'Assemblea generale, il Consiglio di Sicurezza e il Segretario generale
B il Parlamento e il Comitato esecutivo
C il Segretario generale e il Parlamento delle Nazioni Unite
D il Consiglio di sicurezza e l'Alto commissariato per i rifugiati
E l'Assemblea generale, l'Alto commissariato per i diritti umani e il Segretario generale

89 Per votare alle elezioni politiche occorre:

A aver compiuto diciotto anni per eleggere i Deputati e venticinque anni per eleggere i Senatori
B aver compiuto diciotto anni per eleggere Deputati e Senatori
C aver compiuto venticinque anni per eleggere Deputati e Senatori
D avere la patente di guida
E avere compiuto sedici anni

90 Che cosa significa preponderante?

A Di grande prepotenza
B Di carattere negativo
C Prevaricatore
D Di maggior peso
E Nessuna delle precedenti risposte è corretta

91 Con quale rivista ha a che fare Sinisgalli?

A "Ordine Nuovo"
B "Primo Tempo"
C "Campo di Marte"
D "Leonardo"
E "Civiltà delle macchine"

92 Come si chiamava il Presidente del consiglio del primo governo della sinistra storica in Italia?

A A. Depretis
B F. Crispi
C P. Villari
D M. Minghetti
E S. Sonnino

93 La prima militanza politica di Mussolini fu:

A nazionalista

B liberale
C socialista rivoluzionaria
D anarchica
E federalista

94 Il Piano Marshall era un programma di:

A invasione della Germania nazista
B aiuti economici americani all'Europa
C sviluppo missilistico americano
D invasione anglo-americana del Giappone
E aiuti economici ai Paesi anglosassoni o associati al Commonwealth

95 Nella Costituzione della Repubblica Italiana, la sezione dedicata ai diritti e ai doveri dei cittadini si divide in quattro titoli; tra questi troviamo:

A rapporti civili, rapporti giuridici, rapporti economici
B rapporti economici, rapporti politici, rapporti etico-sociali
C rapporti etici, rapporti costituzionali, rapporti civili
D rapporti sociali, rapporti giurisdizionali, rapporti economici
E rapporti civili, rapporti amministrativi, rapporti legislativi

96 La forma di governo degli USA è:

A presidenziale
B semipresidenziale
C parlamentare
D dittatoriale
E nessuna delle precedenti risposte è corretta

97 Nel 1903, i fratelli Wright portarono a termine il primo:

A viaggio intercontinentale in automobile
B volo in mongolfiera
C viaggio sottomarino
D volo a motore con un biplano a elica
E viaggio in auto di mille miglia

98 L'Assemblea Costituente elaborò e approvò:

A lo Statuto Albertino
B i primi statuti delle Regioni italiane
C lo statuto della Corte Costituzionale
D lo statuto della Banca d'Italia
E la Costituzione della Repubblica Italiana

99 Possono essere nominati senatori a vita:

A gli ex Ministri della Repubblica
B i magistrati delle Corti Superiori
C i cittadini che hanno illustrato la Patria per altissimi meriti nel campo sociale, scientifico, artistico e letterario
D tutti i cittadini ricchi
E tutti i cittadini incensurati

100 La regione più estesa dell'Italia è:

A la Toscana
B il Piemonte
C la Sardegna
D la Lombardia
E la Sicilia

101 In quale anno fu fondata a Londra la Prima Internazionale (Associazione Internazionale dei Lavoratori)?

A 1946
B 1790
C 1900
D 1920
E 1864

102 I rendimenti di scala ...

A si possono ottenere solo in concorrenza perfetta
B si dicono decrescenti quando i costi diminuiscono
C sono in una relazione inversa con i costi di produzione
D mettono in correlazione tasso di inflazione e produzione
E mettono in correlazione la produttività con la produzione

103 Quale di questi Paesi non fa parte dell'Oceania, il più nuovo dei continenti?

A Figi
B Kiribati
C Nauru
D Trinidad e Tobago
E Australia

104 Qual è il contrario di filantropo?

A Egoista
B Altruistico
C Musicofobo
D Conformista
E Nessuna delle precedenti risposte è corretta

105 "Sendero Luminoso" è stato:

A un movimento di ispirazione maoista presente in Perù
B un cartello di narcotrafficanti sgominato in Colombia
C un gruppo di sostenitori del regime di Peròn
D il partito che ha portato al potere Pinochet
E un gruppo di guerriglieri nella rivoluzione cubana

106 Chi è considerato il principale esponente della letteratura illuminista italiana?

A Cesare Beccarla
B Carlo Goldoni
C Pietro Bembo

D Guido Cavalcanti
E Giuseppe Parini

107 In una Repubblica la sovranità:

A è assunta per diritto proprio da una persona fisica dietro mandato popolare
B è assunta da un Presidente della Repubblica che la delega al popolo
C è esercitata in nome e per conto del Parlamento
D spetta al popolo che la delega a una persona fisica che la esercita in qualità di rappresentante del popolo
E spetta al Governo che la delega al Parlamento che rappresenta i cittadini

108 A quale corrente letteraria, tra le seguenti, partecipò Guido Gozzano?

A Petrarchismo
B Futurismo
C Crepuscolarismo
D Neorealismo
E Neoclassicismo

109 In cosa consistettero le Corporazioni, istituite nel 1934 dal Governo fascista?

A Sindacati degli operai
B Organizzazioni di partiti politici
C Istituzioni di carattere professionale che inquadravano sia lavoratori che datori di lavoro
D Enti capaci di porre fine alla lotta di classe
E Cooperative di lavoratori

110 Il Presidente della Repubblica è responsabile di fronte alla legge:

A di tutti gli atti compiuti nell'esercizio delle sue funzioni
B di tutte le leggi promulgate
C solamente nei casi di alto tradimento e di attentato alla Costituzione
D solamente nei casi di scioglimento arbitrario delle Camere
E mai, almeno fino alla fine del suo mandato

111 Hitler conquistò il potere:

A in seguito a un colpo di Stato cruento noto come "notte dei lunghi coltelli"
B in seguito a elezioni democratiche
C grazie all'appoggio militare di Mussolini e di Franco
D grazie all'appoggio di facoltosi industriali nordamericani
E in seguito all'abdicazione del Kaiser Guglielmo II

112 Aqaba venne presa da Lawrence d'Arabia il:

A 21 Luglio 1917
B 8 Luglio 1917
C 6 Luglio 1917
D 12 luglio 1922
E mai

113 Quale illustre poeta è oggetto del capolavoro critico di Baretti?

A Racine
B Molière
C Shakespeare
D Donne
E Marino

114 Dove si trova la Villa dei Misteri?

A Ercolano
B Roma
C Agrigento
D Micene
E Pompei

115 Che cosa indica il termine "Intifada"?

A Il Parlamento israeliano
B La rivolta dei coloni israeliani contro gli attentati terroristici palestinesi
C La rivolta palestinese
D Una regione della Cisgiordania
E Il partito integralista israeliano

116 Vincenzo Cuoco nasce:

A nel 1770 a Civitacampomarano, presso Campobasso
B nel 1770 a Napoli
C nel 1770 a Milano
D nel 1823 a Napoli
E nessuna delle precedenti risposte è corretta

117 Riferendosi esclusivamente alla frase seguente, individuare l'alternativa che la completa nel modo corretto:
"Il bilancio annuale sarà ... all'assemblea non appena ... redatto":

A enunciato; è stato
B comunicato; sia
C presentato; sarà stato
D letto; fu
E mostrato; fu

118 Quando in Italia è 10 del mattino, che ora è in Nuova Zelanda?

A 0:00 am
B 12:30 pm
C 4:30 am
D 10:00 pm
E 1:15 pm

119 Quali sono le conseguenze territoriali e le limitazioni militari imposte alla Germania dalle potenze vincitrici, al termine della Prima Guerra Mondiale?

- **A** Ridimensionamento della marina militare e cessione dell'Alsazia e Lorena alla Francia
- **B** La cessione della Posnania alla Polonia e lo smantellamento dell'esercito al completo
- **C** Non cede nessun territorio ma deve rinunciare alla marina, ai mezzi blindati e all'aviazione
- **D** Cede lo sbocco al Mar Baltico e ridimensiona l'esercito a 100 000 uomini
- **E** Cede l'Alsazia e la Lorena alla Francia, la Posnania alla Polonia e rinuncia alla marina e all'aviazione

120 Quando è chiamata a esercitare la sua competenza penale, la Corte viene integrata da:

- **A** 8 giudici togati
- **B** 12 giudici non togati
- **C** 16 giudici non togati
- **D** 18 giudici togati
- **E** 18 giudici non togati

121 In quale paese si trova la Foresta Nera?

- **A** Germania
- **B** Brasile
- **C** Ungheria
- **D** Romania
- **E** Nessuna delle precedenti risposte è corretta

122 Quale dei seguenti personaggi non è mai stato Presidente della Commissione Europea?

- **A** Mario Monti
- **B** Romano Prodi
- **C** Jacques Delors
- **D** Jacques Santer
- **E** José Manuel Barroso

123 La città di New York è situata circa alla stessa latitudine di:

- **A** Stoccolma
- **B** Bruxelles
- **C** Il Cairo
- **D** Napoli
- **E** Mosca

124 Che cosa significa ONU?

- **A** Organizzazione delle Nazioni Unite
- **B** Organizzazione per il Nord Unito
- **C** Organismo no-profit
- **D** Organismo nucleare universale
- **E** Organismo nazionale unificato

125 In che settore di produzione industriale in Italia opera principalmente ALENIA?

A Cantieristico
B Siderurgico
C Elettronico
D Aeronautico
E Meccanico

126 In che anno Garibaldi e la sua spedizione dei mille liberano il Sud Italia?

A 1861
B 1860
C 1866
D 1862
E 1858

127 Chi erano Diderot, d'Alambert e d'Holbac e quali rapporti ebbero con l'"Encyclopédie"?

A Erano tre personaggi di spicco dell'Illuminismo francese
B Erano tre patrioti distintisi durante la Rivoluzione Francese
C Erano rispettivamente un pubblicista, un matematico e scienziato, un pensatore anticristiano
D Erano tre rappresentanti del Terzo stato nella Assemblea nazionale costituente francese
E Erano rispettivamente: il direttore della redazione e traduttore (Diderot), il consulente scientifico (d'Alambert) e il sostituto di quest'ultimo (d'Holbac) nella redazione della "Encyclopédie"

128 Chi era Ministro della Giustizia in Italia nel 2002?

A Pecorella
B Bossi
C Castelli
D Taormina
E Nessuna delle precedenti risposte è corretta

129 La capacità di agire è:

A la capacità di disporre dei propri diritti e di assumere impegni mediante manifestazioni di volontà
B la capacità di ogni persona di essere soggetto di diritti
C la capacità di ogni persona di essere soggetto di obblighi
D l'incapacità di disporre dei propri diritti
E nessuna delle precedenti risposte è corretta

130 Cosa consentì un accesso diretto ai testi e influenzò in modo determinante la cultura del XV sceolo?

A L'invenzione della stampa
B L'Umanesimo
C La riforma religiosa
D La morte del re
E L'invenzione della radio

131 In Italia, il Capo dello Stato è il:

A Presidente della Repubblica, eletto direttamente dagli elettori
B Presidente del Consiglio, eletto dal Parlamento in seduta comune
C Presidente della Repubblica, eletto dal Parlamento in seduta comune
D Presidente del Consiglio, eletto direttamente dagli elettori
E Presidente della Corte Costituzionale, eletto dal Parlamento in seduta comune

132 L'art. 4 comma 2 della Costituzione prevede che ogni cittadino svolga, secondo le proprie possibilità e le proprie scelte, un'attività o una funzione che concorra al progresso materiale o spirituale della società. Quanto espresso dalla Costituzione, rappresenta per il cittadino:

A un dovere
B un diritto
C un'aspirazione
D un'opportunità
E una necessità

133 Quando si acquista la capacità di agire?

A alla nascita
B a 14 anni
C al compimento della maggiore età
D a 16 anni
E al conseguimento del diploma di scuola secondaria superiore

134 A Lissa ebbe luogo una nota battaglia:

A aerea della prima guerra mondiale
B tra i Cartaginesi di Annibale e i Romani
C navale che si svolse durante la terza guerra di indipendenza
D aeronavale della seconda guerra mondiale
E campale durante il triennio giacobino

135 Il vocabolo devolution designa:

A un procedimento per il subingresso dei privati allo Stato nell'esercizio delle attività produttive
B una pratica sociale di elargire dei beni a soggetti bisognosi
C un sistema di trasferimento di sovranità dallo Stato alle Regioni
D è la traduzione in inglese di recessione
E altro

136 Oltre ai tre romanzi principali, Svevo scrive anche:

A tragedie
B opere storiografiche
C opere filosofiche
D commedie e racconti
E nessuna delle precedenti risposte è corretta

137 Sidney Sonnino è:

- **A** l'inventore del telefono
- **B** un politico liberale del secolo scorso
- **C** una nota marca di birra olandese
- **D** un attore americano degli anni Quaranta
- **E** un regista neorealista canadese

138 In base alla Costituzione italiana:

- **A** la guerra può sempre rappresentare uno strumento per regolare i rapporti con le altre nazioni
- **B** l'Italia non ammette in alcun caso forme di limitazione alla propria sovranità, neppure a favore di organizzazioni internazionali che assicurino la pace e la giustizia tra le nazioni
- **C** l'Italia prevede la guerra come mezzo di risoluzione delle controversie internazionali
- **D** l'Italia ammette la guerra come strumento di difesa di Paesi terzi
- **E** l'Italia ripudia la guerra come strumento di offesa alla libertà degli altri popoli

139 In quale secolo si svolse la Guerra Fredda?

- **A** Nel XVII secolo
- **B** Nel X secolo
- **C** Nel XX secolo
- **D** Nel XV secolo
- **E** Nel XIX secolo

140 Quale partito fu fondato nel 1919 da Luigi Sturzo?

- **A** Fasci italiani di combattimento
- **B** Ordine Nuovo
- **C** Partito Popolare Italiano
- **D** Popolo d'Italia
- **E** Partito Comunista Italiano

141 La competenza del Prefetto riguarda:

- **A** l'intera Provincia
- **B** l'intera Nazione
- **C** l'intera Regione
- **D** il Comune
- **E** le Regioni a statuto autonomo

142 In quale anno nasce ufficialmente la Comunità Economica Europea?

- **A** 1922
- **B** 1812
- **C** 1958
- **D** 2000
- **E** 1789

143 Di chi è l'opera *Le piacevoli notti*?

A Firenzuola
B Boccaccio
C Straparola
D Machiavelli
E Bembo

144 Cos'è la politica del Nuovo Corso?

A La politica austriaca di apertura alle nazionalità presenti nell'Impero
B La politica militare attuata da Bismarck in Prussia, con l'intento di realizzare la tesi "piccolo tedesca"
C La politica economica attuata nella Germania unita per dare impulso all'industrializzazione
D La politica attuata da Guglielmo II per una democratizzazione dello Stato, iniziando dall'allontanamento di Bismarck
E La politica di chiusura democratica che porta alla creazioni delle leggi speciali contro i socialdemocratici

145 Quali sono i caratteri precipui della letteratura cinquecentesca?

A Le avanguardie
B La tecnica compositiva semplice e lineare
C Il realismo e la schematicità
D Il neoplatonismo e il classicismo
E La tradizione volgare e popolare

146 Quale leader politico, scomparso nel 1964, lasciò come suo testamento politico il memoriale di Jalta?

A Stalin
B Palmiro Togliatti
C Winston Churchill
D Franklin Delano Roosevelt
E Charles De Gaulle

147 In base al dettato costituzionale italiano, lo straniero:

A ha diritto d'asilo nel territorio della Repubblica, qualora gli sia impedito nel suo Paese l'effettivo esercizio delle libertà democratiche garantite dalla Costituzione italiana
B ha sempre diritto d'asilo nel territorio della Repubblica
C non ha mai diritto d'asilo nel territorio della Repubblica
D ha diritto d'asilo nel territorio della Repubblica solo nei casi espressamente elencati negli accordi internazionali stipulati tra l'Italia e il Paese di cui è cittadino
E può beneficiare del diritto di asilo solo se è condannato a morte nel suo Paese

148 Quale delle seguenti regioni italiane non è bagnata dal mare?

A Friuli-Venezia Giulia
B Umbria
C Basilicata

D Emilia Romagna
E Nessuna delle precedenti risposte è corretta

149 Qual è la capitale dell'Ucraina?

A Kiev
B Ankara
C Riga
D Mosca
E Tirana

150 La data di nascita e quella di dissoluzione dell'URSS sono:

A 1924-1989
B 1918-1990
C 1945-1995
D 1957-1987
E 1922-1991

151 In che anno viene reintrodotta la pena di morte in Italia?

A 1925
B 1930
C 1927
D 1922
E 1932

152 Il Parlamento della Repubblica Italiana si compone di:

A Camera dei Comuni e Senato della Repubblica
B Camera delle Regioni e Senato Italiano
C Camera dei deputati e Senato della Repubblica
D Camera dei deputati e Senato federale della Repubblica
E Camera delle autonomie e Senato della nazione

153 Il nome della missione militare italiana in Albania era:

A Ibis
B Albalonga
C Alba chiara
D Alba
E Enduring Freedom

154 A quale Stato appartiene la provincia d'oltremare di Macao?

A Spagna
B Portogallo
C Brasile
D Cina
E Nessuna delle precedenti risposte è corretta

155 Si indichi la frase relativa:

A dicono che Luisa abbia preferito un esercizio più difficile

B Luigia pare che sia innervosita dagli applausi
C Giovanna, che dice sempre che è tardi, verrà in automobile
D Alberto non si fa scrupolo di parlare quando che sia
E nonostante che non sappia nulla, si ostina a parlare

156 Scegliere, fra le alternative proposte, quella che ha un significato contrario al termine dissimile:

A differente
B confrontabile
C ineguale
D discordante
E divelto

157 Il contrario di opinabile è:

A presumibile
B obbligatorio
C inadatto
D indiscutibile
E nessuna delle precedenti risposte è corretta

158 Secondo la Costituzione italiana, le leggi sono promulgate dal:

A popolo
B Presidente della Repubblica
C Presidente del Consiglio dei Ministri
D Governo
E Parlamento

159 Il sistema di formazione delle leggi del Parlamento italiano è definito bicameralismo perfetto perché prevede:

A due Camere, Camera dei Deputati e Senato della Repubblica, che hanno gli stessi compiti e funzioni
B due Camere, Camera dei Deputati e Senato della Repubblica, che svolgono il proprio compito in modo ineccepibile
C che le leggi vengano votate sempre due volte in ciascuna Camera
D che le due Camere, Camera dei Deputati e Senato della Repubblica, si riuniscano in seduta comune per la votazione finale di ciascuna legge
E due Camere, Camera dei Deputati e Senato della Repubblica, che hanno diversi e specifici compiti e funzioni

160 In Italia, la magistratura:

A costituisce un ordine autonomo e indipendente da ogni altro potere statuale
B agisce sotto la direzione del Ministro della Giustizia
C dipende dal Parlamento
D dipende dal Senato
E Sia B sia D

161 Qual è l'evento che segnò l'inizio, in Italia, della cosiddetta strategia della tensione?

A Il rapimento di Moro
B La bomba sul treno Italicus
C La bomba alla stazione di Bologna
D La bomba a piazza della Loggia a Brescia
E La bomba di piazza Fontana a Milano

162 Chi è il personaggio tipico dell'opera di Beolco?

A L'inetto
B Il parassita
C Il villano
D L'avaro
E Il cortigiano

163 Secondo la Costituzione italiana, la proprietà privata è:

A totalmente libera, compresa quella terriera che è esente da limiti di estensione
B tollerata nei limiti stabiliti dalla legge
C l'unica forma di proprietà ammessa nell'ordinamento italiano
D riconosciuta e garantita dalla legge
E nessuna delle precedenti risposte è corretta

164 La funzione di promulgare una legge spetta:

A al Parlamento
B alla Corte Costituzionale
C al Presidente della Repubblica
D al Ministro di Grazia e Giustizia
E al Presidente del Consiglio

165 I membri che compongono la Corte Costituzionale sono:

A 5
B 10
C 15
D 20
E 25

166 In quale Regione italiana si trovano i colli Euganei?

A Liguria
B Veneto
C Sardegna
D Toscana
E Trentino-Alto Adige

167 Quale tra i seguenti Paesi ha la più alta densità di popolazione?

A Italia
B Malta
C Giappone

D Portorico
E Singapore

168 Qual è l'opera fondamentale di Daniello Bartoli?

A *L'istoria della Compagnia di Gesù*
B La *Reina di Scotia*
C *Dialogo sopra i due massimi sistemi del mondo*
D Le *Rime*
E *Della ragion di Stato*

169 Nella lingua italiana un verbo può assolvere la funzione di soggetto?

A Sì, in mancanza di un sostantivo che assolva la funzione di soggetto
B Sì, può essere sostantivato
C No, mai
D Solo in poesia
E Solo se ausiliare

170 Che età è prescritta per l'elettorato passivo alla Camera dei Deputati?

A 18 anni
B 25 anni
C 50 anni
D 48 anni
E 35 anni

171 Quale dei seguenti Stati non è bagnato dal Danubio?

A Bulgaria
B Romania
C Russia
D Croazia
E Ungheria

172 Da quali potenze europee è composta la Lega Santa?

A Francia, Spagna e Inghilterra
B Stato pontificio, Austria, Polonia e Russia
C Repubblica di Venezia, Austria, Polonia, Russia
D Francia, Austria e Polonia
E Repubblica di Venezia, Stato pontificio, Austria e Polonia

173 Nel 1912 iniziò la Prima Guerra Balcanica. Quali furono gli schieramenti?

A Russia – Impero d'Asburgo
B Lega Balcanica – Bulgaria
C Lega Balcanica – Turchia
D Bulgaria – Serbia
E Montenegro – Grecia

174 In uno Stato liberale:

A chi detiene il potere interviene in tutti gli aspetti della vita della società civile

B la legittimazione del potere si basa su argomenti di natura trascendente
C il potere è concentrato nelle mani del Sovrano
D tutti godono di uguali diritti di fronte alla legge
E si tende a valorizzare l'azione delle forze sociali, riducendo l'ingerenza dello Stato

175 Secondo il principio della separazione dei poteri:

A le funzioni legislativa, esecutiva e giudiziaria devono essere affidate a organi costituzionali distinti e indipendenti tra loro
B le funzioni legislativa, esecutiva e giudiziaria non possono in alcun modo interagire, fermo restando l'obbligo per ciascuna delle tre funzioni di informare le altre due sulle proprie attività
C il potere appartiene al popolo che, però, lo separa da sé delegandolo attraverso l'esercizio del diritto di voto a propri rappresentanti
D lo Stato non può interferire nelle decisioni prese dalle autorità legislative che operano a livello territoriale, ovvero le Regioni, le Province, i Comuni
E tutte le leggi, prima di essere emanate, devono essere votate nello stesso testo da tutti e tre i poteri, legislativo esecutivo e giudiziario. Le tre votazioni devono però essere separate e indipendenti tra loro

176 Secondo la Costituzione della Repubblica Italiana, il potere esecutivo:

A nomina il Presidente della Repubblica
B attua le norme emanate dal legislatore
C emana norme giuridiche generali e astratte
D esercita la funzione di controllo sul Parlamento mediante i voti di fiducia e di sfiducia
E risolve le controversie applicando a un caso concreto la norma generale

177 Indicare l'alternativa da scartare:

A Nicaragua
B Giamaica
C Cuba
D Costa Rica
E Cile

178 La composizione ordinaria della Corte Costituzionale viene integrata nel caso in cui l'organo di giustizia costituzionale sia chiamato a giudicare:

A sulle accuse promosse dal Parlamento contro il Presidente della Repubblica
B sui conflitti tra Stato e Regioni
C sui conflitti di attribuzione tra i poteri dello Stato
D sull'ammissibilità del referendum abrogativo
E sulla legittimità costituzionale delle leggi

179 Cosa si intende in letteratura per manzonismo?

A La tendenza a continuare il romanzo storico
B La preferenza per la tematica inerente i matrimoni contrastati
C La teoria di una lingua letteraria italiana che attinga ai benparlanti fiorentini
D L'atteggiamento religioso rigorosamente cattolico
E La scelta costante di temi sociopolitici

180 Quale di queste definizioni non è corretta?

- **A** Xilofago: detto di animale che si nutre solo di legno
- **B** Verro: piccolo argano per innalzare pesi
- **C** Ustorio: che brucia
- **D** Sinossi: compendio, visione d'insieme di una disciplina
- **E** Talassocrazia: supremazia sui mari

181 Polisemia significa:

- **A** complesso di strumenti musicali
- **B** varietà di stili
- **C** ricchezza di nomi, di significati, di sintassi in un testo
- **D** antica società segreta
- **E** raccolta di insetti

182 Da quale organizzazione internazionale è stato sostituito il GATT?

- **A** Dal FMI
- **B** Dall'UE
- **C** Dall'ONU
- **D** Dal WTO
- **E** Dalla CEE

183 Quale tra i seguenti tipi di testo non può essere preso come modello di concretezza?

- **A** Diario intimo
- **B** Racconto psicologico-sentimentale
- **C** Memorie di uno scienziato
- **D** Racconto fantascientifico
- **E** Relazione di un esperimento

184 Quale evento sconvolge la Lombardia nel 1629?

- **A** L'esercito tedesco occupa Milano e Venezia
- **B** Gli Spagnoli saccheggiano la Lombardia
- **C** La discesa dei Tedeschi fa dilagare la peste
- **D** Una grave carestia agricola colpisce l'economia lombarda
- **E** Nessuna delle precedenti risposte è corretta

185 Il Governo, prima del conferimento della fiducia parlamentare:

- **A** risulta politicamente in carica ma giuridicamente limitato nei suoi poteri
- **B** dispone di pieni poteri ma è obbligato a non esercitarli
- **C** risulta giuridicamente in carica ma politicamente inattivo
- **D** può disporre di tutti i suoi poteri, anche se è opportuna un'autolimitazione nel loro esercizio
- **E** risulta in carica solo per il disbrigo degli affari correnti

186 Qual è la città più popolata del mondo tra queste elencate?

- **A** New York
- **B** Città del Messico
- **C** Il Cairo

D Mosca
E Dubai

187 Subito dopo le dimissioni di Mussolini, divenne Capo del Governo:

A Giolitti
B Terracini
C Badoglio
D De Gasperi
E Fanfani

188 Solo uno dei seguenti episodi della storia cinese del Novecento non vide protagonista Mao Tse-tung. Quale?

A La lunga marcia
B L'eccidio di piazza Tien An Men del 1989
C La rivoluzione culturale
D La proclamazione della Repubblica Popolare
E L'occupazione del Tibet

189 Quale tra le seguenti città è situata più a sud?

A Terni
B Perugia
C Livorno
D Forlì
E Siena

190 Stai facendo un safari fotografico e, dalla tua jeep, vedi un branco di renne correre libere nella pianura. Ti trovi:

A nella taiga
B nella steppa
C nella savana
D nella pampa
E nella tundra

191 I membri della Camera dei deputati sono:

A 315
B 315 più i deputati a vita
C 630 più i deputati a vita
D 630
E tanti quanti i membri del Senato della Repubblica, secondo il principio del bicameralismo perfetto

192 A quale avvenimento fa riferimento la definizione "lunga marcia"?

A Alla ritirata degli italiani dal fronte sovietico durante la seconda guerra mondiale
B Alle imprese russe di Napoleone
C Alla fuga all'estero di Mazzini

D Alla ritirata delle forze comuniste cinesi per sottrarsi alle forze del Kuomintang
E Alle imprese sudamericane di Bolìvar

193 Qual è il fiume più lungo d'Europa?

A Reno
B Volga
C Senna
D Danubio
E Nessuna delle precedenti risposte è corretta

194 L'economia sommersa è:

A l'insieme delle attività economiche che non possono essere conteggiate perché ignote
B l'insieme delle sole attività illegali
C l'economia dei Paesi in via di sviluppo
D l'economia tipica del settore agricolo
E l'economia tipica del settore industriale

195 Quando viene aperto il canale di Suez?

A 1867
B 1869
C 1857
D 1876
E 1877

196 Il lago di Garda viene anche designato come:

A Sebino
B Verbano
C Lario
D Benaco
E Maggiore

197 Quante persone abitano in Italia?

A 37 milioni
B 61 milioni
C 77 milioni
D 97 milioni
E 48 milioni

198 I membri del Parlamento possono essere perseguiti per le opinioni espresse nell'esercizio delle loro funzioni?

A Sì
B Sì, ma solo se tendenti a ledere i rapporti con gli altri poteri dello Stato
C No
D No, a patto che non violino il loro codice deontologico
E Sì, purché siano in carica

199 Quale, tra i Paesi qui elencati, non figura tra quelli aggiunti all'Unione Europea il 1° maggio 2004?

A Estonia
B Polonia
C Ungheria
D Romania
E Cipro

200 Quale di questi fiumi non bagna la Sardegna?

A Crati
B Tirso
C Flumendosa
D Coghinas
E Mannu

SOLUZIONI E COMMENTI

1 Risposta: **C**. Mistico è il sinonimo relativo alla conoscenza del divino, dello spirituale.

2 Risposta: **C**. ECU è l'acronimo di European Currency Unit, ovvero "unità di valuta europea". È una valuta-paniere virtuale introdotta dal Consiglio Europeo nel 1978 e antenata dell'euro. Non è mai stata effettivamente coniata, tranne pochi esemplari a fini collezionistici. Il dollaro è il nome della valuta ufficiale di vari stati e territori, tra cui Australia, Canada, Caraibi Orientali, Liberia, Hong Kong, Nuova Zelanda, Singapore e Stati Uniti; lo yen è la valuta ufficiale in Giappone; l'esperanto è una lingua internazionale sviluppata tra il 1872 e il 1887 dall'oftalmologo polacco di origini ebree, Ludwik Lejzer Zamenhof.

3 Risposta: **A**. La durata in carica del Sindaco e del Consiglio Comunale è di cinque anni. Chi abbia ricoperto per due mandati consecutivi la carica di Sindaco non è immediatamente rieleggibile allo scadere del secondo mandato.

4 Risposta: **B**. Il Pubblico Ministero è l'organo dello Stato la cui funzione principale è l'esercizio dell'azione penale. Con l'esercizio dell'azione penale il Pubblico Ministero avvia il processo penale, di cui diviene una delle parti (l'altra è l'imputato). Il Pubblico Ministero esercita l'azione e sta in giudizio nell'interesse pubblico.

5 Risposta: **B**. L'entomologia è un ramo della zoologia dedicato allo studio degli insetti. Date le strette relazioni, gli entomologi estendono spesso il loro ambito di studio anche ad altri raggruppamenti sistematici del *phylum* degli artropodi.

6 Risposta: **B**. Il 9 e 10 luglio 1943 ebbe inizio l'operazione Husky che vide lo sbarco degli alleati sul territorio italiano. Lo sbarco avvenne in Sicilia, nei pressi di Gela e Siracusa e furono messe in campo 7 divisioni di fanteria, 3 britanniche, 3 statunitensi e 1 canadese. La Husky costituì una delle più grandi operazioni navali mai realizzate fino ad allora e rappresentò un colpo mortale, insieme allo sbarco in Normandia, inferto dalle truppe alleate alle potenze del patto d'acciaio, soprattutto perché indebolì notevolmente l'Italia, maggiore alleato della Germania.

7 Risposta: **B**. Le dimissioni di un ministro obbligano a sostuire la sua funzione con la nomina di un nuovo ministro o con l'attribuzione dell'*interim* a uno dei ministri già in carica.

8 Risposta: **A**. L'Orta o Cusio (18 km^2) un lago prealpino del Piemonte collocato tra le province di Novara e del Verbano-Cusio-Ossola a Ovest del Lago Maggiore. Tra i laghi appenninici troviamo: il Trasimeno (128 km^2), il Bolsena o Pulsino (114 km^2), il Bracciano o Sabatino (57 km^2), l'Albano (6 km^2), il Nemi (1,67 km^2), l'Averno e il Lago di Vico.

9 Risposta: **A**. Terminata la guerra civile russa (1918-1921), Lenin è consapevole dell'impossibilità di raggiungere gli auspicati approdi del socialismo in una terra che non aveva ancora raggiunto lo sviluppo capitalistico. La Nuova Politica Economica si pone come parziale concessione alle forme di produzione capitalistica, con l'intento di far sviluppare le forze sociali ed economiche che la Russia feudale non possedeva. Alla morte di Lenin, questa politica economica fu abolita da Stalin che introdusse una politica economica centralizzata, un processo di industrializzazione forzata e la collettivizzazione agricola (kolchoz).

10 Risposta: **C**. Nella notte fra il 9 e il 10 novembre del 1989 è caduto il muro di Berlino costruito dalla Germania comunista nel 1961 e che per 30 anni ha simboleggiato la divisione dell'Europa, e del mondo, in due blocchi contrapposti (sistema bipolare): il blocco occidentale, egemonizzato dagli Stati Uniti e il blocco orientale, egemonizzato dall'Unione Sovietica. Poco tempo dopo sono crollati tutti i regimi comunisti dei Paesi dell'Europa centro-orientale, la Germania si è riunificata e l'Unione Sivietica si è frantumata in 15 Stati indipendenti dei quali la Russia è rimasta la più importante.

11 Risposta: **A**. Giovanni Giolitti (Mondovì 1842-1928) fu tra i massimi esponenti del liberalismo italiano. Partecipò più volte all'attività di governo, ma dal 1903 (a seguito delle dimissioni di Zanardelli), sino al 1914, la sua Presidenza del Consiglio fu quasi continua, dandogli modo di segnare fortemente la politica italiana. Saranno questi gli anni del decollo dell'economia italiana e di importanti riforme sociali. Nel 1920-21, verrà chiamato a riprendere il governo, nel tentativo di moderare le forze socialiste, ma una nuova era per l'Italia è ormai alle porte.

12 Risposta: **E**. La letteratura italiana nasce e si sviluppa nel corso del XIII sec. in un periodo in cui nuovi strati di intellettuali emergono dalla rivoluzione socioeconomica legata all'affermarsi dei Comuni. Gli strati sociali più importanti sono quelli mercantili e professionali, tutti legati a Corporazioni o Arti per tutelare i loro interessi. La più importante caratteristica del nuovo ceto intellettuale mercantile e borghese è l'uso del volgare, cioè della lingua del popolo, in contrapposizione alla lingua dei dotti, della cultura, il latino.

13 Risposta: **B**. Stipulato nel 1913, il "Patto Gentiloni" stabilì un accordo tra cattolici e liberali, in funzione anti-socialista. I cattolici rinunciavano parzialmente al "non expedit" emanato da Pio IX (1868) - che dichiarò inaccettabile per i cattolici italiani partecipare alle elezioni politiche dello Stato italiano e, per estensione, alla vita politica italiana - impegnandosi a votare in quei collegi nei quali si prevedeva il rischio di una vittoria socialista. In cambio, i liberali si sarebbero impegnati a non far passare leggi anticlericali.

14 Risposta: **E**. Il disavanzo o deficit si verifica quando la somma di uscite correnti e uscite in conto capitale è superiore a quella delle entrate correnti e in conto capitale. Il debito pubblico rappresenta l'entità di debito che lo stato ha accumulato verso i propri cittadini e verso l'estero per coprire il proprio deficit e consiste nell'emissione di obbligazioni per le quali lo stato paga degli interessi. Il progressivo aumento del deficit pubblico in Italia è dovuto anche al fatto che per molti anni gli aumenti della spesa pubblica non sono stati compensati con una proporzionale crescita delle entrate.

15 Risposta: **C**. Il Danubio è il secondo fiume d'Europa per lunghezza dopo il Volga (misura circa 2888 km). Le sorgenti del Danubio si trovano in Germania. Il fiume scorre in direzione nord-ovest sud-est (unico tra i maggiori fiumi europei) bagnando o formando i confini di dieci nazioni: Germania, Austria, Slovacchia, Ungheria, Croazia, Serbia, Bulgaria, Romania, Moldavia e Ucraina. Tra Ucraina e Romania si trova il suo delta, in corrispondenza del mar Nero.

16 Risposta: **A**. Secondo l'art. 1321 del codice civile, il contratto è "l'accordo di due o più parti per costituire, regolare o estinguere fra loro un rapporto giuridico patrimoniale". Se il contratto è annullato, rescisso o risolto, perde la sua efficacia.

17 Risposta: **D**. La Confederazione Generale dell'Industria Italiana, conosciuta anche come Confindustria, è la principale organizzazione rappresentativa delle imprese manufatturiere e di servizi in Italia. È stata fondata nel 1910 e a oggi, raggruppa, su base volontaria, 149 288 imprese di tutte le dimensioni per un totale di 5 516 975 addetti. L'attuale presidente è Giorgio Squindi, amministratore unico del Gruppo Mapei, eletto nel 2012.

18 Risposta: **A**. *Kulaki* indica in russo, la classe agiata dei contadini durante la prima metà del XX secolo. Questa classe nasce nel 1905, con una riforma agraria sulla distribuzione delle terre che prevedeva che le terre dello Stato potessero essere assegnate ai contadini, ma solo attraverso un pagamento. Così, i contadini poveri peggiorarono ulteriormente le loro condizioni di vita perché non poterono più accedere alle terre comuni. Si creò in Russia una divisione tra i contadini: contadini poveri, (*kombèdy*) e contadini benestanti o medi proprietari chiamati (*kulaki*).

19 Risposta: **A**. Tra le altre cose, il Presidente della Repubblica presiede il Consiglio supremo di difesa.

20 Risposta: **D**. Diversamente dai ministri con portafoglio, il ministro senza portafoglio non è posto a capo di alcun dicastero (o ministero). Con o senza portafoglio i ministri devono assolvere però a funzioni governative ma non hanno compiti amministrativi. Come gli altri ministri, partecipa alle decisioni del Consiglio dei ministri.

21 Risposta: **A**. Nascita di Cristo (Betlemme o Nazaret, 7-2 a.C. – Gerusalemme, 26-36); l'America fu scoperta nel 1492 da molti Stati europei tra i quali Spagna, Olanda, Portogallo, Francia e Inghilterra; la Guerra di Secessione americana (1861-1865) fu combattuta fra gli Stati Uniti d'America e gli Stati Confederati d'America; la Seconda Guerra Mondiale iniziò nel 1939 con l'invasione della Polonia dei tedeschi e coinvolse Gran Bretagna, Francia, Italia, Unione Sovietica, Giappone, Stati Uniti e altri Paesi. Si concluse in Europa nel 1945 con la resa del Terzo Reich e la capitolazione dell'Impero giapponese.

22 Risposta: **C**. Analoga regola è operante anche per i regolamenti degli altri organi costituzionali.

23 Risposta: **C**. Secondo Weber: "Lo Stato è quella comunità umana (*popolo*) che, nei limiti di un determinato *territorio*, esige per sé con successo il monopolio della forza fisica legittima (*sovranità*)".

24 Risposta: **D**. Heinrich Luitpold Himmler (Monaco di Baviera 1900 – Bramstedt 1945) è stato un politico tedesco. Fu *Reichsführer* delle *Schutzstaffel* dal 1929, comandante della polizia dal 1936 e delle forze di sicurezza della Germania nazista (*Reichssicherheitshauptamt* o RSHA, Ufficio centrale della sicurezza del Reich) dal 1939; nel 1943 venne nominato Ministro dell'Interno del Reich. Fu uno degli uomini più potenti della Germania nazista. Le SS, che negli anni Venti contavano poche decine di uomini, crebbero insieme all'avanzare della carriera di Himmler.

25 Risposta: **B**. Tutti i politici qui elencati sono stati presidenti della Repubblica italiana tranne Berlusconi. Silvio Berlusconi (1936) politico, imprenditore e dirigente sportivo italiano, ha fondato la società multimediale Fininvest, oggi Mediaset e il movimento politico Forza Italia. È inoltre il presidente del club di calcio Milan. Come uomo politico, siede alla Camera dei Deputati dal 1994, anno della sua prima elezione. Ha tenuto tre mandati di Presidente del Consiglio, il primo nel 1994 e gli altri due negli anni 2001/2005 e 2005/2006.

26 Risposta: **E**. La felice aspettativa fanciullesca è uno dei temi principali de *Il Sabato del villaggio*. Leopardi mette in evidenza da una parte il rapporto poetico tra la fanciullezza, che si presenta lieta e piena di speranze, e la serena giornata del sabato e dall'altra l'età matura, con tutte le sue disillusioni, e la tristezza della domenica che riconduce il pensiero agli affanni del lavoro.

27 Risposta: **D**. L'ossimoro è una figura retorica che nasce nell'accostamento di due termini in forte antitesi tra loro. È una combinazione scelta o comunque significativa, che crea un originale contrasto, ne sono esempi: brivido caldo, lucida follia, urlo silenzioso, disgustoso piacere, ghiaccio bollente, attimo infinito. Se alcuni ossimori sono stati immaginati per attirare l'attenzione del lettore o dell'interlocutore, altri nascono per indicare una realtà che non possiede nome.

28 Risposta: **C**. Un'imposta è fissa quando il suo ammontare non varia con l'imponibile; qualunque sia l'imponibile, tutti i soggetti sono tenuti a pagare la stessa cifra. È invece proporzionale quando aumenta proporzionalmente all'aumentare dell'imponibile (come una percentuale). Si parla di imposta progressiva quando, all'aumentare dell'imponibile, il suo ammontare aumenta in misura più che proporzionale. L'IRPEF per esempio appartiene a quest'ultima categoria. Il sistema fiscale italiano prevede scaglioni (aliquote) e quindi ricade in questa categoria.

29 Risposta: **A**. Il muro di Berlino, che divideva la Repubblica Federale Tedesca (BRD in tedesco) dalla Repubblica

Democratica Tedesca (DDR) era stato costruito nell'agosto del 1961 per dividere i settori della città occupati dalle forze alleate (Francia, Inghilterra e USA) da quelli occupati dalle forze russe. La sua caduta nel 1989 da inizio alla caduta delle dittature comuniste.

30 Risposta: **C**. *Il marchese di Roccaverdina* è un romanzo di Luigi Capuana (Mineo 1839 – Catania 1915) in cui l'autore fondeva il quadro sociale siciliano con l'analisi di una passione psicopatologica.

31 Risposta: **B**. Il 2 giugno 1946 segnò la scelta repubblicana tramite referendum e vide le prime elezioni del Paese a suffragio universale. Il Referendum sancì la vittoria della Repubblica, proclamata ufficialmente il 18 giugno; contemporaneamente si tennero le elezioni per l'Assemblea Costituente per una nuova Costituzione italiana (1947). L'Italia è una repubblica parlamentare (quindi a democrazia indiretta) che usa come unici strumenti di democrazia diretta il referendum, l'iniziativa popolare e la petizione popolare.

32 Risposta: **D**. Vittorio Emanuele II incontrò Garibaldi a Teano nel 1860. Fu l'episodio della storia risorgimentale con il quale si concluse la spedizione dei Mille.

33 Risposta: **A**. In Italia l'organo di autogoverno della magistratura è il Consiglio Superiore della Magistratura, presieduto dal Presidente della Repubblica. A tale organo spettano, ai sensi dell'art. 105 della Costituzione, al fine di garantire l'autonomia e indipendenza della magistratura, le assunzioni, le assegnazioni e i trasferimenti, le promozioni e i provvedimenti disciplinari nei riguardi dei magistrati.

34 Risposta: **A**. L'art. 5 recita: "La Repubblica, una e indivisibile, riconosce e promuove le autonomie locali; attua nei servizi che dipendono dallo Stato il più ampio decentramento amministrativo; adegua i principi ed i metodi della sua legislazione alle esigenze dell'autonomia e del decentramento". Diversamente dallo Stato federale (USA), l'Italia è dunque uno Stato Unitario regionale che riconosce il principio del decentramento amministrativo secondo cui lo Stato non agisce soltanto attraverso gli organi centrali, ma si articola in enti autonomi locali (Comuni, Province, Città metropolitane e Regioni).

35 Risposta: **E**. Più precisamente, la tettonica è la branca della geologia che studia la struttura della crosta terrestre e le cause che ne determinano le deformazioni e gli spostamenti.

36 Risposta: **B**. La NATO è un'organizzazione internazionale per la collaborazione nella difesa. Il trattato istitutivo della NATO, il Patto Atlantico, fu firmato a Washington D.C., il 4 aprile 1949. Vi fanno parte 28 Paesi.

37 Risposta: **C**. L'economia politica studia le leggi di comportamento dei singoli o dei gruppi, analizzando i fenomeni e non influenzandoli e la politica economica, invece, studia e predispone gli strumenti con i quali si possono influenzare le scelte individuali e modificare i grandi aggregati economici.

38 Risposta: **B**. I trattati di Roma del 1957 sono anche noti come istitutivi della Comunità Europea e rappresentano il momento costitutivo delle Comunità Europee. I due trattati, firmati a Roma il 25 marzo 1957, istituirono e disciplinarono, rispettivamente, la Comunità Economica Europea (CEE) e la Comunità Europea dell'Energia Atomica (CEEA o Euratom) ed entrarono in vigore il 1° gennaio 1958. Usualmente con trattato di Roma si indica il solo trattato istitutivo della Comunità Economica Europea.

39 Risposta: **A**. Qualora lo Stato o una Regione ritengano, rispettivamente, una legge regionale o una statale in contrasto con i criteri costituzionalmente fissati per il riparto della competenza legislativa tra Stato e Regioni, possono sollevare la questione davanti alla Corte.

40 Risposta: **A**. Il participio ha due tempi, il presente e il passato. Tra i due è più usato il participio passato (volato, cantato, guardato ecc.), mentre il participio presente viene utilizzato meno (vedente, credente, ecc). Il participio può dar luogo alle voci verbali più vicine alle categorie di aggettivo e sostantivo. Si forma sostituendo la desinenza del modo infinito con quella propria del participio passato: -ato, -uto, -ito, giocato, battuto, agito e ha bisogno, come l'aggettivo, di concordare con il soggetto in genere e numero. La **B** è gerundio; la **C** è passato prossimo; la **D** è passato remoto; la E è futuro.

41 Risposta: **A**. Il termine "totalitarismo" fu coniato in Italia nel maggio 1923, inizialmente usato dagli antifascisti come insulto. Il termine entra come categoria storiografica con la pubblicazione di Arendt, *Le origini del totalitarismo* (1951). Per la Arendt, il totalitarismo fu un fenomeno che caratterizzò alcuni regimi come quello fascista/nazista e quello stalinista. Nello Stato totalitario il potere è nelle mani di un partito unico che si identifica con le principali istituzioni. Lo Stato ritiene proprio compito occupare interamente la vita del singolo. La società di massa è una società appiattita sulla quale il totalitarismo attecchisce.

42 Risposta: **B**. Gli Stati fondatori di quest'organizzazione economica nata nel 1957 furono Italia, Francia, Germania, Belgio, Paesi Bassi, Lussemburgo. Oggi l'Unione Europea, erede della Comunità Europea, conta 28 stati membri. In Polonia le prime elezioni parzialmente libere (1989) dopo la seconda guerra mondiale si conclusero con la vittoria del movimento per la libertà contro il partito comunista. Il 12 marzo 1999 la Polonia è stata ammessa alla NATO e l'ingresso nell'Unione europea è avvenuto il 1° maggio 2004.

43 Risposta: **E**. Le capitali toccate dal Danubio sono: Vienna, Bratislava, Budapest e Belgrado.

44 Risposta: **E**. L'altrimenti detta Moneta ad Alto Potenziale, contempla tutte quelle attività trasformabili in contante immediatamente e senza costo o a costo prefissato, attività che possono essere depositate come riserva obbligatoria presso la Banca Centrale. In Italia la base monetaria corrisponde a: monete metalliche coniate dalla Zecca; banconote della Banca d'Italia, depositi liberi degli istituti di credito; valute estere convertibili subito in moneta nazionale; circolante.

45 Risposta: **A**. Si tratta di tre rappresentanti per ciascuna Regione, salvo la Valle d'Aosta che ne nomina uno solo.

46 Risposta: **D**. Johann Wolfgang von Goethe (Francoforte sul Meno 1749 – Weimar 1832) che amava autodefinirsi "Favorito dagli dei" fu autore geniale e moderno; in un'epoca di nazionalismi esasperati ebbe una visione culturale di tipo europeista e si batté contro la separazione tra scienza e cultura. Ebbe grande influenza anche sul pensiero filosofico del tempo, in particolare sulla speculazione di Hegel, Schelling e, successivamente, Nietzsche.

47 Risposta: **B**. Secondo l'art. 95 della Costituzione: "Il Presidente del Consiglio dei ministri "dirige la politica generale del governo e ne è responsabile. Mantiene l'unità di indirizzo politico ed amministrativo, promuovendo e coordinando l'attività dei ministri".

48 Risposta: **D**. Zulfiqar Ali Bhutto (1928-1979) politico pakistano, ha ricoperto la carica di presidente dal 1971 al 1973 e quella di Primo Ministro dal 1973 al 1977. Era figlio di un potente signore locale della comunità sindhi e Dewan (ministro) dello stato del Junagadh. Ha goduto del privilegio di essere un civile Capo Amministratore della Legge Marziale. Deposto in un colpo di Stato, venne impiccato nel 1979 per ordine della Corte Suprema, con l'accusa di aver autorizzato l'omicidio di un oppositore politico. La figlia Benazir ne accolse l'eredità politica e guidò il partito del popolo pakistano (PPP).

49 Risposta: **C**. L'art. 86 Cost. recita: "Le funzioni del Presidente della Repubblica, in ogni caso che egli non possa adempierle, sono esercitate dal Presidente del Senato. In caso di impedimento permanente o di morte o di dimissioni del Presidente della Repubblica, il Presidente della Camera dei deputati indice la elezione del nuovo Presidente della Repubblica entro quindici giorni, salvo il maggior termine previsto se le Camere sono sciolte o manca meno di tre mesi alla loro cessazione".

50 Risposta: **D**. I giudici non sono rieleggibili.

51 Risposta: **C**. Nel Titolo II della Costituzione della Repubblica Italiana, dove viene disciplinato il ruolo del Presidente della Repubblica, all'articolo 88 si stabilisce che: "Il Presidente della Repubblica può, sentiti i loro Presidenti, sciogliere le Camere o anche una sola di esse." In più si specifica che: "Non può esercitare tale facoltà negli ultimi sei mesi del suo mandato, salvo che essi coincidano in tutto o in parte con gli ultimi sei mesi della legislatura".

52 Risposta: **E**. La guerra di Libia venne combattuta tra l'Italia di Giolitti e l'Impero ottomano tra il 28 settembre 1911 e il 18 ottobre 1912, per la conquista della Tripolitania e la Cirenaica. La conquista di queste due province avrebbe dovuto assicurare all'Italia il controllo delle rotte provenienti dal canale di Suez, permettendole di sbarrare l'accesso al Mediterraneo occidentale. Pascoli tenne il suo discorso al Teatro comunale di Barga il 21 novembre 1911 esprimendo la sua adesione all'impresa libica, in rappresentanza dell'ideologia degli intellettuali del tempo. Di parere contrario fu lo storico Salvemini.

53 Risposta: **B**. I movimenti monetari costituiscono la differenza tra le prime due voci, sono dei movimenti compensativi effettuati nel caso in cui le partite precedenti non si compensino tra loro: tali movimenti si realizzano attraverso il sistema bancario.

54 Risposta: **A**. Contrariamente a quanto avvenuto per l'epoca cavouriana le profonde trasformazioni negli anni del "lungo ministero" giolittiano non furono soltanto di carattere politico-istituzionale, ma anche e soprattutto di carattere socio-economico, non interessarono soltanto le élite, ma innanzitutto le masse.

55 Risposta: **B**. I giudici della Corte costituzionale della Repubblica italiana sono 15, nominati per un terzo dal Presidente della Repubblica, per un terzo dal Parlamento in seduta comune e per un terzo dalle supreme magistrature ordinaria e amministrativa.

56 Risposta: **C**. Il termine *soviet* significa consiglio e nello specifico si tratta di rappresentanze popolari elette sul posto di lavoro e costituite da membri continuamente revocabili, secondo un principio di democrazia diretta.

57 Risposta: **A**. Secondo la filologia e la critica testuale, con edizione critica di un'opera si intende una pubblicazione del testo in forma originale, il più possibile corrispondente alla volontà dell'autore. L'edizione si presenta con un apparato critico che riporta le sezioni varianti. Tipograficamente, il corpo del testo è accompagnato da una numerazione a margine delle righe; possono comparire anche riferimenti a margine ai numeri di pagina dei diversi testimoni. A piè di pagina si trova l'apparato critico, in cui l'editore testimonia e giustifica le scelte operate tra le varianti e le eventuali congetture.

58 Risposta: **A**. La giunta provinciale è un organo collegiale di governo della provincia. È composta dal presidente della provincia, che la presiede, e da un numero di assessori, stabilito dallo statuto provinciale, che non deve essere superiore a un terzo (arrotondato) del numero dei consiglieri provinciali; questi sono nominati dal presidente della provincia fra i cittadini in possesso dei requisiti di candidabilità, eleggibilità e compatibilità alla carica di consigliere.

59 Risposta: **B**. Il fiume Volga è, con i suoi 3.531 km di lunghezza, il più lungo fiume europeo ed è il cuore di un ampio sistema fluviale del continente. Nasce sulle colline del Valdaj a 225 m sul livello del mare, a nord-ovest di Mosca, piega poi a est, successivamente piega verso sud oltrepassando Samara e Volgograd e sfocia nel Mar Caspio, a sud di Astrakhan, nel quale scarica circa 250 km^3 di acqua all'anno.

60 Risposta: **B**. Assieme a Belgio, Germania, Francia, Lussemburgo e Paesi

Bassi, l'Italia è stata tra i Paesi fondatori del progetto Comunità Economica Europea (CEE) in occasione della firma del trattato di Roma il 25 marzo 1957, entrato in vigore il 1° gennaio 1958. Nel 1973 vi hanno anche aderito Danimarca, Irlanda e Regno Unito, nel 1981 la Grecia, Spagna e Portogallo nel 1986, mentre Austria, Finlandia e Svezia solo nel 1995. In seguito ci sono stati altri allargamenti.

61 Risposta: **D**. Alla base di un vulcano troviamo la camera magmatica, alimentata dal magma proveniente dal mantello e collocata tra i 10 e i 50 km di profondità nella litosfera. Il magma fuoriesce durante le eruzioni risalendo attraverso il camino principale che sgorga nel cratere sommitale. Eventualmente possono esservi uno o più camini secondari che sgorgano dai fianchi del vulcano o dalla stessa base, e possono dar vita a dei coni secondari.

62 Risposta: **A**. Il Parlamento europeo è l'assemblea parlamentare dell'Unione Europea e ha la propria sede ufficiale a Strasburgo ma si riunisce anche a Bruxelles e in Lussemburgo. È l'unico parlamento plurinazionale al mondo a essere eletto a suffragio universale diretto.

63 Risposta: **D**. Prorompere significa manifestarsi con forza incontenibile; riferito ai liquidi significa in particolare traboccare violentemente.

64 Risposta: **C**. Corrado Govoni (Copparo 1884 - Anzio, 20 ottobre 1965). La **A** è scorretta in quanto è Gian Pietro Lucini a collaborare a Milano alla "Domenica Letteraria". La **B** è scorretta perché l'autore dell'*Imperialismo artistico* è Mario Morasso. La **D** è scorretta perché è Tommaso Marinetti a scrivere in francese queste sue prime opere elencate.

65 Risposta: **D**. Una proposizione subordinata è una proposizione che deriva da quella principale e che non si può reggere senza di essa. Una frase subordinata implicita vuole il gerundio, l'infinito o il participio che non sono coniugabili in riferimento a una persona. Le subordinate esplicite a reggono i modi indicativo, congiuntivo e condizionale.

66 Risposta: **C**. La Corte Costituzionale giudica le controversie relative alla legittimità costituzionale delle leggi e degli atti aventi forza di legge, dello Stato e delle Regioni, i conflitti di attribuzione tra i poteri dello Stato e su quelli tra lo Stato e le Regioni, e tra Regioni e le accuse promosse contro il Presidente della Repubblica.

67 Risposta: **D**. Dal latino *vacuum*, esso viene utilizzato spesso dal 1300. Vacuo nella lingua italiana è un aggettivo che significa letteralmente vuoto, privo, mancante; in senso figurato: privo di idee, di contenuti, di sentimenti: discorsi vacui; persona vacua, mente vacua, sguardo vacuo, inespressivo. Senza nulla, a mani vuote; nel diritto: privato di ogni diritto nei riguardi di un determinato bene. Può anche essere riferito a una sfera di potere: senza chi vi eserciti un potere, vacante.

68 Risposta: **A**. I romantici si opposero ai classicisti e tale contrasto fu indice di una profonda crisi della letteratura e dell'arte in genere. Madame de Staël aveva affermato che l'arte deve educare l'uomo, esprimendone le esigenze e facendolo partecipe della vita sociale. Tale concezione della letteratura come creazione originale e nazionale, popolare e moderna, espressione della società, fu fondamentale e tipica dei romantici francesi.

69 Risposta: **C**. Perugia ha 169 290 abitanti (dati Istat 2011), è capoluogo dell'Umbria. Le sue coordinate geografiche sono: Latitudine 43°5′51″72 N e Longitudine 12°23′1″68 E; Firenze, capoluogo della Toscana, ha 378 236 abitanti (Istat 2012) e coordinate Latitudine 43°47′14″64 N e Longitudine 11°14′59″64 E; Rimini, capoluogo della omonima provincia, conta 143 321 abitanti e geograficamente è collocata nel punto di Latitudine 44°4′9″48 N e Longitudine 12°33′23″76 E; Bologna ha 384 653 abitanti e le sue coordinate geografiche sono: Latitudine 44°30′27″00 N e Longitudine 11°21′5″04 E.

70 Risposta: **E**. Si tratta della differenza fra la somma massima che il compratore sarebbe disposto a pagare per la quantità del bene che egli domanda e la somma che effettivamente paga per ottenere quella quantità.

71 Risposta: **C**. Lo storicismo nasce nella cultura romantica tedesca per sottolineare la natura storica e progressiva della manifestazione della verità. Espressione di un modello teorico latino in tal senso è di Gianbattista Vico (Napoli 1668 – 1744). In polemica con l'Illuminismo, questa verità si rivela nella storia attraverso la compresenza di progresso e rovina (corsi e ricorsi storici). Lo storicismo italiano viene ripreso da Benedetto Croce (Pescasseroli 1866 – Napoli 1952) secondo il quale la filosofia consiste nell'attività continua di ricerca storico-culturale.

72 Risposta: **A**. Machiavelli, Castiglione, Della Casa e Firenzuola si dedicarono a generi diversi dalla storiografia. La trattatistica, in particolare, è un genere che accomuna questi scrittori rinascimentali. Guicciardini è invece propriamente uno storico e ne è testimonianza la sua *Storia d'Italia*.

73 Risposta: **B**. Con l'espressione *bicameralismo perfetto* si intende sottolineare che i due rami del Parlamento, Camera e Senato, essendo uguali e paritari tra loro, esercitano i medesimi poteri.

74 Risposta: **B**. L'avverbio è una parte invariabile del discorso che modifica o specifica il significato delle parole a cui si affianca. Avverbi qualificativi: caramente, raramente ecc.; avverbi di tempo: mai, sempre, ieri, oggi ecc.; avverbi di quantità: tanto, poco, abbastanza ecc.; avverbi di luogo: qui, qua, là, lì, dietro, sopra ecc.; avverbi di affermazione: sì, certamente, davvero, sicuramente ecc.; avverbi interrogativi ed esclamativi: come, dove, quando, perché ecc.; avverbi composti: almeno, dappertutto, inoltre ecc.

75 Risposta: **A**. Lo Stato di Israele viene fondato nel 1948. JF Kennedy, Presidente degli Stati Uniti d'America, viene assassinato nel 1963 a Dallas. La guerra del Vietnam viene combattuta tra il 1964 e il 1975 nel Vietnam del Sud, nelle aree confinanti di Cambogia e Laos e in missioni di bombardamento sul Vietnam del Nord. Il muro di Berlino viene abbattuto dai berlinesi nel 1989, ponendo così fine a uno dei simboli della Guerra Fredda. Nelson Mandela, primo presidente a essere eletto dopo la fine dell'apartheid in Sudafrica, ricevette il premio Nobel per la pace nel 1993 insieme al suo predecessore de Klerk.

76 Risposta: **E**. L'art. 33 della Costituzione italiana afferma che: l'arte e la scienza sono libere e libero ne è l'insegnamento. [...] La legge, nel fissare i diritti e gli obblighi delle scuole non statali che chiedono la parità, deve assicurare a esse piena libertà e ai loro alunni un trattamento scolastico equipollente a quello degli alunni di scuole statali. [...] Le istituzioni di alta cultura, università e accademie, hanno il diritto di darsi ordinamenti autonomi nei limiti stabiliti dalle leggi dello Stato.

77 Risposta: **D**. Agostino Depretis (Mezzana Corti Bottarone, 1813 – Stradella, 1887) è stato un politico italiano. Fu Presidente del Consiglio dei Ministri italiano per nove mandati nei periodi: 25 marzo 1876 – 24 marzo 1878, 19 dicembre 1878 – 14 luglio 1879, 29 maggio 1881 – 29 luglio 1887.

78 Risposta: **A**. Enrico Berlinguer, segretario del Partito Comunista Italiano attua dal 1973 una linea politica strategica per rispondere agli attacchi della strategia della tensione che rischiava di dividere il sistema politico. Il compromesso storico richiedeva una collaborazione organica fra tutti i partiti con la maggior rappresentatività popolare (Democrazia Cristiana, Partito Comunista Italiano, Partito Socialista Italiano), in modo da prevenire il riemergere di tentazioni autoritarie. Il compromesso storico fu uno dei pretesti delle Brigate Rosse per spiegare il rapimento e l'uccisione di Aldo Moro (9 maggio 1978) presidente della DC.

79 Risposta: **A**. L'usucapione (in latino *usucapio*) è un modo di acquisto della proprietà a titolo originario basato sul perdurare per un determinato periodo di tempo (generalmente 20 anni) del possesso su una cosa. L'usucapione necessita della prova certa sul termine iniziale di decorrenza del possesso.

80 Risposta: **C**. Le altre risposte, ancorché di uso comune, sono errate.

81 Risposta: **D**. Adolf Hitler (Braunau am Inn, 20 aprile 1889 – Berlino, 30 aprile 1945), austriaco, conquista il potere in Germania favorito dallo scontento del popolo tedesco ferito nel proprio orgoglio nazionale dalle conseguenze subite dopo la sconfitta della Prima Guerra Mondiale e la crisi economica dopo il crollo di Wall Strett del 1929. Sfruttando abilmente il suo carisma e facendo leva sull'insoddisfazione delle classi medie, presentò un manifesto politico intriso di nazionalismo, anticomunismo e antisemitismo, e dopo alterne vicende arrivò alla Cancelleria nel 1933 e instaurò la dittatura nel 1934. Morì suicida a Berlino.

82 Risposta: **A**. La latitudine è la distanza angolare di un punto (P) dall'Equatore misurata lungo il meridiano che passa per quel punto.

83 Risposta: **C**. La prima è la principale, la seconda è la oggettiva e la terza la relativa.

84 Risposta: **B**. L'Art. 86 della Costituzione della Repubblica italiana recita: *Le funzioni del Presidente della Repubblica, in ogni caso che egli non possa adempierle, sono esercitate dal Presidente del Senato. In caso di impedimento permanente o di morte o di dimissioni del Presidente della Repubblica, il Presidente della Camera dei Deputati indice la elezione del nuovo Presidente della Repubblica entro quindici giorni, salvo il maggior termine previsto se le Camere sono sciolte o manca meno di tre mesi alla loro cessazione.*

85 Risposta: **D**. Il Regno di Sardegna e Corsica fu il precursore del successivo Regno d'Italia. Ebbe inizio a Roma il 4 aprile del 1297, allorché papa Bonifacio VIII, per risolvere la contesa tra angioini e aragonesi circa il Regno di Sicilia investì Giacomo II dello *Ius Invadendi* su Sardegna e Corsica. Nonostante i documenti storici indichino Cagliari come capitale ufficiale del Regno, in epoca moderna Torino diventa la reale capitale del regno, non solo perché vi risiedeva la famiglia regnante, i Savoia, ma anche perché nella città piemontese si concentravano tutte le funzioni politiche dello Stato.

86 Risposta: **C**. Il secondo e ultimo della storia della nostra Repubblica è avvenuto nel 2006.

87 Risposta: **B**. Notre-Dame di Reims (Nostra Signora di Reims) è la cattedrale di Reims, dove un tempo venivano incoronati i re di Francia. Essa sostituì una chiesa più vecchia, che venne distrutta da un incendio nel 1211 ed era costruita sul luogo dove sorgeva la basilica in cui Clodoveo venne battezzato da San Remigio, vescovo di Reims, nel 496. Nel 1211, l'arcivescovo Aubry de Humbert iniziò la costruzione dell'attuale cattedrale gotica. La costruzione fu condotta da quattro architetti che si succedettero (Jean d'Orbais, Jean-le-Loup, Gaucher di Reims e Bernard di Soissons) e gran parte della costruzione fu completata nel 1275. Le torri furono portate a termine nel 1475.

88 Risposta: **A**. Lo Statuto delle Nazioni Unite, secondo l'art. 7 del terzo capitolo, prevede che vi siano sei organi per il governo e il funzionamento dell'organizzazione. Questi organi sono nell'ordine di importanza: l'Assemblea Generale, il Consiglio di Sicurezza, il Segretario generale, il Consiglio Economico e Sociale, la Corte Internazionale di Giustizia e il Consiglio di Amministrazione Fiduciaria. Accanto a questi esistono una serie di agenzie, fondi, commissioni e programmi che fanno parte del sistema ONU, come L'UNICEF e l'UNESCO.

89 Risposta: **A**. In Italia il diritto di voto (elettorato attivo) è garantito dal suffragio universale, quindi tutti i cittadini italiani maggiorenni sono iscritti di diritto nelle liste elettorali. Per l'elezione del Senato può però votare solo chi abbia compiuto 25 anni.

90 Risposta: **D**. Preponderante è qualcosa che prevale su persone o cose per forza, per numero o per importanza. Es: forza bellica preponderante, numero dei votanti è preponderante sul numero degli astenuti; opinione preponderante.

91 Risposta: **E**. Leonardo Sinisgalli (1908 – 1981) è stato un poeta, ingegnere e pubblicitario italiano. Nel 1953 ha fondato e diretto fino al 1958 la rivista culturale della Finmeccanica "Civiltà delle Macchine".

92 Risposta: **A**. Agostino Depretis (1813-1887), discepolo di Mazzini, fu presidente del Consiglio dei Ministri italiano per nove mandati nei periodi 1876-1878, 1878-1879, 1881-1887. Eletto deputato nel 1848, aderì al gruppo della Sinistra storica e fondò il giornale "Il Diritto". Dal 1873, alla morte di Rattazzi, Depretis, divenuto capo della Sinistra, portò il suo partito al potere nel 1876 e fu chiamato a formare il primo Governo di sinistra del nuovo Regno d'Italia. Ad esclusione di brevi periodi di alternanza con il garibaldino Francesco Cairoli negli anni 1978, 1979 e 1980, dal maggio del 1881 fu premier fino alla morte nel 1887.

93 Risposta: **C**. Benito Mussolini (1883-1945), fondatore del fascismo, fu Primo Ministro del Regno d'Italia (1922-1943), con poteri dittatoriali e presidente della Repubblica Sociale Italiana (1943-1945). Fu esponente di spicco del Partito Socialista Italiano e direttore del quotidiano socialista l'"Avanti!" dal 1912. Convinto anti-interventista negli anni precedenti la Prima Guerra Mondiale, nel 1914 cambiò opinione, dichiarandosi a favore della guerra. Espulso, quindi, dal PSI, fondò il giornale, "Il Popolo d'Italia" e il Partito Fascista (1921), con un programma politico nazionalista e autoritario, antisocialista e antisindacale.

94 Risposta: **B**. Il Piano Marshall fu un piano di aiuti per la ricostruzione europea dopo la distruzione a seguito della Seconda Guerra Mondiale.

95 Risposta: **B**. La sezione dedicata ai diritti e doveri dei cittadini si divide come segue: titolo I: rapporti civili; titolo II: rapporti etico-sociali; titolo III: rapporti economici; titolo IV: rapporti politici.

96 Risposta: **A**. Nel sistema presidenziale il potere esecutivo si concentra nella figura del Presidente che è sia il capo dello Stato sia il capo del Governo. Eletto direttamente dai cittadini, egli forma il suo governo, che non ha bisogno di voto di fiducia parlamentare in quanto, avendo già ottenuto il voto della maggioranza dei cittadini tramite il loro voto, non ha bisogno della fiducia dei loro rappresentanti. La legittimazione attraverso il voto conferisce al Presidente una chiara superiorità rispetto ai suoi ministri.

97 Risposta: **D**. Wilbur Wright (Melville, Indiana 1867 – Dayton, Ohio 1912) e Orville Wright (Dayton, Ohio 1871-1948) furono i due inventori pionieri dell'aeronautica cui viene generalmente attribuita la paternità del primo volo umano totalmente controllato su un mezzo di trasporto più pesante dell'aria: l'aeroplano. Tentativi di volo con aeroplani a motore erano stati compiuti – sia pure con esisti quasi sempre disastrosi – già alcuni anni prima della loro storica impresa compiuta il 17 dicembre del 1903.

98 Risposta: **E**. Le prime elezioni libere e a suffragio universale (età 21 anni) in Italia dal 1934 vengono celebrate il 2 giugno 1946. Si trattava del referendum per scegliere fra Monarchia e Repubblica ed eleggere i deputati dell'Assemblea Costituente che avrebbero assolto il compito di redigere la nuova Carta Costituzionale. Il 25 giugno 1946 si insediò l'Assemblea Costituente con Saragat alla presidenza e Capo provvisorio dello Stato Enrico de Nicola. Come previsto dal DLL n. 98/1946, l'Assemblea assunse le funzioni di organo legislativo e il compito di stendere la nuova Costituzione che entrò in vigore il 1° gennaio 1948.

99 Risposta: **C**. La carica di senatore a vita è una carica cui accedono di diritto, salvo rinuncia, gli ex presidenti della Repubblica (detti senatori di diritto e a vita) Inoltre il Presidente della Repubblica può nominare cinque senatori a vita per aver "illustrato la Patria per altissimi meriti nel campo sociale, scientifico, artistico e letterario" (art. 59, comma 2 Cost.).

100 Risposta: **E**. La Sicilia è la regione più estesa d'Italia, occupando circa 25 703 km^2. Il Piemonte ha una superficie di circa 25 400 km^2; la Sardegna di circa 24 100 km^2; la Lombardia di circa 23 860 km^2 e la Toscana di circa 23 000 km^2.

101 Risposta: **E**. La Prima Internazionale (Associazione Internazionale dei Lavoratori), è un organismo avente lo scopo di creare un legame internazionale tra i diversi gruppi politici di sinistra e organizzazioni di lavoratori, in particolare operai. Viene fondata nel 1864 in seguito all'incontro avvenuto due anni prima a Londra tra delegazioni operaie francesi e inglesi. L'obiettivo è migliorare la condizione dei lavoratori a livello pratico, come la limitazione della giornata lavorativa a otto ore. La crisi economica del '73 e un'inadeguatezza organizzativa portarono allo scioglimento della Prima Internazionale nel 1876.

102 Risposta: **C**. Se nel lungo periodo si aumentano nella stessa proporzione tutti i fattori impiegati nel processo produttivo, si possono ottenere tre diversi scenari. L'output aumenta della stessa entità (rendimenti e costi di produzione costanti), l'output aumenta più che proporzionalmente (rendimenti crescenti e costi di produzione decrescenti), oppure esso aumenta meno che proporzionalmente rispetto all'aumento dei fattori produttivi. Quest'ultimo è il caso in cui si hanno rendimenti decrescenti, ossia costi crescenti. La relazione che lega i rendimenti e i costi è di tipo inverso.

103 Risposta: **D**. Trinidad e Tobago è uno stato costituito dalle due isole, situate al largo del Venezuela di fronte al delta dell'Orinoco. Capitale è Port of Spain.

104 Risposta: **A**. Filantropia, etimologicamente indica un sentimento di amore (fil-) nei confronti degli esseri umani (antrop-). Nell'uso corrente un filantropo è una persona generosa che fa attività di beneficenza, quindi il contrario di egoista.

105 Risposta: **A**. *Sendero Luminoso* (nome ufficiale completo *Partido Comunista* del Perú) è un'organizzazione rivoluzionaria peruviana di ispirazione maoista fondata fra il 1969 e il 1970 da Abimael Guzmán Reynoso a seguito di una scissione dal Partido Comunista del Perú – *Bandera Roja* (PCP-BR). Si proponeva di sovvertire il sistema politico peruviano e di instaurare il socialismo attraverso la lotta armata.

106 Risposta: **A**. Esponente di grande rilievo di quell'immenso movimento culturale, artistico, politico e filosofico che scoppiò in Italia e in tutta Europa nel XIII secolo fu il marchese Cesare Beccaria (Milano 1738-1794).

107 Risposta: **D**. In una Repubblica la sovranità appartiene al popolo. Questo basta per scartare le soluzioni **C** ed **E**. Inoltre, la sovranità non è assunta dal Presidente della Repubblica ma a questi delegata dal popolo. La risposta **A**, poi, è un'evidente contraddizione in termini.

108 Risposta: **C**. Il titolo della raccolta più importante di Guido Gozzano (Torino 1883 – Torino 1916) intitolata *Colloqui* (1911) che deriva dal latino *cum loquere*, cioè "parlare con" sta a significare la ricerca di uno stile umile, la volontà di usare parole usuali e ritmi scorrevoli in polemica con la poesia declamatoria e politicamente impegnata ad esempio di D'Annunzio.

109 Risposta: **C**. Nel 1925, le confederazioni di industriali e dei sindacati fascisti firmarono il "Patto di Palazzo Vidoni", con il quale si arrogavano il diritto di rappresentare i produttori italiani, smantellando il sistema sindacale. Aboliti i sindacati, furono istituite nel 1934 le Corporazioni, che inquadravano, per settore professionale, sia i datori di lavoro che i lavoratori. Queste associazioni di categoria avrebbero dovuto gestire il mondo del lavoro in maniera equa; in realtà si trattò di enti manovrati dal Governo (le cariche erano decise dal Governo) e dalle classi più potenti.

110 Risposta: **C**. L'Art. 90 della Costituzione italiana recita: "Il Presidente della Repubblica non è responsabile degli atti compiuti nell'esercizio delle sue funzioni, tranne che per alto tradimento o per attentato alla Costituzione. In tali casi è messo in stato di accusa dal Parlamento in seduta comune, a maggioranza assoluta dei suoi membri".

111 Risposta: **B**. Adolf Hitler (1889-1945) fu Führer della Germania dal 1934 al 1945 (Terzo Reich). Fondatore e leader del Partito Nazional Socialista dei Lavoratori Tedeschi (Partito nazista) Hitler conquistò il potere grazie alla grave crisi economica, dopo la Prima Guerra Mondiale, della Repubblica di Weimar. Nelle elezioni del 14 settembre 1930, il partito nazionalsocialista si guadagnò oltre il 18% dei voti e 107 seggi nel Reichstag, diventando così la seconda forza politica in Germania. Hitler arrivò alla Cancelleria nel 1933 e instaurò la dittatura nel 1934, assumendo anche la carica di capo di Stato.

112 Risposta: **C**. Durante la Rivolta Araba, Aqaba cadde nelle mani degli arabi il 6 luglio, dopo un audace attacco condotto dal lato di terra – dal quale non si temevano azioni militari.

113 Risposta: **C**. Il capolavoro critico di Baretti è un saggio in cui difende Shakespeare dalle critiche di Voltaire. Baretti esalta di Shakespeare la drammaticità delle passioni che dimostrano la genialità spontanea dei grandi artisti. Il giudizio di Baretti è un anticipo delle teorie romantiche sull'"artista genio".

114 Risposta: **E**. La Villa dei Misteri a Pompei, di epoca romana, costituisce uno dei migliori esempi di villa signorile del territorio vesuviano. È forse l'edificio più noto e ammirato di Pompei, per le sue notevoli decorazioni, specialmente nel triclinio in cui si trova il grandioso fregio raffigurante i riti misterici che ha dato nome alla villa. Essa è situata a qualche centinaio di metri fuori dalle mura nord dell'antica città di Pompei.

115 Risposta: **C**. Intifada ("intervento", "sussulto" in lingua araba) è il termine usato comunemente per definire due campagne (1987 e 2000) intraprese per porre fine all'occupazione militare israeliana in Palestina.

116 Risposta: **A**. Napoli e Milano sono città in cui successivamente Cuoco si reca. La risposta **D** invece riporta la data di morte e non di nascita dell'autore.

117 Risposta: **C**. La frase è al futuro e solo l'alternativa **C** presenta un futuro semplice e uno anteriore.

118 Risposta: **D**. Considerando l'orario solare la Nuova Zelanda è 12 ore in avanti, quindi se in Italia sono le 10 del mattino, in Nuova Zelanda sono le 22.00 (10.00 pm). Con l'ora legale le ore di differenza diventano 13.

119 Risposta: **E**. In tutte le risposte vi è qualcosa di vero ma solo la **E** è completa. La Germania subisce nel Trattato di Versailles, quello che dai tedeschi viene chiamato Diktat, una pace molto pesante che costringe alla restituzione della Lorena e Alsazia alla Francia, della Slesia e Posnania, oltre che al corridoio polacco per lo sbocco sul Baltico con Danzica, alla Polonia e al ridimensionamento delle forze militari, con lo smantellamento della marina e dell'aviazione, la privazione di mezzi blindati e il massimo di un totale di 100 000 uomini.

120 Risposta: **C**. Essi vengono estratti a sorte dalla lista predisposta dal Parlamento in seduta comune.

121 Risposta: **A**. La Foresta Nera si estende nella regione del Baden-Wurttenberg, nella Germania sud-occidentale. Nella Foresta Nera nascono i fiumi Danubio e Neckar.

122 Risposta: **A**. Mario Monti (1943) economista e politico italiano. Nel 1965 consegue la laurea in Economia all'Università Luigi Bocconi di Milano e si specializza all'Università di Yale, negli Stati Uniti. Nel 1970 insegna all'Università degli Studi di Torino, che lascia nel 1985 per diventare professore di Economia politica all'Università Bocconi di Milano, dove diventa rettore (1989-1994) e successivamente presidente (1994). È stato Presidente del Consiglio dal 2011 al 2012.

123 Risposta: **D**. New York e Napoli si trovano alla stessa latitudine, trovandosi entrambe tra il 40° e il 41° parallelo nord; (Napoli 40°51′46″80 N e New York 40°43′00″N). Nonostante ciò, queste città hanno un clima molto differente a causa di molti fattori climatici come l'influsso Mediterraneo. Stoccolma si trova a una latitudine di 59°21′N; Bruxelles a 50°50′48″N; Il Cairo a 30°03′29″N e Mosca a 55°45′06″N.

124 Risposta: **A**. L'ONU, nata il 26 giugno 1945 a San Francisco, è la più importante ed estesa organizzazione intergovernativa: vi aderiscono infatti 193 Stati del mondo su un totale di 202. Scopo principale dell'ONU è mantenere la pace e la sicurezza internazionale. Oltre agli Stati membri, ne fanno parte anche Stati non membri, cioè con il ruolo di osservatori e cioè: la Repubblica Popolare Cinese, la Palestina dal 29 novembre 2012, rappresentata dall'ANP (Autorità Nazionale Palestinese) e il Vaticano dal 6 aprile 1964, rappresentato dalla Santa Sede.

125 Risposta: **D**. Alenia è il settore aeronautico di Finmeccanica S.p.A. e dal gennaio 2012 ha incorporato Aermacchi diventando Alenia Aermacchi. È la più importante realtà industriale italiana in campo aeronautico e si sviluppa su due stabilimenti principali: a Torino (Caselle) e a Pomigliano d'Arco (Napoli).

126 Risposta: **B**. La spedizione di Garibaldi, partito da Quarto vicino a Genova nel maggio 1860, sbarca in Sicilia con le sue "Mille giubbe rosse" a Marsala e in poco più di quattro mesi porta alla liberazione del Meridione dal governo borbonico. La Sicilia viene "consegnata" da Garibaldi a Vittorio Emanuele II, presso Teano, il 25 ottobre 1860.

127 Risposta: **E**. Enciclopedia o Dizionario ragionato delle scienze, delle arti e dei mestieri ("Encyclopédie") è una vasta enciclopedia pubblicata nel XVIII secolo, in francese, da un gruppo di intellettuali. La sua introduzione, *Discorso Preliminare*, è un'importante esposizione degli ideali dell'Illuminismo. Nella proposta contenuta nella lettera **C** si fa riferimento all'attività di ciascuno dei tre. Essi erano anche esponenti di spicco dell'Illuminismo come detto nella lettera **A**. Le rimanenti proposte non contengono nulla che abbia riferimento con la realtà.

128 Risposta: **C**. Roberto Castelli (Lecco 1946). Nel 1986 aderisce alla Lega Lombarda di Umberto Bossi, della quale nel marzo del 1987 diviene socio militante. Nel 1992 è eletto per la prima volta alla Camera dei Deputati. Nel 1994 è rieletto deputato nel collegio di Lecco. Nel 1996 torna in Parlamento come senatore, eletto nel collegio a cavallo fra le province di Lecco e Bergamo. Nel 2000 è tra i promotori della coalizione "Casa delle Libertà". Dal 2001 al 2006 è Ministro della Giustizia nel 2° e nel 3° governo Berlusconi dopo essere stato rieletto per la quarta volta in Parlamento in occasione delle elezioni politiche del 2001.

129 Risposta: **A**. La legge italiana riconosce a ogni persona che nasce la qualità di soggetto di diritto e quindi la capacità di possedere diritti e doveri. Questa caratteristica viene chiamata capacità giuridica e fa sì che, per esempio, anche un minorenne possa ereditare e acquistare il diritto di proprietà su una casa o possa negare a terzi l'utilizzo della propria immagine in una pubblicità. Tuttavia, si ritiene che un minorenne sia troppo giovane per esercitare bene questi diritti e che potrebbe fare errori nella scelta dei doveri: perciò l'ordinamento giuridico lo autorizza a metterli in pratica (capacità di agire) soltanto alla maggiore età.

130 Risposta: **A**. L'invenzione della stampa a caratteri mobili per opera di Gutenberg nel 1455 consentì di velocizzare la pubblicazione dei libri, di abbassare i costi e quindi di moltiplicare il numero dei lettori avviando un processo di alfabetizzazione di massa.

131 Risposta: **C**. In Italia il Presidente della Repubblica è eletto dal Parlamento in seduta comune ogni sette anni.

132 Risposta: **A**. La Costituzione italiana è costituita da 139 articoli divisi in 4 sezioni. La prima sezione, che comprende gli articoli dall'1 al 12, è dedicata ai princìpi fondamentali, non revisionabili e ispiratori della redazione. L'articolo 4 recita: "La Repubblica riconosce a tutti i cittadini il diritto al lavoro e promuove le condizioni che rendano effettivo questo diritto. Ogni cittadino ha il dovere di svolgere, secondo le proprie possibilità e la propria scelta, un'attività o una funzione che concorra al progresso materiale o spirituale della società.

133 Risposta: **C**. Nell'ordinamento italiano con la maggiore età la persona fisica acquisisce la capacità di agire. La soglia varia da paese a paese, in Italia è attualmente fissata a18 anni. Chi ha raggiunto la maggiore età si dice maggiorenne o maggiore, chi non l'ha raggiunta minorenne o minore.

134 Risposta: **C**. La battaglia di Lissa è lo scontro navale che si svolse il 20 luglio 1866 nel mare Adriatico nelle vicinanze dell'isola di Lissa tra la marina dell'Impero austriaco e la Regia Marina del Regno d'Italia. La battaglia avvenne all'interno della guerra austro-prussiana con l'Italia alleata alla Prussia. L'obiettivo principale italiano era di catturare il Veneto all'Austria e eliminare l'egemonia navale austriaca nell'Adriatico.

135 Risposta: **C**. Il termine devolution (o devoluzione) viene usato per indicare la concessione di poteri da parte di un governo centrale a favore di un governo a livello regionale o locale.

136 Risposta: **D**. Itali Svevo (Trieste 1861 – Motta di Livenza1928) scrive molti racconti di cui solo tre però vengono pubblicati: *Una lotta*, *L'assassinio di via Belpoggio* e *La tribù*. Svevo scrive anche commedie che, tuttavia, non riscuotono un grande successo.

137 Risposta: **B**. Il barone Sidney Costantino Sonnino (Pisa, 1847 – Roma, 1922) è stato un uomo politico e Presidente del Consiglio dei Ministri Italiano nel 1906 e dal 1909 al 1910. Nel 1914 divenne Ministro degli Esteri fino al 1919 conducendo le trattative che portarono alla firma del Patto di Londra con cui l'Italia si impegnava ad entrare nella Prima guerra mondiale contro l'Austria. Dopo la vittoria, alla Conferenza di pace di Parigi (1919), partecipò alle trattative rivendicando per l'Italia i territori promessi dal Patto di Londra contro la posizione degli Stati Uniti. Fu meridionalista e si occupò delle problematiche della classe contadina.

138 Risposta: **E**. In base alle norme della Costituzione, l'Italia ripudia la guerra come strumento di offesa alla libertà di altri popoli e Paesi.

139 Risposta: **C**. La Guerra Fredda fu la rivalità ideologica tra USA e URSS, manifestatasi sotto molteplici aspetti (corsa agli armamenti, primato dell'esplorazione spaziale, spionaggio ecc.) dopo la fine della Seconda Guerra Mondiale.

140 Risposta: **C**. Nell'immediato dopoguerra, si verifica in Italia una forte ondata di inflazione; ciò fa crescere le forze del partito socialista ma, insieme, si affaccia sulla scena politica un nuovo partito di massa: il Partito Popolare Italiano. Fondato dal sacerdote Luigi Sturzo, il PPI è l'organo politico dei cattolici, dotato di un programma che insiste sulla riforma scolastica e agraria, sull'estensione del voto alle donne, sul decentramento amministrativo a favore di comuni e regioni, sul voto a sistema proporzionale.

141 Risposta: **A**. Il prefetto è un organo monocratico statale, rappresentante del governo nella provincia, preposto a ufficio denominato prefettura-ufficio territoriale del governo.

142 Risposta: **C**. La Comunità Economica Europea (CEE) nacque il 1° gennaio 1958 con il nome di Comunità Economica Europea e con l'entrata in vigore dei trattati di Roma firmati da sei Paesi fondatori (Italia, Germania, Francia, Belgio, Lussemburgo, Paesi Bassi) il 25 marzo 1957. La parola Economica fu rimossa definitivamente con il trattato di Maastricht del 1992.

143 Risposta: **C**. Si tratta della raccolta di "favole et enimmi" *Le piacevoli notti*, di Francesco Straparola. L'opera è articolata in 75 novelle e fiabe, accompagnate da altrettanti enigmi, che lo scrittore immagina di narrare nel corso di tredici notti. La prime 25 novelle furono pubblicate a Venezia nel 1550 e le successive nel 1953. Straparola riunì nel 1556 l'intera opera in un'unica edizione che comprendeva anche la terza parte. La raccolta è caratterizzata dalla presenza della componente fiabesca e dall'uso dell'elemento popolare. Molto conosciuta è la fiaba *Il gatto con gli stivali*.

144 Risposta: **D**. Il Nuovo Corso viene inaugurato dal neo imperatore Guglielmo II proprio con l'estromissione di Bismarck dal potere (1890) e viene inaugurata l'apertura democratica, con la soppressione delle leggi speciali emanate precedentemente contro i socialdemocratici.

145 Risposta: **D**. Per neoplatonismo si intende un'aspirazione a una vita "ideale", contrapposta a quella "reale"; invece, per classicismo si intende una letteratura basata sui valori dei classici.

146 Risposta: **B**. Togliatti (Genova 1893 – Jalta 1964) dal 1922 fu membro del comitato centrale del Partito Comunista Italiano e collaborò con Gramsci. Esule a Mosca, dirigente del movimento comunista internazionale, rientrò in Italia nel 1944. Nel dopoguerra lavorò per trasformare il PCI, del quale fu segretario generale sino alla morte, in un partito nazionale e di massa. Sia il legame con l'Urss sia il passato stalinista gli impedirono di proporre il Pci come alternativa di governo al centro e al centrosinistra poi. Con il suo *Memoriale di Jalta* (1964), anticipò la dissoluzione del movimento comunista internazionale.

147 Risposta: **A**. Questo è esattamente l'articolo 10, terzo comma, della Costituzione italiana.

148 Risposta: **B**. Le regioni italiane che non sono bagnate dal mare sono: l'Umbria, la Lombardia, il Trentino-Alto Adige, la Valle d'Aosta e il Piemonte. Il Friuli-Venezia Giulia è bagnato a sud dal mare Adriatico; la Basilicata è bagnata a sud-ovest dal mar Tirreno e a sud-est dal Mar Ionio; l'Emilia Romagna è bagnata a est dal Mar Adriatico.

149 Risposta: **A**. La capitale dell'Ucraina è Kiev, le altre città importanti sono Harkov, Odessa, Leopoli. Ankara è la capitale della Turchia; Riga della Lettonia; Mosca della Federazione Russa; Tirana dell'Albania.

150 Risposta: **E**. L'URSS, Unione delle Repubbliche Socialiste Sovietiche (URSS), nota come Unione Sovietica, era uno stato federale comunista dell'Eurasia nordorientale. Le repubbliche costituenti la federazione hanno subito diverse variazioni attraverso tutta l'esistenza dell'Unione che va dal 1922 al 1991. L'organizzazione politica del Paese prevedeva un solo partito politico ufficialmente riconosciuto, il Partito Comunista dell'Unione Sovietica (PCUS), guidato da un Segretario generale e dal Politburo, contrazione dal russo di *Politìceskoe Bjurò*, che aveva la funzione di organo esecutivo del partito.

151 Risposta: **A**. La pena di morte viene reintrodotta da Mussolini nel 1925. Salito al potere ormai da tre anni, dopo l'assassinio Matteotti del 1924 e la successiva soppressione di ogni libertà, aggiunge un altro tassello verso lo Stato totalitario.

152 Risposta: **C**. Il Parlamento della Repubblica Italiana ha una struttura bicamerale perfetta. È composto dal Senato della Repubblica e dalla Camera dei Deputati che hanno eguali compiti e doveri: per questo si parla di bicameralismo perfetto.

153 Risposta: **D**. La missione Alba, è stata una missione di pace promossa e guidata dall'Italia che ha visto coinvolto l'esercito italiano nell'ambito di un intervento multinazionale (con Francia, Turchia, Grecia, Spagna, Romania, Austria e Danimarca). Sollecitata dall'ONU e approvata il 9 aprile 1997 dal Parlamento nonostante il voto contrario di una parte della maggioranza di Governo, è iniziata il 13 aprile per finire il 12 agosto. La motivazione ufficiale era quella di consentire la distribuzione di aiuti umanitari ma in realtà si trattava di impedire la guerra civile per via della forte crisi politica albanese.

154 Risposta: **D**. Macao, situato sulla costa del mar Cinese Meridionale, è stato un territorio portoghese fino al 1999, anno in cui è tornato sotto la sovranità della Repubblica Popolare Cinese.

155 Risposta: **C**. Una proposizione si dice relativa quando, subordinata alla principale, è introdotta dai pronomi relativi, il quale, la quale, i quali, le quali, cui, che, chi. Anche l'avverbio dove può funzionare da pronome relativo. La proposizione relativa ha una funzione simile a quella degli aggettivi: può infatti avere valore di attributo. Nella frase "Giovanna, che dice sempre che è tardi, verrà in automobile", la subordinata è "che dice sempre che è tardi". La proposizione relativa non va confusa con la consecutiva e con l'oggettiva, nelle quali "che" funge da congiunzione e non da pronome relativo (risposta **A**).

156 Risposta: **B**. Dissimile significa diverso, non confrontabile ed è quindi il contrario di confrontabile.

157 Risposta: **D**. Opinabile: dal lat. opinabile (m), derivato di *opinări*; cfr. opinare, agg. intorno a cui si possono avere opinioni diverse: una questione opinabile; è materia opinabile. Sinonimi: discutibile, contestabile, oppugnabile, impugnabile, confutabile; controvertibile. Contrari: indiscutibile, incontestabile, inoppugnabile, certo, incontrovertibile. Indiscutibile: aggettivo, che non si può discutere perché è riconosciuto da tutti o perché è assolutamente certo: persona di indiscutibile onestà; verità indiscutibile.

158 Risposta: **B**. È di competenza del Presidente della Repubblica, in relazione alla funzione legislativa e normativa, autorizzare la presentazione in Parlamento dei disegni di legge governativi e promulgare le leggi approvate in Parlamento, rinviare alle Camere con messaggio motivato le leggi approvate e chiedere una nuova deliberazione (essendo obbligato alla promulgazione se la deliberazione viene effettuata senza modifiche del testo); emanare i decreti-legge, i decreti legislativi e i regolamenti adottati dal Governo.

159 Risposta: **A**. Si ha bicameralismo perfetto quando le due camere che formano il Parlamento hanno identici poteri. Questo avviene per esempio in Italia, poiché il nostro Parlamento è composto da due Camere (Camera dei Deputati e Senato della Repubblica) aventi funzioni identiche.

160 Risposta: **A**. In Italia la magistratura costituisce un organo autonomo e indipendente da ogni altro potere (art. 104 della Costituzione italiana). I magistrati rispondono del loro operato al Consiglio Superiore della Magistratura (CSM), a capo del quale vi è il Presidente della Repubblica. Al CSM spettano le assunzioni, le assegnazioni e i trasferimenti, le promozioni e i provvedimenti disciplinari nei riguardi dei magistrati.

161 Risposta: **E**. Con strategia della tensione si intende l'insieme di stragi e di attentati terroristici avvenuti in Italia tra il 1969 e il 1974. È documentato dagli inquirenti che esista una contiguità degli attacchi a opera di appartenenti a movimenti politici collegati estrema destra. Il 12 dicembre 1969 esplose un ordigno presso la Banca Nazionale dell'Agricoltura in piazza Fontana a Milano, morirono 17 persone e 88 furono i feriti. Fu questo il primo atto della strategia della tensione. Il 2 agosto 1980 scoppiò la alla stazione di Bologna e ci fu la strage di Natale del 24 dicembre 1984.

162 Risposta: **C**. Angelo Beolco, detto il *Ruzante* nasce a Padova a cavallo tra la fine del Quattrocento e l'inizio del Cinquecento. Beolco si inserisce nella tradizione letteraria della satira del villano, che voleva far divertire il pubblico con la narrazione delle disavventure di questo rozzo personaggio. La novità in Beolco è rappresentata dal fatto che la narrazione assume il punto di vista del contadino. Tra le sue opere molti sono stati i drammi e dialoghi in dialetto padovano rustico.

163 Risposta: **D**. La Costituzione italiana all'art. 42 recita: "La proprietà è pubblica o privata. I beni economici appartengono allo Stato, ad enti o a privati. La proprietà privata è riconosciuta e garantita dalla legge, che ne determina i modi di acquisto, di godimento e i limiti allo scopo di assicurarne la funzione sociale e di renderla accessibile a tutti. La proprietà privata può essere, nei casi preveduti dalla legge, e salvo indennizzo, espropriata per motivi d'interesse generale. La legge stabilisce le norme e i limiti della successione legittima e testamentaria e i diritti dello Stato sulle eredità.

164 Risposta: **C**. Questa funzione spetta al Presidente della Repubblica il quale, dopo che la legge ha passato le votazioni di Camera e Senato (Parlamento) può anche rifiutarsi di promulgare una legge, non firmandola, obbligando così le Camere a modificarne il testo.

165 Risposta: **C**. La Corte Costituzionale è composta da: 5 giudici eletti dal parlamento in seduta comune; 3 giudici della corte di cassazione; 1 giudice eletto dal Consiglio di stato; 1 giudice dalla Corte dei conti; 5 giudici dal Presidente della Repubblica.

166 Risposta: **B**. I colli Euganei sono di origine vulcanica e sorgono dalla pianura padano-veneta, pochi chilometri a sud-ovest di Padova. Si sono formati in seguito a eruzioni sottomarine con effusioni di lava basaltica durante l'eocene, cui ha fatto seguito nell'oligocene un'attività caratterizzata da magmi viscosi. La flora è molto varia per la diversa origine e composizione dei terreni e per la morfologia dei rilievi. Perciò la vegetazione è sia d'ambiente caldo arido sia a carattere montano o sub-montano. La fauna dei colli Euganei è costituita da piccoli mammiferi, rettili (tra cui la rara testuggine dei colli Euganei), anfibi e uccelli.

167 Risposta: **E**. Singapore ha una popolazione di 5 076 700 abitanti (stima 2010) e ha una densità di 7 315 ab/km^2. Gli altri Paesi in elenco hanno densità molto inferiori: Malta ha una densità di 1.322 ab/km^2 (2011), il Giappone 343 ab/km^2 (2010), Portorico 438 ab/km^2 (2011) e l'Italia 201 ab/km^2 (2011).

168 Risposta: **A**. L'opera più importante dello scrittore e storico gesuita Daniello Bartoli (Ferrara 1608 - Roma 1685) fu *L'istoria della Compagnia di Gesù*, un'opera colossale sulla storia dei gesuiti nel mondo. La *Reina di Scotia* è di Della Valle, il *Dialogo sopra i due massimi sistemi del mondo* è di Galilei, le *Rime* sono di Chiabrera, *Della ragion di stato* è di Botero.

169 Risposta: **B**. Il sostantivo è una parte variabile del discorso, indica la persona, animale, luogo, avvenimento, sentimento. Assolvono generalmente tale funzione i nomi ma all'interno della frase anche il pronome e l'aggettivo possono diventare sostantivi. Inoltre anche il verbo può essere un sostantivo, come gli avverbi. I verbi possono essere sostantivi solo se all'infinito o al participio passato. Esempio: fare sport giova alla salute, bere alcol alla guida è pericoloso; il fatto ha suscitato scalpore.

170 Risposta: **B**. L'età minima per far parte dell'elettorato passivo della Camera dei Deputati è fissata dalla Costituzione in 25 anni.

171 Risposta: **C**. Il Danubio è il fiume navigabile più lungo dell'Europa (2.900 Km). Nasce nella Foresta Nera in Germania e sfocia nel Mar Nero. Il Danubio corre entro i confini di dieci paesi: Germania, Austria, Slovacchia, Ungheria, Croazia, Serbia, Bulgaria, Romania, Moldavia e Ucraina.

172 Risposta: **C**. La Lega Santa promossa (1684) da papa Innocenzo XI fu la quarta di una serie di coalizioni di principi a difesa dell'Europa cristiana. Il 14 luglio del 1683, infatti, gli ottomani attaccarono l'impero asburgico e assediarono Vienna, iniziando così una nuova guerra austro-turca. Lega Santa, costituitasi tra Austria, Polonia, Russia, le Repubbliche di Genova e di Venezia, il Granducato di Toscana e il Ducato di Savoia, mette in campo tutte le forze e libera la città di Vienna.

173 Risposta: **C**. Dopo la sconfitta della Turchia da parte dell'Italia, la Russia incoraggiò un accordo nei Balcani, in funzione antiturca; lo scopo era limitare la potenza turca in quei territori e il tentativo di inglobare la Macedonia. Si costituì la Lega Balcanica, che comprendeva: Montenegro, Grecia, Serbia e Bulgaria. Nel 1912, la Lega Balcanica attacca la Turchia (Prima Guerra Balcanica), sconfiggendola.

174 Risposta: **E**. Le prime tre opzioni si riferiscono allo Stato assoluto. La risposta **D** non è corretta: basti ricordare che lo Stato liberale ottocentesco si caratterizzava (fino al primo conflitto mondiale) per un fenomeno di esclusione di matrice classista. Tra le altre caratteristiche dello Stato liberale ricordiamo l'introduzione di una costituzione, capace di limitare l'uso arbitrario del potere.

175 Risposta: **A**. Il Parlamento esprime la propria fiducia al Governo e può anche sfiduciarlo. Questo basta per scartare la risposta **B**. La risposta **C** può essere ritenuta corretta in sé ma non ha nulla a che fare con il principio della separazione dei poteri. La risposta **D** attiene ai rapporti tra potere centrale e autonomie locali ed è riconducibile al concetto di forma di Stato e non a quello di separazione dei poteri. La risposta **E** è sbagliata perché la funzione di legiferare è tipica del potere legislativo.

176 Risposta: **B**. Il Presidente della Repubblica è eletto dal Parlamento e non nominato dal Governo. Il potere esecutivo attua le norme emanate dal legislatore. La risposta **C** si riferisce al potere legislativo. Il Governo non controlla il Parlamento; in realtà avviene esattamente il contrario. È il Parlamento che sfiducia o meno il Governo. La risposta **E** si riferisce al potere giudiziario.

177 Risposta: **E**. Il Cile si trova nel Sud America e non nell'America centrale.

178 Risposta: **A**. L'art 135 della Costituzione dice "Nei giudizi d'accusa contro il Presidente della Repubblica, intervengono, oltre i giudici ordinari della Corte, sedici membri tratti a sorte da un elenco di cittadini aventi i requisiti per l'eleggibilità a senatore, che il Parlamento compila ogni nove anni mediante elezione con le stesse modalità stabilite per la nomina dei giudici ordinari".

179 Risposta: **C**. Secondo lo scrittore milanese, la lingua italiana deveva basarsi appunto sul linguaggio fiorentino colto, vero substrato della lingua italiana. Proprio per la redazione del suo famoso romanzo, *I Promessi Sposi*, Manzoni passò molto tempo in Toscana per affinare il suo stile, come lui deceva, per "lavare i panni in Arno", cioè purificare la lingua italiana con il fiorentino. Il manzonismo, in senso spregiativo, è l'applicazione estrema delle teorie manzoniane che arriva ad abusare dei fiorentinismi.

180 Risposta: **B**. Il verro è il maiale destinato alla riproduzione. L'argano per innalzare i pesi si chiama verricello.

181 Risposta: **C**. Con il termine polisemia si indica semanticamente la proprietà di una parola di esprimere più significati. Il suo significato è esteso non solo alla parola ma anche all'immagine, al suono ecc. Si distingue dall'omonimia che è la proprietà con cui i diversi significati di un lessema si trovano a essere rappresentati da un'unica forma ortografica solo per caso, mentre la polisemia ha i diversi significati correlati etimologicamente e semanticamente. Esempio: "collo" inteso come parte del corpo, collo di bottiglia, la parte superiore di una camicia, la parte iniziale dell'estuario ecc.

182 Risposta: **D**. Il GATT (General Agreement on Tariffs and Trade) è un accordo internazionale, firmato nel 1947 a Ginevra da 23 paesi, per stabilire le basi per un sistema multilaterale di relazioni commerciali con lo scopo di favorire la liberalizzazione del commercio mondiale. Il GATT è stato sostituito, il 1° gennaio 1995, dall'Organizzazione Mondiale del Commercio (World Trade Organization - WTO), una istituzione permanente e strutturata che persegue la via degli accordi multilaterali, impegnando cioè tutti i suoi membri, non solo alcuni di essi.

183 Risposta: **D**. Il racconto fantascientifico debutta nella letteratura (*Frankenstein* di Mary Shelley o i romanzi di Jules Verne e Herbert George Wells) per giungere al cinema, ai fumetti, alla radio e a videogiochi ecc. La fantascienza ha come tema fondamentale l'impatto che una scienza e/o una tecnologia, vera o immaginaria, avrà sulla società o sull'individuo. I personaggi possono essere umani, alieni, robot o mutanti; la storia è ambientata nel passato, nel presente o nel futuro. La nascita della fantascienza coincide con l'uscita negli Stati Uniti della rivista di fantascienza, "Amazing Stories" (1926).

184 Risposta: **C**. Nel 1629, i mercenari dell'esercito tedesco, i Lanzichenecchi, scendono in Italia, passano per la Lombardia e si dirigono a Mantova. Sconfitta la debole resistenza veneziana, assediano la città che viene brutalmente saccheggiata, mentre in Lombardia dilaga la terribile epidemia di peste (la peste di Milano, resa celebre da Alessandro Manzoni ne *I promessi sposi*). L'epidemia della peste colpì, in modo partiolare, anche il Piemonte e il Veneto.

185 Risposta: **D**. Entro dieci giorni dal decreto di nomina, il Governo è tenuto a presentarsi davanti a ciascuna Camera per ottenere il voto di fiducia. In ogni caso, il Presidente del Consiglio e i Ministri assumono le loro responsabilità sin dal giuramento e, quindi, prima della fiducia.

186 Risposta: **B**. Se si considerano le aree metropolitane, Città del Messico con i suoi 18 000 000 di abitanti è la città più popolata. Seguono Mosca 11 551 l930 (2011), il Cairo 9 120 350 (2011), New York 8 175 133 (2010) e Dubai 2 262 000 (2010).

187 Risposta: **C**. Pietro Badoglio (1871-1956) fu generale italiano, senatore e presidente del Consiglio dei Ministri. Il 25 luglio 1943 il Gran Consiglio del Fascismo mandò il Duce a Villa Ada a farsi licenziare e Badoglio divenne il nuovo Capo del Governo scelto dal Re. Badoglio è famoso per l'armistizio siglato in una frazione di Siracusa, il 3 settembre 1943. Stabilendosi a Salerno, formò il governo, che resse fino al giugno 1944, quando Badoglio rassegnò le dimissioni nelle mani del re. Dopo la nomina di Bonomi, che consentì di aprire il dialogo con il PCI negato dal predecessore, Badoglio si ritirò a vita privata.

188 Risposta: **E**. Durante l'eccidio di piazza Tien An Men (Shaoshan 1893 – Pechino 1976), nel 1989 è impossibile che Mao Tse-tung sia stato coinvolto nell'episodio perché il rivoluzionario e politico cinese morì nel 1976.

189 Risposta: **A**. Terni (42°34′0″ N) si trova a sud dell'Umbria, Perugia (43°6′43″56 N) a nord dell'Umbria, Siena (43°19′6″ N) e Livorno (43°33′0″ N) in Toscana, più a nord di Perugia e Forlì (44°13′21″ N) in Emilia Romagna, più a nord di tutte.

190 Risposta: **E**. L'area di distribuzione della renna è ben nota: abita tutte le regioni nordiche del pianeta, dalla Siberia all'Alaska. L'habitat più comune è la tundra, ma spesso si spingono più a sud, per esempio per svernare nella stagione più fredda, fino alle grandi foreste di conifere.

191 Risposta: **D**. I deputati sono 630 mentre i senatori sono 315, numero al quale bisogna aggiungere i senatori a vita.

192 Risposta: **D**. La "lunga marcia" fu la ritirata militare dell'esercito comunista per scappare dalle truppe del Kuomintang sotto Chiang Kai-shek (1934). L'esercito impiegò 370 giorni per passare dal Jiangxi allo Shaanxi e per percorrere circa 6000 km. Dal 1927 nelle aree rurali si erano formati i soviet e il più grande era nel Jiangxi. Dopo quattro accerchiamenti l'esercito fu obbligato alla fuga. Mao riuscì a prendere il controllo del partito e intraprese una marcia contro il Giappone che stava entrando in Cina. Dalla remota provincia dello Shaanxi il Partito Comunista Cinese resistette al Giappone. La "lunga marcia" portò Mao alla dirigenza della rivoluzione dando a tutti un prestigio duraturo.

193 Risposta: **B**. Il Volga scorre nel territorio della Federazione Russa per 3.690 km e ha una superficie di bacino di 1 360 000 km^2. Il Danubio con 2.860 km è il secondo corso d'acqua più lungo del continente europeo; il Reno è lungo 1.326 km; il fiume Senna è lungo 776 km.

194 Risposta: **A**. L'economia sommersa è l'insieme di tutte le attività economiche che contribuiscono al prodotto interno lordo ufficialmente osservato ma che non sono registrate né tassate.

195 Risposta: **B**. Con l'apertura del canale di Suez, Europa e Asia entrarono direttamente in collegamento attraverso il Mediterraneo, facilitando notevolmente i commerci fra i due continenti. Fu la Gran Bretagna a godere principalmente di questa imponente opera, essendo potenza marittima e presto coloniale. All'epoca misurava 164 km di lunghezza, 8 m di profondità, 52 m di larghezza e consentiva il transito di navi con pescaggio massimo di 6,7 m. Con le opere del 2010, il canale misura: 193,30 km di lunghezza, 24 m di profondità, 225 metri di larghezza e consente il transito di navi con pescaggio massimo di 20,12 m.

196 Risposta: **D**. Il lago di Garda, o *Benàco*, o *Bènaco*, è il maggiore lago italiano, con una superficie di circa 370 km^2. Si trova tra la Lombardia (provincia di Brescia), il Veneto (provincia di Verona) e il Trentino-Alto Adige (provincia di Trento). Il nome latino del lago, Benàco, è di origine incerta, mentre il nome odierno deriva dall'omonima città, che durante il Medioevo era il maggior centro di scambio di merci di tutta la zona costiera del lago.

197 Risposta: **B**. Secondo dati Istat, la popolazione in Italia ha superato i 60 milioni arrivando a 61 milioni. L'incremento è dovuto, soprattutto, all'aumento degli stranieri residenti (circa 5 milioni), ma nonostante ciò l'Istat ha segnalato che ci sono voluti oltre 50 anni (dal 1959 al 2012) per passare da 50 a 60 milioni di abitanti.

198 Risposta: **C**. L'immunità penale per i parlamentari è stabilita dall'art. 68, comma 2 della Costituzione: "Senza autorizzazione della Camera alla quale appartiene, nessun membro del Parlamento può essere sottoposto a perquisizione personale o domiciliare, né può essere arrestato o altrimenti privato della libertà personale o mantenuto in detenzione, salvo che in esecuzione di una sentenza irrevocabile di condanna, ovvero se sia colto nell'atto di commettere un delitto per il quale è previsto l'arresto obbligatorio in flagranza".
Altra prerogativa dei parlamentari è l'insindacabilità, ovvero un parlamentare non può essere chiamato a rispondere per le opinioni espresse e i voti dati nell'esercizio delle funzioni: egli non ha alcuna responsabilità penale, civile, amministrativa o patrimoniale per tali attività.

199 Risposta: **D**. Il 1° maggio 2004 i Paesi facenti parte dell'Unione Europea diventano 25, con l'aggiunta di Cipro, Repubblica Ceca, Estonia, Ungheria, Lettonia, Lituania, Malta, Polonia, Slovacchia e Slovenia. La Romania, insieme alla Bulgaria, è entrata a far parte della Comunità Europea il 1° gennaio 2007.

200 Risposta: **A**. Il Crati è un fiume della regione Calabria. È il terzo fiume più importante del Sud Italia, dopo Volturno e Sele, con una media annua di circa 36 m^3 al secondo, una lunghezza di 91 km e una superficie del bacino idrografico di circa 2.440 km^2.

PROVA SIMULATA

Prova simulata

SCHEDA PER LE RISPOSTE

13 - 1 = 12

	A	B	C	D	E
1					
2					
3					
4					
5					
6					
7					
8					
9					
10					
11					
12					
13					
14					
15					
16					
17					
18					
19					
20					
21					
22					
23					
24					
25					
26					
27					
28					
29					
30					
31					
32					
33					
34					
35					
36					
37					
38					
39					
40					
41					
42					
43					
44					
45					
46					
47					
48					
49					
50					
51					
52					
53					
54					
55					
56					
57					
58					
59					
60					
61					
62					
63					
64					
65					
66					
67					
68					
69					
70					
71					
72					
73					
74					
75					
76					
77					
78					
79					
80					

PROVA SIMULATA

Ragionamento logico

1 Se 2 dietisti elaborano 6 diete in 120 minuti, quanti dietisti sarebbero teoricamente necessari per elaborarne 12 in 7200 secondi?

A 2
B 6
C 3
D 12
E 4

2 Recenti studi hanno riportato che nel 2006 il numero di donne sottoposte all'esame per la diagnosi del tumore al seno risultate positive è aumentato del 13% rispetto al 2005. Nello stesso lasso di tempo, il numero di esami effettuati è aumentato del 10%.
Se le donne sottoposte a tale esame fossero rappresentative dell'intera popolazione, quale tra le seguenti affermazioni sarebbe vera?

A La percentuale dell'intera popolazione femminile risultata positiva all'esame per la diagnosi del tumore al seno nel 2006 è aumentata del 13% rispetto al 2005
B L'aumento dell'incidenza del tumore al seno non può essere calcolato se non si conosce il numero effettivo di esami eseguiti
C Se una percentuale maggiore di popolazione venisse sottoposta a tale esame, il tasso di positività aumenterebbe sicuramente
D La percentuale di donne risultate positive all'esame per la diagnosi del tumore al seno nel 2006 è aumentata poco meno del 3% rispetto al 2005
E Il 13% delle donne sottoposte all'esame per la diagnosi del tumore al seno nel 2006 è risultato positivo

3 Ha lo stesso significato di corrispondenza:

A consonanza
B correlazione
C contingenza
D conformità
E corrispettivo

4 Se Marina mi telefona, andiamo insieme al cinema. In base a questa affermazione, è vero che:

A se io e Marina andiamo insieme al cinema, significa che Marina mi ha telefonato
B io e Marina andiamo insieme al cinema solo se Marina mi telefona
C se io e Marina non siamo andate insieme al cinema, vuol dire che Marina non mi ha telefonato
D se Marina non telefona, io e Marina non andiamo insieme al cinema
E bisogna che Marina telefoni perché andiamo al cinema insieme

5 Completare la seguente serie: 80, 40, ..., 19, 17

A 20
B 21
C 38
D 30
E 1

6 Se un uomo completa un lavoro in 5 giorni, quanto ne eseguirà in un giorno? E in 3 giorni?

A 9/20, 3/20
B 11/5, 33/5
C 12/9, 9/12
D 1/5, 3/5
E Nessuna delle precedenti risposte è corretta

7 *Oggigiorno i mass media sono la principale fonte di informazione, pur non fornendo necessariamente un resoconto imparziale dei fatti e delle notizie basato su punti di vista diversi. Da ciò si può dedurre che le opinioni dei cittadini sugli eventi nazionali e internazionali non sono in effetti così obiettive come invece si tende a credere che siano.*
Su quale supposizione implicita si basa il brano precedente?

A I mass media presentano i fatti sempre in modo distorto
B L'opinione pubblica non è in grado di riconoscere che i fatti presentati dai mass media sono distorti
C All'opinione pubblica non importa che i mass media non siano imparziali
D I mass media cercano di distorcere la realtà
E Tutti i mass media tendono a presentare i fatti dallo stesso punto di vista distorto

8 Se è vero che "chi disprezza compra; chi loda vuol lasciare" sarà necessariamente vera anche una delle affermazioni seguenti:

A chi vuol lasciare, non loda
B chi vuol comprare, loda
C chi vuol lasciare, disprezza
D chi non vuol comprare, disprezza
E chi disprezza, non vuol lasciare

9 Non esiste alcun elemento probatorio che consenta di eliminare la possibilità che l'imputato sia estraneo al fatto. Da questa affermazione si deduce che:

A è impossibile che l'imputato sia estraneo al fatto
B è possibile che l'imputato sia estraneo al fatto
C l'imputato è estraneo al fatto
D l'imputato non è estraneo al fatto
E vi sono prove sull'estraneità dell'imputato al fatto

10 Ogni giorno Luisa usa una confezione da 150 gr di prosciutto cotto per preparare dei panini ai suoi figli. Oggi è il 25 aprile e in frigo Luisa ha prosciutto cotto a sufficienza solo per l'indomani e per il giorno successivo. Quindi, si reca al supermercato per comprarne dell'altro e vede la seguente offerta speciale:

PROSCIUTTO COTTO
SCONTO 25% su tutte le confezioni da 150 gr
Offerta valida fino al 25 aprile

Sugli scaffali del supermercato ci sono 5 confezioni di prosciutto cotto con data di scadenza 5 maggio e 11 confezioni con data di scadenza 9 maggio. Luisa non consuma mai prodotti che sono andati oltre la data di scadenza, ma vuole approfittare di questa offerta nel miglior modo possibile.
Quante confezioni di prosciutto cotto dovrebbe quindi acquistare Luisa oggi?

A 12
B 11
C 13
D 14
E 10

11 Inserisci il numero che manca nell'ultima casella in basso a destra:

5	6	7	8
9	10	11	?

A 22
B 12
C 18
D 16
E 13

12 In una certa popolazione è risultato che i fumatori sono il 60% e anche i malati sono il 60% della popolazione. Non avendo altre informazioni, in particolare non sapendo se ci sia qualche correlazione tra fumo e malattia, che cosa possiamo sicuramente dedurre da questi dati?

A I fumatori malati sono più dei fumatori sani
B I fumatori sani sono tanti quanti i non fumatori malati
C I fumatori sani sono meno dei non fumatori sani
D I fumatori malati sono più dei non fumatori sani
E Tutte le deduzioni precedenti possono essere sbagliate

13 *A temperatura ambiente, l'acqua è un liquido dotato di ottime proprietà solventi; molti sali, come per esempio il solfato di potassio, si sciolgono rapidamente in acqua, mentre sono praticamente insolubili in solventi apolari come il tetracloruro di carbonio o il toluene. Questa proprietà è una conseguenza del carattere dipolare della molecola dell'acqua; il reticolo cristallino di un sale è tenuto unito da attrazioni elettrostatiche molto forti tra gli ioni positivi e quelli negativi; quando il solfato di potassio cristallino è posto in acqua, le molecole polari di quest'ultima sono fortemente attratte dagli ioni K^+ e SO_4^-, e strappano questi ioni al reticolo.*
Quale delle seguenti affermazioni può essere dedotta dall'argomentazione riportata?

A Tutte le sostanze si sciolgono in acqua
B L'acqua è capace di trasformare il solfato di potassio da sostanza dipolare a sostanza ionica
C Le molecole dell'acqua interagiscono con gli ioni del sale
D L'acqua è costituita da ioni
E Nell'acqua esiste un reticolo cristallino

14 Se un aereo percorre 630 km in 45 minuti, in 2 ore e 15 minuti quanti chilometri percorre?

A 1890
B 1900
C 1980
D 189
E 1800

15 Quale delle seguenti terne di numeri corrisponde ai lati di un triangolo?

A 2, 3, 6
B 4, 6, 11
C 3, 4, 7
D 2, 4, 8
E 11, 12, 16

16 Tutti gli invitati alla festa dovevano indossare abiti ___, poiché si trattava di una festa ___.

A sonori, immaginaria
B sgargianti, umile
C poco vistosi, pacifista
D bianchi, medianica
E d'epoca, rievocativa

17 Nel triangolo in figura sono indicate le mediane relative ai lati AB e CB, che si intersecano nel baricentro O del triangolo. Assumendo che l'area del triangolo ABC valga 1, stabilire quanto vale l'area del triangolo COD:

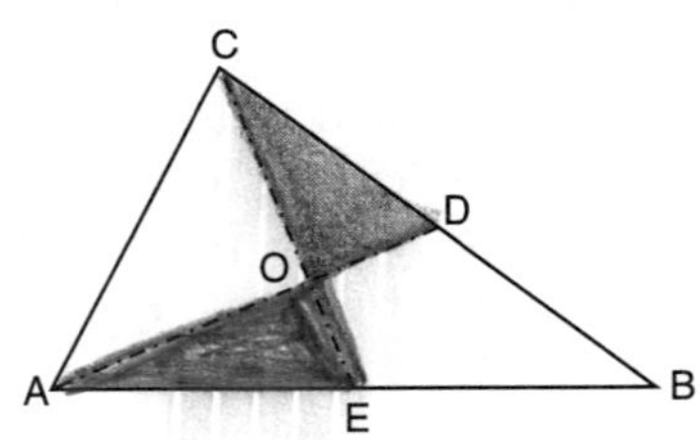

A 1/4
B 1/6
C 1/8
D 1/12
E Nessuno dei valori indicati

18 Se:

@ = 2 + #
# + § + % + # = 5
§ + 1 = %
# + § = @

allora @ è uguale a:

A 2
B 3

C 5
D 6
E 7

19 Qual è l'intruso tra:

A arpa
B violoncello
C tamburo
D violino
E chitarra

20 *Dopo aver elaborato un'ipotesi, lo scienziato può iniziare il suo lavoro; l'ipotesi lo guiderà verso determinate osservazioni e gli suggerirà particolari esperimenti. Con l'esperienza, gli scienziati imparano presto a valutare una buona ipotesi. Quasi tutte le leggi e le ipotesi possono essere interpretate in modo da negare il verificarsi di determinati fenomeni. È chiaro che un'ipotesi tanto permissiva da accogliere qualsiasi fenomeno non è in grado di rivelare alcunché; più fenomeni nega, e più ci dà informazioni precise.*
Individuare, tra le alternative proposte, la rielaborazione sintetica che meglio esprime il contenuto del testo dato:

A l'ipotesi guida il lavoro di uno scienziato che, attraverso l'esperienza, la valuta tanto più valida quanto più fenomeni questa è in grado di negare
B con l'esperienza gli scienziati imparano a distinguere una buona ipotesi da un'altra qualsiasi.
C la validità di un'ipotesi è inversamente proporzionale ai fenomeni che questa è in grado di accogliere
D lo scienziato considera un'ipotesi tanto più valida quanti più fenomeni questa è in grado di spiegare
E nessuna delle precedenti risposte è corretta

21 Inserire le tre lettere che completano la prima e iniziano la seconda parola:
conci (...) corno

A storo
B liare
C so
D mare
E lio

22 Se l'affermazione "nessun attore è infelice" è falsa, quale delle seguenti affermazioni è necessariamente vera?

A Almeno un attore è infelice
B Tutti gli attori sono felici
C Nessun attore è felice
D Gli attori sono tutti infelici
E Nessuna delle precedenti risposte è corretta

23 Individua le lettere e il numero che completano la serie:
A4C B6D E12G ...

A F15I

B H13L
C F14H
D R44U
E H18I

24 Quanti triangoli vedi nella figura?

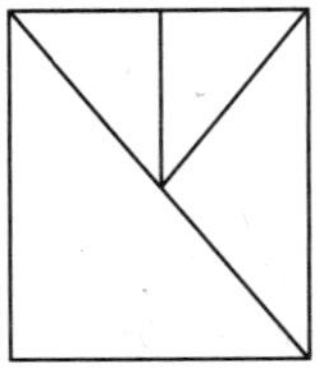

A 4
B 6
C 5
D 8
E 7

25 Indica la lettera mancante:

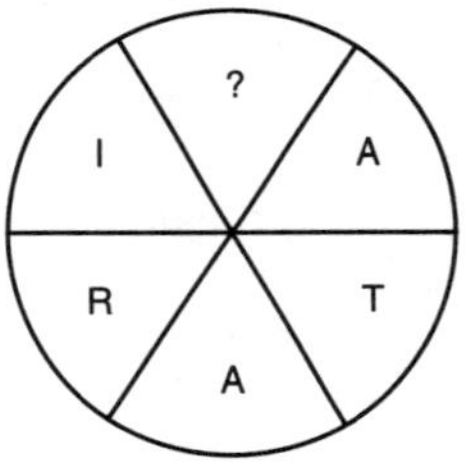

A P
B G
C C
D R
E nessuna delle precedenti

Matematica

26 Da quale condizione è soddisfatto il sistema

$$\begin{cases} x - 1 > x \\ x > 2 \end{cases}$$

A $x > 2$
B $1 < x < 2$
C da tutti i numeri reali
D non ammette alcuna soluzione
E $x < 2$

27 Dire se la funzione sen$x$/2 è periodica.

A Sì, di periodo 2π
B No
C Sì, di periodo 4π
D Sì, di periodo $3/2\pi$
E Sì, di periodo π

28 Come si moltiplicano due polinomi?

A Si moltiplica ogni termine del primo per ciascun termine del secondo
B Si sommano monomi simili e si esegue il loro prodotto
C Si moltiplica ogni termine del primo per ciascun termine del secondo; si sommano i prodotti ottenuti e si riducono i monomi eventualmente simili
D Si moltiplica ogni termine del primo per ciascun termine del secondo; si sommano i prodotti ottenuti e si riducono i monomi simili dividendoli per il primo monomio
E Nessuna delle precedenti affermazioni

29 Se $x \neq 0$, quale di queste affermazioni è corretta?

A $1/x < x$ per ogni x tranne $x = 1$
B $1/x > x$ quando $0 < x < 1$ o quando $x \leq -1$, ma $1/x < x$ quando $-1 < x < 0$ o quando $x \geq 1$
C $1/x > x$ quando $0 < x < 1$ o quando $x < -1$, ma $1/x < x$ quando $-1 < x < 0$ o quando $x > 1$
D $1/x > x$ quando $-1 < x < 0$ o quando $x > 1$, ma $1/x < x$ quando $-0 < x < 1$ o quando $x < -1$
E nessuna delle precedenti

30 La retta $y + 3 = -2x + 5$ passa per il punto:

A $(1, 5/2)$
B $(1, -5/2)$
C $(0, -1)$
D $(-1, -5/2)$
E $(1, 0)$

31 Se x è un numero reale negativo, allora:

A $|x| \cdot x > 0$
B $x/|x| > 0$
C $x + |x| > 0$
D $x - |x| < 0$
E $-x \cdot |x| < 0$

32 Qual è il campo di esistenza della funzione $y = (8x^4 + x)/(x - 4)$?

A $x \neq -4$
B $x \neq 4$
C $x < 4$
D È sempre definita
E $x > -4$

33 Per quale valore di h, $x = -1$ è soluzione dell'equazione $x^3 + x^2 + x = h$?

A 1
B –1
C –6
D –4
E 0

34 Il solido di rotazione che si ottiene da una rotazione completa di un triangolo rettangolo intorno alla sua ipotenusa è:

A un cono
B un cilindro
C un solido formato da due coni aventi la base in comune
D un tronco di cono
E un solido formato da due coni aventi il vertice in comune (clessidra)

35 125/8 è uguale a:

A $(5/2)^2$
B $(5/2)^3$
C 25/2
D $125 \cdot 8$
E $(2/5)^{-3}$

36 I seguenti dati sono relativi a pressione arteriosa (normale o alta) e consumo di sale (normale o elevato) di un gruppo di 50 persone:

	Press. normale	*Press. alta*
Normale consumo di sale	18	9
Elevato consumo di sale	7	16

Qual è la probabilità di avere elevato consumo di sale e la pressione alta?

A 32%
B 48%
C 64%
D 80%
E 96%

37 Quale cifra occupa la 70ª posizione dopo la virgola nell'espressione decimale di 1/70?

A 6
B 7
C 0
D 3
E 2

38 Quale fra le seguenti equazioni ha soluzioni nell'insieme dei numeri reali?

A $[1/(a - x)] = a - x$ con a numero reale
B $[1/(a - x)] = 0$ con a numero reale
C $(3x - 2)^2 = b$ con b numero reale negativo

D $2\text{sen}^2 x - 3 = 0$
E $(\log^2 x + \sqrt{2})/x^2 + \sqrt{2} = 0$

39 Indica la somma delle prime sette potenze di 3 partendo da 3^0:

A 1093
B 2100
C 2401
D 3200
E 6300

40 Se l'angolo α varia crescendo tra $(3/2)\pi$ e 2π, la quantità $\cos\alpha$:

A decresce da 1 a –1
B cresce da –1 a 0
C cresce da –1 a 1
D decresce da + 8 a 1
E cresce da 0 a 1

41 Quanto vale l'espressione $(0,5)^{-4} \cdot \sqrt{0,0001}$?

A 0,016
B –0,02
C 1/16
D 0,16
E 6,25

42 Qual è l'area di un rettangolo che ha i lati di 10^{-2} cm e di 10^{-4} m?

A 10^{-2} cm^2
B 10^{-2} m^2
C 10^{-6} m^2
D 10^{-4} cm^2
E 10^{-4} dm^2

43 Quale fra i seguenti punti soddisfa il sistema:

$$\begin{cases} x + y \geq 5 \\ x > y \end{cases}$$

A P (2; 6)
B P (4; 0)
C P (6; –1)
D P (0; 3)
E P (0; 7)

44 Semplificare l'espressione

$$\frac{(x^{1/2})^4 x^{-2}}{\sqrt[2]{x^5}}$$

A $x^{5/2}$
B $x^{-1/2}$
C x

D 0
E $x^{-5/2}$

45 La retta $y = -5x$ interseca l'asse y nel punto:

A –5
B 6
C 5
D 0
E non taglia l'asse y

Cultura generale

46 Quale dei seguenti mari bagna l'Ucraina?

A Mare del Nord
B Mar Mediterraneo
C Mar Caspio
D Mar Nero
E Nessuna delle precedenti risposte è corretta

47 Secondo la Costituzione italiana, i rappresentanti diplomatici sono accreditati dal:

A Presidente del Consiglio dei Ministri
B Presidente della Repubblica
C Ministro degli Affari Esteri
D Presidente del Senato
E Parlamento

48 A seguito di sfiducia delle Camere, le dimissioni del Governo sono:

A obbligatorie
B facoltative
C politicamente opportune
D temporanee
E nessuna delle precedenti risposte è corretta

49 Quale di queste capitali europee è più distante, in linea d'aria, da Milano?

A Atene
B Berlino
C Parigi
D Madrid
E Vienna

50 In cosa consistette la "secessione dell'Aventino" del 1924?

A Nell'iniziativa presa dai politici dell'opposizione che si astennero dai lavori parlamentari e si riunirono separatamente
B Nel tentativo di scissione di una parte dei gerarchi fascisti per fondare un partito caratterizzato da una maggiore estremizzazione delle posizioni politiche espresse dal movimento stesso

C Nella divisione tra potere esecutivo, affidato a Mussolini, e rappresentanza dello Stato, di competenza del re Vittorio Emanuele III
D Nella decisione della curia dello Stato del Vaticano di non partecipare ad alcuna iniziativa politica
E Nella scissione di una parte dei gerarchi fascisti in polemica antiautoritaria nei confronti di Mussolini

51 In quale città si è svolto nel 1992 il primo vertice mondiale sulla salute della Terra?

A Johannesburg
B Kyoto
C Rio de Janeiro
D Genova
E Seattle

52 Secondo la Costituzione italiana, l'obbligo di esercitare l'azione penale grava:

A sull'autorità di Pubblica Sicurezza
B sul ministro della Giustizia
C sul Questore
D sul Prefetto
E sul Pubblico Ministero

53 Quali sono i territori acquisiti dall'Italia con la Pace di Parigi?

A Il Trentino, l'Alto Adige e Fiume
B Il Trentino, l'Alto Adige, la Venezia Giulia
C L'Alto Adige, la Venezia Giulia e Fiume
D Le isole del Dodecanneso e la Dalmazia
E La Venezia Giulia e l'Istria

54 In Italia, i parlamentari, in senso giuridico, sono rappresentanti:

A dei soli cittadini maggiorenni
B del solo collegio che li ha eletti
C degli interessi generali della comunità
D del solo partito politico che li ha eletti
E di tutta la nazione

55 L'Italia è una Repubblica democratica fondata:

A sulla sovranità del popolo
B sulla pari dignità sociale
C sui diritti inviolabili dell'uomo
D sul lavoro
E nessuna delle precedenti risposte è corretta

56 Il Ponente è un vento proveniente da:

A sud
B est
C ovest
D nord
E nessuna delle precedenti risposte è corretta

57 Quale movimento è passato alla storia sotto il nome di "spartachismo"?

A Un movimento rivoluzionario tedesco rafforzato dalle sofferenze imposte della Seconda Guerra Mondiale
B Un movimento irredentista di Trieste sviluppatosi durante la Seconda Guerra Mondiale
C Un movimento irredentista di Trieste sviluppatosi durante la Prima Guerra Mondiale
D Un movimento rivoluzionario tedesco rafforzato dalle sofferenze imposte dalla Prima Guerra Mondiale
E Un movimento pacifista austriaco capeggiato da Carlo I

58 In base all'art. 70 della Costituzione italiana, la funzione legislativa è esercitata:

A dal Governo, dopo consultazione delle Camere
B dalla Camera dei Deputati, mentre il Senato della Repubblica ha una preliminare funzione consultiva
C dal Senato della Repubblica, mentre la Camera dei Deputati ha una preliminare funzione consultiva
D dal Presidente della Repubblica
E collettivamente dalle due Camere

59 Il controllo di legittimità costituzionale delle leggi è un controllo di tipo:

A formale
B sostanziale
C formale e sostanziale
D formale o sostanziale
E sempre sostanziale e soltanto in casi specifici formale

60 Da chi è nominato il Presidente del Consiglio dei Ministri?

A Dal Presidente della Repubblica
B Dal Parlamento in seduta comune
C Dal Consiglio dei Ministri
D Dagli elettori
E Dal Senato della Repubblica

61 Quale volontà ha sancito nel 1997 il Trattato di Kyoto?

A Aumentare la velocità dei satelliti orbitanti
B Salvare le ultime razze di pinguini
C Diffondere la pace sulla Terra
D Ridurre le emissioni di gas che alterano il clima
E Proteggere le opere d arte in pericolo

62 Il Ku Klux Klan:

A è un vero e proprio agglomerato urbano, in cui vivono le grandi concentrazioni di neri poveri
B nel 1965 fondò il movimento dei "musulmani neri"
C erano bande armate razziste e segrete
D è una setta religiosa clandestina del Nord America
E nessuna delle risposte precedenti

63 Quale fenomeno astronomico si è potuto osservare a occhio nudo anche in Italia nell'agosto 1999?

A Un'eclissi di sole totale
B L'esplosione di una supernova
C L'impatto fra due asteroidi
D Il passaggio della cometa di Halley
E Il transito di Venere sul disco solare

64 In quale data fu compiuta la strage alla stazione di Bologna?

A 12 dicembre 1969
B 2 agosto 1980
C 28 maggio 1974
D 4 agosto 1974
E 27 giugno 1980

65 Il Presidente della Repubblica è eletto dal:

A corpo elettorale
B parlamento riunito in seduta comune e integrato dai rappresentanti delle Regioni
C popolo
D Senato
E CSM

Lingua inglese

66 Fill in the blanks. "________ letters have you written?".

A How much
B How many
C Whom
D What
E Whose

67 Choose the word which best completes the following sentence: "What works for __________ student may not work for others".

A Those
B Any
C Some
D Specific
E One

68 There's a new colleague at work. She's nice but __________ talking.

A Never she stops
B She stops never
C She never stops

D She doesn't never stop
E Never she doesn't

69 Qual è la forma plurale di tooth?

A Theeves
B Teeth
C Tooths
D Tooth
E Theets

70 John loves __________ music __________ the garage.

A To listening – at
B To listen at – at
C Listening – to
D Listening to – in
E Listening – at

71 Choose the correct sentence:

A what said John?
B what did John say?
C what John did say?
D what did John said?
E what John said?

72 Look at the photo. This is my __________ cottage in Wales.

A Parent's
B Parentes'
C Parents
D Parents's
E Parents'

73 I __________ never seen before that picture.

A Have
B Am
C Was
D Had
E Nessuna delle precedenti risposte è corretta

74 Tell _____ back next week.

A Him come
B To him come
C To him to come
D Him to come
E He to come

75 Choose the group of words which best completes the following sentence: "Dr. Jonas __________ everyone's nerves".

A Stays on
B Stands on
C Is on
D Gets on
E Remains on

76 Saturday is the __________ day of the week.

A Worse
B Worst
C Better
D Nicer
E Nessuna delle precedenti risposte è corretta

77 Come si traduce "Che tempo fa?"

A What's the weather like?
B What is the weather?
C What does the weather?
D What's got the weather?
E Nessuna delle precedenti risposte è corretta

78 What time _____ breakfast?

A Does John have
B Does John has
C Do John has
D John has
E Nessuna delle precedenti risposte è corretta

79 Choose the word which best completes the following sentence. "The accident victim was _____ dead on arrival at the hospital".

A Pronounced
B Called
C Said
D Defined
E Stated

80 A: "__________ I use your car, this afternoon?"
B: "I'm sorry. You __________ drive a car in Britain if you're under 17".

A Can – may not
B May – may not
C May – can't
D May – couldn't
E Nessuna delle precedenti risposte è corretta

RISPOSTE ESATTE

Quiz	Risp.	Quiz	Risp.	Quiz	Risp.	Quiz	Risp.	Quiz	Risp.
1	E	17	B	33	A	49	A	65	B
2	D	18	A	34	C	50	A	66	B
3	B	19	C	35	E	51	C	67	E
4	C	20	A	36	A	52	E	68	C
5	C	21	E	37	E	53	B	69	B
6	D	22	A	38	A	54	C	70	D
7	B	23	C	39	A	55	D	71	B
8	E	24	B	40	E	56	C	72	A
9	B	25	A	41	D	57	D	73	A
10	A	26	D	42	D	58	E	74	D
11	B	27	C	43	C	59	C	75	D
12	E	28	C	44	E	60	A	76	B
13	C	29	C	45	D	61	D	77	A
14	A	30	E	46	D	62	C	78	A
15	E	31	D	47	B	63	A	79	A
16	E	32	B	48	A	64	B	80	C